Manicômios, Prisões e Conventos

Coleção Debates
Dirigida por J. Guinsburg

Equipe de realização – Tradução: Dante Moreira Leite; Revisão: Antenor Celestino de Souza; Produção: Ricardo W. Neves e Sergio Kon.

erving goffman
MANICÔMIOS, PRISÕES E CONVENTOS

PERSPECTIVA

Título do original inglês
ASYLUMS – Essays on the social situation of mental patients and other inmates

© by Erving Goffman, 1961

Dados Internacionais de Catalogação na Publicação (CIP)
(Câmara Brasileira do Livro, SP, Brasil)

Goffman, Erving
 Manicômios, prisões e conventos / Erving Goffman ; [tradução Dante Moreira Leite]. — São Paulo : Perspectiva, 2015. — (Debates ; 91 / dirigida por J. Guinsburg)

Título original: Asylums : essays on the social situation of mental patients and other inmates
2ª reimpr. 9ª ed. de 2015
ISBN 978-85-273-0202-9

 1. Asilos 2. Doentes mentais - Cuidados e tratamento 3. Hospitais psiquiátricos - Aspectos sociológicos 4. Serviços de saúde mental I. Guinsburg, J. II. Título. III. Série.

05-1811   CDD 362.21

Índices para catálogo sistemático:
 1. Asilos para doentes mentais : Problemas sociais   362.21
 2. Doentes mentais : Situação social : Hospitais psiquiátricos : Problemas sociais   362.21

9ª edição - 2ª reimpressão
[PPD]

Direitos reservados em língua portuguesa à

editora perspectiv   a ltda.

Av. Brigadeiro Luís Antônio, 3025
01401-000 São Paulo SP Brasil
Telefax: (11) 3 85-8388
www.editoraperspectiva.com.br

2019

SUMÁRIO

PREFÁCIO 7

INTRODUÇÃO 11

AS CARACTERÍSTICAS DAS INSTITUIÇÕES
   TOTAIS 13
   Introdução 15
   O Mundo do Internado 23
   O Mundo da Equipe Dirigente 69
   Cerimônias Institucionais 84
   Restrições e Conclusões 99

A CARREIRA MORAL DO DOENTE MENTAL 109
    A Fase de Pré-Paciente 114
    A Fase de Internado 125

A VIDA ÍNTIMA DE UMA INSTITUIÇÃO PÚBLICA 145
    Parte Um: Introdução 147
        Agir e Ser 147
        Ajustamentos Primários e Secundários ... 159

    Parte Dois: A Vida Íntima do Hospital 173
        Fontes 173
        Locais 188
        Recursos 203
        Estrutura Social 214
    Parte Três: Conclusões 246

O MODELO MÉDICO E A HOSPITALIZAÇÃO PSIQUIÁTRICA — Algumas Notas sobre as Vicissitudes das Tarefas de Reparação 261
    Conclusão 310

PREFÁCIO

Do outono de 1954 ao fim de 1957 fui membro visitante do Laboratório de Estudos Sócio-Ambientais do Instituto Nacional de Saúde em Bethesda, Maryland (Estados Unidos). Durante esses três anos fiz alguns breves estudos de comportamento em enfermarias nos Institutos Nacionais do Centro Clínico de Saúde. Em 1955-1956, fiz um trabalho de campo, de um ano, no Hospital St. Elizabeths, Washington, D.C., uma instituição federal com um pouco mais de 7000 internados, dos quais três quartos provêm do Distrito de Colúmbia. Depois disso, tive tempo para a redação através de uma bolsa NIMH, M-4111(A), e da participação no Centro de Integração de Estudos Sociais da Universidade da Califórnia, em Berkeley.

Meu objetivo imediato na realização do trabalho de campo no Hospital St. Elizabeths foi tentar conhecer o mundo social do internado em hospital, na medida em que esse mundo é subjetivamente vivido por ele. Comecei o trabalho como assistente do diretor de atletismo, — quando obrigado a confessar ser um estudante de recreação e vida comunitária — e passava o dia com os pacientes, evitando contatos com a equipe médica e sem ter chave para sair do local. Não dormia nas enfermarias, e a direção central do hospital sabia quais os meus objetivos.

Acreditava, e continuo a acreditar, que qualquer grupo de pessoas — prisioneiros, primitivos, pilotos ou pacientes — desenvolve uma vida própria que se torna significativa, razoável, e normal, desde que você se aproxime dela, e que uma boa forma de conhecer qualquer desses mundos é submeter-se à companhia de seus participantes, de acordo com as pequenas conjunturas a que estão sujeitos.

São evidentes os limites de meu método e de sua aplicação: não fiquei, sequer nominalmente, internado, e, se o tivesse feito, minha amplitude de movimentos e papéis e, conseqüentemente, meus dados, teriam sido ainda mais limitados do que o são. Como desejava obter dados etnográficos com relação a determinados aspectos da vida social dos pacientes, não empreguei os tipos usuais de medidas e controles. Supus que o papel e o tempo exigidos para reunir dados estatísticos necessários a algumas afirmações impediriam que eu obtivesse elementos sobre a estrutura da vida dos pacientes. Meu método tem ainda outras limitações. A interpretação do mundo dada por um grupo atua de modo a manter seus participantes e deve dar a eles uma definição autojustificadora de sua situação e uma interpretação preconceituosa aos não-participantes — neste caso, médicos, enfermeiras, atendentes e parentes. Descrever fielmente a situação do paciente equivale, necessariamente, a apresentar uma interpretação parcial. (Quanto a esta última deformação, em parte desculpo-me ao sustentar que o desequilíbrio está, pelo menos, no lado certo da balança, pois quase toda a literatura especializada sobre os doentes mentais é escrita do ponto de vista do psiquiatra e este, socialmente, está do outro lado.) Além disso, desejo advertir que minha interpretação tem, provavelmente, muita coisa de um homem de classe média; talvez eu tenha sofrido indiretamente com condições que pacientes de classe baixa suportavam com pouco sofrimento. Finalmente, ao contrário do que ocorre com alguns pacientes, fui para o hospital sem grande respeito pela psiquiatria, ou pelas instituições satisfeitas com sua prática atual.

Gostaria de agradecer de maneira muito especial o apoio que recebi das instituições que patrocinaram meu trabalho. A permissão para estudar o Hospital St. Elizabeths foi obtida através do então primeiro médico assistente, o falecido Dr. Jay Hoffman. Admitiu que o hospital teria o direito de fazer críticas antes da publicação do trabalho, mas que não exerceria censura final e nem daria autorização para a publicação, o que caberia ao NIMH, em Bethesda. Concordou que nenhuma observação feita a respeito de qualquer pessoa identificada da equipe médica ou internado seria apresentada a ele ou a qualquer outra pessoa, e que, como observador, não estava obrigado a interferir de qualquer modo no que pudesse observar. Concordou em dar qualquer informação sobre o hospital e, durante o estudo, fez isso com uma gentileza, uma rapidez e uma eficiência que nunca esquecerei. Depois, quando o superintendente do hospital, o Dr. Winifred Overholser, reviu os rascunhos de meus artigos, fez algumas correções valiosas quanto a erros de fato, além de dar sugestões úteis quanto à explicitação de meu ponto de vista e de meu método. Durante o estudo, o Laboratório de Estudos Sócio-Ambientais, então chefiado pelo seu primeiro diretor, John Clausen, deu-me um salário, recursos para trabalhos de secretárias, crítica universitária e estímulo para ver o hospital através da sociologia, e não de psiquiatria de estudante universitário. Os direitos de divulgação foram exercidos pelo Laboratório e pela sua direção superior, o NIMH; e lembro-me de que a única conseqüência disso foi o fato de, numa oportunidade, ter sido solicitado a substituir um ou dois adjetivos pouco delicados.

Desejo salientar que essa liberdade e essa oportunidade para fazer pesquisa pura foram-me permitidas numa repartição oficial, com o apoio financeiro de outra repartição oficial, embora ambas precisassem atuar na atmosfera presumivelmente delicada de Washington, e numa época em que algumas universidades dos Estados Unidos, tradicionalmente defensoras da pesquisa livre, teriam oposto maiores obstáculos a meus trabalhos. Por isso devo agradecer à mentalidade aberta e justa de psiquiatras e cientistas sociais do governo.

ERVING GOFFMAN

INTRODUÇÃO

Uma instituição total pode ser definida como um local de residência e trabalho onde um grande número de indivíduos com situação semelhante, separados da sociedade mais ampla por considerável período de tempo, levam uma vida fechada e formalmente administrada. As prisões servem como exemplo claro disso, desde que consideremos que o aspecto característico de prisões pode ser encontrado em instituições cujos participantes não se comportaram de forma ilegal. Este livro trata de instituições totais de modo geral e, especificamente, de um exemplo, o de hospitais para doentes mentais. O principal foco refere-se ao mundo do internado, e não ao mundo do pessoal dirigente. O seu interesse fundamental é chegar a uma versão sociológica da estrutura do eu.

Cada um dos quatro ensaios do livro pode ser consi

derado isoladamente, e os dois primeiros foram publicados separadamente. Todos procuraram focalizar o mesmo problema — a situação do internado. Por isso, existe certa repetição. Por outro lado, cada artigo enfrenta o problema central de um ponto de vista diferente, e cada introdução utiliza uma fonte diferente de sociologia e tem pouca relação com os outros artigos.

Esta forma de apresentar o material pode ser penosa para o leitor, mas permite-me tratar o tema principal de cada artigo de maneira analítica e, comparativamente, ir além do ponto que seria permissível nos capítulos de um livro integrado. Justifico isso através do estado atual da sociologia. Penso que, atualmente, para que os conceitos sociológicos sejam tratados adequadamente, cada um deles deve ser ligado ao aspecto a que melhor se aplica, e seguido a partir daí até onde pareça levar, e obrigado a revelar o resto de sua "família". Talvez seja melhor usar diferentes cobertores para abrigar bem as crianças do que utilizar uma coberta única e esplêndida, mas onde todas fiquem tremendo de frio.

O primeiro artigo, "As características das instituições totais", é um exame geral da vida em tais estabelecimentos, e utiliza muito dois exemplos que contam com participação involuntária — hospitais para doentes mentais e prisões. Aí são apresentados e colocados no conjunto mais amplo os temas desenvolvidos minuciosamente nos outros capítulos. O segundo artigo, "A carreira moral do doente mental", considera os efeitos iniciais da institucionalização nas relações sociais que o indivíduo tinha antes de ser internado. O terceiro, "A vida íntima de uma instituição pública", refere-se à ligação que, segundo se espera, o interno manifesta com relação à sua cela e, especificamente, à maneira pela qual os internados podem introduzir certa distância entre eles e tais expectativas. O artigo final, "O modelo médico e a hospitalização de doentes mentais", chama a atenção das equipes especializadas para que considerem, no caso dos hospitais para doentes mentais, o papel da perspectiva médica na apresentação, ao internado, dos fatos referentes à sua situação.

AS CARACTERÍSTICAS DAS INSTITUIÇÕES TOTAIS[1]

(1) Uma versão resumida deste artigo foi publicada no *Symposium on Preventive and Social Psychiatry*, Walter Reed Army Institute of Research, Washington, D.C. (15-17 abril de 1957), pp. 43-84. A versão aqui apresentada reproduz a publicada em *The Prison*, organizada por Donald R. Cressey, copyright © 1961 por Holt, Rinehart and Winston, Inc.

INTRODUÇÃO

I

Os estabelecimentos sociais — instituições, no sentido diário do termo, — são locais, tais como salas, conjuntos de salas, edifícios ou fábricas em que ocorre atividade de determinado tipo. Na sociologia, não temos uma forma bem adequada para sua classificação. Alguns estabelecimentos, como a *Grand Central Station*, estão abertos para quem quer que se comporte de maneira adequada; outros, como a *Union League Club of New York*, ou os laboratórios de Los Alamos, restringem um pouco mais a sua freqüência. Outros, como lojas e correios, têm alguns membros fixos que apresentam um serviço e uma corrente contínua de pessoas que o recebem. Outros ainda, como moradias e fábricas, incluem um conjunto menos mutável de participantes. Algumas instituições fornecem o local para atividades, nas quais o indivíduo tem consciência de obter seu *status* social, não importando quão agradáveis ou descuidadas elas possam ser; outras instituições, ao contrário, proporcionam um local para agremiações consideradas como opcionais e de distração, que exigem como contribuição o tempo que sobrou de atividades mais sérias. Neste livro, outra categoria de instituições é isolada e considerada como natural e produtiva porque seus participantes parecem reunir muitos aspectos em comum — na realidade, tantos são estes aspectos que, para conhecer uma dessas instituições, é aconselhável considerar também as outras.

II

Toda instituição conquista parte do tempo e do interesse de seus participantes e lhes dá algo de um mundo; em resumo, toda instituição tem tendências de "fechamento". Quando resenhamos as diferentes instituições de nossa sociedade ocidental, verificamos que algumas são muito mais "fechadas" do que outras. Seu "fechamento" ou seu caráter total é simbolizado pela barreira à relação social com o mundo externo e por proibições à saída que muitas vezes estão incluídas no esquema físico — por exemplo, portas fechadas, paredes altas, arame farpado, fossos, água, florestas ou pântanos. A tais estabelecimentos dou o nome de *instituições totais,* e desejo explorar suas características gerais[2].

As instituições totais de nossa sociedade podem ser, *grosso modo,* enumeradas em cinco agrupamentos. Em primeiro lugar, há instituições criadas para cuidar de pessoas que, segundo se pensa, são incapazes e inofensivas; nesse caso estão as casas para cegos, velhos, órfãos e indigentes. Em segundo lugar, há locais estabelecidos para cuidar de pessoas consideradas incapazes de cuidar de si mesmas e

---

(2) A categoria de instituições totais foi indicada, diversas vezes, na literatura sociológica, sob diferentes nomes, e algumas das características da classe foram também sugeridas, e isso talvez tenha sido feito de maneira mais notável num esquecido artigo de HOWARD ROWLAND, "Segregated Communities and Mental Health", em *Mental Health Publications of the American Association for the Advancement of Science,* N.º 9, organizado por F. R. MOULTON, 1939. Uma apresentação preliminar deste artigo é feita em *Group Processes,* Transactions of the Third (1956) Conference, organizada por BERTRAM SCHAFFNER, New York, Josiah Macy, Jr. Foundation, 1957. O termo "total" foi também usado, no contexto aqui aceito, por AMITAI ETZIONI, The Organizational Structure of "Closed" Educational Institutions in Israel, *Harvard Educational Review,* XXVII (1957), p. 115.

que são também uma ameaça à comunidade, embora de maneira não-intencional; sanatórios para tuberculosos, hospitais para doentes mentais e leprosários. Um terceiro tipo de instituição total é organizado para proteger a comunidade contra perigos intencionais, e o bem-estar das pessoas assim isoladas não constitui o problema imediato: cadeias, penitenciárias, campos de prisioneiros de guerra, campos de concentração. Em quarto lugar, há instituições estabelecidas com a intenção de realizar de modo mais adequado alguma tarefa de trabalho, e que se justificam apenas através de tais fundamentos instrumentais: quartéis, navios, escolas internas, campos de trabalho, colônias e grandes mansões (do ponto de vista dos que vivem nas moradias de empregados). Finalmente, há os estabelecimentos destinados a servir de refúgio do mundo, embora muitas vezes sirvam também como locais de instrução para os religiosos; entre exemplos de tais instituições, é possível citar abadias, mosteiros, conventos e outros claustros. Esta classificação de instituições totais não é clara ou exaustiva, nem tem uso analítico imediato, mas dá uma definição puramente denotativa da categoria como um ponto de partida concreto. Ao firmar desse modo a definição inicial de instituições totais, espero conseguir discutir as características gerais do tipo, sem me tornar tautológico.

Antes de tentar extrair um perfil geral dessa lista de estabelecimentos, gostaria de mencionar um problema conceitual: nenhum dos elementos que irei descrever parece peculiar às instituições totais, e nenhum parece compartilhado por todas elas; o que distingue as instituições totais é o fato de cada uma delas apresentar, em grau intenso, muitos itens dessa família de atributos. Ao falar de "características comuns", usarei a frase de uma forma limitada, mas que me parece logicamente defensável. Ao mesmo tempo, isso permite usar o método de tipos ideais, através do estabelecimento de aspectos comuns, com a esperança de posteriormente esclarecer diferenças significativas.

III

Uma disposição básica da sociedade moderna é que o indivíduo tende a dormir, brincar e trabalhar em diferentes lugares, com diferentes co-participantes, sob diferentes autoridades e sem um plano racional geral. O aspecto central das instituições totais pode ser descrito com a ruptura das barreiras que comumente separam essas três esferas da vida. Em primeiro lugar, todos os aspectos da vida são realizados no mesmo local e sob uma única autoridade. Em segundo lugar, cada fase da atividade diária do participante é realizada na companhia imediata de um grupo relativamente grande de outras pessoas, todas elas tratadas da mesma forma e obrigadas a fazer as mesmas coisas em conjunto. Em terceiro lugar, todas as atividades diárias são rigorosamente estabelecidas em horários, pois uma atividade leva, em tempo predeterminado, à seguinte, e toda a seqüência de atividades é imposta de cima, por um sistema de regras formais explícitas e um grupo de funcionários. Finalmente, as várias atividades obrigatórias são reunidas num plano racional único, supostamente planejado para atender aos objetivos oficiais da instituição.

Individualmente, tais aspectos são encontrados em outros locais, além das instituições totais. Por exemplo, nossos grandes estabelecimentos comerciais, industriais e educacionais cada vez mais apresentam refeitórios e recursos de distração para seus participantes; no entanto, o uso de tais recursos ampliados é sob muitos aspectos voluntários, e há cuidados especiais para que a linha comum de autoridade não se estenda a eles. De forma semelhante, as donas de casa ou as famílias de fazendeiros podem ter todas as suas principais esferas de vida dentro da mesma área delimitada, mas essas pessoas não são coletivamente arregimentadas e não vão para as atividades diárias na companhia imediata de um grupo de pessoas semelhantes.

O controle de muitas necessidades humanas pela organização burocrática de grupos completos de pessoas — seja ou não uma necessidade ou meio eficiente de organização social nas circunstâncias — é o fato básico das instituições totais. Disso decorrem algumas conseqüências importantes.

Quando as pessoas se movimentam em conjuntos, podem ser supervisionadas por um pessoal, cuja atividade principal não é orientação ou inspeção periódica (tal como ocorre em muitas relações empregador-empregado), mas vigilância — fazer com que todos façam o que foi claramente indicado como exigido, sob condições em que a infração de uma pessoa tende a salientar-se diante da obediência visível e constantemente examinada dos outros. Aqui, não importa discutir o que é que vem em primeiro lugar — se os grandes grupos de pessoas controladas ou o pequeno grupo dirigente; o fato é que um é feito para o outro.

Nas instituições totais, existe uma divisão básica entre um grande grupo controlado, que podemos denominar o grupo dos internados, e uma pequena equipe de supervisão. Geralmente, os internados vivem na instituição e têm contato restrito com o mundo existente fora de suas paredes; a equipe dirigente muitas vezes trabalha num sistema de oito horas por dia e está integrada no mundo externo[3]. Cada agrupamento tende a conceber o outro através de estereótipos limitados e hostis — a equipe dirigente muitas vezes vê os internados como amargos, reservados e não merecedores de confiança; os internados muitas vezes vêem os dirigentes como condescendentes, arbitrários e mesquinhos. Os participantes da equipe dirigente tendem a sentir-se superiores e corretos; os internados tendem, pelo menos sob alguns aspectos, a sentir-se inferiores, fracos, censuráveis e culpados[4].

A mobilidade social entre os dois estratos é grosseiramente limitada; geralmente há uma grande distância social e esta é freqüentemente prescrita. Até a conversa entre as fronteiras pode ser realizada em tom especial de voz, como se vê num registro fictício de um contato num hospital para doentes mentais:

"É o que eu lhe digo", disse a Sra. Hart quando estavam atravessando a sala. "Faça tudo que a Sra. Davis lhe disser. Não pense, faça. Você vai se dar bem se atender."

Logo que ouviu o nome, Virgínia sabia o que havia de terrível na Enfermaria 1. Sra. Davis.

"É a enfermeira-chefe?"

"Se é", resmungou a Sra. Hart. E então elevou sua voz. As enfermeiras agiam como se as pacientes fossem incapazes de ouvir qualquer coisa que não fosse gritada. Freqüentemente diziam, em voz normal, coisas que as pacientes não deviam ouvir; se não fossem enfermeiras você pensaria que freqüentemente falavam para si mesmas.

"A Sra. Davis é uma pessoa muito competente e eficiente", disse a Sra. Hart [5].

Embora haja necessidade de certa comunicação entre os internados e a equipe de guarda, uma das funções do guarda é o controle da comunicação entre os internados e os níveis mais elevados da equipe dirigente. Um estudante de hospitais para doentes mentais dá um exemplo disso:

---

(3) O caráter binário das instituições totais me foi indicado por Gregory Bateson e já foi notado na literatura especializada. Ver, como exemplo, LLOYD E. OHLIN, *Sociology and the Field of Corrections*, New York, Russell Sage Foundation, 1956, pp. 14, 20. Nas situações em que os dirigentes devem viver dentro da instituição, podemos esperar que sintam que estão sofrendo dificuldades maiores e que tenham a impressão de depender do *status* no interior da instituição, e que não esperavam. Ver JANE CASSELS RECORD, The Marine Radioman's Struggle for Status, *American Journal of Sociology*, LXII (1957), p. 359.

(4) Para a versão das prisões, ver S. KIRSON WEINBERG, Aspects of the Prison's Social Structure, *American Journal of Sociology*, XLVII (1942), pp. 717-26.

(5) WARD, Mary Jane. *The Snake Pit*. New York, New American Library, 1955, p. 72.

Como muitos pacientes estão ansiosos por ver o médico em suas visitas, os assistentes precisam agir como mediadores entre os pacientes e o médico, para que este não fique assoberbado. Na enfermaria 30, parece que geralmente os pacientes sem sintomas físicos e que estavam nos dois grupos inferiores de privilegiados nunca podiam falar com o médico, a não ser que o Dr. Baker perguntasse por eles. Entre os do grupo dos persistentes, importunos e delirantes, — e que na gíria dos assistentes eram denominados "verrugas", "chatos", "cães de caça" — muitos tentavam freqüentemente romper a barreira de mediação do assistente, mas eram sumariamente enfrentados quando tentavam fazê-lo[6].

Assim como há restrição para conversa entre as fronteiras, há também restrições à transmissão de informações, sobretudo informação quanto aos planos dos dirigentes para os internados. Geralmente, estes não têm conhecimento das decisões quanto ao seu destino. Tanto no caso em que os fundamentos oficiais são militares, por exemplo, ocultar o destino da viagem dos soldados; ou médicos, ocultando o diagnóstico, plano de tratamento e demora aproximada de internamento para tuberculosos[7], essa exclusão dá à equipe dirigente uma base específica de distância e controle com relação aos internados.

Presumivelmente, todas essas restrições de contato ajudam a conservar os estereótipos antagônicos[8]. Desenvolvem-se dois mundos sociais e culturais diferentes, que caminham juntos com pontos de contato oficial, mas com pouca interpenetração. É significativo observar que o edifício da instituição e seu nome passem a ser identificados tanto pela equipe dirigente como pelos internados como algo que pertence à equipe dirigente, de forma que quando qualquer dos grupos se refere às interpretações ou aos interesses "da instituição", implicitamente se referem (tal como o farei) às interpretações e aos interesses da equipe dirigente.

A divisão equipe dirigente-internado é uma conseqüência básica da direção burocrática de grande número de pessoas; uma segunda conseqüência refere-se ao trabalho.

Nas condições usuais de vida de nossa sociedade, a autoridade do local de trabalho pára quando o trabalhador recebe um pagamento em dinheiro; o fato de gastá-lo em

---

(6) BELKNAP, Ivan. *Human Problems of a State Mental Hospital*. New York, McGraw-Hill, 1956, p. 177.

(7) Uma descrição bem completa a respeito é apresentada num capítulo intitulado "Informação e o Controle de Tratamento", numa monografia a ser publicada por JULIUS A. ROTH a respeito de um hospital para tuberculosos. Seu trabalho promete ser um estudo modelar de uma instituição total. Algumas apresentações preliminares podem ser obtidas em seu artigo, What is an Activity? *Etc.*, XIV, outono, 1956, pp. 54-56, e Ritual and Magic in the Control of Contagion, *American Sociological Review*, XXII (1957), pp. 310-14.

(8) Sugerido em OHLIN, *op. cit.*, p. 20.

casa ou em local de diversões é um problema pessoal do trabalhador e constitui um mecanismo pelo qual a autoridade do local de trabalho é mantida dentro de limites bem restritos. Mas, dizer que os internados de instituições totais têm todo o dia determinado, para eles equivale a dizer que todas as suas necessidades essenciais precisam ser planejadas. Portanto, qualquer que seja o incentivo dado ao trabalho, esse incentivo não terá a significação estrutural que tem no mundo externo. Haverá diferentes motivos para o trabalho e diferentes atitudes com relação a ele. Este é um ajustamento básico exigido dos internados e dos que precisam levá-los a trabalhar.

Às vezes, é exigido tão pouco trabalho que os internados, freqüentemente pouco instruídos para atividades de lazer, sofrem extraordinário aborrecimento. O trabalho exigido pode ser realizado em ritmo muito lento e pode estar ligado a um sistema de pagamentos secundários, freqüentemente cerimoniais — por exemplo, a ração semanal de tabaco ou os presentes de Natal —, e que levam alguns doentes mentais a continuar em seu trabalho. Evidentemente, em outros casos, exige-se mais do que um dia integral de trabalho, induzido, não por prêmios, mas por ameaça de castigo físico. Em algumas instituições totais — por exemplo, acampamentos de corte de árvores, navios mercantes — a prática de economia obrigatória adia a relação usual com o mundo, que pode ser obtida com dinheiro; todas as necessidades são organizadas pela instituição e o pagamento só é dado depois de uma estação de trabalho, quando os operários saem do local. Em algumas instituições, existe uma espécie de escravidão, e o tempo integral do internado é colocado à disposição da equipe dirigente; neste caso, o sentido de eu e de posse do internado pode tornar-se alienado em sua capacidade de trabalho. T. E. Lawrence dá um exemplo disso em seu registro de serviço no treinamento da R.A.F. (Royal Air Force):

Os homens de seis semanas que encontramos na faxina chocavam nosso sentimento moral por sua indiferença. "Vocês são uns bobos — vocês que são recrutas, não deviam suar tanto." Será nosso zelo de novatos, ou um resto de civilidade que ainda guardamos? Pois a R.A.F. nos pagará vinte e quatro horas por dias, à razão de três meios pences por hora; pagos para trabalhar, pagos para comer, pagos para dormir: esses meios pences estão sempre somando. Por isso, é impossível dignificar um trabalho ao fazê-lo bem. É preciso gastar o maior tempo possível nele, pois depois não haverá uma lareira à nossa espera, mas apenas um outro trabalho[9].

(9) LAWRENCE, T. E. *The Mint*. Londres, Jonathan Cape, 1955, p. 40.

Haja muito ou pouco trabalho, o indivíduo que no mundo externo estava orientado para o trabalho tende a tornar-se desmoralizado pelo sistema de trabalho da instituição total. Um exemplo dessa desmoralização é a prática, em hospitais estaduais para doentes mentais, de "tapear" ou "usar o trabalho de outro" em troca de uma moeda de dez ou cinco centavos que pode ser gasta na cantina. As pessoas fazem isso — às vezes com certa insolência —, embora no mundo externo considerem tais ações como abaixo de seu amor-próprio. (Os membros da equipe dirigente, que interpretam esse padrão através de sua orientação "civil" para a obtenção de dinheiro, tendem a considerá-lo como um sintoma de doença mental e como uma outra pequena prova de que os internados realmente não estão bem.)

Portanto, existe incompatibilidade entre as instituições totais e a estrutura básica de pagamento pelo trabalho de nossa sociedade. As instituições totais são também incompatíveis com outro elemento decisivo de nossa sociedade — a família. A vida familial é às vezes contrastada com a vida solitária, mas, na realidade, um contraste mais adequado poderia ser feito com a vida em grupo, pois aqueles que comem e dormem no trabalho, com um grupo de companheiros de serviço, dificilmente podem manter uma existência doméstica significativa[10]. Inversamente, o fato de manter as famílias fora das instituições sociais muitas vezes permite que os membros das equipes dirigentes continuem integrados na comunidade externa e escapem da tendência dominadora da instituição total.

Independentemente do fato de determinada instituição total agir como força boa ou má na sociedade civil, certamente terá força, e esta depende em parte da supressão de um círculo completo de lares reais ou potenciais. Inversamente, a formação de lares dá uma garantia estrutural de que as instituições totais não deixarão de enfrentar resistências. A incompatibilidade entre essas duas formas de organização social deve esclarecer algo a respeito das funções sociais mais amplas de ambas.

A instituição total é um híbrido social, parcialmente comunidade residencial, parcialmente organização formal; aí reside seu especial interesse sociológico. Há também outros motivos que suscitam nosso interesse por esses estabelecimentos. Em nossa sociedade, são as estufas para mudar pessoas; cada uma é um experimento natural sobre o que se pode fazer ao eu.

---

(10) Um interessante caso marginal seria aqui o *kibutz* de Israel. Ver MELFORD E. SPIRO, *Kibbutz, Venture in Utopia*, Cambridge, Harvard University Press, 1956, e ETIZIONI, *op. cit.*.

Aqui foram sugeridos alguns aspectos básicos das instituições totais. Agora, desejo considerar tais estabelecimentos a partir de duas perspectivas: em primeiro lugar, o mundo do internado; depois, o mundo da equipe dirigente. Finalmente, desejo dizer algo a respeito dos contatos entre os dois.

O MUNDO DO INTERNADO

I

É característico dos internados que cheguem à instituição com uma "cultura aparente" (para modificar uma frase psiquiátrica) derivada de um "mundo da família" — uma forma de vida e um conjunto de atividades aceitas sem discussão até o momento de admissão na instituição. (Portanto, existem razões para excluir os orfanatos e casas de crianças enjeitadas da lista de instituições totais, a não ser na medida em que o órfão passa a ser socializado no mundo externo, por algum processo de osmose cultural, mesmo que esse mundo lhe seja sistematicamente negado.) Qualquer que seja a estabilidade da organização pessoal do novato, era parte de um esquema mais amplo, encaixado em seu ambiente civil — um conjunto de experiência que confirmava uma concepção tolerável do eu e permitia um conjunto de formas de defesa, exercidas de acordo com sua vontade, para enfrentar conflitos, dúvidas e fracassos.

Aparentemente, as instituições totais não substituem algo já formado pela sua cultura específica; estamos diante de algo mais limitado do que aculturação ou assimilação. Se ocorre mudança cultural, talvez se refira ao afastamento de algumas oportunidades de comportamento e ao fracasso para acompanhar mudanças sociais recentes no mundo externo. Por isso, se a estada do internado é muito longa, pode ocorrer, caso ele volte para o mundo exterior, o que já foi denominado "desculturamento"[11] — isto é, "destreinamento" — que o torna temporariamente incapaz de enfrentar alguns aspectos de sua vida diária.

Para o internado, o sentido completo de estar "dentro" não existe independentemente do sentido específico que para ele tem "sair" ou "ir para fora". Neste sentido, as

---

(11) Um termo empregado por ROBERT SOMMER, Patients who grow old in a mental hospital, *Geriatrics*, XIV, (1959), pp. 586-87. O termo "dessocialização", às vezes usado neste contexto, parece muito forte, supondo a perda de capacidades fundamentais para comunicação e cooperação.

instituições totais realmente não procuram uma vitória cultural. Criam e mantêm um tipo específico de tensão entre o mundo doméstico e o mundo institucional, e usam essa tensão persistente como uma força estratégica no controle de homens.

II

O novato chega ao estabelecimento com uma concepção de si mesmo que se tornou possível por algumas disposições sociais estáveis no seu mundo doméstico. Ao entrar, é imediatamente despido do apoio dado por tais disposições. Na linguagem exata de algumas de nossas mais antigas instituições totais, começa uma série de rebaixamentos, degradações, humilhações e profanações do eu. O seu eu é sistematicamente, embora muitas vezes não intencionalmente, mortificado. Começa a passar por algumas mudanças radicais em sua *carreira moral,* uma carreira composta pelas progressivas mudanças que ocorrem nas crenças que têm a seu respeito e a respeito dos outros que são significativos para ele.

Os processos pelos quais o eu da pessoa é mortificado são relativamente padronizados nas instituições totais[12]; a análise desse processo pode nos auxiliar a ver as disposições que os estabelecimentos comuns devem garantir, a fim de que seus membros possam preservar seu eu civil.

A barreira que as instituições totais colocam entre o internado e o mundo externo assinala a primeira mutilação do eu. Na vida civil, a seqüência de horários dos papéis do indivíduo, tanto no ciclo vital quanto nas repetidas rotinas diárias, assegura que um papel que desempenhe não impeça sua realização e suas ligações em outro. Nas instituições totais, ao contrário, a participação automaticamente perturba a seqüência de papéis, pois a separação entre o internado e o mundo mais amplo dura o tempo todo e pode continuar por vários anos. Por isso ocorre o despojamento do papel. Em muitas instituições totais, inicialmente se proíbem as visitas vindas de fora e as saídas do estabelecimento, o que assegura uma ruptura inicial profunda com os papéis anteriores e uma avaliação da perda de papel. Uma descrição de vida de cadete numa academia militar dá exemplo disso:

A ruptura nítida com o passado precisa ser efetivada em tempo relativamente curto. Por isso, durante dois meses o ca-

(12) Um exemplo da descrição desses processos pode ser encontrado em GRESHAM M. SYKES, *The Society of Captives,* Princeton, Princeton University Press, 1958, cap. IV, "The Pains of Imprisonment", pp. 63-83.

louro não tem permissão para sair da base ou ter relações sociais com não-cadetes. Esse isolamento completo ajuda a criar um grupo unificado de calouros, e não uma coleção heterogênea de pessoas com alto e baixo *status*. Os uniformes são distribuídos no primeiro dia, e são proibidas as discussões de dinheiro e antecedentes de família. Embora o cadete ganhe muito pouco, não pode receber dinheiro de casa. O papel de cadete deve sobrepor-se a outros papéis que o indivíduo estava habituado a desempenhar. Restam poucas indicações que revelem o *status* social no mundo externo[13].

Eu poderia acrescentar que, quando a entrada é voluntária, o novato parcialmente já se afastara de seu mundo doméstico; o que é nitidamente cortado pela instituição é algo que já tinha começado a definhar.

Embora alguns dos papéis possam ser restabelecidos pelo internado, se e quando ele voltar para o mundo, é claro que outras perdas são irrecuperáveis e podem ser dolorosamente sentidas como tais. Pode não ser possível recuperar, em fase posterior do ciclo vital, o tempo não empregado no progresso educacional ou profissional, no namoro, na criação dos filhos. Um aspecto legal dessa perda permanente pode ser encontrado no conceito de "morte civil": os presos podem enfrentar, não apenas uma perda temporária dos direitos de dispor do dinheiro e assinar cheques, opor-se a processos de divórcio ou adoção, e votar, mas ainda podem ter alguns desses direitos permanentemente negados[14].

Portanto, o internado descobre que perdeu alguns dos papéis em virtude da barreira que o separa do mundo externo. Geralmente, o processo de admissão também leva a outros processos de perda e mortificação. Muito freqüentemente verificamos que a equipe dirigente emprega o que denominamos processos de admissão: obter uma história de vida, tirar fotografia, pesar, tirar impressões digitais, atribuir números, procurar e enumerar bens pessoais para que sejam guardados, despir, dar banho, desinfetar, cortar os cabelos, distribuir roupas da instituição, dar instruções

---

(13) DORNBUSCH, Sanford M. The Military Academy as an Assimilating Institution, *Social Forces*, XXXIII (1955), p. 317. Para exemplo de restrições iniciais a visitas num hospital para doentes mentais, ver D. McI. JOHNSON e N. DODDS (orgs). *The Plea for the Silent*, Londres; Christopher Johnson, 1957, p. 16. Comparar isso à regra contra visitas que freqüentemente ligou os empregados domésticos a suas instituições totais. Ver J. JEAN HECHT, *The Domestic Servant Class in Eighteenth-Century England*, Londres, Routledge and Kegan Paul, 1956, pp. 127-28.

(14) Uma boa resenha, para o caso das prisões norte-americanas, pode ser vista em PAUL W. TAPPAN, The Legal Rights of Prisoners, *The Annals*, CCXCIII (maio, 1954), pp. 99-111.

quanto a regras, designar um local para o internado[15]. Os processos de admissão talvez pudessem ser denominados "arrumação" ou "programação", pois, ao ser "enquadrado", o novato admite ser conformado e codificado num objeto que pode ser colocado na máquina administrativa do estabelecimento, modelado suavemente pelas operações de rotina. Muitos desses processos dependem de alguns atributos — por exemplo, peso ou impressões digitais — que o indivíduo possui apenas porque é membro da mais ampla e abstrata das categorias sociais, a de ser humano. A ação realizada com base em tais atributos necessariamente ignora a maioria de suas bases anteriores de auto-identificação.

Como uma instituição total lida com muitos aspectos da vida dos internados, com a conseqüente padronização complexa na admissão, existe uma necessidade especial de conseguir a cooperação inicial do novato. A equipe dirigente muitas vezes pensa que a capacidade do novato para apresentar respeito adequado em seus encontros iniciais face a face é um sinal de que aceitará o papel de internado rotineiramente obediente. O momento em que as pessoas da equipe dirigente dizem pela primeira vez ao internado quais são as suas obrigações de respeito pode ser estruturado de tal forma que desafie o internado a ser um revoltado permanente ou a obedecer sempre. Por isso, os momentos iniciais de socialização podem incluir um "teste de obediência" ou até um desafio de quebra de vontade; um internado que se mostra insolente pode receber castigo imediato e visível, que aumenta até que explicitamente peça perdão ou se humilhe.

Um bom exemplo disso é dado por Brendan Behan, ao recordar sua disputa com dois guardas no momento em que foi admitido na prisão de Walton:

"E levante a cabeça quando falo com você."

"Levante a cabeça quando o Sr. Whitbread falar com você", disse o Sr. Holmes.

Olhei para Charlie. Seus olhos encontraram os meus e rapidamente os baixou para o chão.

"O que é que você está procurando, Behan? Olhe para mim."

....

Olhei para o Sr. Whitbread.

"Estou olhando para o senhor." Falei.

————
(15) Ver, por exemplo, J. KERKHOFF, *How Thin the Veil: A Newspaperman's Story of His Own Mental Crack-up and Recovery*, New York, Greenberg, 1952, p. 110; ELIE A. COHEN, *Human Behaviour in the Concentration Camp*, Londres, Jonathan Cape, 1954, pp. 118-122; EUGEN KOGON, *The Theory and Practice of Hell*, New York, Berkley Publishing Corp., s. d., pp. 63-68.

"Você está olhando para o Sr. Whitbread — olhando o quê?" Perguntou o Sr. Holmes.

"Estou olhando para o Sr. Whitbread."

O Sr. Holmes olhou sério para o Sr. Whitbread, levou para trás sua mão aberta e me bateu no rosto; segurou-me com a outra mão e bateu novamente.

Fiquei tonto, minha cabeça doía e queimava, e fiquei imaginando se isso ocorreria de novo. Esqueci e levei outra bofetada, e esqueci, e depois outra, e me movimentei, e fui sustentado por uma mão firme, quase delicada, e depois outra. Minha vista apresentava uma visão de lampejos vermelhos e brancos e borrados.

"Você está olhando para o Sr. Whitbread. É isso, Behan?"

Engoli saliva e fiz força para falar; engoli de novo e afinal consegui.

"Por favor, meu senhor, estou olhando para o senhor, quero dizer, estou olhando para o Sr. Whitbread, meu senhor"[16].

Os processos de admissão e os testes de obediência podem ser desenvolvidos numa forma de iniciação que tem sido denominada "as boas-vindas" — onde a equipe dirigente ou os internados, ou os dois grupos, procuram dar ao novato uma noção clara de sua situação[17]. Como parte desse rito de passagem ele pode ser chamado por um termo como "peixe" ou "calouro", que lhe diz que é apenas um internado, e, mais ainda, que tem uma posição baixa mesmo nesse grupo baixo.

O processo de admissão pode ser caracterizado como uma despedida e um começo, e o ponto médio do processo pode ser marcado pela nudez. Evidentemente, o fato de sair exige uma perda de propriedade, o que é importante porque as pessoas atribuem sentimentos do eu àquilo que possuem. Talvez a mais significativa dessas posses não seja física, pois é nosso nome; qualquer que seja a maneira de ser chamado, a perda de nosso nome é uma grande mutilação do eu[18].

Uma vez que o internado seja despojado de seus bens, o estabelecimento precisa providenciar pelo menos algumas substituições, mas estas se apresentam sob forma padroni-

---

(16) BEHAN, Brendan. *Borstal Boy*. Londres, Hutchinson, 1958, p. 40. Ver também ANTHONY HECKSTALL-SMITH, *Eighteen Months*, Londres, Allan Wingate, 1954, p. 26.

(17) Para uma versão desse processo em campos de concentração, ver COHEN, *op. cit.*, p. 120, e KOGON, *op. cit.*, pp. 64-65. Para um tratamento formalizado das "boas-vindas" num reformatório de moças, ver SARA HARRIS, *The Wayward Ones*, New York, New American Library, 1952, pp. 31-34. Uma versão da prisão, menos explícita, pode ser encontrada em GEORGE DENDRICKSON e FREDERICK THOMAS, *The Truth About Dartmoor*, Londres, Gollancz, 1954, pp. 42-57.

(18) Por exemplo, THOMAS MERTON, *The Seven Storey Mountain*, New York, Harcourt, Brace and Company, 1948, pp. 290-91; COHEN, *op. cit.*, pp. 145-47.

zada, uniformes no caráter e uniformemente distribuídas. Tais bens substitutos são claramente marcados como pertencentes à instituição e, em alguns casos, são recolhidos em intervalos regulares para, por assim dizer, serem desinfetados de identificações. Com objetos que podem ser gastos — por exemplo, lápis — o internado pode ser obrigado a devolver os restos antes de conseguir uma substituição[19]. O fato de não dar chaves aos internados e as buscas e os confiscos periódicos de propriedade pessoal acumulada[20] reforçam a ausência de bens. As ordens religiosas avaliaram muito bem as conseqüências, para o eu, dessa separação entre a pessoa e seus bens. Os internados podem ser obrigados a mudar de cela uma vez por ano, a fim de que não fiquem ligados a elas. A Regra Beneditina é explícita:

Para dormir, devem ter apenas um colchão, um cobertor, uma colcha e um travesseiro. Essas camas devem ser freqüentemente examinadas pelo abade, por causa de propriedade particular que aí pode estar guardada. Se alguém for descoberto com algo que não recebeu do abade, deve ser severamente castigado. E para que esse vício de propriedade particular possa ser completamente eliminado, todas as coisas necessárias devem ser dadas pelo abade: capuz, túnica, meias, sapatos, cinto, faca, caneta, agulha, lenço e tabuletas para a escrita. Assim, é possível eliminar todas as queixas de necessidades. E o abade deve sempre considerar a seguinte passagem dos Atos dos Apóstolos: "Distribuição a cada um, de acordo com suas necessidades"[21].

Um conjunto de bens individuais tem uma relação muito grande com o eu. A pessoa geralmente espera ter certo controle da maneira de apresentar-se diante dos outros. Para isso precisa de cosméticos e roupas, instrumentos para usá-los, ou consertá-los, bem como de um local seguro para guardar esses objetos e instrumentos — em resumo, o indivíduo precisa de um "estojo de identidade" para o controle de sua aparência pessoal. Também precisa ter acesso a especialistas em apresentação — por exemplo, barbeiros e costureiros.

No entanto, ao ser admitido numa instituição total, é muito provável que o indivíduo seja despido de sua aparência usual, bem como dos equipamentos e serviços com os quais a mantém, o que provoca desfiguração pessoal. Roupas, pentes, agulha e linha, cosméticos, toalhas, sabão, aparelho de barba, recursos de banho — tudo isso pode ser tirado dele ou a ele negado, embora alguns possam ser

(19) DENDRICKSON e THOMAS, *op. cit.*, pp. 83-84; ver também *The Holy Rule of Saint Benedict*, cap. 55.
(20) KOGON, *op. cit.*, p. 69.
(21) *The Holy Rule of Saint Benedict*, cap. 55.

guardados em armários inacessíveis, para serem devolvidos se e quando sair. Nas palavras da Regra Sagrada de São Bento:

> Depois, no oratório, seja despido de suas roupas e seja vestido com as do mosteiro. Essas roupas devem ser colocadas num armário, e aí guardadas para que, se por acaso, (e que Deus não o permita), algum dia for convencido pelo Demônio a deixar o mosteiro possa perder o hábito do convento e ir embora[22].

Como já foi sugerido, o material da instituição dado como substituto para aquilo que foi retirado é geralmente de um tipo "barato", mal ajustado, muitas vezes velho e igual para amplas categorias de internados. O impacto dessa substituição é descrito num relatório sobre prostitutas presas:

> Em primeiro lugar, existe o funcionário do chuveiro que as obriga a se despirem, tira suas roupas, faz com que tomem banho de chuveiro e recebam suas roupas de prisão — um par de sapatos pretos de amarrar, com saltos baixos, dois pares de meias muito remendadas, três vestidos de algodão, duas anáguas de algodão, duas calças, e um par de *soutiens*. Quase todos os *soutiens* estão frouxos e são inúteis. Não recebem cintas e nem cintos.
> Nada mais triste do que ver algumas das prisioneiras obesas que, pelo menos, conseguiam parecer decentes no mundo externo diante da sua primeira imagem na situação de prisão[23].

Além da deformação pessoal que decorre do fato de a pessoa perder seu conjunto de identidade, existe a desfiguração pessoal que decorre de mutilações diretas e permanentes do corpo — por exemplo, marcas ou perda de membros. Embora essa mortificação do eu através do corpo seja encontrada em poucas instituições totais, a perda de um sentido de segurança pessoal é comum, e constitui um fundamento para angústias quanto ao desfiguramento. Pancadas, terapia de choque, ou, em hospitais para doentes mentais, cirurgia — qualquer que seja o objetivo da equipe diretora ao dar tais serviços para os internados — podem levar estes últimos a sentirem que estão num ambiente que não garante sua integridade física.

Na admissão, a perda de equipamento de identidade pode impedir que o indivíduo apresente, aos outros, sua

---

(22) *The Holy Rule of Saint Benedict*, cap. 58.
(23) Ver JOHN M. MURTAGH e SARAH HARRIS, *Cast the First Stone*, New York, Pocket Books, 1958, pp. 239-40. Sobre hospitais psiquiátricos, ver, por exemplo, KERKHOFF, *op. cit.*, p. 10; WARD, *op. cit.*, p. 60. apresenta a razoável sugestão de que, em nossa sociedade os homens sofrem menos deformação do que as mulheres.

imagem usual de si mesmo. Depois da admissão, a imagem que apresenta de si mesmo é atacada de outra forma. No idioma expressivo de determinada sociedade civil, alguns movimentos, algumas posturas e poses traduzem imagens inferiores do indivíduo e são evitadas como aviltantes. Qualquer regulamento, ordem ou tarefa, que obrigue o indivíduo a adotar tais movimentos ou posturas, pode mortificar seu eu. Nas instituições totais, são muito numerosas tais "indignidades" físicas. Por exemplo, nos hospitais para doentes mentais os pacientes podem ser obrigados a comer com colher[24]. Nas prisões militares, os internados podem ser obrigados a ficar em posição de sentido sempre que um oficial entre no local[25]. Nas instituições religiosas, há alguns gestos clássicos de penitência como, por exemplo, beijar os pés[26], e a postura recomendada a um monge que cometeu falta para que

... fique prostrado na porta do oratório, e em silêncio; assim, com sua face no chão e seu corpo estendido, deve ficar aos pés de todos que passam pelo oratório[27].

Em algumas instituições penais encontramos a humilhação de curvar-se para ser açoitado[28].

Assim como o indivíduo pode ser obrigado a manter o corpo em posição humilhante, pode ser obrigado a dar respostas verbais também humilhantes. Um aspecto importante disso é o padrão de deferência obrigatória das instituições totais; muitas vezes, os internados são obrigados a, em sua interação social com a equipe diretora, apresentar atos verbais de deferência — por exemplo, dizendo "senhor" a todo momento. Outro exemplo é a necessidade de pedir, importunar, ou humildemente pedir algumas coisas pequenas — por exemplo, fogo para cigarro, um copo d'água ou permissão para usar o telefone.

Às indignidades de fala e ação exigidas do internado, correspondem as indignidades de tratamento que outros lhe dão. Os exemplos padronizados são aqui as profanações verbais ou de gestos: pessoas da equipe dirigente ou outros internados dão ao indivíduo nomes obscenos, podem xingá-lo, indicar suas qualidades negativas, "gozá-lo", ou falar a

(24) JOHNSON E DODDS, *op. cit.*, p. 15; para uma versão de prisão, ver ALFRED HASSLER, *Diary of a Self-Made Convict*, Chicago, Regnery, 1954, p. 33.
(25) HANKOFF, L. D. Interaction Patterns Among Military Prison Personnel, *U. S. Armed Forces Medical Journal*, X (1959), p. 1419.
(26) HULME, Kathry, *The Nun's Story*, Londres, Muller, 1957, p. 52.
(27) *The Holy Rule of Saint Benedict*, cap. 44.
(28) DENDRICKSON e THOMAS, *op. cit.*, p. 76.

seu respeito com outros internados como se não estivesse presente.

Qualquer que seja a forma ou a fonte dessas diferentes indignidades, o indivíduo precisa participar de atividade cujas conseqüências simbólicas são incompatíveis com sua concepção do eu. Um exemplo mais difuso desse tipo de mortificação ocorre quando é obrigado a executar uma rotina diária de vida que considera estranha a ele — aceitar um papel com o qual não se identifica. Nas prisões, a negação de oportunidades para relações heterossexuais pode provocar o medo de perda da masculinidade[29]. Em estabelecimentos militares, o trabalho obrigatório com minúcias evidentemente inúteis pode fazer com que os soldados sintam que seu tempo e esforço não têm valor[30]. Nas instituições religiosas há disposições especiais para garantir que todos os internados realizem, por turnos, os aspectos mais "baixos" do papel de empregado[31]. Um exemplo extremo é a prática do campo de concentração, onde os prisioneiros são obrigados a surrar outros presos[32].

Nas instituições totais há outra forma de mortificação; a partir da admissão, ocorre uma espécie de exposição contaminadora. No mundo externo, o indivíduo pode manter objetos que se ligam aos seus sentimentos do eu — por exemplo, seu corpo, suas ações imediatas, seus pensamentos e alguns de seus bens — fora de contato com coisas estranhas e contaminadoras. No entanto, nas instituições totais esses territórios do eu são violados; a fronteira que o indivíduo estabelece entre seu ser e o ambiente é invadida e as encarnações do eu são profanadas.

Existe, em primeiro lugar, a violação da reserva de informação quanto ao eu. Na admissão, os fatos a respeito das posições sociais e do comportamento anterior do internado — principalmente os fatos desabonadores — são coligidos e registrados num *dossier* que fica à disposição da equipe diretora. Mais tarde, na medida em que o estabelecimento espera, oficialmente, alterar as tendências auto--reguladoras do internado, pode haver confissão individual ou de grupo — psiquiátrica, política, militar ou religiosa — de acordo com o tipo de instituição. Nessas ocasiões, o internado precisa expor a novos tipos de audiências fatos e sentimentos sobre o eu. Os exemplos mais espetaculares dessa exposição nos são dados pelos campos comunistas de confissão e pelas sessões de *mea culpa* que constituem parte da rotina das instituições católicas religiosas[33]. A dinâmica

(29) SYKES, op. cit., pp. 70-72.
(30) Por exemplo, LAWRENCE, op. cit., pp. 34-35.
(31) *The Holy Rule of Saint Benedict*, cap. 35.
(32) KOGON, op. cit., p. 102.
(33) HULME, op. cit., pp. 48-51.

do processo tem sido considerada explicitamente pelos que trabalham na chamada terapia do meio.

As novas audiências não apenas descobrem fatos desairosos a respeito da pessoa — e comumente escondidos — mas estão também em posição para perceber diretamente alguns desses fatos. Os presos e os doentes mentais não podem impedir que os visitantes os vejam em circunstâncias humilhantes[34]. Outro exemplo é o sinal de identificação étnica usado por internados de campos de concentração[35]. Os exames médicos e de segurança muitas vezes expõem fisicamente o internado, às vezes a pessoas de ambos os sexos; uma exposição semelhante decorre de dormitórios coletivos e banheiros sem porta[36]. Um extremo talvez seja aqui o do doente mental autodestrutivo que fica nu, supostamente para sua proteção, e colocado numa sala com luz constantemente acesa, e que, por uma "janelinha", pode ser visto por quem quer que passe pela enfermaria. De modo geral, evidentemente, o internado nunca está inteiramente sozinho; está sempre em posição em que possa ser visto e muitas vezes ouvido por alguém, ainda que apenas pelos colegas de internamento[37]. As celas de prisão com barras de metal como paredes permitem essa exposição.

Talvez o tipo mais evidente de exposição contaminadora seja a de tipo diretamente físico — a sujeira e a mancha no corpo ou em outros objetos intimamente identificados com o eu. Às vezes isso inclui uma ruptura das usuais disposições do ambiente para isolamento da fonte de contaminação — por exemplo, precisar esvaziar os vasos sanitários[38], ou precisar submeter a evacuação a um regulamento, como se descreve nas prisões políticas chinesas:

Um aspecto de seu regime de isolamento, e que é muito penoso para os prisioneiros ocidentais, a disposição para eliminação de fezes e urina. O "vaso sanitário" usualmente presente nas celas russas muitas vezes não é encontrado nas chinesas. É um costume chinês permitir, em apenas um ou dois momentos especificados do dia, a defecação e a urina — usualmente pela manhã, depois do café. O prisioneiro é conduzido de sua cela

---

(34) Evidentemente, as comunidades mais amplas na sociedade ocidental também empregaram essa técnica sob a forma de açoites e forcas públicas, pelourinho e "troncos". Com a acentuação pública de mortificações em instituições está funcionalmente correlacionada a regra rigorosa, muitas vezes encontrada, de que uma pessoa da equipe dirigente não deve ser humilhada por outra pessoa dessa equipe na presença de internados.
(35) KOGON, op. cit., pp. 41-42.
(36) BEHAN, op. cit., p. 23.
(37) Por exemplo, KOGON, op. cit., p. 128; HASSLER, op. cit., p. 16. Para a situação numa instituição religiosa, ver HULME, op. cit., p. 48. A autora também descreve uma ausência de intimidade auditiva, pois a única porta fechada das celas individuais é formada por finas cortinas de algodão (p. 20).
(38) HECKSTALL-SMITH, op. cit., p. 21; DENDRICKSON e THOMAS, op. cit., p. 53.

por um guarda, através de um longo corredor, e tem aproximadamente dois minutos para ficar numa latrina chinesa aberta e satisfazer a todas as suas necessidades. A pressa e a observação pública são dificilmente toleráveis, principalmente pelas mulheres. Se os prisioneiros não podem completar sua ação em aproximadamente dois minutos, são abruptamente levados de volta para a cela[39].

Uma forma muito comum de contaminação se reflete em queixas a respeito de alimento sujo, locais em desordem, toalhas sujas, sapatos e roupas impregnados com o suor de quem os usou antes, privadas sem assentos e instalações sujas para o banho[40]. Os comentários de Orwell sobre sua escola interna podem ser considerados como exemplos:

> Havia os pratos de estanho onde recebíamos o nosso mingau. Tinham bordas salientes, onde se acumulava mingau azedo, e que podia ser retirado em longas tiras. O nosso mingau também continha mais grumos — como fios de cabelo e coisas negras desconhecidas — do que alguém consideraria possível, a não ser que aí fossem colocados intencionalmente. Nunca era seguro começar a comer o mingau sem examiná-lo antes. Havia também o tanque de água pegajosa para o banho de imersão — tinha doze ou quinze pés de extensão, toda a escola devia banhar-se ali todas as manhãs, e duvido que a água fosse trocada com muita freqüência — e as toalhas úmidas com seu odor de queijo: ...e o odor de transpiração do quarto de vestir, com suas bacias engorduradas, e, à frente, a fileira de privadas sujas e quebradas, sem trincos nas portas, de forma que, sempre que nos sentávamos, certamente alguém entraria por elas. Para mim, não é fácil pensar na minha vida escolar sem ter a impressão de respirar uma baforada fria e desagradável — uma espécie de mistura de meias usadas, toalhas sujas, cheiro de fezes nos corredores, garfos com alimento velho entre os dentes, carne de carneiro, e as portas dos banheiros que batiam e o eco dos urinóis nos dormitórios[41].

Existem ainda outras fontes de contaminação, como o sugere um entrevistado ao descrever um hospital de campo de concentração:

---

(39) HINKLE JR. L. E. e WOLFF, H. G. Communist Interrogation and Indoctrination of "Enemies of the State", *A.M.A. Archives of Neurology and Psychiatry*, LXXVI (1956), p. 153. Uma descrição muito útil do papel profanador das fezes, bem como da necessidade de controle pessoal bem como ambiental, é apresentada por C. E. ORBACH, *et al.*, Fears and Defensive Adaptations to the Loss of Anal Sphincter Control, *The Phychoanalytic Review*, XLIV (1957), pp. 121-75.
(40) Por exemplo, JOHNSON e DODDS, *op. cit.*, p. 75; HECKSTALL-SMITH, *op. cit.*, p. 15.
(41) ORWELL, George. Such, such were the Joys, *Partisan Review*, XIX (setembro-outubro, 1952), p. 523.

Deitavam-se duas pessoas em cada cama. E era muito desagradável. Por exemplo, se um homem morria, não era retirado senão depois de vinte e quatro horas, pois o grupo evidentemente desejava obter a ração de pão e sopa destinada a essa pessoa. Por isso, a morte só era declarada vinte e quatro horas depois, de forma que sua ração não fosse suprimida. E por isso a gente precisava ficar todo esse tempo na mesma cama com a pessoa morta[42].

Estávamos no nível intermediário. E era uma situação terrível, principalmente à noite. Em primeiro lugar, os mortos estavam descarnados e tinham uma aparência horrível. Quase todos se sujavam no momento da morte e isso não era um acontecimento muito estético. Muito freqüentemente vi esses casos no acampamento, nas barracas das pessoas doentes. As pessoas que morriam de feridas fleimosas e supuradas, com as camas cheias de pus, estavam juntas com alguém cuja doença era talvez mais benigna, que talvez tivesse apenas uma pequena ferida e que ficaria infeccionada[43].

A contaminação de ficar deitado perto do moribundo foi também citada em relatórios sobre hospitais para doentes mentais[44], e a contaminação cirúrgica tem sido citada em documentos de prisão:

No quarto de vestir, as ataduras e os instrumentos cirúrcos ficam expostos ao ar e ao pó. George, que procurara um assistente para tratamento de furúnculo no pescoço, foi operado com um bisturi usado, um momento antes, no pé de um homem, e que depois disso não fora esterilizado[45].

Finalmente, em algumas instituições totais o internado é obrigado a tomar medicamentos orais ou intravenosos, desejados ou não, e a comer o alimento, por menos agradável que este seja. Quando um internado se recusa a alimentar-se, pode haver contaminação imposta de suas entranhas por "alimentação forçada".

Já sugeri que o internado sofre mortificação de seu eu por exposição contaminadora de tipo físico, mas isso deve ser ampliado: quando a agência de contaminação é outro ser humano, o internado é ainda contaminado por contato interpessoal imposto e, conseqüentemente, uma relação social imposta. (De forma semelhante, quando o internado deixa de ter controle quanto a quem o observa em

(42) BODER, David P. *I Did Not Interview the Dead*. Urbana, University of Illinois Press, 1949, p. 50.
(43) *Ibid.*, p. 50.
(44) JOHNSON e DODDS, *op. cit.*, p. 16.
(45) DENDRICKSON e THOMAS, *op. cit.*, p. 122.

sua desgraça, ou conhece o seu passado, está sendo contaminado por uma relação obrigatória com essas pessoas — pois é através de tais percepções e conhecimento que se exprimem as relações.)

Em nossa sociedade, o modelo de contaminação interpessoal é talvez a violação; embora haja "perseguição" sexual nas instituições totais, estas apresentam muitos outros exemplos menos dramáticos. No momento da admissão, os bens de uma pessoa são retirados e indicados por um funcionário que os enumera e prepara para armazenamento. O internado pode ser revistado até o ponto — muitas vezes descrito na literatura — de um exame retal[46]. Posteriormente, durante sua estada, pode ser obrigado a sofrer exames em sua pessoa e em seu dormitório, seja de forma rotineira, seja quando há algum problema. Em todos esses casos, tanto o examinador quanto o exame penetram a intimidade do indivíduo e violam o território de seu eu. Segundo a sugestão de Lawrence, mesmo os exames rotineiros podem ter esse efeito:

Antigamente, os soldados precisavam tirar as botas e as meias, e apresentar os pés para o exame de um oficial. Quem se abaixasse para olhar, recebia um pontapé na boca. Havia também a rotina dos banhos, um certificado de seu suboficial de que você tinha tomado um banho durante a semana. Um banho! E com os exames de equipamento, de quarto e de utensílios, todas as desculpas para que os oficiais mais rigorosos dirigissem ofensas aos soldados, e os intrometidos se enfurecessem. Na verdade, é precio ter muito tato para interferir na pessoa de um pobre homem e não ofendê-lo[47].

Além disso, o hábito de, em prisões e hospitais para doentes mentais, misturar grupos etários, étnicos e raciais, pode fazer com que o internado sinta que está sendo contaminado por contato com companheiros indesejáveis. Um preso com formação ginasial, ao descrever sua entrada na prisão, dá exemplo disso:

Outro guarda apareceu com um par de algemas e me ligou o pequeno judeu, que se lamentava humildemente em Yiddish[48]...

De repente, tive o pensamento horrível de que poderia ser obrigado a compartilhar uma cela com o pequeno judeu e fiquei

---

(46) Por exemplo, LOWELL NAEVE, *A Field of Broken Stones*, Glen Gardner, New Jersey, Libertarian Press, 1950, p. 17; KOGON, *op. cit.*, p. 67; HOLLEY CANTINE e DACHINE RAINER, *Prison Etiquette*, Bearsville, New York, Retort Press, 1950, p. 46.
(47) LAWRENCE, *op. cit.*, p. 196.
(48) HECKSTALL-SMITH, *op. cit.*, p. 14.

tomado pelo pânico. Esse pensamento me obcecava e eliminava todo o resto[49].

Evidentemente, a vida em grupo exige contato mútuo e exposição entre os internados. No caso extremo, tal como ocorre nas celas de prisioneiros políticos da China, o contato mútuo pode ser muito grande:

Em certo estágio de sua prisão, o preso pode esperar ser colocado numa cela com aproximadamente outros oito presos. Se inicialmente estive isolado e era interrogado, isso pode ocorrer logo depois de sua primeira "confissão" ser aceita; no entanto, muitos presos são, desde o início, colocados em celas coletivas. A cela é usualmente nua, e mal contém o grupo que aí é colocado. Pode haver uma plataforma para dormir, mas todos os presos dormem no chão; quando todos se deitam, todas as polegadas do chão podem estar ocupadas. A atmosfera é de extrema promiscuidade. A vida "reservada" é impossível[50].

Lawrence dá um exemplo militar disso ao discutir suas dificuldades para entender-se com seus companheiros da força aérea nas barracas do acampamento:

Como se vê, não posso brincar com nada e com ninguém; e um acanhamento natural me afasta de sua simpatia instintiva de .... e "caçadas", beliscões, empréstimos e nomes feios; e isso, apesar de minha simpatia pela liberdade franca a que se abandonam. Inevitavelmente, em nossas acomodações apertadas, precisamos expor esses recatos físicos que a vida educada impõe. A atividade sexual é uma fanfarronada ingênua, e quaisquer anormalidades de desejos ou órgãos são exibidas com curiosidade. As autoridades estimulam esse comportamento. Todas as latrinas do acampamento perderam suas portas. "Façam com que os pequenos .... durmam e .... e comam juntos", dizia o velho Jock Mackay, instrutor superior, "e naturalmente acabarão por treinar juntos"[51].

Um exemplo rotineiro desse contato contaminador é o sistema de apelidos para os internados. As pessoas da equipe dirigente e os outros internados automaticamente adquirem o direito de empregar uma forma íntima de chamar a pessoa, ou uma maneira formal e truncada para fazê-lo; pelo menos para uma pessoa de classe média, isso nega o direito de manter-se distante dos outros, através de um estilo formal de tratamento[52]. Quando um indivíduo precisa

(49) *Ibid.*, p. 17.
(50) HINCKLE e WOLFF, *op. cit.*, p. 156.
(51) LAWRENCE, *op. cit.*, p. 91.
(52) Ver, por exemplo, HASSLER, *op. cit.*, p. 104.

aceitar alimento que considera estranho e poluído, essa contaminação às vezes decorre do contato de outra pessoa com o alimento, como se vê muito bem na penitência de "mendigar sopa", praticada em alguns conventos:

> ... ela colocava a sua vasilha de barro à esquerda da Madre Superiora, ajoelhava-se, juntava as mãos e esperava até que duas colheiradas de sopa fossem colocadas na sua vasilha de mendiga. Depois, ia até a freira mais velha e assim sucessivamente, até que a vasilha estivesse cheia. (...) Quando, finalmente, isso acontecia, voltava para o seu lugar e engolia a sopa, pois era o que devia fazer, até a última gota. Tentava não pensar que tinha sido tirada de outras vasilhas, e que comia restos das outras[53].

Outro tipo de exposição contaminadora coloca um estranho em contato com a relação individual íntima daqueles que são significativos para ele. Por exemplo, a correspondência de um internado pode ser lida e censurada, e pode até provocar caçoadas[54]. Outro exemplo é o caráter obrigatoriamente público de visitas, como se vê por descrições de prisões:

> Mas que tipo sádico de organização encontraram para tais visitas! Uma hora, uma vez por mês — ou dois períodos de meia hora — numa sala grande talvez com outros dez casais, com guardas que procuram verificar se você não troca planos e nem instrumentos para fuga! Nós nos encontramos numa mesa de um metro e oitenta de largura, em cuja parte central existe uma espécie de tela de proteção com 15 centímetros de altura, e que presumivelmente impede até que nossos germes se misturem. Tínhamos permissão para um higiênico aperto de mãos no início da visita, e outro no fim; durante o resto de tempo podíamos apenas sentar e olhar um para o outro, enquanto falávamos através de toda essa distância[55]!

> As visitas são feitas numa sala perto da entrada principal. Há uma mesa de madeira; de um lado se senta o preso, e, do outro, seus visitantes. O guarda se senta à cabeceira da mesa; ouve todas as palavras ditas, observa todos os gestos e sutilezas de expressão. Não existe qualquer intimidade — mesmo quando um homem está encontrando sua mulher, e mesmo que não a tenha visto por vários anos. Não se permite qualquer contato entre o preso e o visitante, e, evidentemente, não se permite a troca de objetos[56].

---

(53) HULME, op. cit., pp. 52-53.
(54) DENDRICKSON e THOMAS, op. cit., p. 128.
(55) HASSLER, op. cit., p. 62-63.
(56) DENDRICKSON e THOMAS, op. cit., p. 175.

Uma versão mais completa desse tipo de exposição contaminadora ocorre, como já foi sugerido, em confissões institucionalmente organizadas. Quando um outro significativo precisa ser denunciado e sobretudo quando esse outro está fisicamente presente, a confissão, a estranhos, da relação pode significar uma intensa contaminação da relação e, através disso, do eu. Uma descrição dos costumes num convento dá exemplo disso:

> As mais valentes das emocionalmente vulneráveis eram as freiras que se levantavam juntas no *mea culpa* e se acusavam mutuamente de terem procurado ficar juntas, ou talvez de terem conversado nos momentos de recreação de uma forma que excluía as outras. As suas confissões atormentadas mas claramente apresentadas, de uma afinidade nascente dava nesta última o *coup de grâce* que talvez sozinhas não pudessem fazer, pois toda a comunidade a partir de então tomaria cuidado para que essas duas ficassem distantes. O par era ajudado a afastar-se de uma dessas ligações pessoais e espôntâneas que freqüentemente surgem na comunidade, de maneira tão inesperada quanto as flores silvestres, nos jardins geometricamente desenhados do convento[57].

Um exemplo paralelo pode ser encontrado em hospitais para doentes mentais dedicados à terapia intensiva do meio, onde os pares de pacientes que têm uma relação podem ser obrigados a discuti-la durante as reuniões do grupo.

Nas instituições totais, a exposição das relações da pessoa pode ocorrer em formas ainda mais drásticas, pois pode haver ocasiões em que um indivíduo testemunha um ataque físico a alguém com quem tem ligações, e sofre a mortificação permanente de nada ter feito (e os outros saberem que nada fez). Num hospital para doentes mentais:

> Este conhecimento (de terapia de choque) se baseia no fato de que alguns dos pacientes da Enfermaria 30 auxiliaram a equipe de choque aplicar a terapia aos pacientes, colocá-los deitados, ou os observarem depois do choque. Na enfermaria, a aplicação de choque é muitas vezes realizada diante de um grupo de observadores interessados. As convulsões do paciente são muitas vezes semelhantes às de uma vítima de acidente durante a agonia, e são acompanhadas por estertores e, às vezes, por uma espuma de saliva que escorre da boca. O paciente se recupera aos poucos, sem lembrança do que ocorreu, mas deu aos outros um espetáculo aterrorizador do que pode ser feito para eles[58].

(57) HULME, *op. cit.*, pp. 50-51.
(58) BELKNAP, *op. cit.*, p. 194.

A descrição de Melville sobre castigos num navio de guerra do século XIX dá um outro exemplo:

> Por mais que você deseje afastar-se da cena, precisa presenciá-la; ou, pelo menos, precisa estar perto, pois os regulamentos exigem a presença de quase toda a tripulação, desde o corpulento capitão até o rapazinho encarregado de tocar o sino[59].
>
> E a sua presença inevitável no espetáculo: o forte braço que o leva a ver o castigo e aí o segura até que tudo tenha terminado; que impõe a seus olhos cheios de asco, e à sua alma, os sofrimentos e gemidos de homens que se ligaram intimamente a ele, comeram com ele, batalharam com ele, — homens de seu tipo e de sua categoria — tudo isso dá uma indicação terrível da autoridade onipotente sob a qual está vivendo[60].

Lawrence apresenta um exemplo militar:

> Esta noite, a pancada na porta da barraca, na hora da revista, foi terrível; a porta foi jogada para trás e quase saiu das dobradiças. Com a iluminação, apareceu Baker, V. C., um cabo que, por causa de suas condecorações de guerra, tomava muitas liberdades no acampamento. Caminhou para o meu lado da barraca, examinando as camas. O pequeno Nobby, tomado de surpresa, estava com uma bota calçada e a outra no chão. O cabo parou: "O que acontece com VOCÊ?" "Estava tirando um espinho que machucava meu pé." "Ponha logo a bota. Qual o seu nome?" Foi até a porta do fundo, virou-se rapidamente e gritou: "Clarke!" Nobby gritou corretamente "Cabo!" e correu pela passagem (sempre precisamos correr, quando chamados) e ficou rigidamente colocado à sua frente. Uma pausa e, depois, secamente: "Volte para sua cama!"
>
> O cabo continuava esperando e devíamos fazer o mesmo, em forma junto às nossas camas. Depois, secamente: "Clarke!" A execução foi repetida, muitas vezes, enquanto nossas quatro filas olhavam, imobilizadas pela vergonha e pela disciplina. Éramos homens, e ali estava um homem que se degradava e degradava sua espécie ao degradar outro homem. Baker estava desejando um caso e esperava provocar um de nós a fazer algum ato ou dizer alguma palavra que lhe permitisse apresentar uma queixa[61].

O extremo desse tipo de mortificação dos sentimentos se encontra, evidentemente, na literatura sobre os campos de concentração:

---

(59) MELVILLE, Herman. *White Jacket*. New York, Grove Press, s/d, p. 135.
(60) *Ibid.*, p. 135.
(61) LAWRENCE, *op. cit.*, p. 62.

Um judeu de Breslau, chamado Silbermann, precisou ficar imóvel, enquanto o sargento Hoppe, da SS, brutalmente torturou seu irmão até matá-lo. Silbermann ficou louco ao ver isso e, tarde da noite, criou o pânico com os seus gritos alucinantes de que as barracas estavam pegando fogo[62].

III

Considerei alguns dos ataques mais elementares e diretos ao eu — várias formas de desfiguração e de profanação através das quais o sentido simbólico dos acontecimentos na presença imediata do internado deixa de confirmar sua concepção anterior do eu. Agora, gostaria de discutir uma fonte de mortificação menos direta em seu efeito, e cuja significação para o indivíduo não pode ser tão facilmente avaliada: uma perturbação na relação usual entre o ator individual e seus atos.

A primeira perturbação, a ser considerada aqui é o "circuito": uma agência que cria uma resposta defensiva do internado e que, depois, aceita essa resposta como alvo para seu ataque seguinte. O indivíduo descobre que sua resposta protetora diante de um ataque ao eu falha na situação: não pode defender-se da forma usual ao estabelecer uma distância entre a situação mortificante e o seu eu.

Os padrões de deferência nas instituições totais dão um exemplo do efeito de circuito. Na sociedade civil, quando um indivíduo precisa aceitar circunstâncias e ordens que ultrajem sua concepção do eu, tem certa margem de expressão de reação para salvar as aparências — mau humor, omissão dos sinais comuns de deferência, palavrões resmungados, ou expressões fugidias de desprezo, ironia e sarcasmo. Portanto, a obediência tende a estar associada a uma atitude manifesta que não está sujeita ao mesmo grau de pressão para obediência.' Embora essa resposta expressiva de autodefesa a exigências humilhantes ocorra nas instituições totais, a equipe diretora pode castigar diretamente os internados por essa atividade, e citar o mau humor e a insolência como bases para outros castigos. Assim, ao descrever a contaminação do eu resultante do fato de tomar sopa da vasilha de mendigo, Kathryn Hulme diz da freira que

... eliminou de sua expressão facial a revolta que surgia em sua alma delicada ao beber os restos. Sabia que um olhar de rebeldia seria suficiente para provocar uma repetição da degradação extraordinária que estava certa de não suportar novamente, nem por amor ao Deus Todo-Poderoso[63].

(62) KOGON, op. cit., p. 160.
(63) HULME, op. cit., p. 53.

O processo de integração nas instituições totais cria outros casos de circuito. Na situação normal da sociedade civil, a segregação entre o papel e a audiência impede que as confissões e exigências implícitas quanto ao eu, feitas num ambiente físico de atividade, sejam verificadas na conduta em outros ambientes[64]. Nas instituições totais, as esferas da vida são integradas de forma que a conduta do internado numa área de atividade é lançada contra ele, pela equipe dirigente, como comentário e verificação de sua conduta em outro contexto. O esforço de um doente mental para apresentar-se de maneira bem orientada e não antagonista durante um diagnóstico, ou uma conferência de tratamento, pode ser diretamente perturbado por provas referentes à sua apatia durante a recreação ou aos comentários amargos que fez numa carta a um irmão — uma carta que este entregou ao administrador do hospital, para ser acrescentada à sua história clínica e levada à conferência.

Os estabelecimentos psiquiátricos do tipo adiantado dão exemplos excelentes do processo de circuito, pois neles o *feedback* didático pode ser elevado à condição de doutrina terapêutica. Pensa-se que uma atmosfera de "tolerância" estimule o paciente a "projetar" ou "exprimir" suas dificuldades típicas na vida, e que depois podem ser notadas durante as sessões de terapia de grupo[65].

Portanto, através do processo de circuito, a reação do internado à sua situação é levada de volta à situação, e não tem o direito de conservar a segregação usual dessas fases de ação. Um segundo ataque ao *status* do internado como um ator pode ser agora citado — um assalto descrito de forma imprecisa sob as categorias de arregimentação e tiranização.

Na sociedade civil, na época em que o indivíduo se torna adulto já incorporou padrões socialmente aceitáveis para a realização da maioria de suas atividades, de forma que o problema da correção de suas ações surge apenas em alguns pontos — por exemplo, quando se julga sua produtividade. Além disso, pode manter o seu ritmo pessoal[66].

---

(64) Na sociedade civil, os crimes e algumas outras formas de transgressão influem na maneira pela qual o delinqüente é recebido em todas as áreas da vida, mas essa ruptura de esferas aplica-se principalmente aos delinqüentes, não ao grupo de população que não apresenta delinqüência, ou que a apresenta mas não é apanhada.

(65) Uma apresentação clara pode ser encontrada em R. RAPOPORT e E. SKELLERN, Some Therapeutic Functions of Administrative Disturbance, *Administrative Science*, II (1957), pp. 84-85.

(66) O período de tempo que um empregado trabalha de maneira independente, sem supervisão, pode ser considerado como uma medida de seu ordenado e de seu *status* numa organização. Ver ELLIOT JAQUES, *The Measurement of Responsibility: A Study of Work, Payment, and Individual Capacity*, Cambridge, Harvard University Press, 1956. E assim como "amplitude de tempo de responsabilidade" é um índice de posição, também um longo período sem inspeção é um prêmio pela posição.

Não precisa estar constantemente preocupado com a possibilidade de críticas ou outras sanções. Além disso, muitas ações serão definidas como questões de gosto pessoal, e, especificamente, pode escolher dentro de certa amplitude de possibilidades. Em muitas atividades, não é preciso considerar o julgamento e a ação da autoridade, e o indivíduo decide sozinho. Em tais condições, a pessoa pode, com proveito global, organizar suas atividades para ajustá-las entre si — uma espécie de "economia pessoal de ação" que ocorre, por exemplo, quando um indivíduo atrasa a refeição por alguns minutos para terminar uma tarefa ou abandona um pouco mais cedo um trabalho a fim de encontrar um amigo para o jantar. Numa instituição total, no entanto, os menores segmentos da atividade de uma pessoa podem estar sujeitos a regulamentos e julgamentos da equipe diretora; a vida do internado é constantemente penetrada pela interação de sanção vinda de cima, sobretudo durante o período inicial de estada, antes de o internado aceitar os regulamentos sem pensar no assunto. Cada especificação tira do indivíduo uma oportunidade para equilibrar suas necessidades e seus objetivos de maneira pessoalmente eficiente, e coloca suas ações à mercê de sanções. Violenta-se a autonomia do ato.

Embora este processo de controle social atue em qualquer sociedade organizada, tendemos a esquecer até que ponto pode tornar-se minucioso e limitador numa instituição total. A rotina descrita para uma cadeia de jovens delinqüentes apresenta um exemplo notável disso:

Às cinco e trinta da manhã éramos acordados e precisávamos sair da cama e ficar atentos. Quando o guarda gritava "Um", nós tirávamos o pijama; "Dois", dobrávamos o pijama; "Três", arrumávamos a cama. (Apenas dois minutos para arrumar a cama, de maneira difícil e complicada.) Durante esse tempo, três instrutores gritavam: "Depressa" e "Andem com isso!" Também nos vestíamos com números: camisas com "UM!", calças com "DOIS!", meias com "TRÊS!", sapatos com "QUATRO!" Qualquer ruído como, por exemplo, derrubar um sapato ou até esfregá-lo no chão seria suficiente para uma repreensão.

...Depois de descer, todos ficavam voltados para a parede, atentos, as mãos junto às pernas, os polegares nas costuras das calças, cabeça erguida, ombros para trás, barriga encolhida, calcanhares unidos, os olhos voltados para a frente, proibidos de se coçarem, de colocar as mãos no rosto ou na cabeça, ou de movimentar os dedos[67].

(67) HASSLER, *op. cit.*, p. 155, citando Robert McCreery.

Uma cadeia para adultos dá outro exemplo:

Os sistema de silêncio era obrigatório. Era proibido falar fora das celas nas refeições ou no trabalho.
Na cela eram proibidas as figuras. Os olhares durante as refeições eram proibidos. As cascas de pão só podiam ser deixadas no lado esquerdo do prato. Os internados eram obrigados a ficar em posição de sentido com o gorro na mão, até que o oficial, o visitante ou o guarda se afastassem[68].

E num campo de concentração:

Nas barracas, os prisioneiros eram dominados por impressões novas e confusas. O momento de arrumar as camas era uma fonte especial para as maldades dos SS. Os colchões de palha disformes deviam ficar retos como tábuas, o desenho dos lençóis devia ficar paralelo à beirada da cama, os travesseiros precisavam ser colocados em ângulos retos. (...)[69]
(...) os SS utilizavam as menores infrações como oportunidades para castigos: ficar com as mãos nos bolsos em lugares frios; levantar a gola do paletó na chuva ou no vento; falta de botões; a menor marca de sujeira ou mancha na roupa; sapatos mal cuidados; (...) sapatos muito engraxados — o que indicava que o prisioneiro tinha descuidado de outras obrigações; o fato de não fazer a saudação, a chamada "postura relaxada"; (...) o menor desvio na organização de colunas e fileiras, ou colocação dos prisioneiros por ordem de tamanho, ou qualquer inclinação, tosse ou espirro — qualquer uma dessas coisas poderia provocar uma explosão selvagem dos SS[70].

Entre os militares encontramos um exemplo das especificações possíveis para a organização do equipamento:

A túnica devia ser dobrada de tal forma que o cinto formasse uma beirada reta. Sobre ela, as calças, dobradas de acordo com a área exata da túnica, com quatro dobras viradas para a frente. As toalhas eram dobradas uma, duas, três vezes, e colocadas no protetor azul. À frente deste, um colete retangular. Em cada lado, uma polaina enrolada. As camisas eram dobradas e colocadas aos pares, como tabletes. Antes delas, os calções. Entre elas, bolas bem feitas de meias. Nossas mochilas ficavam abertas, com faca, garfo, colher, navalha, pente, escova de dentes, escova para banho, botões — nessa ordem[71].

---

(68) GADDIS, T. E. *Birdman of Alcatraz*. New York, New American Library, 1958, p. 25. Para uma regra semelhante de silêncio numa prisão britânica, ver FRANK NORMAN, *Bang to Rights*, Londres, Secker e Warburg, 1958, p. 27.
(69) KOGON, *op. cit.*, p. 68.
(70) *Ibid.*, pp. 99-100.
(71) LAWRENCE, *op. cit.*, p. 83. A respeito, ver os comentários de M. BREWSTER SMITH sobre o conceito de "galinhas" [*Chicken*] em SAMUEL STOUFFER et al., *The American Soldier*, Princeton, Princeton University Press, 1949, V. I., p. 390.

43

Uma ex-freira conta que precisou aprender a ficar com as mãos imóveis[72] e escondidas, e a aceitar o fato de que nos bolsos só podia ter seis objetos especificados[73].

Um ex-doente mental fala da humilhação de receber um pedaço limitado de papel higiênico a cada vez que o solicitava[74].

Como já foi sugerido, uma das formas mais eficientes para perturbar a "economia" de ação de uma pessoa é a obrigação de pedir permissão ou instrumentos para atividades secundárias que a pessoa pode executar sozinha no mundo externo, — por exemplo, fumar, barbear-se, ir ao banheiro, telefonar, gastar dinheiro, colocar cartas no correio. Essa obrigação não apenas coloca o indivíduo no papel submisso, "não-natural" para um adulto, mas também permite que suas ações sofram interferências da equipe diretora. Em vez de ser atendido imediata e automaticamente, o internado pode sofrer caçoadas, receber uma negativa, ser longamente interrogado, ser ignorado, ou, segundo sugestão de antigo doente mental, esquecido:

Provavelmente alguém que nunca tenha estado numa situação semelhante de desamparo pode compreender a humilhação de quem tem competência física para fazer alguma coisa, mas não autoridade para isso, precisar pedir repetidamente coisas muito secundárias: roupa limpa de cama, fósforos para cigarro — as enfermeiras que constantemente afastam o assunto dizendo "Vou atendê-lo num momento", e depois se afastam sem atender ao pedido. Mesmo os funcionários da cantina pareciam ter a opinião de que a delicadeza seria um desperdício com lunáticos, e faziam com que um paciente esperasse indefinidamente, enquanto batiam papo com os amigos[75].

Já sugeri que a autoridade nas instituições totais se dirige para um grande número de itens de conduta — roupa, comportamento, maneiras — que ocorrem constantemente e que constantemente devem ser julgados. O internado não pode fugir facilmente da pressão de julgamentos oficiais e da rede envolvente de coerção. Uma instituição total assemelha-se a uma escola de boas maneiras, mas pouco refinada. Gostaria de comentar dois aspectos dessa tendência para multiplicação de regras ativamente impostas.

Em primeiro lugar, tais regras são muitas vezes ligadas a uma obrigação de executar a atividade regulada em uníssono com grupos de outros internados. É isso que às vezes se denomina arregimentação.

(72) HULME, op. cit., p. 3.
(73) Ibid., p. 39.
(74) WARD, op. cit., p. 23.
(75) JOHNSON e DODDS, op. cit., p. 39.

44

Em segundo lugar, essas regras difusas ocorrem num sistema de autoridade *escalonada*: *qualquer* pessoa da classe dirigente tem alguns direitos para impor disciplina a *qualquer* pessoa da classe de internados, o que aumenta nitidamente a possibilidade de sanção. (Esta disposição, pode-se notar, é semelhante à que, em algumas pequenas cidades norte-americanas, dá a qualquer adulto alguns direitos para corrigir qualquer criança que não esteja perto de seus pais, e delas exigir pequenos serviços.) No mundo externo, o adulto de nossa sociedade geralmente está sob a autoridade de um *único* superior imediato, ligado a seu trabalho, ou sob a autoridade do cônjuge, no caso dos deveres domésticos; a única autoridade escalonada que precisa enfrentar — a polícia — geralmente não está sempre ou significativamente presente, a não ser talvez no caso da imposição das leis de trânsito.

Considerando-se a autoridade escalonada e os regulamentos difusos, novos e rigorosamente impostos, podemos esperar que os internados, sobretudo os novos, vivam com angústia crônica quanto à desobediência às regras e suas conseqüências — maus-tratos físicos ou morte num campo de concentração, "degradação" numa escola para oficiais, remoção para uma sala pior num hospital para doentes mentais:

> No entanto, mesmo na aparente liberdade e na amistosidade de uma enfermaria "aberta", ainda descubro um fundo de ameaças que fazem com que me sinta como algo entre um prisioneiro e um mendigo. O menor erro, desde um sintoma nervoso até uma ofensa pessoal a uma enfermeira, enfrentava a sugestão de levar o transgressor para uma enfermaria fechada. A idéia de voltar para a enfermaria "J", se não aceitasse o meu alimento, passava diante de meus olhos tão constantemente que se tornou uma obsessão, e até os alimentos que eu era capaz de engolir me desagradavam fisicamente, enquanto outros pacientes eram obrigados, por medo semelhante, a fazer trabalhos desagradáveis ou desnecessários[76].

Nas instituições totais, geralmente há necessidade de esforço persistente e consciente para não enfrentar problemas. A fim de evitar possíveis incidentes, o internado pode renunciar a certos níveis de sociabilidade com seus companheiros.

IV

Ao concluir esta descrição do processo de mortificação, é preciso apresentar três problemas gerais.

(76) JOHNSON e DODDS, *op. cit.*, p 36.

Em primeiro lugar, as instituições totais perturbam ou profanam exatamente as ações que na sociedade civil têm o papel de atestar, ao ator e aos que estão em sua presença, que tem certa autonomia no seu mundo — que é uma pessoa com decisões "adultas", autonomia e liberdade de ação. A impossibilidade de manter esse tipo de competência executiva adulta, ou, pelo menos, os seus símbolos, pode provocar no internado o horror de sentir-se radicalmente rebaixado no sistema de graduação de idade[77].

Uma certa margem de comportamento expressivo escolhido pela pessoa — seja de antagonismo, afeição ou indiferença — é um símbolo de escolha pessoal. Esta prova da autonomia da pessoa é enfraquecida por algumas obrigações específicas — por exemplo, precisar escrever uma carta semanal para a família, ou ser obrigado a não exprimir mau humor. É ainda mais enfraquecida quando essa margem de comportamento é usada como prova do estado psiquiátrico, religioso ou de consciência política da pessoa.

Algumas comodidades materiais são provavelmente perdidas pela pessoa ao entrar numa instituição total — por exemplo, uma cama macia[78] ou o silêncio à noite[79]. A perda desse conjunto de comodidades tende a refletir também uma perda de escolha pessoal, pois o indivíduo procura consegui-las no momento em que tem recursos para isso[80].

A perda de decisão pessoal parece ter sido ritualizada nos campos de concentração; temos narrativas de atrocidades onde se mostra que os presos eram obrigados a rolar na lama[81], colocar a cabeça na neve, trabalhar em serviços nitidamente inúteis, sujar-se[82], ou, no caso de presos judeus, entoar canções anti-semitas[83]. Uma versão mais suave disso pode ser encontrada em hospitais para doentes mentais, onde, segundo se diz, alguns auxiliares obrigam um paciente que deseja um cigarro a dizer "por favor", ou a saltar para consegui-lo. Em todos esses casos, o internado deve apresentar uma renúncia a sua vontade. Menos ritualizada, mas igualmente extrema, é a perturbação da autonomia que decorre do fato de estar fechado numa enfermaria, estar colocado numa bolsa molhada e apertada ou amarrado num roupão, e assim não ter liberdade para pequenos movimentos de ajustamento.

---

(77) Ver SYKES, *op. cit.*, pp. 73-76, "The Deprivat on of Autonomy".
(78) HULME, *op. cit.*, p. 18; ORWELL, *op. cit.*, p. 521.
(79) HASSLER, *op. cit.*, p. 78; JOHNSON e DODDS, *op. cit.*, p. 17.
(80) Esta é uma fonte de mortificação que os civis praticam contra si mesmos durante férias de *camping*, talvez com a suposição de que um novo sentido do eu pode ser obtido pela renúncia voluntária a algumas comodidades anteriores.
(81) KOGON, *op. cit.*, p. 66.
(82) *Ibid.*, p. 61.
(83) *Ibid.*, p. 78.

Outra expressão clara de ineficiência pessoal nas instituições totais pode ser encontrada no uso da fala pelos internados. Uma suposição do emprego de palavras para transmitir decisões a respeito da ação é que quem recebe uma ordem é visto como capaz de receber uma mensagem e agir para completar a sugestão ou a ordem. Ao executar por si mesmo o ato, pode conservar certo vestígio da noção de que tem liberdade. Ao responder a uma pergunta com suas palavras, pode conservar a noção de que é alguém a ser considerado, ainda que muito superficialmente. E como entre ele e os outros só passam palavras, consegue manter pelo menos distância física com relação a eles, por mais desagradável que seja a ordem ou a afirmação.

O internado numa instituição total pode ver que não tem sequer esse tipo de distância protetora e ação pessoal. Sobretudo nos hospitais para doentes mentais e nas prisões para doutrinação política, as afirmações que faz podem ser desprezadas como simples sintomas, e a equipe diretora pode prestar atenção aos aspectos não-verbais de sua resposta[84]. Muitas vezes é considerado como colocado em posição tão secundária que não recebe sequer pequenos cumprimentos, para não falar em atenção ao que diz[85]. O internado pode também descobrir o emprego de um tipo retórico de linguagem. Algumas perguntas — por exemplo, "Você já tomou banho?" ou "Você colocou as duas meias?" — podem ser acompanhadas pelo exame simultâneo que fisicamente revela os fatos, o que torna supérfluas as perguntas. Em vez de ouvir dizer que deve ir para certa direção em determinado ritmo de andar, ele pode ser levado pelos guardas, ou puxado (no caso de doentes mentais amarrados) ou levado aos trambolhões. E, finalmente, como se verá depois, o internado pode descobrir a existência de duas linguagens, e que os fatos de disciplina de sua vida são traduzidos, pela equipe diretora, em frases ideais que ridicularizam o uso normal da linguagem.

A segunda consideração refere-se às justificativas para os ataques ao eu. O problema tende a colocar as instituições totais e seus internados em três agrupamentos distintos.

Nas instituições religiosas são explicitamente reconhecidas as conseqüências das disposições ambientais para o eu:

Este é o sentido da vida contemplativa, o sentido de todas as regras secundárias, abstinências, obediências, penitências, humilhações e trabalhos que constituem a rotina de um mosteiro

---

(84) Ver ALFRED H. STANTON e MORRIS S. SCHWARTZ, *The Mental Hospital*, New York, Basic Books, 1954, pp. 200, 203, 205-206.
(85) Para um exemplo desse tratamento de não-pessoa, ver JOHNSON e DODDS, *op. cit.*, p. 122.

contemplativo: tudo isso serve para nos lembrar quem somos, e quem é Deus, que podemos ficar doentes quando nos vemos, e podemos nos voltar para Ele; que, no fim, descobriremos que Ele está em nós, em nossas naturezas purificadas que se tornaram o espelho de Sua extraordinária bondade e de Seu infinito amor. (...)[86]

Os internados, bem como os diretores, ativamente buscam essas reduções do eu de forma que a mortificação seja complementada pela automortificação, as restrições pela renúncia, as pancadas pela autoflagelação, a inquisição pela confissão. Como os estabelecimentos religiosos se interessam explicitamente pelo processo de mortificação, têm um valor específico para o estudioso.

Nos campos de concentração e, em menor extensão, nas prisões, algumas mortificações parecem ser organizadas apenas ou principalmente pelo seu poder de mortificação, — por exemplo, quando alguém urina num prisioneiro — mas nesse caso o internado não aceita e nem facilita a destruição de seu eu.

Em muitas das outras instituições totais, as mortificações são oficialmente racionalizadas com outros fundamentos, tais como, por exemplo, higiene (no caso do uso do banheiro), responsabilidade pela vida (no caso de alimentação forçada), capacidade de combate (no caso de regras do exército para a aparência pessoal), "segurança" (no caso de restrições em regulamentos de prisões).

No entanto, nas instituições totais dos três tipos, as várias justificativas para a mortificação do eu são muito freqüentemente simples racionalizações, criadas por esforços para controlar a vida diária de grande número de pessoas em espaço restrito e com pouco gasto de recursos. Além disso, as mutilações do eu ocorrem nos três tipos, mesmo quando o internado está cooperando e a direção tem interesses ideais pelo seu bem-estar.

Dois problemas já foram considerados: o sentido de ineficiência pessoal do internado e a relação entre seus desejos e os interesses ideais do estabelecimento. A relação entre esses dois problemas é variável. As pessoas podem voluntariamente decidir entrar para uma instituição total e, a partir de então, podem lamentar a perda da possibilidade de tomar decisões importantes. Em outros casos, principalmente entre os religiosos, os internados podem partir de um desejo voluntário de perder a decisão pessoal, e manter esse desejo. As instituições totais são fatais para o eu civil do internado, embora a ligação do internado com esse eu civil possa variar consideravelmente.

(86) MERTON, op. cit., p. 372.

Os processos de mortificação que considerei até aqui se referem às conseqüências, para o eu, que pessoas orientadas para determinado idioma expressivo poderiam tirar da aparência, da conduta e da situação geral do indivíduo. Neste contexto, desejo considerar um terceiro e último problema: a relação entre esse esquema simbólico de interação para a consideração do destino do eu e o esquema convencional, psicofisiológico, centralizado no conceito de tensão.

Neste relatório, os fatos básicos a respeito do eu estão apresentados de acordo com uma perspectiva sociológica, e sempre levam de volta a uma descrição das disposições institucionais que delineiam as prerrogativas pessoais de um participante. Evidentemente, admite-se também uma suposição psicológica; os processos cognitivos são invariavelmente incluídos, pois as disposições sociais precisam ser "lidas" pelo indivíduo e pelos outros, para que encontre a sua imagem aí suposta. No entanto, como já sustentei, a relação entre esses processos cognitivos e outros processos psicológicos é muito variável; segundo a linguagem expressiva e geral de nossa sociedade, o fato de nossa cabeça ser raspada é facilmente percebido como uma mutilação do eu, mas, se essa mortificação pode enfurecer um doente mental, pode agradar a um monge.

A mortificação ou mutilação do eu tendem a incluir aguda tensão psicológica para o indivíduo, mas para um indivíduo desiludido do mundo ou com sentimento de culpa, a mortificação pode provocar alívio psicológico. Além disso, a tensão psicológica freqüentemente criada por ataques ao eu pode também ser provocada por questões não-percebidas como ligadas aos territórios do eu — por exemplo, perda do sono, alimento insuficiente, indecisão crônica. Também um elevado nível de angústia, ou a ausência de materiais de fantasia — por exemplo, fitas de cinema e livros — podem aumentar muito o efeito de uma violação das fronteiras do eu, mas em si mesmas essas condições facilitadoras nada têm a ver com a mortificação do eu. Portanto, empiricamente, o estudo da tensão e das invasões do eu estará muitas vezes ligado, mas, analiticamente, aí existem dois esquemas diferentes.

V

Ao mesmo tempo em que o processo de mortificação se desenvolve, o internado começa a receber instrução formal e informal a respeito do que aqui será denominado sistema de privilégios. Na medida em que a ligação do internado com seu eu civil foi abalada pelos processos de des-

49

pojamento da instituição, é em grande parte o sistema de privilégios que dá um esquema para a reorganização pessoal. É possível mencionar três elementos básicos do sistema.

Em primeiro lugar, existem as "regras da casa", um conjunto relativamente explícito e formal de prescrições e proibições que expõe as principais exigências quanto à conduta do internado. Tais regras especificam a austera rotina diária do internado. Os processos de admissão, que tiram do novato os seus apoios anteriores, podem ser vistos como a forma de a instituição prepará-lo para começar a viver de acordo com as regras da casa.

Em segundo lugar, em contraste com esse ambiente rígido, apresenta-se um pequeno número de prêmios ou privilégios claramente definidos, obtidos em troca de obediência, em ação e espírito, à equipe dirigente. É importante ver que muitas dessas satisfações potenciais são parte da corrente de apoio que, antes, o internado aceitava como indiscutível. No mundo externo, por exemplo, o internado provavelmente podia decidir, sem pensar muito a respeito, como desejava o seu café, se acenderia ou não um cigarro, quando falaria ou não; na instituição, tais direitos podem tornar-se problemáticos. Apresentadas ao internado como possibilidades, essas poucas reconquistas parecem ter um efeito reintegrador, pois restabelecem as relações com todo o mundo perdido e suavizam os sintomas de afastamento com relação a ele e com relação ao eu perdido pelo indivíduo. Principalmente no início, a atenção do internado passa a fixar-se nesses recursos e a ficar obsecada por eles. Pode passar o dia, como um fanático, em pensamentos concentrados a respeito da possibilidade de conseguir tais satisfações, ou na contemplação da hora em que devem ser distribuídas. A descrição que Melville apresenta da vida na marinha dá um exemplo típico disso:

Na marinha norte-americana, a lei permite um oitavo de litro [um *gill*] de bebida alcoólica a cada marinheiro. Em duas porções, é servida antes do café da manhã e antes do jantar. Ao toque do tambor, os marinheiros se reúnem em torno de um grande barril cheio com o líquido; e, à medida que seus nomes são chamados por um aspirante, levantam-se e recebem a bebida numa pequena vasilha de lata denominada "tot" ("gole"). Até mesmo alguém que leva uma vida suntuosa ao receber o tócai [vinho licoroso da Hungria] de um aparador luxuoso, não lamberia os lábios com maior satisfação do que o marinheiro diante de seu "gole". Na verdade, para muitos deles, o pensamento de seus goles diários constitui uma perspectiva perpétua de paisagens fascinantes, mas que se afastam cada vez mais. Esse é seu grande "prospecto na vida". Sem a bebida, a vida já não apresenta encantos para eles[87].

Na marinha, um dos castigos mais comuns para erros muito triviais é "proibir" um marinheiro de receber a bebida por um dia ou uma semana. E como a maioria dá muito valor ao "gole", sua perda é geralmente considerada como grave castigo. Às vezes podemos ouvi-los dizer: prefiro que o vento pare a perder meu gole[88].

A construção de um mundo em torno desses privilégios secundários é talvez o aspecto mais importante da cultura dos internados, embora seja algo que dificilmente um estranho pode apreciar, mesmo que antes tenha vivido essa experiência. Às vezes, esse interesse por privilégios leva os internados a uma divisão generosa; quase sempre conduz ao desejo de pedir algumas coisas — por exemplo, cigarros, balas e jornais. Compreende-se que a conversa dos internados muitas vezes se centraliza numa "fantasia de libertação", isto é, uma descrição do que a pessoa fará durante uma licença ou quando for desligado da instituição. Essa fantasia se liga ao sentimento de que os civis não compreendem como sua vida é maravilhosa[89].

O terceiro elemento no sistema de privilégio está ligado aos castigos; estes são definidos como conseqüências de desobediência às regras. Um conjunto de tais castigos é formado pela recusa temporária ou permanente de privilégios ou pela eliminação do direito de tentar consegui-los. De modo geral, os castigos enfrentados nas instituições totais são mais severos do que qualquer coisa já encontrada pelo internado em sua vida fora da instituição. De qualquer forma, as condições em que alguns poucos privilégios facilmente controlados são tão importantes são as mesmas que fazem com que seja tão terrível o seu afastamento.

Devemos notar alguns aspectos específicos do sistema de privilégio.

Em primeiro lugar, os castigos e privilégios são modos de organização peculiares às instituições totais. Qualquer que seja a sua severidade, os castigos são em grande parte conhecidos, no mundo externo do internado, como algo aplicado a animais e crianças; esse modelo comportamentista e de condicionamento não é muito aplicado a adultos, pois, geralmente, o fato de não manter os padrões exigidos

---

(87) MELVILLE, op. cit., pp. 62-63.
(88) Ibid., p. 140. Para exemplos do mesmo processo em campos de prisioneiros de guerra, ver EDGAR H. SCHEIN, The Chinese Indoctrination Program for Prisioners of War, *Psychiatry*, XIX (1956), pp. 160-61.
(89) É interessante notar que às vezes existe uma "folia" correspondente anterior à admissão, durante a qual o futuro noviço participa de atividades que, segundo sabe, logo depois não estarão ao seu alcance. Para exemplo interessante a respeito de freiras, ver HULME, op. cit., p. 7.

leva a conseqüências desvantajosas indiretas, e não a qualquer castigo imediato e específico[90]. E, deve-se acentuar, os privilégios na instituição total não são iguais a prerrogativas, favores ou valores, mas apenas a ausência de privações que comumente a pessoa não espera sofrer. As noções de castigos e privilégios não são retiradas do padrão da vida civil.

Em segundo lugar, o problema da liberdade futura se inclui no sistema de privilégio. Alguns atos passam a ser conhecidos como um aumento, ou não-redução, do período de estada, enquanto outros se tornam conhecidos como meios para reduzir a sentença.

Em terceiro lugar, os castigos e privilégios passam a ligar-se a um sistema de trabalho interno. Os locais de trabalho e os locais de dormir se tornam claramente definidos como locais onde há certos tipos e níveis de privilégio, e os internados são freqüente e visivelmente levados de um local para outro, como um recurso administrativo para dar o castigo ou o prêmio justificados por sua cooperação. Os internos são mudados, não o sistema. Por isso, podemos esperar certa especialização espacial; uma enfermaria ou uma barraca adquirem a reputação de local de castigo para internados muito teimosos, enquanto alguns postos de guarda se tornam reconhecidos como castigo para os funcionários.

O sistema de privilégios é formado por número relativamente pequeno de componentes, reunidos com alguma intenção racional e claramente apresentados aos participantes. A conseqüência geral é que se consegue a cooperação de pessoas que muitas vezes têm razão para não cooperar[91]. Um exemplo desse universo-modelo pode ser obtido em estudo recente de um hospital estadual para doentes mentais:

A autoridade do auxiliar para a utilização de seu sistema de controle está assegurada por poder positivo e negativo. Este poder é um elemento essencial de seu controle da enfermaria. Pode dar privilégios ao paciente, e pode castigá-lo. Os privilégios consistem em ter o melhor serviço, melhores quartos e camas, alguns luxos secundários (por exemplo, café na enfer-

---

(90) Ver S. F. NADEL, Social Control and Self-Regulation, *Social Forces*, XXXI (1953), pp. 265-73.

(91) Como restrição a isso, já se sustentou que, em alguns casos, esse sistema não é muito eficiente e nem muito utilizado. Em algumas prisões, os prêmios que podem ser obtidos são dados na entrada, e aparentemente há pouca possibilidade de melhoria oficial de posição — a única mudança possível consiste na perda de privilégio (SYKES, *op. cit.*, pp. 51-52). Já se argumentou, também, que se um internado for suficientemente despojado, em vez de apegar-se ao que resta, pode ver pouca diferença entre isso e expropriação completa, deixando ass'm de estar sujeito ao poder da equipe dirigente para motivá-lo para obediência, principalmente quando a desobediência pode significar prestígio aos olhos dos outros internados (*ibid.*).

maria), um pouco mais de intimidade do que o paciente médio, a possibilidade de sair da enfermaria sem supervisão, ter mais acesso que o paciente médio à companhia do auxiliar ou de pessoal especializado (por exemplo, médicos), e gozar algumas coisas intangíveis, mas vitais — por exemplo, ser tratado com respeito e delicadeza pessoal.

Os castigos que podem ser aplicados pelo auxiliar da enfermaria são: suspensão de todos os privilégios, maus tratos psicológicos, — por exemplo, ridicularização, caçoadas, castigo físico leve e às vezes severo, ou ameaça de tal castigo, fechar o paciente num quarto isolado, negação ou deformação do acesso ao pessoal médico, ameaçar colocar ou efetivamente colocar o paciente na lista da terapia de eletrochoque, transferência para enfermarias indesejáveis, indicação do paciente para tarefas desagradáveis, entre as quais o serviço de limpeza[92].

Um paralelo a isso pode ser encontrado nas prisões britânicas, em que se emprega o "sistema de quatro estádios", com aumento, em cada estádio, de pagamento por trabalho, período de "confraternização" com outros presos, possibilidade de ler jornais, alimentação em grupo, períodos de recreação[93].

Ao sistema de privilégios estão associados alguns processos importantes na vida das instituições totais.

Cria-se uma "gíria institucional", através da qual os internados descrevem os acontecimentos decisivos em seu mundo específico. A equipe dirigente, principalmente em seus níveis inferiores, conhece também essa linguagem, e pode usá-la ao falar com os internados, embora passe a linguagem mais padronizada quando fala com superiores e estranhos. Juntamente com uma gíria, os internados adquirem conhecimento dos vários postos e funcionários, um conjunto de "lendas" sobre o estabelecimento, bem como certa informação comparativa sobre a vida em outras instituições totais semelhantes.

Além disso, a equipe dirigente e os internados têm clara consciência do que, nos hospitais para doentes mentais, nas prisões e nos acampamentos se entende por "meter-se numa embrulhada". A embrulhada inclui um processo complexo de participar de atividades proibidas (entre as quais às vezes se incluem as tentativas de fuga), ser apanhado em falta, receber algo semelhante a castigo completo. Usualmente existe uma alteração no *status* de privilégio, categorizado por uma frase que equivale a "azarar-se". As infrações típicas na embrulhada são: brigas, bebida, tentativa de suicídio, fracasso nos exames, jogo, insu-

(92) BELKNAP, *op. cit.*, p. 164.
(93) Por exemplo, DENDRICKSON e THOMAS, *op. cit.*, pp. 99-100.

bordinação, homossexualidade, licença não-autorizada, participação em revoltas coletivas. Embora tais infrações sejam geralmente atribuídas a corrupção, maldade ou "doença", na realidade constituem um vocabulário de ações institucionalizadas, mas um vocabulário limitado, de tal forma que a mesma embrulhada pode ocorrer por diferentes razões. Por exemplo, os internados e a equipe dirigente podem admitir tacitamente que determinada embrulhada é um forma de os internados mostrarem ressentimento diante de uma situação considerada como injusta nos termos dos acordos informais entre internados e equipe dirigente[94], ou uma forma de adiar a saída sem precisar admitir, diante dos outros internados, que a pessoa realmente não deseja sair. Qualquer que seja o sentido atribuído a elas, as embrulhadas têm algumas funções sociais importantes para a instituição. Tendem a limitar a rigidez que ocorreria se a antigüidade fosse a única forma de nobreza no sistema de privilégio; além disso, o rebaixamento, por causa das embrulhadas, coloca em contato os internados mais antigos com os mais novos, colocados em posições sem privilégio, ao sistema e às pessoas que aí estão colocadas.

Nas instituições totais há também um sistema que poderia ser denominado ajustamentos secundários, isto é, práticas que não desafiam diretamente a equipe dirigente, mas que permitem que os internados consigam satisfações proibidas ou obtenham, por meios proibidos, as satisfações permitidas. Tais práticas recebem vários nomes: "os ângulos", "saber que apito tocar", "conivências", "tratos". Tais adaptações aparentemente atingem seu florescimento completo nas prisões, mas, evidentemente, outras instituições totais também as possuem[95]. Os ajustamentos secundários dão ao internado uma prova evidente de que é ainda um homem autônomo, com certo controle de seu ambiente; às vezes, um ajustamento secundário se torna quase uma forma de abrigo para o eu, uma *churinga*, em que a alma parece estar alojada[96].

A partir da presença de ajustamentos secundários, podemos predizer que o grupo de internados criou algum tipo de código e alguns meios de controle social informal para

---

(94) Para bibliografia, ver MORRIS G. CALDWELL, Group Dynamics in the Prison Community, *Journal of Criminal Law, Criminology and Police Science*, XLVI (1956), p. 656.

(95) Por exemplo, ver NORMAN S. HAYNER e ELLIS ASH, The Prisoner Community as a Social Group, *American Sociological Review*, IV (1939), p. 364 e ss., sobre processos de "conivência"; ver também CALDWELL, *op. cit.*, pp. 650-51.

(96) Ver, por exemplo, a extensa descrição de Melville sobre a luta de seus companheiros na marinha para impedir o corte de suas barbas, embora o corte fosse obrigatório pelo regulamento da marinha. MELVILLE, *op. cit.*, pp. 333-47.

impedir que um internado informe a equipe dirigente quanto aos ajustamentos secundários de outro. A partir da mesma base, podemos esperar que uma dimensão de tipologia social entre os internados seja esse problema de segurança, o que leva a definir as pessoas como "dedo duro", "ratos", de um lado, e "boas praças" de outro[97]. Quando os novos internados podem desempenhar um papel no sistema de ajustamentos secundários — por exemplo, constituir membros novos de uma facção, ou novos objetos sexuais — suas "boas-vindas" podem ser realmente uma seqüência de concessões iniciais, e não de privações exageradas[98]. Dados os ajustamentos secundários, podemos encontrar também "estratos de cozinha", um tipo de estratificação rudimentar, em grande parte informal, de internados, com base em acesso diferencial a bens ilícitos disponíveis; também aqui, encontramos una tipologia social para designar as pessoas poderosas no sistema de mercado informal[99].

Se o sistema de privilégios parece dar o principal esquema dentro do qual ocorre a reorganização do eu, existem outros fatores que geralmente levam, por outros caminhos, à mesma direção geral. O alívio de responsabilidades econômicas e sociais — superestimado como parte da terapia nos hospitais para doentes mentais — é um deles, embora em muitos casos, aparentemente, o feito desorganizador dessa moratória seja mais significativo do que seu efeito organizador. Mais importante, como uma influência reorganizadora, é processo de confraternização, através do qual pessoas socialmente distantes desenvolvem apoio mútuo e resistência a um sistema que as forçou à intimidade numa única comunidade igualitária de destino[100]. O recém-admitido freqüentemente parte de algo semelhante às concepções erradas e populares da equipe dirigente quanto ao caráter dos internados; acaba por descobrir que quase todos os seus companheiros têm todas as qualidades de seres humanos comuns, ocasionalmente decentes, e que merecem simpatia e apoio. Os delitos que, segundo se sabe, os internados cometeram fora deixam de dar um meio eficiente para julgar suas qualidades pessoais — uma lição

(97) Ver, por exemplo, DONALD CLEMMER, ·Leadership Phenomena in a Prison Community, *Journal of Criminal Law and Criminology*, XXVIII (1938), p. 868.
(98) Ver, por exemplo, JDA ANN HARPER. The Role of the "Fringer" in a State Prison for Women, *Social Forces*, XXXI (1952), pp. 53-60.
(99) Quanto aos campos de concentração, ver a discussão dos "salientes" em COHEN, *op. cit.*; quanto aos hospitais para doentes mentais, ver BELKNAP, *op. cit.*, p. 189; quanto a prisões, ver a discussão de "políticos" em DONALD CLEMMER, *The Prison Community*, Boston, Christopher Publishing House, 1940, pp. 277-79 e 298-309; ver também HAYNER e ASH, *op. cit.*, p. 367; ver CALDWELL, *op. cit.*, pp. 651-53.
(100) Para a versão dessa solidariedade entre internados que pode ser encontrada em academias militares, ver DORNBUSCH, *op. cit.*, p. 318.

que, aparentemente, os que apresentavam "problemas de consciência" para não aceitar a convocação militar aprenderam na prisão[101]. Além disso, se os internados são pessoas acusadas de terem cometido algum crime contra a sociedade, o internado recém-chegado, embora algumas vezes realmente não tenha qualquer culpa, pode chegar a compartilhar os sentimentos de culpa de seus companheiros, bem como suas complexas defesas contra tais sentimentos. Tendem a desenvolver-se um sentido de injustiça comum e um sentido de amargura contra o mundo externo, o que assinala um movimento importante na carreira moral do internado. Essa resposta ao sentimento de culpa e à privação maciça talvez encontre seu melhor exemplo na vida de prisão:

Por seu raciocínio, depois de um delinqüente ter sido submetido a castigo injusto ou excessivo, bem como a tratamento mais degradante do que o prescrito pela lei, passa a justificar o seu ato — o que não podia fazer quando o cometeu. Decide "descontar" o tratamento injusto na prisão, e a vingar-se, na primeira oportunidade, através de outros crimes. *Com essa decisão, torna-se um criminoso*[102].

Uma pessoa que apresentou "objeções de consciência" à convocação militar, e que ficou preso, apresenta uma afirmação semelhante quanto à sua experiência:

Um aspecto que desejo assinalar é a curiosa dificuldade que sinto para me sentir inocente. Acho muito fácil aceitar a noção de algum tipo de erro, como os outros aqui colocados, e de tempos em tempos preciso recordar a mim mesmo que um governo que realmente acredita em liberdade de consciência não deve prender pessoas que se utilizam dessa liberdade de consciência. Por isso, a indignação que sinto contra as práticas da prisão não é a indignação do inocente perseguido ou a do *mártir*, mas a do culpado que sente que seu castigo ultrapassa o que merece e que *é imposto por aqueles que não estão livres de culpa*. Este último aspecto é sentido intensamente por todos os presos, e é a fonte da profunda descrença que existe em toda a prisão[103].

---

(101) Ver HASSLER, *op. cit.*, pp. 74, 117. Evidentemente, nos hospitais para doentes mentais, o antagonismo entre o paciente e a equipe dirigente tem um de seus apoios na descoberta de que, como ele, muitos outros pacientes se assemelham muito mais a pessoas comuns do que a qualquer outra coisa.
(102) MCCLEERY, Richard. *The Strange Journey*. University of North Carolina Extension Bulletin, XXXII (1953), p. 24. (Itálicos no original.) Em Brewster Smith (Stouffer, *op. cit.*) existe a sugestão com a decisão de que o campo de instrução de oficiais "conquistou" direitos diante de praças, o oficial se torna um oficial. Aquilo que sofreu no campo pode ser usado como justificativa para os prazeres do comando.
(103) HASSLER, *op. cit.*, p. 97. (Itálicos no original.)

Uma apresentação mais geral pode ser obtida em dois outros estudiosos do mesmo tipo de instituição total:

> Sob muitos aspectos, o sistema social do internado pode ser considerado como capaz de dar uma forma de vida que permite ao internado evitar os efeitos psicológicos destrutivos do internamento e converter a rejeição social em auto-rejeição. Na realidade, permite que o internado rejeite aqueles que o rejeitaram, em vez de rejeitar a si mesmo[104].

Evidentemente, aqui encontramos uma ironia de um programa um pouco terapêutico e permissivo — o internado se torna menos capaz de proteger o seu ego ao dirigir a hostilidade contra alvos externos[105].

Existe um ajustamento secundário que reflete muito claramente o processo de confraternização e a rejeição da equipe dirigente — a "gozação" coletiva. Embora o sistema de castigo-prêmio possa lidar com infrações individuais que são identificáveis quanto à sua fonte, a solidariedade dos internados pode ser suficientemente forte para apoiar gestos passageiros de desafio anônimo ou coletivo. Entre os exemplos disso podem ser citados: gritar estribilhos[106], vaias[107], batidas em bandejas, rejeição coletiva do alimento, e pequenas sabotagens[108]. Tais ações tendem a apresentar-se sob a forma de "rebeliões": um enfermeiro, um guarda ou um assistente — ou mesmo a equipe dirigente como um todo — são "gozados", ridicularizados ou recebem outras formas de agressão, até que perdem parte de seu autocontrole e manifestam uma reação ineficiente.

Além da confraternização entre os internados, tende a haver a formação de liames de um tipo mais diferenciado. Às vezes, alguma solidariedade especial congrega uma região fisicamente próxima — por exemplo, uma enfermaria ou casa, cujos moradores se consideram como unidade administrativa singular, e por isso têm um sentimento intenso de destino comum. Lawrence dá um exemplo de "grupos administrativos" da força aérea:

> Há uma atmosfera dourada de riso — ainda que de riso tolo — em nossa barraca. Reúna mais de cinqüenta camaradas, totalmente estranhos, numa pequena sala, durante vinte dias;

---

(104) McCorkle, Lloyd W. & Korn Richard. Resocialization Within Walls, *The Annals*, CCXCIII (maio, 1954), p. 88.
(105) Esse problema é tratado de maneira incisiva em *ibid.*, p. 95.
(106) Cantine e Rainer, *op. cit.*, p. 59; ver também Norman, *op. cit.*, pp. 56-57.
(107) Cantine e Rainer, *op. cit.*, pp. 39-40.
(108) "Resistance in Prison", por Clif Bennett, em Cantine e Rainer, *op. cit.*, pp. 3-11, dá uma útil resenha de técnicas de "gozação" coletiva.

submeta-os a uma disciplina nova e arbitrária; submeta-os a tarefas sujas, sem sentido e, apesar disso, obrigatórias... apesar disso, entre nós não houve sequer uma palavra áspera. Essa liberalidade de corpo e espírito, esse vigor ativo, essa limpeza e essa boa disposição dificilmente existiriam a não ser em condições de servidão comum[109].

E, evidentemente, encontramos unidades ainda menores: "panelinhas", ligações sexuais mais ou menos estáveis; e, o que é talvez mais importante, "formação de pares", através da qual dois internados passam a ser reconhecidos pelos outros como "amigos" ou "casais", e ficam mutuamente dependentes para grande amplitude de assistência e apoio emocional[110]. Embora tais pares de amizade possam ter um reconhecimento semi-oficial, — por exemplo, quando um contramestre de um navio faz com que pares de amigos tenham período conjunto de guarda[111], — o relacionamento profundo na relação pode enfrentar uma espécie de proibição institucional contra o incesto, o que impede que as díades criem seu mundo próprio na instituição. Na realidade, em algumas instituições totais, a equipe dirigente pensa que a solidariedade entre conjuntos de internados pode dar uma base para atividade combinada proibida pelas regras e por isso pode conscientemente tentar impedir a formação de grupo primário.

VI

Embora haja tendências de solidariedade — por exemplo, confraternização e formação de "panelinhas" — tais tendências são limitadas. As coerções que colocam os internados numa posição em que podem identificar-se e comunicar-se não levam necessariamente a elevado moral de grupo e à solidariedade. Em alguns campos de concentração e instalações para prisioneiros de guerra, o internado não pode confiar em seus companheiros, pois estes podem roubá-lo, atacá-lo ou delatá-lo, o que leva ao que alguns estudiosos denominaram anomia[112]. Nos hospitais para

(109) LAWRENCE, *op. cit.*, p. 59. (Os pontos de reticência são do original.)
(110) Por exemplo, HECKSTALL-SMITH, *op. cit.*, p. 30. BEHAN, *op. cit.*, dá muito material sobre a relação de "amigo" ou "companheiro".
(111) RICHARDSON, S. A. *The Social Organization of British and United States Merchant Ships*. (Monografia inédita, que pode ser consultada na The New York State School of Industrial and Labor Relations, Cornell University, 1954, p. 17.)
(112) Uma apresentação completa desse tema pode ser encontrada em D. CRESSEY e W. KRASSOWSKI, Inmate Organization and Anomie in American Prison and Soviet Labor Camps, *Social Problems*, V (verão, 1957-1958), pp. 217-30.

doentes mentais, as díades e tríades podem esconder segredos das autoridades, mas qualquer coisa que todos os pacientes de uma enfermaria saibam tende a chegar ao ouvido do auxiliar. (Evidentemente, nas prisões, a organização de internados foi às vezes suficientemente forte para fazer greves e insurreições de curta duração; em campos de prisioneiros de guerra, foi às vezes possível organizar seções de prisioneiros que atuavam em canais de fuga[113]; em campos de concentração, houve períodos de organização subterrânea completa[114]; em alguns navios ocorrem levantes; mas tais ações combinadas parecem constituir exceções, e não a regra.) No entanto, embora usualmente exista pouca lealdade de grupo nas instituições totais, a expectativa de formação dessa lealdade constitui parte da cultura do internado e está subjacente à hostilidade com relação aos que rompem a solidariedade dos internados.

O sistema de privilégios e os processos de mortificação, já discutidos, constituem as condições a que o internado precisa adaptar-se. Tais condições permitem diferentes maneiras individuais de adaptação, além de qualquer esforço de ação subversiva coletiva. O mesmo internado empregará diferentes táticas de adaptação em diferentes fases de sua carreira moral, e pode alternar entre diferentes táticas ao mesmo tempo.

Em primeiro lugar, existe a tática de "afastamento da situação". O internado aparentemente deixa de dar atenção a tudo, com a exceção dos acontecimentos que cercam o seu corpo, e vê tais acontecimentos em perspectiva não empregada pelos outros que aí estão. Evidentemente, a abstenção total de participação em acontecimentos de interação é mais conhecida em hospitais para doentes mentais, onde recebe o título de "regressão". Alguns aspectos da "psicose de prisão" ou de "agitação simples" [*stir simple*] representam o mesmo ajustamento[115], tal como ocorre com certas formas de "despersonalização aguda", descrita em campos de concentração, e "alienação" [*Tankeritis*] aparentemente encontrada entre marinheiros de marinha mercante[116]. Segundo suponho, não se sabe se essa tática de adaptação constitui um único contínuo de vários graus de afastamento, ou se há platôs padronizados de evolução. Considerando-se as pressões aparentemente exigidas para afas-

(113) Ver, por exemplo, P. R. REID, *Escape from Colditz*, New York, Berkley Publishing Corp., 1956.
(114) Ver PAUL FOREMAN, Buchenwald and Modern Prisoner-of-War Detention Policy, *Social Forces*, XXXVII (1959), pp. 289-98.
(115) Para um estudo já antigo, ver P. NITSCHE e K WILMANNS, *The History of Prison Psychosis*, Nervous and Mental Disease Monograph, séries n. 13 (1912).
(116) RICHARDSON, *op. cit.*, p. 42.

tar um internado dessa posição, bem como os recursos atualmente limitados para fazê-lo, essa tática de adaptação muitas vezes é efetivamente irreversível.

Em segundo lugar, existe a "tática de intransigência": o internado intencionalmente desafia a instituição ao visivelmente negar-se a cooperar com a equipe dirigente[117]. Disso resultam uma intransigência constantemente confirmada e, às vezes,'elevado moral individual. Muitos hospitais grandes para doentes mentais, por exemplo, têm enfermarias onde predomina essa tendência. A rejeição constante de uma instituição total muitas vezes exige orientação constante para sua organização formal e, por isso, paradoxalmente, um tipo profundo de participação no estabelecimento. De forma semelhante, quando a equipe dirigente aceita a tática de que o internado intransigente deve ser vencido (tal como às vezes ocorre quando os psiquiatras de hospital recomendam o choque elétrico[118], ou os tribunais militares condenam à solitária), a instituição mostra, com relação ao rebelde, uma devoção tão especial quanto a que o rebelde manifestou com relação a ela. Finalmente, embora se saiba que alguns prisioneiros de guerra assumiram uma posição de intransigência durante todo o seu período de encarceramento, a intransigência é geralmente temporária e constitui uma fase inicial de reação; o internado depois passa para o afastamento com relação à situação ou para alguma outra tática de adaptação.

Uma terceira tática padronizada no mundo da instituição é a "colonização": o pouco do mundo externo que é dado pelo estabelecimento é considerado pelo internado como o todo, e uma existência estável, relativamente satisfatória, é construída com o máximo de satisfações possíveis na instituição[119]. A experiência do mundo externo é usada como ponto de referência para demonstrar como a vida no interior da instituição é desejável, e a usual tensão entre os dois mundos se reduz de maneira notável; também se reduz nitidamente o esquema de motivação baseado nessa discrepância percebida, e que descrevi como peculiar às instituições totais. Geralmente, o indivíduo que aceita essa tática pode ser acusado, pelos outros internados, de "ter encontrado um lar" ou de "nunca ter tido nada melhor". A equipe dirigente pode ficar perturbada com esse emprego da instituição, pois percebe que as possibilidades positivas da situação estão sendo mal empregadas. Os "colonizados" po-

---

(117) Ver, por exemplo, a discussão sobre "The Resisters" em SCHEIN, *op. cit.*, pp. 166-67.
(118) BELKNAP, *op. cit.*, p. 192.
(119) No caso de hospitais para doentes mentais, os que aceitam essa estratégia são às vezes denominados "curas institucionais" ou se diz que sofrem de "hospitalismo".

dem sentir-se obrigados a negar sua satisfação com a instituição, ainda que apenas para apoiar a oposição que sustenta a solidariedade dos internados. Podem ter a necessidade de criar problemas imediatamente antes da data marcada para sua "libertação", o que lhes dá uma base aparentemente involuntária para continuar o internamento. É significativo observar que a equipe dirigente que tenta tornar mais suportável a vida nas instituições totais precise enfrentar a possibilidade de que, ao fazê-lo, aumente a atração e a possibilidade da "colonização".

Um quarto modo de adaptação ao ambiente da instituição total é o da "conversão": o internado parece aceitar a interpretação oficial (ou da equipe dirigente) e tenta representar o papel do internado perfeito. Se o internado "colonizado" constitui, na medida do possível, uma comunidade livre para si mesmo, ao usar os limitados recursos disponíveis, o convertido aceita uma tática mais disciplinada, moralista e monocromática, apresentando-se como alguém cujo entusiasmo pela instituição está sempre à disposição da equipe dirigente. Nos campos chineses de prisioneiros de guerra, encontramos norte-americanos que se tornaram "a favor" e aceitaram integralmente a interpretação comunista do mundo[120]. Nos quartéis, há convocados que parecem sempre "satisfeitos" e em busca de promoções. Nas prisões, há os "dedos duros". Nos campos de concentração da Alemanha, uma pessoa encarcerada por muito tempo passava a adotar o vocabulário, a recreação, a postura, as expressões de agressão e o estilo de roupa da Gestapo, executando, com rigor militar, o papel de chefe "de mentira"[121]. Alguns hospitais para doentes mentais distinguem-se dando duas diferentes possibilidades de conversão — uma para o recém-admitido, que pode ver a luz depois de uma luta interior adequada e adotar a interpretação psiquiátrica de si mesmo; outra para o paciente crônico, que adota as "poses" e as roupas dos auxiliares, ao mesmo tempo em que os ajuda a controlar os outros pacientes, e emprega um rigor que às vezes ultrapassa o destes últimos. E, evidentemente, nos campos de treinamento de oficiais, encontramos convocados que logo se tornam "oficiais convictos", e aceitam uma forma de tormento que logo serão capazes de infligir a outros[122].

Há uma diferença significativa entre algumas instituições totais: muitas — por exemplo, hospitais progressistas

(120) Schein, op. cit., pp. 167-69.
(121) Ver Bruno Bettelheim, Individual and Mass Behavior in Extreme Situations, *Journal of Abnormal and Social Psychology*, XXXVIII (1943), pp. 447-51. Deve-se acrescentar que, em campos de concentração, a colonização e a conversão freqüentemente ocorriam juntas. Ver Cohen, *op. cit.*, pp. 200-3, onde se discute o papel do "Kapo".
(122) Brewster Smith (Stouffer, op. cit.), p. 390.

para doentes mentais, navios mercantes, sanatórios para tuberculosos, campos de "lavagem de cérebro" — dão ao internado uma oportunidade para aceitar um modelo de conduta que é, ao mesmo tempo, ideal e aceito pela equipe dirigente, um modelo que seus defensores admitem ser o melhor para as pessoas às quais é aplicado; outras instituições totais — por exemplo, alguns campos de concentração e algumas prisões — não defende oficialmente um ideal que o internado deva incorporar.

As táticas mencionadas representam comportamentos coerentes que podem ser seguidos, mas poucos internados parecem segui-las por muito tempo. Na maioria das instituições totais, a maioria dos internados preferem o caminho que alguns deles denominam "se virar". Isso inclui uma combinação um pouco oportunista de ajustamentos secundários, conversão, colonização e lealdade ao grupo de internados, de forma que a pessoa terá, nas circunstâncias específicas, uma possibilidade máxima de não sofrer física ou psicologicamente[123]. Geralmente, o internado, quando diante de seus colegas, aceita os costumes contrários aos impostos pela administração, e deles esconde o fato de, quando sozinho com a equipe dirigente, agir com grande "civilidade"[124]. Os internados que "se viram" subordinam os contatos com seus companheiros ao objetivo mais elevado de "não ter encrencas"; tendem a não se apresentar como voluntários; podem aprender a cortar suas ligações com o mundo externo a um ponto que permita dar realidade cultural ao mundo da instituição, mas sem que isso leve à colonização.

Já sugeri algumas das táticas de adaptação que os internos podem aceitar, diante das pressões presentes nas instituições totais. Cada tática representa uma forma de enfrentar a tensão entre o mundo original e o mundo institucional. Às vezes, no entanto, o mundo habitual do internado foi de tal ordem que o imunizou contra o sombrio mundo da instituição; nesses casos, não há necessidade de

(123) Ver a discussão em SCHFIN, op. cit., pp. 165-66, dos "Marias vão com as outras" e, em ROBERT J LIFTON, Home by Ship: Reaction Patterns of American Prisoners of War Repatriated from North Korea, *American Journal of Psychiatry*, CX (1954), p. 734.

(124) Essa duplicidade é encontrada com muita freqüência em instituições totais. No hospital público para doentes mentais que estudei, mesmo os poucos pacientes de elite escolhidos para passar por psicoterapia individual, e, portanto, que estavam em melhor posição para defender o estudo psiquiátrico do eu, tendiam a apresentar sua interpretação favorável da psicoterapia apenas aos seus grupinhos íntimos. Para uma descrição da maneira pela qual os prisioneiros do exército escondiam de seus colegas de delitos o seu interesse em "restauração" no exército, ver os comentários de RICHARD CLOWARD na Sessão Quatro de *New Perspectives for Research on Juvenile Delinquency*, HELEN L. WITMER e RUTH KOTINSKY, (orgs.), U.S. Dept. of Health, Education, and Welfare, Children's Bureau Publication N.º 356 (1956), sobretudo p. 90.

levar muito longe um esquema específico de adaptação. Alguns doentes de classe baixa dos hospitais para doentes mentais, que viveram sempre em orfanatos, reformatórios e cadeias, tendem a ver o hospital apenas como outra instituição total na qual podem aplicar as técnicas de adaptação aprendidas e aperfeiçoadas em instituições semelhantes. Para essas pessoas, a "viração" não representa uma mudança em sua carreira moral, mas uma tática que já faz parte de sua segunda natureza. De forma semelhante, os jovens da ilha Shetland, quando recrutados para o serviço da marinha mercante inglesa, aparentemente não se sentem muito ameaçados pela vida dura e difícil que devem levar a bordo, pois a vida na ilha é ainda mais difícil; são marinheiros sem queixas, pois, de seu ponto de vista, têm pouco de que se queixar.

Um efeito semelhante de imunização é obtido por internados que têm compensações especiais dentro da instituição, ou meios especiais para defesa contra seus ataques. No período inicial dos campos alemães de concentração, os delinqüentes aparentemente tinham satisfação compensatória pelo fato de viverem com prisioneiros políticos de classe média[125]. De forma semelhante, o vocabulário de classe média da psicoterapia de grupo e a ideologia "sem classe" da "psicodinâmica" dá, a alguns doentes mentais socialmente ambiciosos e frustrados da classe baixa, o maior contato que já tiveram com o mundo "educado". Convicções religiosas e políticas profundas servem para isolar o crente autêntico dos assaltos de uma instituição total. Quando a equipe dirigente não consegue fazer com que o internado fale a sua linguagem, pode desistir de seus esforços para reforma, e libera o "não-falador" de algumas pressões[126].

VII

Agora, eu gostaria de considerar alguns dos temas predominantes da cultura do internado.

Em primeiro lugar, em muitas instituições totais, se desenvolvem um tipo característico e um nível também característico de preocupação consigo mesmo. A baixa posição dos internados, quando comparada à que tinham no mundo externo, e estabelecida inicialmente através do processo de despojamento, cria um meio de fracasso pessoal em que a desgraça pessoal se faz sentir constantemente. Como resposta a isso, o internado tende a criar uma "his-

---

(125) BETTELHEIM, *op. cit.*, p. 425.
(126) SCHEIN, *op. cit.*, p. 165, sugere que os chineses deixaram de lado os porto-riquenhos e outros prisioneiros de guerra que não falavam inglês, e permitiram que trabalhassem numa rotina aceitável de trabalhos inferiores.

tória", uma tática, um conto triste — um tipo de lamentação e defesa — e que conta constantemente a seus companheiros, como uma forma de explicar a sua baixa posição presente. Em conseqüência, o eu do internado pode tornar-se, mais do que no mundo externo, foco de sua conversa e de seu interesse, o que leva a excesso de piedade por si mesmo[127]. Embora a equipe diretora constantemente desminta tais histórias, audiência dos internados tende a ser mais delicada, e suprime pelo menos parte da descrença e do tédio criados por tais descrições. Um ex-prisioneiro escreve:

Ainda mais notável é a delicadeza quase universal no que se refere a perguntas sobre os erros de outro, bem como o fato de o internado se recusar a determinar sua relação com outro prisioneiro a partir daquilo que este fez antes de vir para a prisão[128].

De forma semelhante, em hospitais públicos norte-americanos para doentes mentais, a etiqueta permite que um paciente pergunte a outro em que enfermaria e em que serviço está, bem como há quanto tempo vive no hospital; no entanto, não se pergunta logo porque está no hospital, e, quando se faz essa pergunta, a versão deformada, quase sempre apresentada, tende a ser aceita.

Em segundo lugar, entre os internados de muitas instituições totais, existe um intenso sentimento de que o tempo passado no estabelecimento é tempo perdido, destruído ou tirado da vida da pessoa; é tempo que precisa ser "apagado"; é algo que precisa ser "cumprido", "preenchido" ou "arrastado" de alguma forma. Nas prisões e nos hospitais para doentes mentais, uma afirmação geral quanto à adaptação da pessoa à instituição pode ser apresentada através da maneira de "passar o tempo": se isso é coisa penosa ou leve[129]. Este tempo é algo que foi posto entre parênteses na consciência constante, e de uma forma que dificilmente se encontra no mundo externo. Por isso, o internado tende a sentir que durante a sua estada obrigatória — sua sentença — foi totalmente exilado da vida[130].

(127) Para exemplos de prisão, ver HASSLER, op. cit., p. 18; HECKSTALL-SMITH, op. cit., pp. 29-30.
(128) HASSLER, op. cit., p. 116.
(129) Muito material sobre a concepção de tempo em instituições totais pode ser encontrado em MAURICE L. FARBER, "Suffering and Time Perspective of the Prisoner", Parte IV, *Authority and Frustration*, por KURT LEWIN et al., Studies in Topological and Vector Psychology III, University of Iowa Studies in Child Welfare, v. XX (1944).
(130) A melhor descrição que conheço desse sentimento de "não viver" pode ser encontrada num artigo de FREUD, "Luto e Melancolia", onde se diz que ocorre como conseqüência da perda de um objeto amado. Ver *Collected Papers of Sigmund Freud*, Londres, Hogart Press, 1925, v. IV, pp. 152-70.

É neste contexto que podemos avaliar a influência desmoralizadora de uma sentença indefinida ou de sentença muito longa[131].

Por mais duras que sejam as condições de vida nas instituições totais, apenas as suas dificuldades não podem explicar esse sentimento de tempo perdido; precisamos considerar as perdas de contatos sociais provocadas pela admissão numa instituição total e (usualmente) pela impossibilidade de aí adquirir coisas que possam ser transferidas para a vida externa — por exemplo, dinheiro, formação de ligações conjugais, certidão de estudos realizados. Uma das virtudes da doutrina de que os hospitais para doentes mentais são hospitais para tratamento de pessoas doentes é que os internados, depois de terem dedicado três ou quatro anos de suas vidas a esse tipo de exílio, podem tentar convencer-se de que trabalharam ativamente para sua cura e que, uma vez curados, o tempo aí dispendido terá sido um investimento razoável e proveitoso.

Este sentimento de tempo morto provavelmente explica o alto valor dado às chamadas atividades de distração, isto é, atividades intencionalmente desprovidas de seriedade, mas suficientemente excitantes para tirar o participante de seu "ensinamento", fazendo-o esquecer momentaneamente a sua situação real. Se se pode dizer que as atividades usuais nas instituições totais torturam o tempo, tais atividades o matam misericordiosamente.

Algumas atividades de distração são coletivas — por exemplo, jogos ao ar livre, bailes, participação em orquestra ou bandas de música, coral, aulas, ensino de arte[132] ou de trabalho com madeira e jogo de cartas; algumas são individuais, mas dependem de materiais públicos — por exemplo, leitura[133] e ver televisão[134]. Sem dúvida, aí deveríamos incluir também a fantasia íntima, segundo a sugestão de Clemmer, ao descrever o "devaneio" do prisioneiro[135]. Algumas dessas atividades podem ser oficialmente patrocinadas pela equipe dirigente; algumas, não oficialmente patrocinadas, constituirão ajustamentos secundários — por exemplo, jogo, homossexualidade, ou "viagens" e "baratos" conseguidos com álcool industrial, noz moscada

---

(131) Ver, por exemplo, COHEN, op. cit., p. 128.
(132) Um bom exemplo de prisão é apresentado por NORMAN, op. cit., p. 71.
(133) Ver, por exemplo, a bela descrição de BEHAN, op. cit., pp. 72-75, das delícias de ler na cama da cela, e a precaução resultante de racionar o material de leitura disponível.
(134) Evidentemente, essa atividade não se restringe a instituições totais. Encontramos um caso clássico de dona de casa entediada e cansada que "consegue uns poucos minutos para si mesma" para "pôr os pés para o alto", "afastando-se" de casa e lendo o jornal da manhã com uma xícara de café e um cigarro.
(135) CLEMMER, op. cit., pp. 244-47.

e gengibre[136]. Oficialmente patrocinadas ou não, sempre que essas atividades de distração se tornam muito excitantes ou contínuas, a equipe dirigente tende a fazer objeções — que é freqüente no caso de bebida, sexo e jogos de azar — pois, aos seus olhos, a instituição, e não algum outro tipo de entidade social incrustada na instituição, deve tomar conta do internado.

Toda instituição total pode ser vista como uma espécie de mar morto, em que aparecem pequenas ilhas de atividades vivas e atraentes. Essa atividade pode ajudar o indivíduo a suportar a tensão psicológica usualmente criada pelos ataques ao eu. No entanto, precisamente na insuficiência de tais atividades, podemos encontrar um importante efeito de privação das instituições totais. Na sociedade civil, um indivíduo que fracassa num de seus papéis sociais geralmente tem oportunidade para esconder-se em algum local protegido onde pode aceitar a fantasia comercializada — cinema, TV, rádio, leitura — ou empregar "consolos", como o cigarro ou a bebida. Nas instituições totais, principalmente logo depois da admissão, tais materiais podem não estar ao seu alcance. No momento em que tais pontos de repouso são mais necessários, podem ser mais difíceis[137].

VIII

Nesta discussão do mundo do internado, comentei o processo de mortificação, as influências reorganizadoras, as táticas de resposta dos internados, o ambiente cultural que aí se desenvolve. Gostaria de acrescentar um comentário final sobre os processos que geralmente ocorrem se e quando o internado é enviado de volta para a sociedade mais ampla.

Embora os internados possam ter planos para a saída e tenham um cálculo até de horas para a data de sua liberação, os que se aproximam desta tendem freqüentemente a sentir-se angustiados e, como já foi sugerido, alguns criam um problema ou se alistam novamente no exército, a fim de evitar o problema. A angústia do internado quanto à liberação parece apresentar-se, muitas vezes, sob a forma de uma pergunta que apresenta a si mesmo e aos outros: "Será que posso me sair bem lá fora?" Esta pergunta

---

(136) CANTINE e RAINER, *op. cit.*, pp. 59-60, dão um exemplo disso.
(137) Por exemplo, CANTINE e RAINER, *op. cit.*, p. 59, citando James Peck:
"Sentia ainda mais falta de uns goles do que das mulheres e de alguns amigos íntimos. Quando você se aborrece no mundo externo, você pode acabar com isso com alguns goles. Mas na cadeia você precisa esperar que a chateação passe sozinha e isso pode levar muito tempo".

abrange toda a vida civil como algo a respeito da qual tem concepções e preocupações. O que, para os de fora, é um fundo não-percebido para figuras percebidas, para o internado é uma figura num fundo maior. Talvez essa perspectiva seja desmoralizante, e seja uma das razões para que os ex-internados freqüentemente pensem na possibilidade de "voltar", bem como uma razão para que um número apreciável faça exatamente isso.

Freqüentemente as instituições totais afirmam sua preocupação com a reabilitação, isto é, com o restabelecimento dos mecanismos auto-reguladores do internado, de forma que, depois de sair, manterá, espontaneamente, os padrões do estabelecimento. (Espera-se que a equipe dirigente tenha essa auto-regulação ao chegar à instituiçao total, e, como os participantes de outros tipos de estabelecimento, tenham apenas a necessidade de aprender os processos de trabalho.) Na realidade, raramente se consegue essa mudança, e, mesmo quando ocorre mudança permanente, tais alterações freqüentemente não são as desejadas pela equipe dirigente. A não ser no caso de algumas instituições religiosas, nem o processo de despojamento e nem os processos de reorganização parecem ter um efeito duradouro[138], em parte por causa de ajustamentos secundários, da presença de costumes contrários à instituição, bem como por causa da tendência dos internados para combinar todas as estratégias na "viração".

Evidentemente, logo depois da liberação, o internado tende a ficar maravilhado diante das liberdades e dos prazeres de *status* civil que os civis usualmente não percebem como "acontecimentos" — o odor nítido do ar fresco, falar quando se deseja, usar um fósforo inteiro para acender um cigarro, fazer um lanche solitário numa mesa arrumada para apenas quatro pessoas[139]. Uma doente mental, ao voltar para o hospital depois de passar o fim de semana em casa, descreve sua experiência para um círculo de ouvintes muito atentos:

Eu me levantei de manhã, fui para a cozinha e preparei o café; estava uma maravilha. À tarde tomei umas cervejas, saí e comi *chili**; estava uma coisa doida, uma verdadeira delícia. Nem um minuto esqueci de que estava livre[140].

(138) Provas importantes disso são dadas por nosso conhecimento do reajustamento de prisioneiros repatriados que tinham passado pela "lavagem de cérebro" da guerra. Ver HINKLE e WOLFF, *op. cit.*, p. 174.
(139) LAWRENCE, *op. cit.*, p. 48.
(*) Espécie de pimenta malagueta. (N. do T.)
(140) Notas de campo do autor.

Apesar disso, parece que logo depois da liberação o ex-internado esquece grande parte do que era a vida na instituição e novamente começa a aceitar como indiscutíveis os privilégios em torno dos quais se organizava a vida na instituição. O sentimento de injustiça, amargura e alienação, geralmente criado pela experiência do internado e que comumente assinala um estádio em sua carreira moral, parece enfraquecer-se depois da saída.

No entanto, o que o ex-internado conserva de sua experiência institucional nos diz muita coisa a respeito das instituições totais. Muito freqüentemente, a entrada significa, para o novato, que passou para o que poderia ser denominado um *status* proativo: não apenas sua posição social intramuros é radicalmente diversa da que era fora, mas, como chega a compreender se e quando sai, sua posição social no mundo externo nunca mais será igual à que era. Quando o *status* proativo é relativamente favorável, — tal como ocorre com os que se formam em internatos de elite, escolas para formação de oficiais, conventos aristocráticos etc. — podemos esperar reuniões oficiais de júbilo, com proclamações de "orgulho" pela escola. Quando o *status* proativo é desfavorável, — tal como ocorre com os que saem de prisões ou hospitais para doentes mentais — podemos empregar o termo "estigma", e esperar que o ex-internado faça um esforço para esconder seu passado e tente "disfarçar-se".

Como já o supôs um estudioso[141], um importante tipo de poder da equipe dirigente é sua capacidade para dar a espécie de dispensa que reduz o estigma. Os oficiais das prisões militares podem ter a possibilidade de permitir, ou não, que o internado possa voltar para o serviço ativo e, potencialmente, obtenha uma dispensa honrosa; os administradores dos hospitais de doentes mentais podem ter a possibilidade de dar "um atestado de saúde mental" (dispensado como curado) e também recomendações pessoais. Esta é uma das razões pelas quais os internados, na presença da equipe dirigente, às vezes fingem entusiasmo por aquilo que a instituição está fazendo por eles.

Podemos passar agora para uma consideração da angústia da liberação. Uma explicação apresentada para esta diz que o indivíduo não está disposto ou está muito "doente" para reassumir as responsabilidades das quais se livrou através da instituição total. Minha experiência pessoal com um tipo de instituição total — os hospitais para doentes mentais — tende a reduzir esse fator a um mínimo. Um fator que tende a ser mais importante é a desculturação, a perda ou impossibilidade de adquirir os hábitos atual-

(141) CLOWARD, *op. cit.*, pp. 80-83.

mente exigidos na sociedade mais ampla. Outro fator é o estigma. Quando o indivíduo adquiriu um baixo *status* proativo ao tornar-se um internado, tem uma recepção fria no mundo mais amplo — e tende a sentir isso no momento, difícil até para aqueles que não têm um estigma, em que precisa candidatar-se a um emprego ou a um lugar para viver. Além disso, a liberação tende a ocorrer exatamente quando o internado finalmente aprendeu a manejar "os fios" no mundo interno, e conseguiu privilégios que descobriu, dolorosamente, que são muito importantes. Em resumo, pode descobrir que a liberação significa passar do topo de um pequeno mundo para o ponto mais baixo de um mundo grande. Além disso, ao voltar para a comunidade livre, pode encontrar alguns limites à sua liberdade. Alguns campos de concentração exigiam que o internado assinasse um termo de libertação, atestando que tinha sido tratado com justiça; era advertido quanto às conseqüências da apresentação do que ocorrera lá dentro[142]. Em alguns hospitais para doentes mentais, um internado que está sendo preparado para a liberação é entrevistado uma última vez, a fim de verificar se tem ressentimentos contra a instituição e contra os que providenciaram seu internamento, e é advertido quanto às conseqüências de criar dificuldades para estes últimos. Além disso, ao sair, o internado freqüentemente deve prometer que procurará ajuda se ficar "novamente doente" ou se "tiver problemas". Muitas vezes, o ex-doente mental fica sabendo que seus parentes e empregadores foram advertidos para procurar as autoridades se houver qualquer problema. Para o homem que sai da prisão, pode haver uma forma de liberdade "condicional", com a obrigação de apresentar-se regularmente e afastar-se dos círculos de que participava quando entrou na prisão.

O MUNDO DA EQUIPE DIRIGENTE

I

Quase sempre, muitas instituições totais parecem funcionar apenas como depósitos de internados, mas, como já foi antes sugerido, usualmente se apresentam ao público como organizações racionais, conscientemente planejadas como máquinas eficientes para atingir determinadas finali-

(142) COHEN, *op. cit.*, p. 7; KOGON, *op. cit.*, p. 72.

dades oficialmente confessadas e aprovadas. Já se sugeriu também que um freqüente objetivo oficial é a reforma dos internados na direção de algum padrão ideal. Esta contradição, entre o que a instituição realmente faz e aquilo que oficialmente deve dizer que faz, constitui o contexto básico da atividade diária da equipe dirigente.

Dentro desse contexto, talvez a primeira coisa a dizer a respeito da equipe dirigente é que seu trabalho, e, portanto, o seu mundo, se referem apenas a pessoas. Este *trabalho com pessoas* não é idêntico ao trabalho com pessoal de firmas ou ao trabalho dos que se dedicam a relações de serviço; e equipe dirigente, afinal de contas, tem objetos e produtos com que trabalhar, mas tais objetos e produtos são pessoas.

Como material de trabalho, as pessoas podem adquirir características de objetos inanimados. Os cirurgiões preferem operar pacientes magros a operar pacientes gordos, pois com estes os instrumentos ficam escorregadios, e existem mais camadas que devem ser cortadas. Os encarregados dos funerais em hospitais para doentes mentais às vezes preferem mulheres magras a homens gordos, pois é difícil carregar "cadáveres" pesados, e os homens geralmente precisam ser vestidos com roupas de passeio, nas quais é difícil fazer passar braços e dedos endurecidos. Além disso, os maus tratos em objetos animados ou inanimados podem deixar marcas visíveis para os supervisores. E, assim como um artigo que está sendo fabricado numa indústria precisa ser acompanhado por uma papeleta que mostre o que foi feito por cada um, e quem teve a responsabilidade final por ele, também um objeto humano, ao passar por um sistema de hospital para doentes mentais precisa ser acompanhado por uma série de recibos que digam o que foi feito para o paciente, e feito por este, bem como quem teve a responsabilidade mais recente por ele. Mesmo a presença ou ausência de um paciente em determinada refeição ou em determinada noite precisam ser registradas, de forma que seja possível fazer contabilidade e ajustamentos nas despesas. Na carreira do internado, desde a admissão até seu túmulo, muitos tipos de dirigentes acrescentam uma nota ao seu registro de caso, quando temporariamente passa por sua jurisdição, e muito tempo depois de estar fisicamente morto suas marcas sobreviverão como uma entidade no sistema burocrático do hospital.

Dadas as características fisiológicas do organismo humano, é evidente que há necessidade de atender a certas exigências, para que se possa fazer uso contínuo de pessoas. No entanto, isso também é verdade no caso de objetos inanimados; é preciso regular a temperatura de qualquer depósito, seja de pessoas, seja de coisas. Além disso, assim como minas de estanho, de tintas ou substâncias químicas podem incluir perigos específicos para os empregados, existem (pelo menos na crença da equipe dirigente) perigos especiais no trabalho com pessoas. Nos hospitais para doentes mentais, as equipes dirigentes acreditam que os pacientes podem bater "sem razão" e ferir um funcionário; alguns auxiliares acreditam que a exposição contínua a doentes mentais pode ter um efeito contagioso. Em sanatórios para tuberculosos, e em leprosários, a equipe dirigente pode pensar que está exposta a doenças perigosas.

Embora existam semelhanças entre trabalho com pessoas e trabalho com coisas, os determinantes decisivos do trabalho com pessoas decorrem dos aspectos singulares das pessoas, quando consideradas como material com que se trabalha.

Quase sempre as pessoas são consideradas fins em si mesmas, segundo os princípios morais gerais da sociedade mais ampla de uma instituição total. Portanto, quase sempre verificamos que padrões *tecnicamente* desnecessários de tratamento precisam ser mantidos com materiais humanos. Essa manutenção do que denominamos padrões humanitários passa a ser definida como parte da "responsabilidade" da instituição e, presumivelmente, como uma das coisas que a instituição garante ao internado, em troca de sua liberdade. Os funcionários de prisão são obrigados a deter as tentativas de suicídio de um prisioneiro e dar-lhe atenção médica integral, mesmo que isso possa adiar a sua execução. Algo semelhante foi descrito nos campos de concentração da Alemanha, onde os internados às vezes recebiam cuidados médicos, embora logo depois fossem enviados para a câmara de gás.

Uma segunda contingência no mundo de trabalho da equipe dirigente é que os internados geralmente têm *status* e relações no mundo externo, e isso precisa ser considerado. Evidentemente, isso está ligado ao fato, já mencionado, de que a instituição precisa respeitar alguns dos direitos dos internados *enquanto* pessoas. Mesmo no caso de um doente mental internado como insano, e que em grande parte perdeu seus direitos civis, há necessidade de grande trabalho com "papelório". Evidentemente, os direitos negados a um doente mental são usualmente transferidos a um parente, uma comissão ou ao superintendente do hospital, que então se torna a pessoa legal cuja autorização precisa ser obtida para as numerosas questões que surgem fora da instituição: benefícios da previdência social, imposto de renda, manutenção de propriedades, pagamentos de seguro, pensões para a velhice, dividendos de ações, contas de dentista, obrigações legais assumidas antes do internamento, permissão para consulta do caso por companhias de seguro ou advogados, permissão para visitas de outras pessoas, além dos parentes próximos etc. Todos esses problemas precisam ser enfrentados pela instituição, mesmo que seja para delegar as decisões para os legalmente habilitados para tomá-las.

A equipe dirigente é lembrada dessas obrigações, quanto a padrões e direitos, não apenas por seus superiores hierárquicos, mas também por várias agências da sociedade mais ampla e, muitas vezes, pelos parentes do internado. O material de seu trabalho pode desempenhar esse papel. Alguns auxiliares de hospitais para doentes mentais preferem trabalhar em enfermarias de doentes "mais atrasados", pois estes tendem a fazer menor número de pedidos que exigem tempo do que pacientes de enfermarias "melhores" e que conseguem melhor contato. Existem até frases empregadas pela equipe dirigente — por exemplo, o termo marítimo "advogado do mar" — para indicar um internado que exija tratamento de "acordo com as regras". Os parentes, como críticos, apresentam um problema especial porque, embora os internados possam ser educados quanto ao preço que precisarão pagar pelos pedidos que apresentem espontaneamente, os familiares recebem menos instruções a respeito e apresentam pedidos que os internados ficariam acanhados de apresentar por si mesmos.

A multiplicidade de maneiras pelas quais os internados devem ser considerados fins em si mesmos, bem como o grande número de internados, impõem à equipe dirigente alguns dos dilemas clássicos que precisam ser enfrentados por aqueles que governam os homens. Como uma instituição total funciona mais ou menos como um estado, sua equipe dirigente sofre um pouco com os problemas enfrentados pelos governantes.

No caso de qualquer internado isolado, a garantia de que alguns padrões serão mantidos em benefício do paciente pode exigir o sacrifício desses mesmos padrões; nisto existe uma dificuldade para pesar os fins. Por exemplo, se um internado com tendências suicidas precisa ser mantido vivo, a direção do hospital pode achar necessário conservá-lo sob fiscalização constante ou até amarrado a uma cadeira numa sala fechada. Para que um doente mental não possa abrir continuamente suas feridas e repetir constantemente um ciclo de tratamento e enfermidade, a equipe dirigente pode achar necessário limitar a liberdade de suas mãos. Um paciente que se recuse a alimentar-se pode sofrer a humilhação de alimentação forçada. Para que os internados de sanatórios de tuberculosos possam ter uma oportunidade de recuperação, é preciso limitar a liberdade de recreação[143].

(143) ROTH, "What is an Activity", *op. cit.*

Evidentemente, os padrões de tratamento que um internado tem o direito de esperar podem entrar em conflito com os desejados por outro, o que provoca outro conjunto de problemas de direção. Por isso, em hospitais para doentes mentais, se a porta de saída precisa ficar aberta, por respeito aos que têm o direito de sair, outros pacientes, que sob outras condições poderiam ficar no pátio, podem precisar ficar em enfermarias fechadas. E para que possa haver uma cantina e uma caixa de correio com livre acesso aos que estão em melhores condições, os pacientes que precisam de uma dieta rigorosa, ou que escrevem cartas ameaçadoras ou obscenas, não podem ficar soltos no edifício.

A obrigação da equipe dirigente quanto à manutenção de alguns padrões humanitários de tratamento para os pacientes apresenta problemas específicos, mas encontramos outro conjunto de problemas característicos no constante conflito entre padrões humanitários, de um lado, e eficiência da instituição, de outro. Citarei apenas um exemplo. Os bens pessoais de um indivíduo constituem uma parte importante dos materiais com os quais constrói um eu, mas, como internado, a facilidade com que pode ser controlado pela administração tende a aumentar à medida que aumentam as restrições quanto à posse de bens materiais. A notável eficiência com que uma enfermaria de hospital para doentes mentais pode ajustar-se a uma mudança diária no número de pacientes está ligada ao fato de que os que chegam e partem não têm propriedades, e não têm qualquer direito de escolher o local em que são colocados. Além disso, a eficiência com que as roupas desses pacientes pode ser mantida limpa e fresca está ligada ao fato de que a roupa suja de qualquer um pode ser indiscriminadamente colocada numa trouxa, e a roupa limpa pode ser redistribuída, não de acordo com a propriedade, mas de acordo com o tamanho aproximado. De forma semelhante, a maneira mais fácil de garantir que os pacientes que vão para o pátio estejam agasalhados é fazer com que passem por uma pilha de sobretudos da enfermaria, sem o direito de escolha quanto ao que irão vestir, e, com os mesmos objetivos de saúde, fazer com que entreguem de volta essas roupas coletivizadas. A estrutura de uma roupa pode ser determinada, não pela acentuação do eu, mas pela sua eficiência, o que pode ser visto no seguinte anúncio:

ALEGRE, PRÁTICO! AGASALHO RAPIDAMENTE AJUSTÁVEL AO CORPO. Vestido de uma só peça, planejado e experimentado em instituições para pacientes retardados ou doentes mentais. Inibe os impulsos de exibicionismo, resiste aos esforços para rasgá-lo. Veste-se pela cabeça. Não exige peças íntimas. O colchete de pressão ajuda a criar hábitos de higiene.

Padrões agradáveis ou com dois tons lisos, decote em V ou fechado no pescoço. Não precisa passar[144].

Assim como os bens pessoais podem interferir no controle suave de uma instituição, e por isso são afastados, também algumas partes do corpo podem entrar em conflito com a direção eficiente e o conflito pode ser resolvido em favor da eficiência. Para que as cabeças dos internados sejam mantidas limpas, e para que o seu possuidor seja facilmente classificado, é eficiente raspar seus cabelos, apesar do dano que isso causa à sua aparência. Com fundamentos semelhantes, alguns hospitais para doentes mentais verificaram que é útil extrair os dentes dos "mordedores", fazer histerectomias em mulheres com tendências para a promiscuidade sexual, e realizar lobotomias em briguentos crônicos. A prática da flagelação como forma de castigo para homens de guerra exprimia o mesmo dilema entre interesses da organização e os interesses humanitários:

Um dos argumentos dos oficiais da Marinha em favor do castigo físico é o seguinte: pode ser aplicado num momento; não consome um tempo precioso; quando se coloca a camisa do prisioneiro, *encerra-se* o assunto. Ao contrário, se houvesse um castigo diferente, este provavelmente provocaria uma grande perda de tempo e grandes problemas, além de dar ao marinheiro uma falsa idéia de sua importância[145].

Já sugeri que o trabalho com pessoas difere de outros tipos de trabalho por causa do conflito de *status* e relações que cada paciente traz para a instituição e por causa dos padrões humanos que precisam ser mantidos com relação a ele. Outra diferença ocorre quando o internado tem o direito de fazer visitas fora do hospital, pois os erros que pode cometer na sociedade civil se tornam alguma coisa pela qual a instituição tem certa responsabilidade. Considerando-se este último problema, é compreensível que muitas instituições totais tenham tendência a encarar as saídas de maneira desfavorável. Outro tipo de diferença entre o trabalho com pessoas e outros tipos de trabalho — e talvez a mais importante de todas — é que pelo exercício de ameaça, prêmio, ou persuasão, os objetos humanos podem receber instruções e podemos estar certos de que as executarão sozinhos. Evidentemente, o período de tempo durante o qual podemos confiar na execução de instrução por esses objetos varia muito, mas, como a organização social de enfermarias para os "mais atrasados" nos ensina, mesmo

(144) Anúncio em *Mental Hospitals*, VI (1955), p. 20.
(145) MELVILLE, *op. cit.*, p. 139.

no caso limite de esquizofrênicos catatônicos é possível considerável grau de confiança. Apenas o equipamento eletrônico mais complexo tem também essa capacidade.

Embora os materiais humanos nunca possam ser tão refratários quanto os inanimados, sua capacidade para perceber e seguir os planos da equipe dirigente garante que podem opor-se mais efetivamente à equipe dirigente do que os objetos inanimados, pois estes não podem, de maneira inteligente e intencional, opor-se a nossos planos (embora, em certos momentos, possamos reagir a eles como se isso fosse possível). Por isso, nas prisões e nas enfermarias "melhores" de hospitais para doentes mentais os guardas precisam estar preparados para enfrentar esforços organizados de fuga e precisam constantemente enfrentar tentativas para enganá-los, "dirigi-los" ou colocá-los em outras dificuldades; a preocupação do guarda não diminui pelo fato de saber que o internado pode fazer essas coisas apenas para manter seu amor-próprio e vencer o tédio[146]. Nesse caso, mesmo um doente mental velho e fraco tem um extraordinário poder; por exemplo, apenas fechando os polegares nos bolsos da calça pode impedir que o auxiliar possa despi-lo. Essa é uma razão pela qual a equipe dirigente tende a esconder as decisões com relação ao destino dos internados, pois, se estes soubessem quais as piores coisas planejadas para eles, poderiam intencional e abertamente impedir a realização suave de seu destino — por exemplo, os doentes mentais que estão sendo preparados para o tratamento de choque podem ouvir histórias delicadas e às vezes ser impedidos de ver a sala em que serão tratados.

Um terceiro aspecto geral pelo qual os materiais humanos se distinguem de outros tipos, e por isso apresentam problemas específicos, é que, por mais distante que a equipe dirigente procure manter-se de tais materiais, estes podem tornar-se objetos de sentimentos de camaradagem e até feição. Existe sempre o perigo de que o internado pareça humano; se for preciso impor tratamento considerado "cruel", as pessoas da equipe dirigente sofrerão com isso. (Esta é, afinal de contas, a explicação que os oficiais dão para manter distância com relação aos soldados.) E, de outro lado, se um internado desobedece a uma regra, o fato de os administradores o considerarem como um ser humano pode aumentar o seu sentimento de um atentado a seu mundo moral; como esperar uma resposta "razoável" de uma criatura razoável, as pessoas da equipe dirigente

---

(146) Para comentários quanto ao difícil papel do guarda, ver McCorkle e Korn, *op. cit.*, pp. 93-94, e Gresham M. Sykes, The Corruption of Authority and Rehabilitation, *Social Forces*, XXXIV (1956), pp. 257-62.

podem sentir-se mortificadas, humilhadas e desafiadas quando o internado não reage corretamente.

A capacidade dos internados para tornar-se objetos de interesse afetuoso da equipe dirigente está ligada ao que poderia ser denominado um ciclo de participação, às vezes registrado nas instituições totais. A partir de uma distância social com relação aos internados, um ponto em que a maciça privação e a perturbação institucional não podem ser vistas facilmente, a pessoa da equipe dirigente descobre que não tem razão para impedir a formação de uma relação afetuosa com alguns internados. Essa relação, no entanto, leva a pessoa da equipe dirigente a uma posição em que pode ser ferida por aquilo que os internados fazem e sofrem, e também a coloca numa posição em que tende a ameaçar a posição distante a que seus colegas ficam dos internados. Por isso, a pessoa que estabelece a relação afetuosa pode sentir que foi "queimada" e voltar para o trabalho de escritório, para o trabalho de comissões ou outras rotinas "fechadas" da equipe dirigente. Uma vez afastada dos perigos do contato com os internados, pode aos poucos deixar de sentir que tem razão para cautela, e o ciclo de contato e afastamento pode repetir-se novamente.

Quando combinamos o fato de que a equipe dirigente está obrigada a manter certos padrões de tratamento humano para os internados com o fato de que pode passar a considerar os internados como criaturas razoáveis e responsáveis, que constituem objetos adequados para participação emocional, temos o contexto para algumas das dificuldades específicas de trabalho com pessoas. Nos hospitais para doentes mentais, há sempre alguns pacientes que, de maneira bem nítida, parecem agir contra o que evidentemente seria melhor para eles: bebem água que eles mesmos acabaram de sujar; comem demais no Dia de Ação de Graças e no dia de Natal, de forma que nessas ocasiões tende a haver algumas úlceras perfuradas e esôfagos obstruídos; batem a cabeça contra a parede; arrancam os pontos depois de uma pequena cirurgia; jogam na privada suas dentaduras, sem as quais não podem comer e que só depois de alguns meses poderão ser substituídas; quebram as lentes dos óculos, sem as quais não podem ver. Num esforço para frustrar esses atos visivelmente autodestrutivos, as pessoas da equipe dirigente podem ser obrigadas a "maltratar" tais pacientes, e criam, de si mesmas, uma imagem de pessoas duras e autoritárias, exatamente no momento em que tentam impedir que alguém faça para si mesmo aquilo que, segundo pensam, nenhum ser humano deve fazer a outro. Nesses momentos, é compreensível que o controle emocional seja extremamente difícil para as pessoas da equipe dirigente.

II

As exigências especiais do trabalho com pessoas estabelecem a rotina diária para a equipe dirigente; o trabalho é realizado num clima moral específico. O pessoal da equipe dirigente precisa enfrentar a hostilidade e as exigências dos internados, e geralmente precisa apresentar aos internados a perspectiva racional defendida pela instituição. Por isso, precisamos observar tais perspectivas.

Os objetivos confessados nas instituições totais não são muito numerosos: realização de algum objetivo econômico; educação e instrução; tratamento médico ou psiquiátrico; purificação religiosa; proteção da comunidade mais ampla; e, segundo sugestão de um estudioso das prisões, *"incapacitação, retribuição, intimidação e reforma"*[147]. Geralmente se reconhece que as instituições totais muitas vezes ficam longe de seus objetivos oficiais. Não é tão comum reconhecer que cada um desses objetivos oficiais ou seu conjunto parecem admiravelmente adequados para dar uma chave para a significação — uma linguagem de explicação que a equipe dirigente, e às vezes os internados, podem estender ao último resquício da atividade na instituição. Um esquema médico não é, apenas, uma perspectiva através da qual uma decisão quanto a dosagem pode ser tomada e adquirir sentido; é uma perspectiva pronta para explicar todos os tipos de decisões — por exemplo, horas de refeições ou maneira de dobrar a roupa de cama. Cada objetivo tem uma doutrina frouxa, com seus inquisidores e seus mártires, e nas instituições parece não haver controle natural da liberdade de interpretações fáceis. Toda instituição precisa ser de algum modo protegida da tirania de uma busca difusa de tais objetivos, para que o exercício da autoridade não se transforme numa caça às bruxas. O fantasma da "segurança" nas prisões e as ações dos dirigentes, justificadas em seu nome, constituem exemplos de tais perigos. Portanto, paradoxalmente, embora as instituições totais pareçam muito pouco intelectuais, foi precisamente nelas que, pelo menos, nos últimos tempos, o interesse pelas palavras e pelas perspectivas verbalizadas passou a desempenhar um papel central e muitas vezes febril.

O esquema de interpretação da instituição total começa a atuar automaticamente logo que o internado é admitido, pois a equipe dirigente tem a noção de que a admissão é prova *prima facie* de que essa pessoa deve ser o tipo de indivíduo que a instituição procura tratar. Um homem colocado em prisão política deve ser um traidor; um homem

---

(147) Cressey, D. Achievement of an Unstated Organizational Goal: An Observation on Prisons, *Pacific Sociological Review*, I (1958), p. 43.

na cadeia deve ser um delinqüente; um homem num hospital para doentes mentais deve estar doente. Se não fosse traidor, delinqüente ou doente, por que estaria aí?

Essa identificação automática do internado não é apenas uma forma de dar nomes; está no centro de um meio básico de controle social. Um exemplo disso é dado por um estudo comunitário inicial de um hospital para doentes mentais:

O objetivo principal dessa cultura do pessoal auxiliar é conseguir o controle dos pacientes — um controle que deve ser mantido, independentemente do bem-estar do paciente. Esse objetivo fica muito claro com relação aos desejos ou pedidos apresentados pelos pacientes. Todos esses desejos e pedidos, por mais razoáveis que sejam, por mais calmamente que sejam apresentados, ou por mais educadamente que sejam formulados, são considerados como prova de doença mental. A normalidade nunca é reconhecida pelo auxiliar que trabalha num ambiente em que a anormalidade é a expectativa normal. Embora quase todas essas manifestações comportamentais sejam descritas aos médicos, estes, na maioria dos casos, apenas confirmam os julgamentos dos auxiliares. Dessa forma, os médicos tendem a perpetuar a noção de que o aspecto fundamental do tratamento dos doentes mentais é o seu controle[148].

Quando os internados podem ter contato face a face com a equipe dirigente, o contato freqüentemente se apresenta como pedidos, por parte do doente, e justificativa do tratamento de restrição, por parte da equipe dirigente; essa é, por exemplo, a estrutura geral da interação equipe dirigente-paciente nos hospitais para doentes mentais. Como precisa controlar os internados e defender a instituição em nome de seus objetivos confessados, a equipe dirigente vale-se do tipo de identificação global dos internados que permita fazer isso. Aqui, o problema da equipe dirigente é encontrar um crime que se ajuste ao castigo.

Além disso, os privilégios e castigos distribuídos pela equipe dirigente são freqüentemente apresentados numa linguagem que reflete os objetivos legítimos da instituição — por exemplo, quando o confinamento em prisões é denominado "meditação construtiva". Os internados ou o pessoal de nível inferior têm a tarefa específica de traduzir tais frases ideológicas para a linguagem simples do sistema de privilégio e vice-versa. Um exemplo disso é dado pela discussão de Belknap do que ocorre quando um doente mental infringe uma regra e é castigado:

(148) BATEMAN, J. & DUNHAM, H. The State Mental Hospital as a Specialized Community Experience. *American Journal of Psychiatry*, CV (1948-1949), p. 446.

No caso usual desse tipo, algumas coisas — por exemplo, insolência, desobediência e excessiva familiaridade — são traduzidas para termos mais ou menos profissionais, por exemplo, "excitado" ou "perturbado", e apresentadas ao médico, pelo auxiliar, como um relatório médico. Nesse caso, o médico precisa oficialmente revogar ou modificar os privilégios do paciente na enfermaria, ou transferi-lo para outra, onde o doente precisa começar de novo a partir de um grupo inferior.

Na cultura dos auxiliares, um "bom" médico é aquele que não faz muitas perguntas a respeito desses conceitos médicos traduzidos[149].

A perspectiva institucional é também aplicada a ações que nem clara e nem usualmente estão submetidas à disciplina. Orwell diz que em seu internato urinar na cama era um sinal de "sujeira" ou maldade[150], e que uma perspectiva semelhante se aplicava a perturbações ainda mais nitidamente físicas.

Eu tinha brônquios doentes e uma lesão num dos pulmões, mas isso só foi descoberto muito depois. Por isso, não apenas tinha uma tosse crônica, mas as corridas eram um tormento para mim. Nessa época, no entanto, uma respiração difícil era diagnosticada como imaginação ou considerada como uma perturbação fundamentalmente moral, provocada por excesso de alimento. "Você chia como uma concertina" — era o que costumava dizer Sim [o diretor], sentado atrás de minha cadeira — "e isso acontece porque você come demais"[151].

Diz-se que os campos chineses de "reforma do pensamento" levaram ao extremo esse esquema de interpretação, traduzindo os acontecimentos inócuos diários do passado do prisioneiro em sintomas de ação contra-revolucionária[152].

Embora exista uma interpretação psiquiátrica da perturbação mental e uma interpretação ambiental do crime e da atividade contra-revolucionária, — e ambas libertariam o acusado de responsabilidade moral por seu delito — as instituições totais não podem aceitar esse tipo específico de determinismo. Os internados precisam ser levados à *auto-orientação* controlável, e, para isso, a conduta desejável e a indesejável precisam ser definidas como decorrentes da vontade pessoal e do caráter do internado, e definidas como algo que pode controlar. Em resumo, cada perspectiva ins-

(149) BELKNAP, *op. cit.*, p. 170.
(150) ORWELL, *op. cit.*, pp. 506-9.
(151) *Ibid*, p. 521.
(152) Ver, por exemplo, R. LIFTON, Thought Reform of Western Civilians in Chinese Communist Prisons, *Psychiatry*, XIX (1956), principalmente pp. 182-84.

titucional contém uma moralidade pessoal, e em cada instituição total podemos ver, em miniatura, o desenvolvimento de algo próximo de uma versão funcionalista da vida moral. A tradução do comportamento do internado para termos moralistas, adequados à perspectiva oficial da instituição, necessariamente conterá algumas pressuposições amplas quanto ao caráter dos seres humanos. Dados os internos que tem a seu cargo, e o processamento que a eles deve ser imposto, a equipe dirigente tende a criar o que se poderia considerar uma teoria da natureza humana. Como uma parte implícita da perspectiva institucional, essa teoria racionaliza a atividade, dá meios sutis para manter a distância social com relação aos internados e uma interpretação estereotipada deles, bem como para justificar o tratamento que lhes é imposto[153]. Geralmente, a teoria abrange as possibilidades "boas" e "más" de conduta do internado, as formas apresentadas pela indisciplina, o valor institucional de privilégios e castigos, bem como a diferença "essencial" entre a equipe dirigente e os internados. Nos exércitos, os oficiais têm uma teoria a respeito da relação entre disciplina e a obediência de homens em combate, das qualidades adequadas ao soldado, do seu "ponto de ruptura", bem como das diferenças entre doença mental e simulação. E serão instruídos de acordo com uma concepção específica de suas naturezas pessoais, como o sugere um ex-oficial ao enumerar as qualidades morais esperadas de oficiais:

> Embora grande parte da instrução fosse inevitavelmente destinada a desenvolver a aptidão física, havia a crença muito arraigada de que um oficial, apto ou não, deveria ter tanto orgulho (ou "fibra") que nunca admitiria inadequação física, a não ser que caísse morto ou inconsciente. Esta crença, muito significativa, era mística, tanto em sua natureza quanto em sua intensidade. Durante um exercício violento no fim do curso, dois ou três oficiais se queixaram de bolhas ou outras pequenas indisposições. O instrutor-chefe, um homem pessoalmente educado e tolerante, os denunciou em termos grosseiros. Dizia ele que um oficial simplesmente não se entrega e não pode entregar-se. Se não tivesse outra coisa, deveria agüentar-se com sua força de vontade. Tudo era uma questão de fibra. Havia a suposição implícita de que, como os soldados de outros níveis "afrouxavam"

---

(153) Derivo isso da resenha, feita por EVERETT C. HUGHES, do livro *Spätlese*, de LEOPOLD VON WIESE, em *American Journal of Sociology*, LXI (1955), p. 182. Uma área semelhante é abrangida pelo termo antropológico atual, *etnopsicologia*, embora a unidade a que se aplica seja uma cultura, e não uma instituição. Deve-se acrescentar que também os internados adquirem uma teoria da natureza humana, em parte pela aceitação da empregada pela equipe dirigente e em parte pelo desenvolvimento de uma teoria contrária, por eles criada. A respeito, ver em McCLEERY, *op. cit.*, pp. 14-15, a descrição muito interessante do conceito de "rato", criado pelos prisioneiros.

e podiam "afrouxar", embora fossem fisicamente mais fortes, o oficial pertencia a uma casta superior. Mais tarde encontrei entre os oficiais a crença de que poderiam realizar atividades físicas e suportar mal-estar físico sem que tivessem a menor necessidade de treinar-se ou preparar-se para essas coisas, de acordo com o que era exigido dos praças. Por exemplo, os oficiais não faziam educação física; não precisavam dela; eram oficiais e suportariam tudo até o fim, independentemente do fato de terem saído de um sanatório ou de um bordel e ido diretamente para o campo[154].

Nas prisões, encontramos um conflito atual entre a teoria psiquiátrica e a teoria da fraqueza moral do crime. Nos conventos, encontramos teorias a respeito das formas pelas quais um espírito pode ser forte e fraco, bem como sobre as formas pelas quais seus defeitos podem ser combatidos. Os hospitais para doentes mentais se salientam neste caso porque a equipe dirigente se considera como especialista no conhecimento da natureza humana, e por isso pode diagnosticar e receitar a partir desse conhecimento. Por isso, nos manuais padronizados de psiquiatria, há capítulos sobre "psicodinâmica" e "psicopatologia", onde encontramos apresentações explícitas e encantadoras sobre a "natureza" da natureza humana[155].

Uma parte importante da teoria da natureza humana em muitas instituições totais é a crença de que se, por ocasião do internamento, o novo internado for obrigado a mostrar uma extrema deferência diante da administração, será depois controlável — que, ao submeter-se a essas exigências iniciais, sua "resistência" ou seu "espírito" são de alguma forma quebrados. (Essa é uma das razões para as cerimônias de destruição da vontade e de "boas vindas", antes discutidas.) Evidentemente, se os internados aceitarem a mesma teoria da natureza humana, as interpretações da equipe dirigente serão confirmadas. Estudos recentes sobre a conduta de pessoal militar aprisionado na Guerra da Coréia dão um exemplo disso. Nos Estados Unidos, existe a crença de que, se um homem for levado ao seu "ponto de ruptura" será depois incapaz de apresentar qualquer resistência. Aparentemente, essa interpretação da natureza humana, reforçada por advertências de instrução quanto

(154) RAVEN, Simon. Perish by the Sword, *Encounter*, XII (maio, 1959), pp. 38-39.

(155) O caráter abrangente da teoria da natureza humana de uma instituição é atualmente muito bem apresentado em estabelecimentos psiquiátricos progressistas. As teorias originalmente criadas para lidar com internados estão sendo aí aplicadas cada vez mais também com a equipe dirigente, de forma que a administração de baixo nível deve participar de psicoterapia de grupo e o pessoal administrativo de alto nível deve submeter-se à psicanálise. Existe até uma tendência para aceitar, como consultores, terapeutas sociólogos para a instituição como um todo.

81

aos perigos de qualquer fraqueza, levaram alguns prisioneiros a, depois de uma aceitação menor, não apresentar qualquer resistência[156].

Evidentemente, uma teoria da natureza humana é apenas um aspecto do esquema de interpretação apresentado por uma instituição total. Uma outra área abrangida pelas perspectivas institucionais é o trabalho. Como o trabalho externo é comumente realizado para a obtenção de pagamento, lucro ou prestígio, o afastamento de tais motivos significa um afastamento de algumas interpretações da ação, e exige novas interpretações. Nos hospitais para doentes mentais, existe o que é oficialmente conhecido como "terapia industrial" ou "laborterapia"; os pacientes recebem tarefas, geralmente inferiores — por exemplo, varrer as folhas, servir à mesa, trabalhar na lavanderia e limpar os pisos. Embora a natureza de tais tarefas decorra das necessidades de trabalho do estabelecimento, a afirmação apresentada ao paciente é que essas tarefas o ajudarão a reaprender a viver em sociedade e que sua voluntariedade e capacidade para enfrentá-las serão consideradas como prova diagnóstica de melhora[157]. O paciente também pode perceber o trabalho dessa forma. Um processo semelhante de redefinição do trabalho é encontrado em instituições religiosas, como se pode ver pelos comentários de uma freira:

Eis outra maravilha do fato de viver obedientemente. Se você obedecer, ninguém estará fazendo nada mais importante do que você. Uma vassoura, uma caneta e uma agulha são iguais para Deus.

A obediência da mão que as controla e o amor no coração da freira que as sustenta é que fazem uma diferença eterna para Deus, para as freiras e para todo o mundo[158].

No mundo, as pessoas são obrigadas a obedecer a leis feitas pelos homens e a restrições ao trabalho diário. As freiras contemplativas decidem obedecer a uma regra monástica inspirada por Deus. A moça que escreve à máquina pode fazê-lo apenas para ganhar uns dólares, e desejar poder parar. A freira que

(156) Ver o útil artigo de ALBERT BIDERMAN, Social-Psychological Needs and "Involuntary" Behavior as Illustrated by Compliance in Interrogation, *Sociometry*, XXIII (1960), pp. 120-47.
(157) Seria errado considerar com excessivo ceticismo essas "terapias". Alguns trabalhos — por exemplo, na lavanderia e na sapataria — têm seu ritmo próprio e muitas vezes são dirigidos por pessoas mais ligadas a seu ofício do que ao hospital; por isso, muito freqüentemente, o tempo gasto nessas tarefas é muito mais agradável do que aquele passado numa enfermaria quieta e escura. Além disso, a noção de colocar os pacientes em trabalho "útil" parece uma possibilidade tão atraente em nossa sociedade, que alguns serviços — como consertos de sapatos e fabricação de colchões — podem ser mantidos, pelo menos por algum tempo, sem prejuízo para a instituição.
(158) Sister MARY FRANCIS, P.C., *A Right to be Merry*. New York, Sheed and Ward, 1956, p. 108.

varre os claustros do mosteiro faz isso por amor a Deus, e, nessa hora, prefere varrer a qualquer outra ocupação do mundo[159].

Embora, em estabelecimentos comerciais[160], motivos muito institucionalizados — por exemplo, lucro ou economia — possam ser obsessivamente procurados, tais motivos, e os seus esquemas implícitos, podem atuar de modo a restringir outros tipos de interpretação. No entanto, quando as justificativas racionais da sociedade mais ampla não podem ser invocadas, o campo se torna perigosamente aberto para todos os tipos de vôos e excessos de interpretação e, conseqüentemente, a novos tipos de tirania.

Gostaria de acrescentar um útimo aspecto ao problema das perspectivas institucionais. O controle dos internados é geralmente racionalizado através de funções ou objetivos ideais do estabelecimento, e isso exige serviços técnicos humanitários. Usualmente, são contratados especialistas para a realização de tais serviços, ainda que isso seja apenas uma forma de a direção não precisar mandar os internados para fora da instituição, pois não é prudente "que os monges saiam, uma vez que isso não é saudável para suas almas"[161]. Os especialistas que participam, dessa forma, do estabelecimento tendem a ficar insatisfeitos, pois não podem exercer corretamente sua profissão, e são usados como "cativos" para dar sanção de especialistas ao sistema de privilégios. Essa parece ser uma queixa clássica[162]. Em muitos hospitais para doentes mentais, existe um registro de psiquiatras insatisfeitos que se retiram para poder realizar psicoterapia. Muitas vezes um serviço psiquiátrico específico — por exemplo, psicoterapia de grupo, psicodrama, ou terapia de arte — é apresentado com grande apoio da direção superior do hospital; depois, aos poucos, o interesse se transfere para outros aspectos, e o especialista encarregado verifica que seu trabalho se transformou numa espécie de trabalho de relações públicas — e sua terapia recebe apenas um apoio simbólico, a não ser quando há visitantes e a administração superior se preocupa em mostrar como seus recursos são modernos e completos.

(159) *Ibid.*, p. 99. A aplicação de um sentido alternativo à pobreza é, evidentemente, uma estratégia básica na vida religiosa. Os ideais da simplicidade espartana têm sido usados também por grupos políticos e militares; atualmente, os *beatniks* atribuem um sentido especial a uma exibição de pobreza.
(160) Um bom exemplo dessa difusão interpretativa é apresentado no romance de BERNARD MALAMUD sobre os problemas de gerência numa pequena loja — *The Assistant*, New York, New American Library, 1958.
(161) *The Holy Rule of Saint Benedict*, cap. 66.
(162) Por exemplo, HARVEY POWELSON e REINHARD B. BENDIX, Psychiatry in Prison, *Psychiatry*, XIV (1951), pp. 73-86, e WALDO W. BURCHARD, Role Conflicts of Military Chaplains, *American Sociological Review*, XIX (1954), pp. 528-35.

Evidentemente, os especialistas não constituem o único grupo de direção que tem relação um pouco difícil com os objetivos oficiais do estabelecimento. As pessoas da direção que estão em contato direto com os internados podem pensar que também elas estão diante de uma tarefa contraditória, pois precisam impor obediência aos internados e, ao mesmo tempo, dar a impressão de que os padrões humanitários estão sendo mantidos e os objetivos racionais da instituição estão sendo realizados.

CERIMÔNIAS INSTITUCIONAIS

Já descrevi a instituição total do ponto de vista dos internados e, rapidamente, do ponto de vista da direção. Cada ponto de vista tem uma imagem do outro agrupamento como um elemento crucial. Apesar da existência dessa imagem do outro, esta raramente é do tipo que leve à identificação simpática — a não ser, talvez, por parte dos internados já descritos, que aceitam um papel de confiança e a sério "se identificam com o agressor". Quando, entre a direção e os internados, ocorrem relações e intimidades extraordinárias, sabemos que podem seguir-se ciclos de participação e tende a haver todos os tipos de repercussões desagradáveis[163], com uma subversão de autoridade e distância social que novamente nos dá a impressão de um tabu de incesto que atue no interior de instituições totais.

Além de ligações "pessoais" ilícitas ou discutíveis que cruzam a linha equipe dirigente-internados, ocorre um outro tipo de contato irregular entre a administração e os internados. O pessoal da equipe dirigente, ao contrário do que ocorre com os internados, conserva alguns aspectos de suas vidas separados da instituição — embora possam morar no local ou perto deste. Ao mesmo tempo, admite-se que o tempo de trabalho dos internados tem pouco valor para eles e está sujeito às ordens da administração. Sob tais condições, parece difícil manter a segregação de papéis, e os internados acabam por realizar serviços inferiores para a administração — por exemplo, jardinagem, pintura de casas, limpeza, tomar conta de crianças. Como tais serviços não fazem parte do esquema oficial da instituição, a equipe dirigente é obrigada a ter certa consideração com os empregados e se torna incapaz de manter a distância usual com relação a eles. As restrições comuns de vida institucional

---

(163) Ver E. GOFFMAN, *The Presentation of Self in Everyday Life*, New York, Anchor Books, 1959, pp. 200-4; McCORKLE e KORN, *op. cit.*, pp. 93-94. Aqui, o estudo pioneiro é de ALFRED H. STANTON e MORRIS S. SCHWARTZ, The Management of a Type of Institutional Participation in Mental Illness, *Psychiatry*, XII (1949), pp. 12-26.

fazem com que, geralmente, fiquem muito contentes ao romper, dessa forma, as distâncias entre eles e a equipe dirigente. Lawrence dá um exemplo militar disso:

> O sargento ajudante deu um exemplo de abuso, quando levou para casa o último dos praças de limpeza, encarregando-o de pintar a grade e tomar conta das crianças, enquanto sua mulher fazia compras. "Ela me deu uma fatia de doce" — gabava-se Gardner, que facilmente desculpava o choro do bebê porque tinha enchido a barriga[164].

Além dessas maneiras incidentais de cruzar a fronteira, toda instituição total parece criar um conjunto de práticas institucionalizadas — seja espontaneamente, seja por imitação — através das quais os internados e a equipe dirigente chegam a ficar suficientemente perto para ter uma imagem um pouco mais favorável do outro, e a identificar-se com a situação do outro. Tais práticas exprimem solidariedade, unidade, e compromisso conjunto com relação à instituição, e não diferenças entre os dois níveis.

Formalmente, tais reuniões se caracterizam por uma liberação das formalidades e a orientação para a tarefa que dirigem os contatos equipe dirigente-internados, bem como por uma suavização da cadeia usual de ordens. Muitas vezes, a participação é relativamente voluntária. Considerados os papéis usuais, tais atividades representam "liberações do papel"[165]; evidentemente, considerando-se os efeitos difusos da distância administração-internados, qualquer alteração na direção da expressão de solidariedade automaticamente representa uma liberação do papel. É possível especular quanto às numerosas funções dessas reuniões, mas as explicações parecem muito menos significativas do que a maneira única pela qual tais práticas florescem em qualquer tipo de instituição total e no que poderia parecer o mais pobre solo para isso. Somos levados a crer que há boas razões para tais práticas, ainda que possa ser difícil encontrá-las.

Uma das formas mais comuns de cerimônia institucional é o órgão de divulgação — geralmente um jornal semanal ou uma revista mensal. Usualmente, todos os colaboradores são recrutados entre os internados, de que resulta um

---

(164) LAWRENCE, *op. cit.*, p. 40. Para uma versão de campo de concentração, ver KOGON, *op. cit.*, pp. 84-86. Como restrição, deve-se acrescentar que, em algumas instituições totais, sobretudo em navios, tais serviços pessoais podem ser legitimados como parte dos deveres próprios de um dos postos; o mesmo ocorre com o papel de ordenança no exército inglês. No entanto, em tais exceções, o grupo dirigente pode ter pouca coisa de sua vida que não seja oficial.

(165) Este termo foi sugerido por Everett C. Hughes e é empregado num artigo ainda inédito de JOSEPH GUSFIELD, intitulado: Social Control and Institutional Catharsis.

tipo de paródia de hierarquia, enquanto a supervisão e a censura são exercidas por uma pessoa da equipe dirigente que tenha mais afinidade com os internados, embora mereça também a confiança de outros funcionários. O material apresentado tende a fechar um círculo em torno da instituição e a dar um caráter de realidade pública ao mundo interior.

Podem ser mencionados dois tipos de material que aparecem nesse órgão de divulgação. Em primeiro lugar, as "notícias locais". Isso inclui descrições de cerimônias institucionais recentes, bem como referência a acontecimentos "pessoais" — por exemplo, aniversários, promoções, viagens e mortes de pessoas da instituição, principalmente de pessoas altamente colocadas ou conhecidas da equipe dirigente. Este conteúdo tem o caráter de congratulações ou pêsames, e presumivelmente exprime, em nome de toda a instituição, seu interesse afetuoso pela vida de cada um. Aqui se nota um aspecto interessante da segregação de papéis: como os papéis institucionalmente importantes de uma pessoa (p. ex., médico) tendem a colocá-lo à parte de categorias globais de outras pessoas (p. ex., auxiliares e pacientes), tais papéis não podem ser usados como um veículo para exprimir a solidariedade institucional; ao contrário, há tendência para usar papéis não-importantes — sobretudo os de pais e cônjuges — que são imagináveis, se não possíveis, para todas as categorias.

Em segundo lugar, existe material que pode refletir uma interpretação editorial. Aqui encontramos: notícias do mundo externo que têm relação com a posição social e legal de internados e ex-internados, acompanhadas por comentários adequados; poesia, contos e ensaios originais; editoriais. A redação cabe aos internados, mas exprime a interpretação oficial das funções da instituição, a teoria da equipe dirigente quanto à natureza humana, uma versão idealizada das relações entre a equipe dirigente e os internados, e a posição que um convertido ideal deveria aceitar — em resumo, apresenta a linha de ação da instituição.

No entanto, o boletim interno sobrevive numa situação delicada de equilíbrio instável. As pessoas da equipe dirigente consentem que os internados as entrevistem, escrevam sobre elas e que outros internados leiam esse material, o que as coloca sob certo controle de redatores e leitores; ao mesmo tempo, os internados têm uma oportunidade para mostrar que estão em ponto suficientemente elevado da escala humana para utilizar, com competência formal, a linguagem e a linha de ação oficiais[166]. De outro lado, os

---

(166) As eruditas petições legais, escritas por internados, e que circulam em muitas prisões e em muitos hospitais para doentes mentais, parecem servir à mesma função.

colaboradores se comprometem a seguir a ideologia oficial, apresentando-a a internados através de internados. É interessante notar que os internados que fazem esse "pacto" com a equipe dirigente muitas vezes não deixam de afirmar os costumes contrários à instituição. Apresentam qualquer crítica aberta à instituição e que seja permitida pelos censores; aumentam isso através de redação oblíqua ou disfarçada, ou caricaturas reveladoras; entre os companheiros, podem apresentar uma interpretação cínica de sua contribuição, afirmando que escrevem porque isso dá um emprego "mole" ou um bom recurso para conseguir recomendações para a alta.

Embora os boletins internos sejam usuais já há algum tempo, só recentemente uma forma um pouco semelhante de liberação de papéis apareceu nas instituições totais; aqui penso nas várias formas de "autogoverno" e "terapia de grupo". Geralmente, os internados apresentam os textos e uma pessoa adequada da equipe dirigente realiza a supervisão. Também aqui se encontra uma espécie de "pacto" entre os internados e a equipe dirigente. Os internados têm a oportunidade para passar algum tempo num ambiente relativamente "não-estruturado" ou igualitário, e tem até o direito de exprimir queixas. Em troca, espera-se que se tornem menos leais aos costumes contrários à instituição e mais receptivos ao ideal do eu que a equipe dirigente define para eles.

Para a equipe dirigente, o uso, pelos internados, da linguagem e da filosofia da administração para discutir ou publicar queixas, é uma vantagem duvidosa. Os internados podem manipular a racionalização que a equipe dirigente tem da instituição e, através disso, ameaçar a distância social entre os dois grupos. Por isso, nos hospitais para doentes mentais encontramos um fenômeno curioso: a equipe dirigente usa terminologia psiquiátrica estereotipada na sua comunicação interna, ou com os pacientes, mas censura estes últimos, quando empregam esta linguagem, por serem "intelectualistas" ou evitarem os problemas reais. Talvez o aspecto mais notável dessa forma de terapia de grupo para a liberação de papéis seja o fato de que os especialistas com orientação acadêmica estejam interessados por ela, de forma que já existem mais trabalhos publicados sobre esse aspecto da instituição total do que sobre a maioria dos outros aspectos combinados.

Um tipo um pouco diferente de cerimônia institucional pode ser encontrado na festa anual (às vezes realizada mais de uma vez por ano) em que as pessoas da administração e os internados "se misturam" através de formas padronizadas de sociabilidade — por exemplo, comem juntos, participam de jogos de salão, ou de bailes. Nesses momentos, os internados e os dirigentes têm licença para "tomar liberdades", apesar das fronteiras de casta; de outro lado, as liberdades sociais podem exprimir-se através de liberdades sexuais[167]. Em alguns casos, essa liberdade pode exprimir-se pela inversão de papéis, e nessas ocasiões as pessoas da equipe dirigente põem a mesa para os internados e realizam serviços inferiores para eles[168].

Nas instituições totais, a festa anual freqüentemente está ligada à comemoração de Natal. Uma vez por ano os internados decoram o estabelecimento com enfeites facilmente destacáveis (e em parte fornecidos pela administração) e dessa forma modificam seus alojamentos, da mesma forma que sua mesa habitual será modificada por uma refeição extraordinária. Há distribuição de presentes e pequenas indulgências aos internados; alguns deveres de trabalho são cancelados; pode haver aumento no tempo para visitas e redução de restrições a saídas. De modo geral, durante um dia há uma educação nos rigores da vida institucional para os internados. Aqui pode ser citada uma descrição da versão em prisão britânica:

As autoridades fizeram o possível para alegrar-nos. Na manhã de Natal sentamo-nos para um café da manhã com flocos de milho, salsichas, *bacon,* feijão, torradas, margarina pão e geléia. Ao meio-dia comemos porco assado, pudim de Natal e café; no jantar, tortas e café, em vez da jarra de chocolate de todas as noites.

As paredes estavam decoradas com tiras de papel, balões de gás e sinos, e cada um tinha sua árvore de Natal. Houve sessões extraordinárias de cinema no ginásio. Dois funcionários me presentearam com charutos. Tive licença para mandar e receber telegramas de boas festas, e, pela primeira vez desde que estava na prisão, tive número suficiente de cigarros para fumar[169].

Nos Estados Unidos, na Páscoa, no Quatro de Julho, na festa de *Halloween* e no Dia de Ação de Graças, pode haver uma versão menos suntuosa da comemoração de Natal.

(167) Evidentemente, as "festas de escritório", em estabelecimentos não-totais, têm uma dinâmica semelhante, e sem dúvida foram as primeiras comentadas. Ver, por exemplo, GUSFIELD, *op. cit.* As melhores descrições de tais acontecimentos são ainda as apresentadas em obras de ficção. Ver, por exemplo, a descrição de uma festa de fábrica, apresentada por NIGEL BALCHIN, no livro *Private Interests,* Boston, Houghton-Mifflin, 1953, pp. 47-71; ANGUS WILSON apresenta a descrição de uma festa de hotel a seus hóspedes num conto intitulado "Saturnalia", publicado no livro *The Wrong Set,* New York, William Morrow, 1950, pp. 68-89; ver também a versão apresentada por J. KERKHOFF da festa anual no hospital para doentes mentais, *op. cit.,* pp. 224-25.
(168) Ver MAX GLUCKMAN, *Custom and Conflict in Africa,* Glencoe, Ill., The Free Press, 1955, cap. V, "The Licence in Ritual", pp. 109-36.
(169) HECKSTALL-SMITH, *op. cit.,* p. 199. Ver também McCREERY in HASSLER, *op. cit.,* p. 157. Para a licença de feriados em hospital para doentes mentais, ver KERKHOFF, *op. cit.,* pp. 185, 256. MELVILLE, *op. cit.,* pp. 95-96, apresenta a mesma coisa para o soldado.

Uma interessante cerimônia institucional, muitas vezes ligada à festa anual e à comemoração de Natal, é o teatro institucional[170]. Geralmente os atores são internados e os diretores da peça são da equipe dirigente, mas às vezes encontramos elencos "mistos". Os autores geralmente são membros da instituição — da equipe dirigente ou internados — e por isso a peça pode estar cheia de referências locais, o que dá, ao uso particular dessa forma pública, um sentido específico de realidade aos acontecimentos internos à instituição. Muito freqüentemente a representação consiste de atos satíricos que imitam membros bem conhecidos da instituição, principalmente administradores de nível mais elevado[171]. Se, como é freqüente, a comunidade de internados é composta de pessoas do mesmo sexo, alguns dos atores podem representar com roupas e papéis burlescos de pessoas do outro sexo. Os limites de liberdade são muitas vezes postos a prova, e o humor é um pouco mais grosseiro do que o aceitável por alguns membros da administração. Melville, ao comentar o relaxamento de disciplina durante uma representação teatral a bordo, e logo depois dela, diz o seguinte:

E aqui White Jacket deve moralizar um pouco. O espetáculo inusitado da fila de oficiais de artilharia misturados com *o povo* para aplaudir um marinheiro como Jack Chase me deu, nesse momento, as emoções mais agradáveis. Afinal, pensei, é uma coisa agradável ver esses oficiais confessarem sua fraternidade humana com relação a nós; é agradável notar sua valorização cordial dos muitos méritos do meu incomparável Jack. Ah! Todos esses que me rodeiam são homens bons, não os conheço, e às vezes os julguei erradamente[172].

Além de cenas satíricas, pode haver representações dramáticas que evocam o mau passado histórico de instituições totais semelhantes, como um contraste para o presente supostamente melhor[173]. A audiência será composta por

(170) Ver, por exemplo, a versão de prisão em NORMAN, *op. cit.*, pp. 69-70.
(171) Para um exemplo de sátiras dos presos sobre guardas e diretor de prisão, ver DENDRICKSON e THOMAS, *op. cit.*, pp. 110-11.
(172) MELVILLE, *op. cit.*, p. 101. (Itálico no original.). A seguir, Melville passa a comentar amargamente que, após essa liberação de papéis, os oficiais pareciam ter a capacidade para "virar o navio", e voltar integralmente para seu rigor usual. Ver também KERKHOFF, *op. cit.*, p. 229, e HECKSTALL-SMITH, *op. cit.*, pp. 195-99.
(173) Nem o "antes" e nem o "depois" precisam ter muita relação com os fatos, pois cada versão pretende esclarecer uma situação, e não medi-la, e de qualquer forma o "passado" pode ser maliciosamente apresentado por causa de sua semelhança com o presente. Vi doentes mentais de boas enfermarias apresentarem uma representação muito anunciada e pública de condições que, presumivelmente, eram predominantes em hospitais retrógrados. Foram usadas roupas vitorianas. A audiência era formada por pessoas de boa vontade, com esclarecimento psiquiátrico, e moradoras da cidade. Em alguns edifícios pouco distantes do local onde se localizava a audiência, era possível observar, na realidade, condições tão más quanto essas. Em alguns casos, os atores conheciam muito bem seus papéis porque já os tinham representado antes.

internados e pessoas da equipe dirigente, embora freqüentemente separados ecologicamente, e, em alguns casos, também alguns estranhos podem ter licença para assistir ao espetáculo.

O fato de o teatro institucional ser às vezes apresentado diante de uma audiência estranha sem dúvida dá aos internados e à equipe dirigente um fundo contrastante para sentir sua unidade. Outros tipos de cerimônias institucionais também atendem a essa função, muitas vezes de maneira mais direta. Há cada vez mais a prática de abrir os portões uma vez por ano, quando os parentes dos internados e até o público em geral podem ser convidados para visitar o recinto. Podem ver que são mantidos elevados padrões de humanitarismo. Nesses momentos, as relações entre pessoas da administração e os internados podem parecer visivelmente cordiais; o preço para isso é certa redução das restrições usuais.

É possível manter os portões abertos, e fazê-lo com êxito provável, pois isso ocorre no contexto de uma "exibição institucional". Às vezes essa exibição é dirigida a uma audiência interna, mais provavelmente a membros da equipe dirigente, como o exemplifica um ex-doente mental:

Depois do café da manhã, os pacientes se vestiram e saíram da enfermaria, reaparecendo logo depois com vassouras, com as quais começavam, de maneira mecânica e engraçada, a varrer o chão, como se fossem robôs que tivessem acabado de receber corda. Essa repentina atividade me surpreendeu. Os noviços corriam para colocar tapetes novos nos pisos encerados. Como por um passe de mágica, um ou dois armários apareceram fora de hora, e flores do verão floresceram inesperadamente. A enfermaria estava irreconhecível, tão diferente parecia. Fiquei pensando se os médicos alguma vez a viam em sua nudez habitual, e tive uma surpresa igual ao ver que, depois de sua visita, toda essa beleza desapareceu tão rapidamente quanto tinha aparecido[174].

Geralmente, a exibição institucional parece destinada a visitantes. Às vezes o centro de interesse é a visita de determinado estranho a um determinado internado. Muitas vezes os estranhos não conhecem a vida de hospital e, como já foi sugerido antes, podem fazer perguntas perturbadoras. Neste caso, o internado pode representar um papel importante na apresentação da instituição. Um estudante de medicina de hospitais para doentes mentais dá um exemplo disso:

(174) JOHNSON e DODDS, *op. cit.*, p. 92.

A situação pode ser esclarecida ao perguntar o que ocorreu quando esse paciente recebeu uma visita. Em primeiro lugar, a visita foi comunicada, pelo telefone, do escritório central do hospital. Depois, o paciente foi tirado da reclusão, banhado e vestido. Quando pronto para a apresentação, o paciente foi levado para uma "sala de visitas", de onde não se podia ver a enfermaria. Se demasiadamente inteligente para merecer confiança, o paciente nunca era deixado sozinho com o visitante. No entanto, apesar de tais precauções, às vezes haviam suspeitas, e então todos os auxiliares da enfermaria tinham o dever de controlar a situação[175].

Nesse caso, a sala de visitas de algumas instituições totais é muito importante. Nesse recinto, tanto a decoração quanto o comportamento geralmente estão mais próximos dos padrões externos do que dos predominantes nos locais em que o paciente efetivamente vive. O que os estranhos vêem ajuda a reduzir a pressão que poderiam fazer contra a instituição. É uma realidade humana melancólica que, depois de certo tempo, os três interessados — o internado, o visitante e a administração — compreendam que a sala de visitas representa uma visão "melhorada", compreendam que os outros também sabem disso, e todos tacitamente concordem em continuar com a ficção.

A exibição institucional pode também ser dirigida para visitantes em geral, dando-lhes uma imagem "adequada" do estabelecimento — imagem calculada para reduzir seu vago temor de estabelecimentos involuntários. Embora aparentemente vejam tudo, os visitantes tendem a ver, naturalmente, apenas os internados mais cooperadores e serviçais, e as partes melhores do estabelecimento[176]. Em grandes hospitais para doentes mentais, como já foi sugerido, alguns tratamentos modernos — como o psicodrama ou a terapia de dança — podem desempenhar um papel especial nesse caso, pois o terapeuta e sua clientela regular desenvolvem o tipo de capacidade para representar diante de estranhos, e que lhes é dado por constante experiência. Além disso, um pequeno grupo de internados protegidos pode, durante vários anos, ter como tarefa acompanhar os visitantes na instituição. Os visitantes podem, facilmente, considerar a lealdade e as habilidades sociais desses recepcionistas como um exemplo do caráter de todo o grupo de internados. O direito que a administração tem de limitar, examinar e censurar as cartas escritas pelos pacientes, bem como a

(175) GRIMES, J. M. M. D., *When Minds Go Wrong*, Chicago, edição do autor, 1951, p. 81.
(176) Para um exemplo de prisão, ver CANTINE e RAINER, *op. cit.* p. 62.

regra freqüente contra a apresentação de qualquer coisa negativa a respeito da instituição, ajudam a manter a visão que o visitante tem do estabelecimento — e também a alienar os internados daqueles estranhos a quem não podem escrever francamente. Muitas vezes, a distância entre o estabelecimento e as residências das famílias dos internados serve, não apenas para esconder as "condições" no interior, mas também para transformar a visita da família em algo semelhante a uma excursão festiva, para a qual a administração pode fazer uma grande preparação.

Evidentemente, é possível que o visitante seja um funcionário, parte da ligação institucional entre o dirigente de nível mais alto e uma repartição responsável pelo controle de toda uma categoria de instituições; nesse caso, podemos esperar que a preparação de uma exibição seja muito complexa. Um exemplo da vida de prisão na Grã-Bretanha (apresentada na gíria de prisão do autor) pode ser citado:

De vez em quando, este xadrez, como todos os outros do país, recebe a visita de um funcionário. Esse é um dia importante na vida dos carcereiros e dos chefes. Na véspera, começa uma limpeza geral. Todos os pisos são lavados, os metais polidos. As celas também passam por limpeza. O pátio de exercícios é lavado, há limpeza nas camas, e nos dizem que nossos cantos devem ficar limpos e arrumados.

Chega o grande dia. O comissário geralmente tem um casaco negro e chapéu preto, mesmo no verão, e quase sempre traz também um guarda-chuva. Não sei por que tanta onda com ele, se tudo que faz é chegar, almoçar com o chefe, dar uma olhada pelo xadrez, pegar o seu carrão e ir embora. Às vezes chega na hora do almoço e pergunta para um de nós: "como é que está a comida? você tem alguma queixa?"

Você olha para o diretor e depois para o cozinheiro (são seus companheiros constantes enquanto está no xadrez) e responde: "nenhuma queixa, meu senhor"[177].

Qualquer que seja o efeito de tais visitas sobre os padrões diários, parecem servir como uma recordação, a todos no estabelecimento, de que a instituição não é um mundo inteiramente isolado e de que tem alguma ligação, burocrática e de subordinação, com estruturas do mundo mais amplo. A exibição institucional, qualquer que seja sua audiência, pode também dar aos internados a idéia de que estão ligados à melhor instituição desse tipo. Os internados parecem surpreendentemente dispostos a acreditar nisso.

(177) NORMAN. *op. cit.*, p. 103.

Evidentemente, através dessa crença, podem sentir que têm um *status* no mundo mais amplo, embora através da condição que os afasta desse mundo.

A criação da exibição institucional nos ensina algo a respeito do processo de simbolização. Em primeiro lugar, a parte da instituição que é exibida tende a ser a parte nova e mais atualizada, e que será transformada à medida que forem instituídas novas práticas ou houver aquisição de novo equipamento. Por isso, quando uma nova enfermaria passa a ser usada num hospital para doentes mentais, a equipe do edifício que antes era o "novo" pode "ter um relaxamento", por saber que seu papel como pessoas modelares e recepcionistas de funcionários superiores passou para outros. Em segundo lugar, a exibição certamente não precisa estar ligada a aspectos nitidamente cerimoniais da instituição — por exemplo, flores e cortinas — mas muitas vezes acentua objetos utilitários, por exemplo, último equipamento de cozinha, ou uma complexa sala de cirurgia; na realidade, a função da exibição desse equipamento pôde ser parte da razão para adquiri-lo. Finalmente, cada item de exibição terá necessariamente conseqüências concretas; embora estas dificilmente possam igualar-se à impressão que o item provoca numa exibição, não deixam de ser significativas. A exibição de fotografias nas salas dos estabelecimentos totais, onde se mostra o ciclo de atividades pelas quais o internado ideal passa com a equipe dirigente ideal, freqüentemente tem uma relação muito pequena com os fatos da vida institucional, mas, pelo menos, alguns internados passam uma manhã agradável posando para as fotografias. Os murais pintados por internados, que as prisões, os hospitais para doentes mentais e outros estabelecimentos exibem orgulhosamente num local bem visível, não são provas de que os internados, como um todo, são estimulados a realizar trabalho artístico, ou que se sentem inspirados pelo ambiente, mas dá provas de que pelo menos um internado pôde realizar o seu trabalho[178]. O alimento servido no dia da inspeção ou de portões abertos pode dar pelo menos um dia de alívio para a rotina[179]. A visão favorável do estabelecimento, apresentada no boletim interno e nas representações teatrais, tem pelo menos certa verdade, consideran-

---

(178) Um caso exemplar de internado que explora o valor de relações públicas de seu passatempo é o laboratório ornitológico organizado pelo presidiário Robert Stroud, em Leavenworth (ver GADDIS, *op. cit.*). Como se poderia esperar, os artistas internados às vezes se recusam a cooperar e não aceitam a liberdade para pintar, em troca da apresentação de alguma coisa que poderia ser usada pela administração como prova do caráter geral do estabelecimento. Ver NAEVE, *op. cit.*, pp. 51-55.

(179) Por exemplo, CANTINE e RAINER, *op. cit.*, p. 61; DENDRICKSON e THOMAS, *op. cit.*, p. 70.

do-se a vida completa da pequena fração de internados que participa da criação de tais cerimônias. E um edifício de luxo para a admissão, com várias enfermarias confortáveis, pode dar aos visitantes uma impressão de que, afinal de contas, acaba sendo correta para uma parte considerável da população internada.

Poder-se-ia acrescentar que a dinâmica de aparência inclui mais do que simples contraste entre apresentação e realidade. Em muitas instituições totais, são aplicados castigos que não estão previstos nos regulamentos. Tais castigos geralmente são aplicados numa cela fechada ou em algum outro local distante da atenção da maioria dos internados e da maioria da equipe dirigente. Embora tais ações possam não ser freqüentes, tendem a ocorrer de maneira estruturada, como conseqüência sabida ou suposta de alguns tipos de transgressão. Tais acontecimentos são, para a vida diária da instituição, o que a vida diária é para a exibição apresentada a estranhos, e os três aspectos da realidade — a que é escondida dos internados, a que lhes é revelada, e a que é apresentada a visitantes — devem ser considerados em conjunto, três partes intimamente ligadas e com funcionamento diferente de um todo.

Já sugeri que as visitas individuais, os portões abertos e as inspeções permitem que os estranhos vejam que tudo está bem no interior da instituição. Algumas outras práticas institucionais dão a mesma oportunidade. Por exemplo, existe um interessante acordo entre as instituições totais e os artistas que são amadores ou ex-profissionais. A instituição dá um palco e garante uma audiência favorável; os atores contribuem com uma representação gratuita. Pode haver uma necessidade tão imperiosa dos serviços mútuos, que a relação pode ultrapassar a questão de gosto pessoal e tornar-se quase simbiótica[180]. De qualquer forma, enquanto as pessoas da instituição estão observando os atores, estes

---

(180) Avaliamos quanto as instituições totais precisam de diversões apresentadas por caridade, mas tendemos a não perceber tão claramente até que ponto os artistas não-profissionais precisam de audiências diante das quais possam ser caridosos. Por exemplo, o hospital para doentes mentais que estudei era, aparentemente, o único que dispunha de um palco próximo e suficientemente grande para a apresentação conjunta de todos componentes de uma escola de danças. Alguns dos pais dos estudantes não gostavam de ir ao hospital, mas para que a escola pudesse apresentar representações conjuntas, o palco do hospital precisava ser usado. Além disso, os pais, que pagavam a escola, esperavam que os filhos aparecessem na festa anual, qualquer que fosse a instrução recebida por eles, e embora alguns não tivessem idade suficiente para aproveitar a instrução. Por isso, alguns números no espetáculo precisavam de uma audiência extremamente indulgente. Os pacientes podem oferecer isso, pois quase todos são levados para o auditório sob a disciplina de um auxiliar; uma vez aí, olham tudo com a mesma disciplina, pois a infração de regras pode levar ao cancelamento do privilégio de sair da enfermaria em tais oportunidades. O mesmo tipo de união de "desespero" liga a audiência do hospital a um grupo de funcionários de escritório que formam um coro.

podem ver que as relações entre a equipe dirigente e os internados são suficientemente harmoniosas para que todos se reúnam para o que parece uma noite voluntária de recreação não-imposta.

As cerimônias institucionais que se dão através de alguns meios — por exemplo, o boletim interno, as reuniões de grupo, os portões abertos e as representações de caridade — presumivelmente atendem funções sociais latentes; algumas delas parecem muito claras em outro tipo de cerimônia institucional — os esportes internos. A equipe "da casa" tende a ser um grupo de "craques" escolhidos por disputa interna entre todos os internados. Ao competir bem com a equipe de fora, os "craques" representam papéis que evidentemente escapam ao estereótipo daquilo que é um internado — pois o esporte coletivo exige várias qualidades, como perseverança, habilidade, inteligência, cooperação e até fibra — e tais papéis são lançados ao rosto dos estranhos e da equipe dirigente. Além disso, a equipe de fora, e os torcedores que levé ao local, são obrigados a ver que, no interior da instituição, há locais onde as coisas correm naturalmente. Como compensação por poderem demonstrar tais coisas a seu respeito, através de sua equipe os internados revelam algumas coisas da instituição. Ao realizar o que é definido como empreendimento não-imposto, a equipe de internados demonstra para os estranhos e os internados que a observam, que a equipe dirigente, pelo menos nesse ambiente, não é tirânica, que uma equipe de internados está pronta para assumir o papel de representante da instituição total e tem autorização para fazer isso. Ao torcer pela equipe da casa, a equipe dirigente e os internados mostram uma participação semelhante na entidade institucional[181]. Diga-se de passagem que a equipe dirigente pode, não apenas dar instruções às equipes de internados, mas também ocasionalmente delas participar, e, durante o período de jogo, apresenta esse notável esquecimento de diferenças sociais que é criado pelos esportes. Quando não há esportes com equipes de fora, a competição interna pode substituí-las, e os visitantes aparecem como uma espécie de equipe simbólica que vem ver o jogo, apitar as partidas e distribuir os prêmios[182].

As cerimônias religiosas e os divertimentos dos domingos são às vezes considerados como opostos; nas instituições totais, isso pode ser entendido, em parte, como duplicação desnecessária de função. Como as atividades esportivas e as representações de caridade, uma cerimônia reli-

---

(181) Ver, por exemplo, os comentários sobre esportes na prisão, feitos por BEHAN, *op. cit.*, pp. 327-29.
(182) Para um exemplo de prisão, ver NORMAN, *op. cit.*, pp. 119-20.

giosa é um período em que a unidade entre a equipe dirigente e os internados pode ser demonstrada por indicar que, em alguns papéis não-significativos, todos participam da mesma audiência, diante do mesmo ator estranho.

Em todos os casos de vida cerimonal unificada que mencionei, a equipe dirigente tende a representar mais do que um papel de supervisão. Muitas vezes, um funcionário de alto nível está presente como um símbolo da administração e (segundo se espera) de todo o estabelecimento. Veste-se bem, fica comovido com a cerimônia, sorri, faz discursos, dá parabéns. Inaugura novos edifícios, "abençoa" os novos equipamentos, julga as disputas, dá os prêmios. Quando representa esse papel, sua interação com os internados apresenta uma forma muito benigna; os internados tendem a mostrar acanhamento e respeito, e ele tende a demonstrar interesse paternal. Uma das funções dos internados conhecidos no interior da instituição é aparecer, diante dos membros categorizados da equipe dirigente, como pessoas que, segundo se sabe, podem ser usadas como "correspondentes" ao papel paternal. Em nossos hospitais para doentes mentais muito grandes, e com orientação "benevolente", os funcionários executivos podem passar grande parte de seu tempo nessas reuniões cerimoniais, dando-nos uma das últimas oportunidades para observar, na sociedade moderna, um papel de senhor feudal. Diga-se de passagem que os aspectos cavalheirescos dessas cerimônias não devem ser considerados como secundários, pois o modelo para algumas delas parece derivar da *annual fete* que congregava arrendatários, empregados e senhores ligados a uma "casa grande", em exposições de flores, esportes e até danças "misturadas"[183].

É preciso acrescentar alguns comentários finais sobre tais cerimônias institucionais. Tendem a ocorrer com certa periodicidade bem espaçada, e despertam alguma excitação social. Todos os grupos do estabelecimento participam, independentemente de posto ou posição — mas recebem um lugar que exprime sua posição. Tais práticas cerimoniais se ajustam bem a uma análise durkheimiana: uma sociedade perigosamente dividida entre internados e equipe dirigente pode, através de tais cerimônias, ser reunida. O conteúdo de tais cerimônias confirma esse mesmo tipo de interpretação funcionalista. Por exemplo, muitas vezes existe

(183) Para uma exposição recente, que apresenta até uma descrição de imitações satíricas dos patrões, feitas pelos empregados, ver M. ASTOR, Childhood at Cliveden, *Encounter*, XIII (setembro, 1959), pp. 27-28. As festas que incluem toda a vila e grupos de nobreza rural são descritas, evidentemente, em muitos romances ingleses — por exemplo, em *The Go-Between*, de L. P. HARTLEY. Um bom tratamento de ficção pode ser encontrado em *The Loneliness of the Long-Distance Runner*, de ALAN SILLITOE.

indicação ou início de rebeldia no papel que os internados representam em tais cerimônias. Seja através de um artigo de crítica, uma cena satírica no teatro ou excessiva familiaridade durante um baile, o subordinado de alguma forma "profana" o seu superior. Aqui, podemos acompanhar a análise de Max Gluckamn e sustentar que a tolerância dessa falta de respeito é um sinal da força da direção do estabelecimento.

Por isso, a exteriorização de conflitos, diretamente, por inversão ou outras formas simbólicas, acentua a coesão social dentro da qual existe o conflito[184].

Exprimir a rebeldia diante de autoridades, num momento em que é adequado fazê-lo, é trocar a conspiração pela expressão.

No entanto, uma análise funcionalista simples dos rituais institucionais não é inteiramente convincente, a não ser quanto ao efeito que aparentemente às vezes resulta de terapia de grupo. Em muitos casos, seria interessante perguntar se tais liberações de papéis criam qualquer solidariedade entre a equipe dirigente e os internados. Geralmente, a equipe dirigente se queixa de seu tédio em tais cerimônias, e de sua obrigação de participar por causa da *noblesse oblige,* ou, pior ainda, por causa de seus superiores. Os internados freqüentemente participam porque, qualquer que seja a cerimônia, aí estarão com mais conforto e com menos restrições do que em outros locais. Além disso, os internados às vezes participam para ficar bem diante da equipe dirigente e conseguir sair antes da instituição. Uma instituição total talvez precise de cerimônias coletivas porque é algo mais do que uma organização formal; no entanto, suas cerimônias são muitas vezes "forçadas" e insípidas, talvez porque seja algo menos do que uma comunidade.

O que quer que seja que uma cerimônia ofereça aos participantes de uma instituição total, oferece algo apreciável para os estudiosos de tais organizações. Ao temporariamente modificar a relação usual entre equipe dirigente e internados, a cerimônia demonstra a diferença de caráter entre os dois agrupamentos — uma diferença que não é inevitável e nem inalterável. Por mais insípida que seja (e por mais funcional), a cerimônia assinala um momento em que se afasta e até se inverte o drama social diário, e assim nos lembra que aquilo que foi afastado

---

(184) GLUCKMAN, *op. cit.,* p. 125. Ver também seu livro *Rituals of Rebellion in South-East Africa,* The Frazer Lecture, 1952 (Manchester; Manchester University Press, 1954).

tem um caráter dramático, e não-material. A intransigência, a "gozação" coletiva da equipe dirigente, as participações pessoais que cruzam a linha equipe dirigente-internados — tudo isso sugere como é precária a realidade social na instituição total. Penso que não devemos ficar surpresos com esses rompimentos de uma distância social impiedosa, mas, ao contrário, admirar-nos de que não apareça um número ainda maior de "fendas" na organização.

A partir de objetivos, regulamentos, cargos e papéis, os estabelecimentos de qualquer tipo parecem terminar por dar profundidade e cor a tais disposições. Os deveres e os prêmios econômicos são atribuídos, mas, ao mesmo tempo, isso também ocorre com o caráter e a existência. Nos estabelecimentos totais, os aspectos autodefinidores do cargo parecem chegar a um extremo. Ao tornar-se participante, a pessoa passa a ser considerada como possuidora de alguns traços e algumas qualidades essenciais de caráter; além disso, tais traços apresentam diferenças radicais, o que depende do fato de a pessoa integrar-se na equipe dirigente ou entre os internados.

O papel de dirigente e o de internado abrangem todos os aspectos da vida. No entanto, tais caracterizações completas precisam ser desempenhadas por civis que já foram profundamente instruídos em outros papéis e outras possibilidades de relações. Quanto mais a instituição estimula a suposição de que os dirigentes e os internados são tipos humanos profundamente diferentes (por exemplo, através de regras que proíbem relação social informal entre dirigentes e internados), e quanto mais profundo o drama de diferença entre equipe dirigente e internados, mais incompatível a representação se torna com relação ao repertório civil dos atores, e mais vulnerável a ele.

O papel de dirigente e o de internado abrangem todos principais realizações das instituições totais é apresentar uma diferença entre duas categorias construídas de pessoas — uma diferença de qualidade social e caráter moral, uma diferença nas percepções do eu e do outro. Por isso, toda organização social de um hospital para doentes mentais parece indicar a diferença profunda entre um médico da equipe dirigente e um doente mental; numa prisão, entre um funcionário e um presidiário; nas unidades militares (principalmente nas de elite), entre oficiais e praças. Essa é, certamente, uma extraordinária realização social, embora se possa esperar que a semelhança entre os atores, e que as cerimônias institucionais demonstram, possa criar alguns problemas de representação e, por isso, algumas tensões pessoais.

Gostaria de mencionar um sintoma de tais problemas de representação. Nas instituições totais, muitas vezes ouvimos anedotas de identidade. Os internados falam das vezes em que foram confundidos com membros da equipe dirigente e, durante algum tempo, permitiram que continuasse a haver o erro de identificação, ou das vezes em que consideraram pessoa da equipe dirigente como se fosse um internado; as pessoas da administração também contam como foram confundidas com internados. Encontramos brincadeiras de identificação, quando, para fazer piadas, uma pessoa de um grupo se comporta, por algum tempo, como se participasse do outro, ou por algum tempo trata um companheiro do grupo como se fosse pessoa da outra categoria. As representações anuais que satirizam as pessoas da equipe dirigente constituem uma fonte dessas brincadeiras; os momentos de brincadeira pesada, durante o dia, apresentam a mesma coisa. E também encontramos os escândalos de identidade, casos em que uma pessoa começou como membro da equipe dirigente, de alguma forma caiu em desgraça, e se tornou membro do grupo de internados na mesma instituição (ou em instituição semelhante).

Suponho que essa preocupação com a identidade indica a dificuldade de manter um drama de diferenças entre pessoas que poderiam, em muitos casos, inverter seus papéis e representar o outro lado. (Na realidade, essas pessoas brincam de inversão de papéis.) Não se sabe muito bem quais os problemas resolvidos por tais cerimônias, mas sabemos muito bem quais os problemas por elas indicados.

RESTRIÇÕES E CONCLUSÕES

I.

Considerei as instituições totais apenas através de uma articulação básica: internados e equipe dirigente. Depois de fazer isso, posso perguntar o que é que essa interpretação exclui e o que é que a deforma.

Num estudo mais rigoroso das instituições totais, seria importante procurar saber qual a diferenciação típica de papel *dentro* de cada um dos dois grupos principais[185],

(185) Um tratamento da diferenciação de papéis entre prisioneiros pode ser encontrado em SYKES, *Society of Captives*, cap. V, "Argot Roles", pp. 84-108, e em Men, Merchants, and Toughs: A Study of Reactions to Imprisonment, *Social Problems*, IV (1956), pp. 130-38. Para tipos definidos pela administração entre os pacientes de hospitais para doentes mentais, ver OTTO VON MERING e S. H. KING, *Remotivating the Mental Patient*, New York, Russel Sage Foundation, 1957, sobretudo pp. 24-47, "A Social Classification of Patients".

bem como procurar saber qual a função institucional dessas posições mais especializadas. Alguns desses papéis específicos foram mencionados na discussão de tarefas específicas da instituição: alguém da equipe dirigente precisa ser o representante oficial da instituição nos conselhos da sociedade mais ampla e precisará desenvolver um *verniz* não-institucional a fim de fazer isso de maneira eficiente; alguém da equipe dirigente precisará lidar com visitantes e outras relações dos internados; alguém precisará oferecer serviços especializados; alguém precisará passar grande parte do tempo em contato direto com os internados. Alguém pode precisar até representar um símbolo pessoal da instituição para os internados — um símbolo em que possam projetar muitos tipos diferentes de emoção[186]. Um estudo mais profundo das instituições totais deve dar atenção sistemática a essas diferenças no interior das categorias.

Aqui eu gostaria de considerar dois aspectos da diferenciação de papel intragrupo; os dois aspectos se referem à dinâmica do nível mais baixo da equipe dirigente. Uma característica especial deste grupo é que tende a ser formado por empregados a longo prazo, e, portanto, transmissores de tradição, enquanto que o pessoal de nível mais elevado, e mesmo os internados, podem apresentar elevado índice de mudança[187]. Além disso, é este grupo que precisa apresentar, pessoalmente, as exigências da instituição aos internados. Portanto, podem desviar o ódio que se voltaria contra pessoas de nível elevado na administração e permitir que, se um internado conseguir contato com uma pessoa desse nível mais alto, possa ser recebido com bondade paternalista e até com benevolência[188]. Tais atos de clemência são possíveis apenas porque, como todos os tios, as pessoas de nível mais elevado não têm a tarefa de disciplinar os internados, e seus contatos com estes são tão pouco numerosos que essa delicadeza não perturba a disciplina geral. Penso que os internados geralmente obtêm certo sentido de segurança por sentirem, ainda que de maneira ilusória, que embora a maioria da equipe dirigente seja má, o homem de posto mais elevado é realmente bom — ainda que possa ser enganado pelos seus inferiores. (Uma expressão disso ocorre nas histórias populares e em fitas de cinema onde aparecem policiais: os níveis inferiores podem ser sádicos,

---

(186) A dinâmica desse processo é esquematizada no conhecido artigo de FREUD, intitulado *Psicologia do Grupo e a Análise do Ego*. Para uma aplicação, ver ETZIONI, *op. cit.*, p. 123. Existem outros alvos de projeção — por exemplo, o mascote do time, e talvez devem ser considerados em conjunto.
(187) Ver, por exemplo, BELKNAP, *op. cit.*, p. 110.
(188) Ver, por exemplo, ELLIOT JACQUES, "Social Systems as a Defence against Persecutory and Depressive Anxiety", em MELANIE KLEIN *et al.*, *New Directions in Psycho-Analysis*, Londres. Tavistock, 1955, p. 483.

ou corruptos, mas a pessoa colocada no nível mais elevado da organização é muito correta.) Esse é um belo exemplo do que Everett Hughes denomina "a divisão moral do trabalho", pois aqui uma diferença na tarefa realizada pelo indivíduo claramente impõe uma diferença nas características morais que lhe são atribuídas.

O segundo aspecto da diferenciação de papel entre pessoas da equipe dirigente refere-se a padrões de deferência. Na sociedade civil, os rituais interpessoais que as pessoas se atribuem mutuamente, quando na presença física imediata, têm um componente decisivo de espontaneidade oficial. A pessoa que os manifesta deve executar o ritual de maneira não-calculada, imediata e não-refletida, para que seja uma expressão válida de sua suposta consideração pelo outro. Se não fosse assim, como poderiam tais atos "exprimir" sentimentos íntimos? A pessoa que os manifesta pode fazer isso porque aprendeu tão cedo os rituais de deferência padronizados de sua sociedade, que quando chega à vida adulta tais padrões constituem sua segunda natureza. Como a deferência apresentada é, supostamente, uma expressão livre e direta, quem a recebe não pode exigir deferência se esta não for manifestada. A ação pode ser coagida, mas uma exibição coagida de sentimento é apenas uma exibição. Uma pessoa que se sinta ofendida pode agir contra aquela que não demonstrou deferência suficiente, mas geralmente precisa disfarçar a razão específica para a ação corretiva. Presumivelmente, apenas as crianças podem ser abertamente castigadas por não mostrarem a deferência adequada; esse é um sinal de que consideramos que as crianças ainda não são pessoas.

Parece característico de todo estabelecimento, e sobretudo das instituições totais, que algumas formas de deferência sejam específicas, e que os internados devam apresentá-las, enquanto a equipe dirigente deve recebê-las. Para que isso aconteça, os que devem receber expressões espontâneas de consideração precisam ser aqueles que ensinam as formas e as impõem. Disso decorre que, nas instituições totais, um aspecto que as diferencia da vida civil é que a deferência é colocada numa base formal, com exigências específicas e sanções negativas também específicas para as infrações; não apenas são exigidos os atos, mas também a apresentação externa de sentimentos íntimos. Algumas atitudes manifestas — por exemplo, a insolência — serão explicitamente castigadas.

Em parte, a equipe dirigente se protege dessa relação alterada quanto à deferência através do emprego de alguns recursos padronizados. Em primeiro lugar, na medida em que os internados são definidos como não integralmente adultos, a equipe dirigente não precisa sentir perda de auto-

-respeito ao impor deferência coagida. Em segundo lugar, às vezes verificamos, principalmente entre militares, a noção de que é o uniforme, e não o homem, que é saudado (de forma que o homem não está exigindo deferência para si mesmo); ligada a isso, encontramos a noção de que "não interessa o que você sente, desde que você não o demonstre". Em terceiro lugar, o nível mais baixo da equipe dirigente pode realizar a instrução, deixando os níveis mais elevados livres para receber pessoalmente as demonstrações não-coagidas de deferência.

Segundo a sugestão de Gregory Bateson:

Fundamentalmente, a função do membro intermediário é instruir e disciplinar o terceiro membro quanto às formas de comportamento que deve adotar em seus contatos com o primeiro. A babá ensina à criança como comportar-se com relação aos pais, assim como o suboficial ensina e disciplina o praça quanto à maneira pela qual deve comportar-se com relação aos oficiais[189].

Já comentei algumas diferenças intragrupo. Assim como nem a equipe dirigente e nem o grupo de internados são homogêneos, também uma divisão simples entre o grupo da equipe dirigente e o dos internados pode às vezes esquecer fatos importantes. Em alguns estabelecimentos, o homem de confiança ou falso chefe não está muito distante, quanto a função e prerrogativas, do nível mais baixo da equipe dirigente, isto é, os guardas; às vezes, na realidade, o homem de posto mais elevado no estrato mais baixo tem mais poder e autoridade do que o homem de posto mais baixo no estrato mais elevado[190]. Além disso, alguns estabelecimentos obrigam *todos* os membros a participar de alguma privação básica, uma espécie de cerimônia de dificuldades que poderia ser considerada (em seus efeitos) juntamente com a festa anual de Natal e outras cerimônias institucionais. Há bons exemplos disso na literatura sobre os conventos de freiras:

Todos os membros da comunidade, com a inclusão da Superiora Geral, se alojaram aqui, independentemente de idade, posto ou função. Freiras do coro, artistas, doutoras em medicina e em humanidades, cozinheiras, lavadeiras, sapateiras e as irmãs camponesas que trabalhavam na horta viviam nessas células mi-

---

(189) BATESON, Gregory. Em MEAD M. e MÉTRAUX, R. (orgs.) *The Study of Culture at a Distance*, Cricago, University of Chicago Press, 1953, p. 372.
(190) Ver, por exemplo, a discussão do papel de "contramestre" em RICHARDSON, *op. cit.*, pp. 15-18. O sargento do regimento e do batalhão, comparado ao tenente do pelotão, dá outro exemplo disso.

núsculas, todas com forma e conteúdo idêntico, com a mesma disposição de cama, mesa, cadeira e toalha com três dobras em cada cadeira[191].

Santa Clara determinou que a abadessa e a vigária se conformassem em todas as coisas à vida comum. Por isso, o que dizer das outras? Em seu século, as idéias de Santa Clara sobre as prerrogativas de uma superiora eram inteiramente novas. Uma abadessa de sua ordem não tem corte e nem séquito. Não usa cruz no peito, mas apenas a mesma aliança (que custa dois dólares e meio) como suas irmãs. Nossa abadessa atualmente resplandece com um grande remendo em toda a frente de seu hábito. Aí foi colocado por suas mãos, as mesmas que cortam as maças e delas tiram os bichos, as mesmas mãos que fazem uma toalha de mesa como uma profissional[192].

Portanto, para alguns conventos a noção de uma divisão equipe dirigente-internados não é produtiva; aparentemente, encontramos, ao contrário, um único grupo colegial, internamente estratificado em função de uma ordem de postos sutilmente graduados. Além disso, em outras instituições totais — por exemplo, escolas internas — pode ser útil acrescentar, aos estratos de professores e alunos, um terceiro, formado pelo grupo encarregado dos serviços domésticos.

As instituições totais variam consideravelmente na quantidade de diferenciação de papéis encontrada na equipe dirigente e no grupo dos internados, bem como na nitidez da divisão entre os dois estratos. Existem outras diferenças importantes apenas mencionadas de passagem; uma delas será agora considerada um pouco mais extensamente.

Os novatos entram nas instituições totais com diferentes estados de ânimo. Num extremo, encontramos a entrada inteiramente involuntária dos que são condenados a prisão, internados num hospital para doentes mentais ou incorporados à força à tripulação de um navio. É talvez nessas condições que a versão da administração quanto ao internado ideal tenha menos possibilidade de ser aceita. No outro extremo, encontramos instituições religiosas que lidam apenas com aqueles que se julgam chamados e, entre tais voluntários, escolhem apenas os que parecem mais adequados e mais sérios em suas intenções. (É possível que algumas escolas de oficiais e algumas escolas de instrução política

---

(191) HULME, *op. cit.*, p. 20.
(192) FRANCIS, *op. cit.*, pp. 179-80. A regra, na tradição anglo-americana, de que os oficiais devem correr todos os riscos que impõem a seus soldados e interessar-se pelo alimento e pela comodidade de seus comandados, antes de preocupar-se consigo mesmos durante a batalha, dá uma sutil variação dessas cerimônias de "dureza"; ao mostrar *mais* interesse pelos seus soldados do que por si mesmos, os oficiais podem, ao mesmo tempo, reforçar seus laços com os soldados e manter distância.

possam ser colocadas aqui.) Em tais casos, a conversão parece já ter ocorrido, e resta apenas mostrar ao recém-chegado as maneiras pelas quais pode atingir maior autodisciplina. Entre esses dois extremos, encontramos algumas instituições — como o exército com relação aos convocados — em que os internados são obrigados a servir, mas que têm muita oportunidade para sentir que esse serviço é justificável e exigido em função de seus interesses finais. Evidentemente, nas instituições totais aparecerão diferenças significativas de tom, o que depende do fato de o recrutamento ser voluntário, semivoluntário ou involuntário.

Ao lado do variável modo de recrutamento, existe um outro — o grau de mudança no autogoverno do internado que é explicitamente desejado pela equipe dirigente. Presumivelmente, nas instituições de custódia e de trabalho, o internado precisa apenas obedecer às ações padronizadas; o estado de ânimo e os sentimentos íntimos com que realiza suas funções parecem não ser uma preocupação oficial. Nos campos de "lavagem de cérebro" nos estabelecimentos religiosos e nas instituições para psicoterapia intensiva, os sentimentos íntimos do internado devem constituir um problema. Aqui, a simples obediência às regras de trabalho não seria suficiente, e a aceitação, pelo internado, dos padrões da equipe dirigente, é um objetivo ativo, e não apenas uma conseqüência incidental.

Outra dimensão da variação entre instituições totais é o que poderia ser denominado sua permeabilidade, isto é, o grau em que os padrões sociais mantidos no interior da instituição e na sociedade-ambiente se influenciam mutuamente, e cuja conseqüência é uma redução de diferenças. Este problema, diga-se de passagem, dá uma oportunidade para considerar algumas das relações dinâmicas entre uma instituição total e a sociedade mais ampla que a mantém ou que a tolera.

Ao examinar os processos de admissão de instituições totais, o que nos chama a atenção são os aspectos impermeáveis do estabelecimento, pois o processo de despojamento e nivelamento que ocorrem nesse momento afastam várias distinções sociais com que chega o novato. Aparentemente, aceita-se o conselho de São Bento ao abade:

Não faça distinções de pessoas no mosteiro. Que nenhuma pessoa seja mais amada do que outra, a não ser que se saliente por boas obras ou obediência. Que ninguém de nascimento nobre seja posto acima de quem antes foi escravo, a não ser que haja alguma razão aceitável para isso[193].

(193) *The Holy Rule of Saint Benedict*, cap. 2.

Como já foi mostrado antes, o cadete de escola militar descobre que as discussões "de riqueza e família são proibidas" e que, "embora o ordenado do cadete seja muito pequeno, não pode receber dinheiro de casa"[194]. Mesmo o sistema de ordenação por idade da sociedade mais ampla pode parar na porta de entrada, como se vê no exemplo extremo de algumas instituições religiosas:

> Gabrielle passou para o lugar que, daí por diante, seria o seu, o terceiro na fileira das quarenta postulantes. Estava em terceiro lugar na ordem de idade do grupo porque tinha sido a terceira a registrar-se no dia, menos de uma semana antes, quando a Ordem tinha aberto suas portas para novas candidatas. A partir desse momento, sua idade cronológica tinha deixado de existir e começava a única idade que teria daí por diante — a sua idade na vida religiosa[195].

(Exemplos menos extremos do mesmo processo podem ser vistos nas Forças Armadas e nos departamentos científicos das universidades, onde, durante períodos de crise nacional, homens muito jovens podem ser tolerados em postos muito elevados.) E assim como as datas de idade podem ser suprimidas, em instituições totais muito radicais pode ocorrer a mesma coisa com os nomes, trocados no momento da admissão, como (presumivelmente) para simbolizar uma ruptura com o passado e uma aceitação da vida do estabelecimento.

Para a manutenção de moral e estabilidade, parece haver necessidade de certa impermeabilidade num estabelecimento. É ao suprimir as distinções sociais externas que uma instituição total pode construir uma orientação para seu esquema de honra. Por isso, alguns poucos doentes mentais de elevado *status* sócio-econômico num hospital público podem dar a todos a segurança de que existe um papel distinto de doente mental, que a instituição não é apenas um local de depósito para alguns indesejáveis das classes inferiores, e que o destino de um internado não resulta apenas de seu ambiente social geral; o mesmo pode ser dito dos "grã-finos" nas prisões inglesas e das freiras de linhagem nobre em conventos franceses. Além disso, se a instituição tem uma missão militante, tal como ocorre com algumas unidades militares, religiosas e políticas, uma inversão parcial, em seu interior, do *status* externo, pode servir como

---

(194) DORNBUSCH, *op. cit.*, p. 317. Um caso famoso desse tipo de nivelamento é encontrado no sistema de faxina, nas escolas de elite da Inglaterra.
(195) HULME, *op. cit.*, pp. 22-23. A regra beneditina para a eliminação da idade pode ser encontrada em *The Holy Rule of Saint Benedict*, cap. 63.

lembrança constante da diferença e antagonismo entre a instituição e a sociedade que a cerca. Deve-se notar que, ao suprimir dessa forma as diferenças externamente válidas, a instituição total "mais dura" pode ser a mais democrática; e, na realidade, o fato de o internado saber que o tratamento que recebe não é pior do que o de seus companheiros pode ser uma fonte de apoio, bem como de privação[196]. No entanto, há alguns limites para o valor da impermeabilidade de tais instituições.

Já descrevi o papel de representante que as pessoas de nível mais alto da administração podem ser obrigadas a representar. Para que possam apresentar-se com elegância e eficiência na sociedade mais ampla, pode ser uma vantagem o fato de serem recrutadas nos mesmos pequenos agrupamentos sociais em que são escolhidos os líderes de outras unidades da sociedade mais ampla. Além disso, se as pessoas da equipe dirigente são recrutadas uniformemente num estrato da sociedade mais ampla que tenha um posto mais elevado e legitimado do que aqueles em que são recrutados os internados, a separação, existente na sociedade mais ampla, provavelmente confirma e estabiliza a regra do grupo dirigente. Até a Primeira Grande Guerra, o grupo militar britânico parecia exemplificar isso, pois os praças falavam a linguagem "comum", enquanto os oficiais falavam o inglês das escolas de elite, obtido no que se denominava "uma boa educação". Da mesma forma, como as habilidades, os ofícios e profissões liberais dos que se tornam internados podem ser necessários para a instituição, a equipe dirigente, por razões evidentes, pode permitir e até estimular certa continuidade de papéis[197].

Portanto, a permeabilidade de uma instituição total pode ter conseqüências variáveis para seu funcionamento interno e sua coesão. Isso é muito bem exemplificado pela posição precária das pessoas de nível mais baixo na administração. Se a instituição é consideravelmente permeável à comunidade mais ampla, essas pessoas podem ter a mesma origem social que os internados, e até uma origem inferior. Como compartilham a cultura do mundo original do internado, podem servir como um canal natural de comu-

---

(196) Evidentemente, aqui encontramos uma limitação para a orientação médica em hospitais para doentes mentais que desejariam adequar o tratamento a diagnóstico individual específico.

(197) Isso é verdade mesmo em campos de concentração. Ver, por exemplo, COHEN, op. cit., p. 154. São Bento (cap. 57) observa sabiamente o perigo dessa prática:

"Se houver um artesão no mosteiro, deve exercer seu ofício com toda humildade e respeito, desde que o Abade assim o ordene. No entanto, se um deles se tornar orgulhoso por causa do conhecimento de seu ofício, pois parece dar um benefício para o mosteiro, deve ser afastado de seu ofício e ser proibido de praticá-lo novamente, a não ser que, depois de humilhar-se, o Abade consinta que volte a ele".

nicação entre o grupo mais alto da administração e os internados (embora exista um canal freqüentemente bloqueado para a comunicação de baixo para cima). Mas, pela mesma razão, terão dificuldade para manter distância social com relação aos internados que precisam fiscalizar. Como o sustentou recentemente um estudioso de prisões, isso pode apenas complicar o papel do guarda, expondo-o ainda mais ao sarcasmo dos internados e à sua expectativa de que será decente, razoável e corruptível[198].

Quaisquer que sejam as utilidades ou inutilidades da impermeabilidade, e independentemente do fato de uma instituição parecer radical e militante, sempre haverá alguns limites para suas tendências de reivindicação e será necessário empregar algumas distinções sociais já estabelecidas na sociedade mais ampla, ainda que isso ocorra apenas para que a instituição possa realizar as tarefas necessárias com essa sociedade e ser por ela tolerada. Aparentemente, não existe uma instituição total na sociedade ocidental que dê uma vida de grupo completamente independente de sexo; e as instituições que, como os conventos, são aparentemente independentes das graduações sócio-econômicas, na realidade tendem a atribuir os papéis de serviço doméstico a pessoas com antecedentes rurais, assim como nossos melhores hospitais integrados de doentes mentais tendem a dar o serviço de limpeza aos negros[199]. De forma semelhante, em algumas escolas internas inglesas verifica-se que os alunos de linhagem nobre têm o direito de cometer maior número de infrações das regras da escola[200].

Uma das mais interessantes diferenças entre as instituições totais pode ser encontrada no destino social de seus egressos.

De modo geral, estes ficam geograficamente dispersos; encontra-se a diferença no grau de manutenção de ligações estruturais, apesar dessa distância. Numa extremidade da escala, encontramos os formados por determinada abadia beneditina, que não apenas conservam contatos informais, mas que, pelo resto de suas vidas, verificam que sua ocupação e sua localização geográfica foram determinadas por sua participação original. Na mesma extremidade da escala estão os ex-prisioneiros, cujas estadas nas prisões os orientam para suas ocupações futuras e para a comunidade nacional do submundo que, a partir de então, será seu ambiente. Na outra extremidade da escala, encontramos os

(198) SYKES, *Corruption of Authority*. Ver também CANTINE e RAINER, *op. cit.*, pp. 96-97.
(199) Aparentemente, em qualquer estabelecimento, os papéis mais elevados e os mais baixos tendem a ser relativamente permeáveis aos padrões da comunidade mais ampla, enquanto as tendências impermeáveis parecem focalizar-se nos pontos médios da hierarquia da instituição.
(200) ORWELL, *op. cit.*, pp. 510, 525.

107

soldados convocados para os mesmos quartéis e que, imediatamente depois da desmobilização, passam para a vida particular, e até se abstêm de participar de reuniões do regimento. Também aqui estão os ex-doentes mentais que cuidadosamente evitam pessoas e acontecimentos que poderiam ligá-los ao hospital. Entre esses dois extremos, encontramos o sistema de "velhos amigos" nas escolas particulares e nas universidades, que funcionam como comunidades optativas para a distribuição de oportunidades entre grupos de colegas de formatura.

II

Defini, denotativamente, as instituições totais, enumerando-as, e tentei sugerir algumas de suas características gerais. Hoje temos uma considerável literatura especializada a seu respeito, e devemos ser capazes de substituir simples sugestões por um esquema sólido que se refira à anatomia e ao funcionamento desse tipo de animal social. É certo que as semelhanças se impõem de maneira tão decisiva e persistente, que temos o direito de desconfiar que existam boas razões funcionais para que tais aspectos estejam presentes e que será possível ajustá-los e apreendê-los através de uma explicação funcional. Depois de fazer isso, penso que elogiaremos e condenaremos menos determinados superintendentes, comandantes, guardas e abades, e teremos mais tendência para compreender os problemas sociais nas instituições totais através da estrutura social subjacente a todas elas.

A CARREIRA MORAL
DO DOENTE MENTAL

Tradicionalmente, o termo *carreira* tem sido reservado para os que esperam atingir os postos ascendentes de uma profissão respeitável. No entanto, o termo está sendo cada vez mais usado em sentido amplo, a fim de indicar qualquer trajetória percorrida por uma pessoa durante sua vida. Aceita-se a perspectiva da história natural: os resultados singulares são esquecidos, considerando-se as mudanças temporais que são básicas e comuns aos participantes de uma categoria social, embora ocorram de maneira independente em cada um deles. Essa carreira não é algo que possa ser brilhante ou decepcionante; tanto pode ser um triunfo quanto um fracasso. É sob esse aspecto que desejo considerar o doente mental.

Uma vantagem do conceito de carreira é sua ambivalência. Um lado está ligado a assuntos íntimos e preciosos, tais como, por exemplo, a imagem do eu e a segurança sentida; o outro lado se liga à posição oficial, relações jurídicas e um estilo de vida, e é parte de um complexo institucional acessível ao público. Portanto, o conceito de carreira permite que andemos do público para o íntimo, e vice-versa, entre o eu e sua sociedade significativa, sem precisar depender manifestamente de dados a respeito do que a pessoa diz que imagina ser.

Portanto, este artigo é um exercício no estudo institucional do eu. O principal interesse se refere aos aspectos morais da carreira — isto é, a seqüência regular de mudanças que a carreira provoca no eu da pessoa e em seu esquema de imagens para julgar a si mesma e aos outros[1].

A categoria "doente mental" será entendida em um sentido sociológico rigoroso. Nesta perspectiva, a interpretação psiquiátrica de uma pessoa só se torna significativa na medida em que essa interpretação altera o seu destino social — uma alteração que se torna fundamental em nossa sociedade quando, e apenas quando, a pessoa passa pelo processo de hospitalização[2]. Por isso, excluo algumas categorias próximas: os candidatos não-descobertos que seriam considerados "doentes" pelos padrões psiquiátricos, mas que nunca chegam a ser assim considerados por si mesmos ou pelos outros, embora possam causar muitos problemas para todos[3]; o paciente de consultório que um psiquiatra considera poder tratar com medicamentos ou choques, fora do hospital; o doente mental que participa de relações psicoterapêuticas. E incluo todos, por mais robustos quanto ao temperamento, que de alguma forma são apanhados pela pesada máquina de serviços de hospitais para doentes mentais. Dessa forma, os efeitos de tratamento como doente mental podem ser bem separados dos efeitos, sobre a vida

---

(1) Podemos encontrar material sobre a carreira moral nos trabalhos iniciais sobre cerimônias de transição de *status*, e em descrições clássicas de psicologia social das mudanças extraordinárias na interpretação que a pessoa dá do seu eu, quando ocorre participação em seitas e movimentos sociais. Recentemente, novos tipos de dados significativos foram sugeridos por interesse psiquiátrico pelo problema da "identidade" e por estudos sociológicos sobre carreiras de trabalho e "socialização de adulto".

(2) Este aspecto foi recentemente salientado por ELAINE e JOHN CUMMING, *Closed Ranks*, Cambridge, Commonwealth Fund, Harvard University Press, 1957, pp. 101-2: "A experiência clínica confirma a impressão de que muitas pessoas definem a doença mental como 'a condição que exige que uma pessoa seja tratada em hospital psiquiátrico.' (...) Aparentemente, a doença mental é uma condição que atinge as pessoas que vão para hospital para doentes mentais, mas, até esse momento, quase tudo que fazem é normal". Leila Deasy me sugeriu a correspondência que existe entre esse caso e o crime de pessoas de classe média. Entre os que são identificados nessa atividade, apenas os que não conseguem evitar a prisão recebem o papel social de delinqüentes.

(3) Só agora os registros de casos de hospitais psiquiátricos começam a ser explorados para mostrar a incrível perturbação que uma pessoa pode provocar, para si mesma e para os outros, antes de alguém pensar psiquiatricamente nela, e muito menos efetivar alguma ação psiquiátrica a seu respeito. Ver JOHN A. CLAUSEN e MARIAN RADKE YARROW, Paths to the Mental Hospital, *Journal of Social Issues*, XI (1955), pp. 25-32; AUGUST B. HOLLINGSHEAD e FREDRICK C. REDLICH, *Social Class and Mental Illness*, New York, Wiley, 1958, pp. 173-174.

de uma pessoa, dos traços que um clínico consideraria psicopatológicos[4]. As pessoas que se tornam pacientes de hospitais para doentes mentais variam muito quanto ao tipo e grau de doença que um psiquiatra lhes atribuiria, e quanto aos atributos que os leigos neles descreveriam. No entanto, uma vez iniciados nesse caminho, enfrentam algumas circunstâncias muito semelhantes e a elas respondem de maneiras muito semelhantes. Como tais semelhanças não decorrem de doença mental, parecem ocorrer apesar dela. Por isso, é um tributo ao poder das forças sociais que o *status* uniforme de paciente mental possa assegurar, não apenas um destino comum a um conjunto de pessoas e, finalmente, por isso, um caráter comum, mas que essa reelaboração social possa ser feita com relação ao que é talvez a mais irredutível diversidade de materiais humanos que pode ser reunida pela sociedade. Aqui, falta apenas a formação freqüente de um grupo de vida protetor por ex-pacientes para exemplicar, de maneira integral, o ciclo clássico de resposta pelo qual os subgrupos divergentes são psicodinamicamente formados na sociedade.

Esta perspectiva sociológica geral é muito reforçada por uma verificação básica de estudiosos sociologicamente orientados para pesquisa em hospitais psiquiátricos. Como se mostrou repetidamente no estudo de sociedades não-letradas, o temor, a repulsa e a barbárie de uma cultura estranha podem reduzir-se quando o estudioso se familiariza com o ponto de vista aceito por seus sujeitos. De forma semelhante, o estudioso de hospitais psiquiátricos pode descobrir que a loucura ou o "comportamento doentio" atribuídos ao doente mental são, em grande parte, resultantes da distância social entre quem lhes atribui isso e a situação em que o paciente está colocado, e não são, fundamentalmente, um produto de doença mental. Quaisquer que sejam os refinamentos dos diagnósticos psiquiátricos dos vários pacientes, e quaisquer que sejam as maneiras específicas pelas quais se singulariza a vida "no interior", o pesquisador pode verificar que está participando de uma comunidade que não é significativamente diferente de qualquer outra que já tenha estudado. Evidentemente, ao limitar-se à comunidade externa dos pacientes não-internados, pode sentir, como alguns pacientes, que a vida nas enfermarias fechadas é bizarra; e, quando está nas enfermarias fechadas ou de convalescentes, pode sentir que as enfermarias "atrasadas" de

---

(4) Um exemplo da maneira de usar essa perspectiva para todas as formas de *desvio* pode ser vista em EDWIN LEMERT, *Social Pathology*, New York, McGraw-Hill, 1951; ver principalmente pp. 74-76. Uma aplicação específica a deficientes mentais pode ser vista em STEWART E. PERRY, Some Theoretic Problems of Mental Deficiency and Their Action pp. 402-3; *Patients in Mental Institutions, 1941, Washington*, D. C., Department of Commerce, Bureau of the Census, 1941, p. 2.

doentes crônicos são locais socialmente insanos. Mas é suficiente que mude sua esfera de participação sentimental para a pior enfermaria do hospital, para que esta possa passar, na focalização social, a ser um local com um mundo social onde se pode viver e que tem um sentido contínuo. Isto de forma alguma nega que encontre, em qualquer enfermaria ou grupo de pacientes, uma minoria que continua a parecer bem distante da capacidade para seguir regras de organização social, ou que o atendimento ordenado de expectativas normativas na sociedade de pacientes seja possível, em parte, por medidas estratégicas que de alguma forma foram institucionalizadas nos hospitais para doentes mentais.

De um ponto de vista popular ou naturalista, a carreira do doente mental cai em três fases principais: o período anterior à admissão no hospital, e que denominarei a fase de pré-paciente; o período no hospital, aqui denominado fase de internamento; o período posterior à alta no hospital que, quando ocorre, será denominado fase de ex-doente[5]. Este artigo se refere apenas às duas primeiras fases.

A FASE DE PRÉ-PACIENTE

Um grupo relativamente pequeno de pré-pacientes vai ao hospital por vontade própria, seja porque tem uma idéia de que será bom para eles, seja porque há um acordo com as pessoas significativas de sua família. Presumivelmente, tais novatos verificaram que estavam agindo de uma forma que, para eles, era prova de que estavam "perdendo a cabeça" ou o controle de si mesmos. Esta visão de si mesmo parece ser uma das coisas mais amedrontadoras que podem ocorrer ao eu em nossa sociedade, principalmente porque tende a ocorrer num momento em que a pessoa está, de qualquer forma, suficientemente perturbada para apresentar o tipo de sintoma que ela própria pode ver. Segundo a descrição de Sullivan.

O que descobrimos no sistema do eu de uma pessoa que está passando por mudança esquizofrênica ou por processos esquizofrênicos é, portanto, e sem sua forma mais simples, uma perplexidade com grande conteúdo de medo, que consiste no uso, bem generalizado e muito refinado, de processos de referência, numa tentativa para enfrentar o que é, fundamental-

---

(5) Essa imagem simples é complicada pela experiência um pouco específica de aproximadamente um terço de antigos pacientes — isto é, readmissão ao hospital, onde se encontraria a fase de "reincidência" ou "reinternamento".

mente, uma incapacidade de ser humano — uma impossibilidade de ser qualquer coisa que a pessoa possa respeitar como valiosa[6].

Juntamente com a reavaliação desintegradora que a pessoa faz de si mesma, haverá a circunstância nova, e quase tão penetrante, de tentar esconder dos outros o que ela considera como fatos novos e fundamentais a seu respeito, ao mesmo tempo em que tenta descobrir se os outros também os descobriram[7]. Aqui desejo acentuar que a percepção de "perder a cabeça" se baseia em estereótipos culturalmente derivados, e socialmente impostos, quanto à significação de alguns sintomas — por exemplo, ouvir vozes, perder a orientação espacial e temporal, sentir-se perseguido — e que muitos dos mais espetaculares e convincentes de tais sintomas em alguns casos significam, psiquiatricamente, apenas uma perturbação emocional temporária em situação de tensão, por mais aterrorizantes que sejam para a pessoa nesse momento. De forma semelhante, a angústia resultante dessa percepção de si mesmo, e as estratégias usadas para reduzi-la, não resultam de psicologia do anormal, mas poderiam ser apresestadas por qualquer pessoa socializada em nossa cultura e que chegasse a pensar que está perdendo a cabeça. É interessante observar que algumas subculturas na sociedade norte-americana aparentemente diferem na quantidade de fantasia e estímulo para tais visões de si mesmo, o que leva a diferentes proporções de auto-avaliação; a capacidade para aceitar essa interpretação desintegradora de si mesmo sem a intervenção psiquiátrica parece ser um dos discutíveis privilégios culturais das classes mais altas[8].

Para a pessoa que passa a ver-se — qualquer que seja a justificativa para isso — como mentalmente desequilibrada, a entrada no hospital pode às vezes trazer alívio, talvez em parte por causa da súbita transformação na estrutura de sua situação social básica: em vez de ser, diante de si mesma, uma pessoa discutível que tenta manter um papel integral, pode tornar-se uma pessoa oficialmente discutível, e que sabe que não é tão discutível. Em outros casos, a hospitalização pode piorar a situação do paciente confor-

---

(6) SULLIVAN, Harry Stack. *Clinical Studies in Psychiatry*, organizado por HELEN SWICK PERRY, MARY LADD GAWEL e MARTHA GIBBON, New York, Norton, 1956, pp. 184-185.
(7) Esta experiência moral pode ser contrastada com a da pessoa que aprende a ser viciada em maconha, e que, ao descobrir que pode estar "alta" e continuar a "atuar" eficientemente, sem ser identificada, aparentemente é levada ao novo nível de uso. Ver HOWARD S. BECKER, Marihuana Use and Social Control, *Social Problems*, III (1955), pp. 35-44; ver principalmente pp. 40-41.
(8) Ver HOLLINGSHEAD e REDLICH, *op. cit.*, p. 187, Tabela 6, onde se apresenta a relativa freqüência de auto-apresentação, de acordo com agrupamentos de classe social.

mado com a internação, pois a situação objetiva confirma o que até então fora um problema da experiência íntima do eu.

Uma vez que o pré-paciente voluntariamente entra no hospital, pode passar pela mesma rotina de experiências dos que entram contra a vontade. De qualquer modo, desejo considerar principalmente estes últimos, pois atualmente constituem, nos Estados Unidos, o grupo mais numeroso[9]. Seu primeiro contato com a instituição apresenta uma, entre três formas clássicas: alguns se internam porque a família pediu que o façam, ou ameaçou que, em caso contrário, se romperiam os laços de família; chegam obrigados, com vigilância policial; chegam enganados pelos outros — o que ocorre quase que exclusivamente com jovens.

A carreira do pré-paciente pode ser vista através de um modelo de expropriação; começa com relações e direitos e termina, no início de sua estada no hospital, praticamente sem relações ou direitos. Portanto, os aspectos morais dessa carreira começam geralmente com a experiência de abandono, deslealdade e amargura. Isso pode ocorrer ainda que, para os outros, precisasse de tratamento, e ainda que, uma vez no hospital, passe a admitir isso.

As histórias de caso da maioria dos doentes mentais documenta ataques a certa disposição de vida face-a-face — um lar, um local de trabalho, uma organização semipública, como uma igreja ou uma loja, uma região pública, como, por exemplo, uma rua ou um parque. Freqüentemente existe também um *denunciante,* alguma pessoa que pratica a ação que finalmente levará à hospitalização. Esse denunciante pode não ser a pessoa que toma a primeira providência, mas aquela que realiza o primeiro movimento eficiente. Aqui está o início *social* da carreira do paciente, independente do ponto em que possa ser localizado o início psicológico de sua doença mental.

Os tipos de transgressões que levam à hospitalização são, segundo se pensa, diferentes dos que levam a outros tipos de expulsão — prisão, divórcio, perda de trabalho, repúdio, exílio regional, tratamento psiquiátrico fora de uma instituição, e assim por diante. No entanto, aparentemente pouco se sabe a respeito de tais fatores diferenciais; quando estudamos internamentos reais, freqüentemente parecem possíveis outros resultados. Além disso, parece que, para cada transgressão que leva a uma denúncia eficiente,

---

(9) A distinção aqui empregada entre pacientes voluntários e involuntários não coincide com a distinção legal entre internamento voluntário e involuntário, pois algumas pessoas que ficam contentes de ir para o hospital psiquiátrico podem ser legalmente internadas, e entre os que são internados apenas por pressão muito forte da família, alguns podem apresentar-se como pacientes voluntários.

existem muitas outras, psiquiatricamente semelhantes, que nunca chegam a esse resultado. Não se empreende uma ação; ou, então, há uma ação ineficiente, que leva apenas a acalmar o queixoso ou a afastá-lo. Como Clausen e Yarrow o mostraram de maneira muito nítida, mesmo os transgressores que finalmente são hospitalizados tendem a ter uma longa série de ações ineficientes iniciadas contra eles[10].

Separando-se as transgressões que poderiam ter sido usadas para a hospitalização do transgressor das que são efetivamente usadas para isso, encontramos um grande número daquilo que os estudiosos de profissões denominam "contingências de carreira"[11]. Entre algumas dessas contingências da carreira do doente mental que já foram sugeridas, se não exploradas, encontramos: *status* sócio-econômico, visibilidade da transgressão, proximidade de um hospital para doentes mentais, recursos disponíveis de tratamento, avaliação, pela comunidade, do tipo de tratamento dado pelos hospitais existentes, e assim por diante[12]. Para informação quanto a outras contingências, precisamos depender de contos de atrocidade: um psicótico é tolerado pela mulher, até que esta encontre um namorado, ou por seus filhos adultos, até que se mudem de determinada casa ou determinado apartamento; um alcoólatra é enviado para o hospital de doentes mentais porque a cadeia está muito cheia, um viciado em tóxicos é internado porque se recusa a aceitar tratamento existente fora do hospital; uma jovem adolescente rebelde é internada porque já não pode ser controlada em casa e ameaça ter um caso com um companheiro inadequado; e assim por diante. De outro lado, existe um conjunto igualmente importante de circunstâncias que fazem com que a pessoa fuja ao seu destino. E quando essa pessoa é internada, outro conjunto de circunstâncias ajuda a determinar quando receberá alta — por exemplo, o desejo de sua família para que volte, a disponibilidade de trabalho "controlável", e assim por diante. A interpretação oficial da sociedade é que os internados de hospitais para doentes mentais aí estão, fundamentalmente, porque sofrem de doenças mentais. No entanto, na medida em que os "mentalmente doentes" fora dos hospitais se aproximam numericamente dos internados ou até os superam, pode-se

---

(10) CLAUSEN e YARROW, *op. cit.*
(11) Uma aplicação explícita dessa noção ao campo de saúde mental pode ser encontrada em EDWIN LEMERT, Legal Commitment and Social Control, *Sociology and Social Research*, XXX (1946), pp. 370-78.
(12) Por exemplo, JEROME K. MEYERS e LESLIE SCHAFFER, Social Stratification and Psychiatric Practice: A Study of an Outpatient Clinic, *American Sociological Review*, XIX (1954), pp. 307-10; LEMERT, *op. cit.*, pp. 402-3; *Patients in Mental Institutions*, 1941, Washington, D.C., Department of Commerce, Bureau of the Census, 1941, p. 2.

117

dizer que os doentes mentais internados sofrem, não de doença mental, mas de outras circunstâncias.

As circunstâncias de carreira ocorrem juntamente com um segundo aspecto da carreira do pré-paciente — o circuito de agentes e agências que participam de maneira decisiva em sua passagem do *status* civil para o de internado[13]. Este é um caso da classe cada vez mais importante de sistema social cujos elementos são agências e agentes postos em ligação sistemática pela necessidade de atender e transferir as mesmas pessoas. Alguns desses papéis de agentes serão citados agora, admitindo-se que, em qualquer circuito concreto, um papel pode ser preenchido mais de uma vez, e que a mesma pessoa pode representar mais de um desses papéis.

Em primeiro lugar, está a *pessoa mais próxima* — a que o paciente considera como aquela de que mais pode depender em momentos de crise; neste caso, a última a duvidar de sua sanidade e a primeira a tudo fazer para salvá-la do destino que a ameaça. A pessoa mais próxima do paciente é usualmente seu parente mais próximo; o termo é aqui introduzido porque nem sempre isso ocorre. Em segundo lugar, está o *denunciante,* a pessoa que, retrospectivamente, parece ter iniciado o caminho do paciente para o hospital. Em terceiro lugar estão os *mediadores* — a seqüência de agentes e agências a que o pré-paciente é levado e através dos quais é enviado aos que internam o paciente. Aqui se incluem a polícia, clero, clínicos gerais, psiquiatras com consultório, pessoal de clínicas públicas, advogados, assistentes sociais, professores, e assim por diante. Um desses agentes terá o direito legal de sancionar o internamento e o exercerá, e por isso os agentes que o precedem no processo participam de algo cujo resultado ainda não foi decidido. Quando os mediadores saem de cena, o pré-paciente se torna um paciente internado, e o agente significativo se torna o administrador do hospital.

Se o denunciante usualmente atua como cidadão, empregado, vizinho ou parente, os mediadores tendem a ser especialistas e diferem, sob aspectos importantes, daqueles a que servem. Têm experiência na maneira de enfrentar os problemas e certa distância profissional com relação àquilo que enfrentam. A não ser no caso de policiais, e talvez de alguns religiosos, os quais tendem a ter mais orientação psiquiátrica do que o público leigo, e verão a necessidade de tratamento quando o público não a vê[14].

(13) Quanto a um circuito de agentes e sua relação com contingências de carreira, ver OSWALD HALL, The Stages of a Medical Career, *American Journal of Sociology,* LIII (1948), pp. 327-36.
(14) Ver CUMMING e CUMMING, *op. cit.,* p. 92.

Um interessante aspecto desses papéis refere-se aos efeitos funcionais de sua interferência. Por exemplo, os sentimentos do paciente serão influenciados pelo fato de a pessoa que representa o papel de "queixoso" ter, ou não, o papel de pessoa mais próxima — uma combinação perturbadora que, aparentemente, ocorre mais nas classes mais elevadas que nas mais baixas[15]. Alguns desses efeitos emergentes serão agora considerados[16].

No caminho do pré-paciente, do lar ao hospital, pode participar como terceira pessoa no que pode sentir como uma espécie de coalizão alienadora. A pessoa mais próxima faz com que vá "conversar" com um médico, um psiquiatra de consultório ou algum outro conselheiro. A recusa pode ser enfrentada com ameaça de abandono, ou outra ação legal, ou com a acentuação do caráter exploratório ou de colaboração da entrevista. No entanto, geralmente a pessoa mais próxima precisará marcar a entrevista, pois precisa escolher o especialista, marcar hora, contar ao especialista algo a respeito do caso, e assim por diante. Essa iniciativa tende a colocar a pessoa mais próxima como a responsável a quem os dados pertinentes podem ser apresentados, ao mesmo tempo em que coloca o outro na posição de paciente. Freqüentemente, o pré-paciente vai à entrevista pensando que está indo como igual a outra pessoa, tão ligada a ela que uma terceira pessoa não poderia ficar entre elas em assuntos básicos; essa é, afinal de contas, uma forma pela qual se definem as relações íntimas em nossa sociedade. Ao chegar ao consultório, o pré-paciente descobre que ele e a pessoa mais próxima não receberam os mesmos papéis e que, aparentemente, o especialista e a pessoa mais próxima tiveram um entendimento prévio contra ele. No caso extremo, mas comum, o especialista inicialmente vê o pré-paciente sozinho, no papel de examinador e diagnosticador, e depois vê a pessoa mais próxima, também sozinha, e então no papel de conselheiro, ao mesmo tempo em que, cuidadosamente, evita falar seriamente com os dois juntos[17]. E mesmo nos casos de não-consulta, em que funcionários públicos precisam tirar uma pessoa de família que deseja tolerá-la, a pessoa mais próxima tende a ser induzida a

---

(15) HOLLINGSHEAD e REDLICH. *op. cit.*, p. 187.
(16) Para análise de algumas dessas conseqüências de circuito para o paciente internado, ver LEILA DEASY e OLIVE W. QUINN, The Wife of the Mental Patient and the Hospital Psychiatrist, *Journal of Social Issues*, XI (1955), pp. 49-60. Um exemplo interessante desse tipo de análise pode ser encontrado também em ALAN G. GOWMAN, Blindness and the Role of the Companion, *Social Problems*, IV (1956), pp. 68-75. Uma apresentação geral pode ser encontrada em ROBERT MERTON, The Role Set: Problems in Sociological Theory, *British Journal of Sociology*, VIII (1957), pp. 106-20.
(17) Tenho o registro de caso de um homem que pensava que *ele* estava levando sua mulher para consultar o psiquiatra, sem compreender, tarde demais, que sua mulher tinha organizado o encontro.

"acompanhar" a ação oficial, de forma que mesmo aqui o pré-paciente pode sentir que uma coalizão alienadora se formou contra ele.

A experiência moral de ser uma terceira pessoa nessa coalizão tende a amargurar o pré-paciente, principalmente porque suas perturbações provavelmente já levaram a certa separação com relação à pessoa mais próxima. Depois de entrar no hospital, as visitas contínuas pela pessoa mais próxima podem dar ao paciente a "compreensão" de que tudo foi feito para beneficiá-lo. No entanto, as visitas iniciais podem temporariamente intensificar o seu sentimento de abandono; tende a pedir que o visitante o tire dali ou que, pelo menos, consiga maiores privilégios ou se compadeça de sua horrível situação — ao que o visitante comumente só pode responder com uma nota de esperança, ou fingindo não "ouvir" os seus pedidos, ou afirmando ao paciente que as autoridades médicas conhecem essas coisas e estão fazendo o que é melhor para sua recuperação. Depois, o visitante volta, despreocupadamente, para um mundo que, segundo o sabe o paciente, está incrivelmente cheio de liberdades e privilégios, fazendo com que o paciente sinta que a pessoa mais próxima dele está apenas acrescentando um consolo hipócrita a um caso claro de deserção traiçoeira.

A profundidade com que o paciente pode sentir-se traído pela pessoa mais próxima parece aumentar pelo fato de que alguém testemunha sua traição — um fator aparentemente significativo em muitas situações que envolvam três pessoas. A pessoa ofendida pode, quando sozinha com quem a ofende, agir de maneira tolerante e conciliadora, preferindo a paz à justiça. No entanto, a presença de uma testemunha parece acrescentar algo às conseqüências da ofensa. Afinal, nesse caso, está fora do poder do ofendido e de quem ofende esquecer, apagar ou suprimir o que aconteceu; a ofensa tornou-se um fato social público[18]. Quando a testemunha é uma comissão de saúde mental — tal como ocorre freqüentemente — a traição testemunhada pode transformar-se numa "cerimônia de degradação"[19]. Em tais casos, o paciente ofendido pode pensar que há necessidade de alguma extensa ação reparadora diante da testemunha, a fim de que possa restaurar sua honra e seu valor social.

Devemos mencionar dois outros aspectos da traição percebida. Em primeiro lugar, os que sugerem a possibilidade de outra pessoa entrar num hospital para doentes mentais tendem a não dar uma visão realista da maneira pela qual isso pode atingi-la. Muitas vezes, ouve dizer que rece-

(18) Uma paráfrase de KURT RIEZLER, Comment on the Social Psychology of Shame, American Journal of Sociology, XLVIII (1943), p. 458.
(19) Ver HAROLD GARFINKEL, Conditions of Successful Degradation Ceremonies, American Journal of Sociology, LXI (1956), pp. 420-24.

berá o tratamento médico adequado e repouso, e pode ficar boa e sair dentro de alguns meses. Em alguns casos, podem estar ocultando aquilo que sabem, mas penso que, de modo geral, dizem o que lhes parece a verdade. Aqui existem diferenças significativas entre pacientes e especialistas mediadores; os mediadores, mais do que o público em geral, podem pensar em hospitais psiquiátricos como estabelecimentos para tratamento médico a curto prazo, onde a atenção e o repouso necessários podem ser voluntariamente obtidos, e não como locais de exílio imposto. Quando o pré--paciente chega ao hospital pode descobrir, rapidamente, coisas muito diferentes. Descobre que a informação que lhe foi dada sobre a vida no hospital era uma forma de fazer com que opusesse menos resistência do que a que apresentaria se soubesse aquilo que depois descobre. Quaisquer que sejam as intenções dos que participaram de sua transição de pessoa a paciente, pode sentir que o "tapearam" para colocá-lo na situação.

Estou sugerindo que o pré-paciente começa com, pelo menos, parte dos direitos, liberdades e satisfações do civil, e termina numa enfermaria psiquiátrica, despojado de quase tudo. Aqui, o problema é saber como se consegue esse despojamento. Este é o segundo aspecto do sentimento de traição que desejo considerar.

Na visão do pré-paciente, o circuito de figuras significativas pode atuar como uma espécie de funil de traição. A passagem de pessoa a paciente pode ser realizada através de uma série de estádios ligados, cada um dos quais dirigido por um agente diverso. Embora cada estádio tenda a provocar um brusco declínio no *status* de adulto livre, cada agente pode tentar manter a ficção de que não ocorrerá outra queda. Pode até conseguir enviar o pré-paciente para o agente seguinte,' ao mesmo tempo em que sustenta essa afirmação. Além disso, através de palavras, indicações e gestos, o pré-paciente pode ser levado, pelo agente atual, a participar com ele de uma conversa amável que cuidadosamente evita os fatos administrativos da situação, mas que se torna, em cada estádio, mais oposta a tais fatos. É melhor que o cônjuge não precise chorar para fazer com que o pré-paciente consulte um psiquiatra; é melhor que os psiquiatras evitem a cena que ocorreria se o pré-paciente descobrisse que ele e o cônjuge vão ser entrevistados separadamente e de forma diferente; raramente a polícia leva um pré-paciente em camisa-de-força, pois é muito mais fácil dar-lhe um cigarro, dizer-lhe umas palavras amáveis, e liberdade para descansar no banco de trás do carro de polícia; finalmente, o psiquiatra encarregado da admissão sabe que é melhor realizar o seu trabalho no silêncio e no luxo da "sala de recepção" onde, como conseqüência incidental, pode ocorrer a noção de que um hospital para doentes mentais é realmente um lugar agradável. Se o pré-paciente atende a todos esses pedidos implícitos e é razoável a respeito da situação total, pode fazer o circuito completo, da casa para o hospital, sem obrigar ninguém a olhar diretamente para o que está ocorrendo ou lidar com a emoção bruta que sua situação poderia levá-lo a exprimir. O fato de mostrar consideração por aqueles que o levam para o hospital permite que estes mostrem consideração por ele, e disso resulta que essas interações podem ser mantidas com a harmonia protetora, característica de relações face a face usuais. No entanto, se o novo paciente lembra a seqüência de fatos que levam à hospitalização, pode sentir que o bem-estar presente de todos estava sendo cuidadosamente mantido, ao mesmo tempo em que seu bem-estar futuro estava sendo prejudicado. Essa compreensão pode constituir uma experiência moral que o separa ainda mais, durante certo tempo, das pessoas do mundo externo[20].

Agora, gostaria de notar o circuito de agentes profissionais, a partir do ponto de vista de tais agentes. Os mediadores na transição da pessoa do *status* civil para o de paciente — bem como seus guardas, depois de colocada no hospital, — estão interessados em estabelecer uma pessoa mais próxima como tutor ou representante do paciente; se não houver um candidato evidente para o papel, alguém pode ser procurado e levado a ele. Assim, enquanto uma pessoa é gradualmente transformada em paciente, a pessoa mais próxima é transformada em tutor. Se este estiver em cena, o processo de transição pode ocorrer de maneira ordenada. Tende a conhecer os negócios e atividades civis do pré-paciente, e pode encarregar-se de problemas que acabariam por envolver o hospital. Alguns dos direitos civis perdidos pelo pré-paciente podem ser atribuídos ao tutor, o que ajuda a conservar o mito de que, embora o pré-paciente realmente não tenha seus direitos, na realidade não chegou a perdê-los.

Os pacientes internados geralmente percebem, pelo menos durante certo tempo, que a hospitalização é uma priva-

(20) As práticas de campo de concentração dão um bom exemplo da função do funil de traição ao induzir a cooperação e ao reduzir a luta e a rebeldia, embora neste caso se possa dizer que os mediadores não estavam agindo de acordo com os interesses dos internados. Os policiais que iam pegar as pessoas em casa às vezes brincavam com naturalidade e se ofereciam para esperar que o café fosse servido. As câmaras de gás eram apresentadas como salas de desinfecção, e as vítimas que tiravam a roupa recebiam a advertência de que deviam notar onde as colocavam. Os doentes, velhos, fracos ou insanos que eram escolhidos para extermínio eram às vezes levados em ambulâncias da Cruz Vermelha para campos denominados "hospital de observação". Ver DAVID BODER, *I Did Not Interview the Dead*, Urbana, University of Illinois Press, 1949, p. 81; ELIE A. COHEN, *Human Behavior in the Concentration Camp*, Londres, Jonathan Cape, 1954, pp. 32, 37, 107.

ção maciça e injusta, e às vezes conseguem convencer algumas pessoas de fora de que isso é realmente verdade. Nesse caso, para os identificados com a imposição de tais privações, por mais justas que sejam, é muitas vezes útil indicar a cooperação e a concordância de alguém cuja relação com o paciente o coloca acima de qualquer suspeita, e firmemente o define como a pessoa que mais provavelmente tem interesse pelo paciente. Se o tutor está satisfeito com o que está ocorrendo com o novo internado, todos os outros devem sentir a mesma coisa[21].

Ora, pareceria que, quanto maior a relação de uma pessoa com outra, mais facilmente pode aceitar o papel de tutora dessa outra. No entanto, as disposições estruturais da sociedade que levam à fusão reconhecida dos interesses de duas pessoas levam também a outras conseqüências. A pessoa para quem o paciente se volta para pedir ajuda — ajuda contra algumas ameaças, entre as quais a de internamente involuntário — é exatamente aquela para as quais os mediadores e os administradores de hospitais se voltam logicamente para pedir autorização. Por isso, é còmpreensível que alguns pacientes passem a sentir, pelo menos durante algum tempo, que a intimidade da relação não indica sua fidelidade.

Outros efeitos funcionais emergem desse complemento de papéis. Se e quando a pessoa mais próxima apela para os mediadores diante da perturbação que está tendo com o pré-paciente, a hospitalização pode, na realidade, não estar entre os seus objetivos. Pode até nem perceber o pré-paciente como mentalmente doente, ou, se ocorre isso, pode não aceitar coerentemente essa interpretação[22]. É o circuito de mediadores, com seu maior conhecimento psiquiátrico e sua crença no caráter médico dos hospitais de doentes mentais, que freqüentemente define a situação para a pessoa mais próxima, dizendo-lhe que a hospitalização pode ser uma possível solução, e uma solução boa, que não inclui traição, mas uma ação médica que considera os interesses do paciente. Aqui, a pessoa mais próxima pode descobrir que o fato de fazer sua obrigação com relação ao pré-paciente pode fazer com que este desconfie dela e, durante certo tempo, chegue a odiá-la. No entanto, o fato de essa ação ser indicada e prescrita por especialistas, e por eles ser

(21) As entrevistas obtidas pelo grupo de Clausen do NIMH sugerem que quando uma mulher passa a ser tutora, a responsabilidade pode perturbar a distância anterior com relação a genros e noras, o que leva a nova união de apoio com eles ou a nítido afastamento.
(22) Para uma análise desses tipos não-psiquiátricos de percepção, ver MARIAN RADKE YARROW, CHARLOTTE GREEN SCHWARTZ, HARRIET S. MURPHY e LEILA DEADY, The Psychological Meaning of Mental Illness in the Family, *Journal of Social Issues*, XI (1955), pp. 12-24; CHARLOTTE GREEN SCHWARTZ, Perspectives on Deviance — Wives Definitions of their Husbands Mental Illness, *Psychiatry*, XX (1957), pp. 275-91.

definida como dever moral, pode aliviar a pessoa mais próxima de parte da culpa que pode sentir[23]. É um fato doloroso que um filha ou um filho adulto seja colocado na posição de mediador, de forma que a hostilidade que se voltaria contra o cônjuge, se volta contra o filho[24].

Uma vez que o pré-paciente esteja no hospital, a mesma função de suportar a culpa pode tornar-se parte significativa do serviço da administração com relação à pessoa mais próxima[25]. Essas razões para sentir que não traiu o paciente, embora este possa pensar isso, podem depois dar à pessoa mais próxima uma estratégia defensiva quando visitar o paciente no hospital, e uma base para ter a esperança de que a relação possa ser restabelecida depois da moratória do hospital. E, evidentemente, essa posição, quando percebida pelo paciente, pode dar-lhe desculpas para a pessoa mais próxima, quando e se as procurar[26].

Assim, enquanto a pessoa mais próxima pode realizar funções importantes para os mediadores e os administradores do hospital, estes, por sua vez, podem realizar importantes funções para ela. Portanto, muitas vezes encontramos o aparecimento de uma troca ou reciprocidade não-intencionais de funções, embora estas sejam freqüentemente não-intencionais.

O último aspecto que desejo salientar na carreira moral do pré-paciente é seu caráter peculiarmente retrospectivo. Dado o papel determinante das contingências de carreira, até que uma pessoa chegue efetivamente ao hospital, usualmente não existe uma forma de saber com segurança que esteja destinada a fazê-lo. E até o momento de hospitalização, ela e os outros podem não pensar nela como pessoa que se está tornando doente mental. No entanto, a partir do momento em que, contra sua vontade, seja colocada no hospital, a pessoa mais próxima e a equipe dirigente do hospital precisarão de uma justificativa para os rigores que

---

(23) Esta função de culpa é encontrada, evidentemente, em outros complexos de papel. Quando um casal de classe média começa o processo de separação legal ou divórcio, usualmente os advogados de cada um usualmente pensam que seu trabalho consiste em dar a seu cliente o conhecimento de todas as reclamações e direitos, levando-o a solicitá-los, apesar da delicadeza de sentimentos a respeito dos direitos e da honradez do ex-cônjuge. Com toda boa fé, o cliente pode então dizer a si mesmo e ao ex-cônjuge que as exigências são feitas apenas porque o advogado insiste em que é melhor fazê-las.
(24) Registrados nos casos de Clausen.
(25) Esse aspecto é indicado por Cumming e Cumming, *op. cit.*, p. 129.
(26) Aqui, existe um interessante contraste com a carreira moral do paciente tuberculoso. Segundo me disse Julius Roth, os pacientes de tuberculose geralmente procuram voluntariamente o hospital, concordando com a pessoa mais próxima quanto à necessidade de tratamento. Mais tarde, em sua carreira de hospital, quando ficam sabendo quanto tempo precisam ficar e até que ponto são limitadoras e irracionais algumas regras do hospital, podem tentar sair, ser aconselhados a não fazer isso pelos parentes e pela administração, e só então começam a se sentir traídos.

impõem. Os médicos da equipe dirigente também precisarão de provas de que ainda estão no ofício para o qual foram instruídos. Tais problemas são facilitados, sem dúvida não intencionalmente, pela construção de história de caso que é atribuída ao passado do paciente, o que tem como efeito demonstrar que de há muito estava ficando doente, que finalmente ficou muito doente, e que, se não tivesse sido hospitalizado, coisas muito piores lhe teriam acontecido — e, evidentemente, tudo isso pode ser verdade. Diga-se de passagem que, se o paciente deseja dar sentido à sua estada no hospital, e, como já foi sugerido, deseja manter a possibilidade de novamente pensar na pessoa mais próxima como uma pessoa decente e bem intencionada, também terá razões para acreditar em parte da reconstrução psiquiátrica de seu passado.

Aqui está um ponto muito delicado para a sociologia das carreiras. Um aspecto importante de qualquer carreira é a interpretação que a pessoa constrói quando olha retrospectivamente para o seu progresso; em certo sentido, no entanto, toda a carreira do pré-paciente decorre dessa reconstrução. O fato de ter tido uma carreira de pré-paciente, a partir de uma queixa eficiente, se torna uma parte importante da orientação mental do paciente, mas o fato de esse papel só poder ser representado depois da hospitalização prova que o que estava tendo, mas já não tem, era uma carreira como pré-paciente.

A FASE DE INTERNADO

O último passo na carreira do pré-paciente pode incluir a compreensão — justificada ou não — de que foi abandonado pela sociedade e perdeu as relações com os que estavam mais próximos dele. É interessante observar que o paciente, sobretudo na primeira admissão, pode conseguir evitar chegar a esse "fim de linha", embora esteja colocado em enfermaria fechada de hospital. Ao entrar no hospital, pode sentir um desejo muito grande de não ser conhecido como pessoa que poderia ser reduzida às condições daquele momento, ou pessoa que se comportou tal como o fez antes do internamento. Conseqüentemente, pode evitar falar com quem quer que seja, pode ficar sozinho sempre que puder, e pode até ficar "fora de contato" ou "maníaco", a fim de evitar a ratificação de qualquer interação que o obrigue a um papel delicadamente recíproco, e lhe mostre o que se tornou aos olhos dos outros. Quando a pessoa mais próxima faz um esforço para visitá-lo, pode ser rejeitada pelo mutismo, ou pela recusa do paciente a ir à sala de visitas, — e

125

essas estratégias às vezes sugerem que o paciente ainda se apega a um resto de sua relação com os que formaram seu passado, e protege esse resto da destruição final de lidar com as "novas" pessoas em que se transformaram[27].

Usualmente, o paciente desiste desse grande esforço de ausência e anonimato, e começa a apresentar-se para interação social convencional na comunidade hospitalar. A partir de então, só se afasta de maneiras específicas — ao usar sempre seu apelido, ao assinar sua contribuição para o boletim semanal apenas com suas iniciais, ou ao usar o endereço "disfarçado" que alguns hospitais têm o cuidado de dar; ou, então, afasta-se apenas em ocasiões especiais, quando um grupo de estudantes de enfermagem dão uma volta pela enfermaria, ou quando, autorizado a andar pelo parque do hospital, repentinamente percebe que vai se encontrar com um civil que conhece fora do hospital. Às vezes, essa abertura para as relações sociais é denominada "aceitação" pelos auxiliares. Assinala uma nova posição, abertamente aceita e apoiada pelo paciente, e se assemelha ao processo de *début* que ocorre em outros grupos[28].

Uma vez que o paciente comece a "aceitar sua nova posição", as linhas básicas de seu destino começam a seguir as de toda uma classe de estabelecimentos segregados — cadeias, campos de concentração, mosteiros, campos de trabalho forçado, e assim por diante — nos quais o internado passa toda a vida no local, e vive disciplinadamente a rotina diária, na companhia de um grupo de pessoas que têm o mesmo *status* institucional.

Tal como ocorre com o novato de muitas dessas instituições totais, o novo internado percebe que está despo-

---

(27) A estratégia inicial do internado de afastar-se de contatos pode explicar, pelo menos em parte, a relativa ausência de formação de grupos entre internados em hospitais psiquiátricos públicos. Essa ligação me foi sugerida por William R. Smith. O desejo de evitar laços pessoais que dariam licença para perguntas biográficas poderia ser outro fator para isso. Evidentemente, em hospitais para doentes mentais, bem como em campos de prisioneiros, a administração pode conscientemente impedir a formação incipiente de grupos, a fim de evitar ação coletiva de rebeldia e outras perturbações nas enfermarias.

(28) Um *début* comparável ocorre no mundo homossexual, quando uma pessoa finalmente chega a apresentar-se francamente numa reunião *gay* [de homossexuais] não como turista, mas como alguém que é "disponível". Ver EVELYN HOOKER, A Preliminary Analysis of Group Behavior of Homosexuals, *Journal of Psychology*, XLII (1956), pp. 217-25; ver especialmente a p. 221. Na ficção, um bom tratamento desse aspecto pode ser visto no livro de JAMES BALDWIN, *Giovanni's Room*, New York, Dial, 1956, pp. 41-57. Um caso conhecido de processo de *début* (em inglês, *coming-out*, isto é, *saída*) é encontrado, sem dúvida, entre filhos pré-púberes no momento em que um desses atores *volta* para uma sala que abandonou num gesto de cólera e *amour-propre* ferido. A própria fase (*coming-out*) deriva, presumivelmente, de uma cerimônia de *rite-de-passage* que as mães de classe alta organizavam para suas filhas. É interessante notar que em grandes hospitais psiquiátricos públicos o paciente às vezes simboliza um *début* completo pela sua participação ativa no baile organizado pelo hospital para todos os pacientes.

jado de muitas de suas defesas, satisfações e afirmações usuais, e está sujeito a um conjunto relativamente completo de experiências de mortificação: restrição de movimento livre, vida comunitária, autoridade difusa de toda uma escala de pessoas, e assim por diante. Aqui começamos a aprender até que ponto é limitada a concepção de si mesma que uma pessoa pode conservar quando o ambiente usual de apoios é subitamente retirado.

Ao mesmo tempo em que passa por essas experiências morais humilhantes, o paciente internado aprende a orientar-se no "sistema de enfermaria"[29]. Nos hospitais públicos para doentes mentais, isso usualmente consiste em uma série de disposições graduadas em torno das enfermarias, unidades administrativas denominadas serviços, e de possibilidade de sair sob palavra. O nível "pior" muitas vezes tem apenas bancos de madeira para sentar, alimento muito pouco apetitoso e um pequeno canto para dormir. O nível "melhor" pode ter um quarto em que a pessoa fica sozinha, privilégios no pátio e na cidade, contatos relativamente "inofensivos" com a administração, bem como aquilo que se considera bom alimento e muitas possibilidades de recreação. Se desobedecer às normas onipresentes da instituição, o internado receberá castigos severos que se traduzem pela perda de privilégios; pela obediência, será finalmente autorizado a readquirir algumas das satisfações secundárias que, fora, aceitava sem discussão.

A institucionalização desses níveis radicalmente diversos de vida esclarece as conseqüências, para o eu, dos ambientes sociais. E isto, por sua vez, afirma que o eu surge, não apenas através da interação com os outros significativos, mas também de disposições que se desenvolvem numa organização, em benefício de seus participantes.

Há alguns ambientes que a pessoa imediatamente considera como estranhos à extensão ou à expressão de si mesma. Quando um turista explora os bairros mais pobres, pode ter prazer nessa situação, não porque seja um reflexo de si mesmo, mas exatamente porque isso não ocorre. Há outros ambientes, por exemplo, as salas de sua casa, que a pessoa organiza e emprega para influenciar, em direção favorável, as interpretações que os outros dão dela. E há ainda outros ambientes — por exemplo, o local de trabalho — que exprimem o *status* ocupacional do empregado, mas sobre o qual não tem controle final, pois este é exercido, ainda que delicadamente, pelo empregador. Os hospitais para doentes mentais apresentam um exemplo extremo desta

(29) Uma boa descrição do sistema de enfermarias pode ser encontrada em IVAN BELKNAP, *Human Problems of a State Mental Hospital*, New York, McGraw-Hill, 1956, cap. IX, principalmente p. 164.

última possibilidade. E isso pode ser devido, não apenas aos seus níveis de vida degradada, mas também à maneira singular em que a sua significação para o eu é explicitada para o paciente, de forma penetrante, persistente e total. Uma vez alojado em determinada enfermaria, o paciente é informado de que as restrições e privações que encontra não resultam de algumas forças cegas, como a tradição ou a economia, — e portanto dissociáveis do eu — mas partes intencionais de seu tratamento, parte de sua necessidade no momento, e, por isso, expressão do estado a que foi reduzido o seu eu. Como tem todas as razões para pedir condições melhores, ouve dizer que, quando a administração achar que "é capaz de controlar-se" ou "viver confortavelmente" numa enfermaria de nível mais alto, serão tomadas as providências necessárias para isso. Em resumo, sua colocação em determinada enfermaria é apresentada, não como um prêmio ou um castigo, mas como uma expressão de seu nível geral de atuação social, seu *status* como uma pessoa. Considerando-se que os piores níveis de enfermaria dão uma rotina diária que os internados com lesão cerebral podem assimilar facilmente, e que esses seres humanos muito limitados são apresentados para comprová-lo, podemos avaliar alguns dos efeitos "especulares" do hospital[30].

Portanto, o sistema de enfermarias é um exemplo extremo da maneira pela qual os fatos físicos de um estabelecimento podem ser explicitamente empregados para modelar a concepção que uma pessoa tem de si mesma. Além disso, o mandato psiquiátrico oficial dos membros dos hospitais para doentes mentais provoca ataques ainda mais diretos e violentos contra a imagem que o internado tem de si mesmo. Quanto mais "médico" e "progressista" for um hospital — quanto mais tenta ser terapêutico e não apenas "depósito" — mais precisa enfrentar a afirmação da alta administração de que seu passado foi um fracasso, que a causa disso está nele mesmo, que sua atitude diante da vida é errada, e que, se desejar ser uma pessoa, precisa mudar sua maneira de lidar com as pessoas e suas concepções de si mesmo. Muitas vezes, tomará consciência do valor moral desses ataques verbais ao ser obrigado a aceitar essa interpretação psiquiátrica de si mesmo em períodos estabelecidos de confissão, seja em sessões individuais, seja em psicoterapia de grupo.

(30) Este é um aspecto em que os hospitais para doentes mentais podem ser piores do que campos de concentração e prisões como locais para "matar" o tempo; nos primeiros, o auto-isolamento com relação às conseqüências simbólicas do ambiente pode ser mais fácil. Na realidade, o auto-isolamento em hospitais psiquiátricos pode ser tão difícil, que para isso os pacientes precisam empregar recursos que a administração interpreta como sintomas psicóticos.

Aqui, é possível apresentar um aspecto da carreira moral dos internados e que tem relação com muitas carreiras morais. Considerando-se o estádio que qualquer pessoa atingiu numa carreira, geralmente verificamos que constrói uma imagem do curso de sua vida — passado, presente e futuro — que corta, abstrai e deforma de tal maneira que permite uma visão de si mesmo que possa expor de maneira útil nas situações presentes. Muito freqüentemente, a estratégia da pessoa com relação ao eu a coloca, defensivamente, num acordo fundamental com os valores básicos de sua sociedade, e assim pode ser denominada uma apologia. Se a pessoa consegue apresentar uma interpretação de sua situação presente que mostre a atuação de qualidades pessoais favoráveis no passado, e um destino favorável que a aguarde no futuro, pode-se dizer que tem uma história de triunfo. Se os fatos do passado e do presente de uma pessoa são extremamente sombrios, o melhor que pode fazer é mostrar que não é responsável por aquilo que veio a ser, e a expressão história triste é adequada. É interessante notar que, quanto mais o passado de uma pessoa a afasta de concordância aparente com valores morais centrais, mais parece obrigada a contar essa história triste para qualquer companhia que encontre. Talvez responda, em parte, à necessidade que sente, em outros, de não receber afrontas aos seus desenvolvimentos de vida. De qualquer forma, é entre presos, bêbedos e prostitutas que mais facilmente se obtêm as histórias tristes[31]. Agora desejo considerar as vicissitudes da história triste do doente mental.

No hospital psiquiátrico, o ambiente e as regras da casa recordam ao paciente que é, afinal de contas, um caso de doença mental que sofreu algum tipo de colapso social no mundo externo, tendo fracassado de alguma forma glo-

(31) Com relação a presos, ver ANTHONY HECKSTALL-SMITH, *Eighteen Months*, Londres, Allan Wingate, 1954, pp. 52-53. Para os "bêbedos", ver a discussão de HOWARD G. BAIN, *A Sociological Analysis of the Chicago Skid-Row Lifeway* (Tese inédita de mestrado, Departamento de Sociologia, University of Chicago, setembro de 1959), principalmente "The Rationale of the Skid-Row Drinking Group", pp. 141-46. A esquecida tese de Bain é uma fonte útil de material sobre carreiras morais.
Aparentemente, um dos riscos profissionais da prostituição é que os clientes e outros contatos profissionais às vezes persistem em exprimir "compreensão" através de solicitação de uma explicação dramática e defensável da queda. Ao precisar preocupar-se com uma história triste, preparada para tais ocasiões, talvez a prostituta mereça mais piedade do que condenação. No livro de HENRY MAYHEW, *London Labour and the London Poor*, v. IV, Those That Will Not Work, Londres, Charles Griffin and Co. 1862, pp. 210-72, podemos encontrar bons exemplos de histórias tristes de prostitutas. Para uma fonte contemporânea, ver *Women of the Streets*, organizado por C. H. ROLPH, Londres, Secker and Warburg, 1955, sobretudo p. 6: "No entanto, quase sempre, depois de alguns comentários sobre a polícia, a moça começava a explicar como estava na vida, usualmente através de autojustificação. (...)" Evidentemente, nos últimos anos, os psicólogos especializados auxiliaram as profissionais na construção de histórias tristes globalmente notáveis. Ver, por exemplo, HAROLD GREENWALD, *The Call Girl*, New York, Ballantine Books, 1958.

bal, e que aqui tem pequeno peso social, pois dificilmente é capaz de agir como pessoa integral. Tais humilhações tendem a ser sentidas de maneira mais aguda pelos pacientes de classe média, pois sua condição anterior de vida tem pouca probabilidade de imunizá-los contra tais afrontas, mas todos os pacientes sentem certa degradação. Tal como o faria qualquer membro normal de sua subcultura externa, o doente muitas vezes responde a essa situação tentando apresentar uma história triste, onde prova que não está "doente", que o "pequeno problema" que teve foi, na realidade, provocado por outra pessoa, que seu passado teve honra e retidão, e que, portanto, o hospital é injusto ao impor-lhe o *status* de doente mental. Essa tendência de auto--respeito está profundamente institucionalizada na sociedade dos pacientes, onde o início de contatos sociais geralmente exige que os participantes apresentem informação sobre sua localização atual nas enfermarias, período de estada, mas não as razões para esta — e essa interação é realizada como "prosa" no mundo externo[32]. Com maior familiaridade, cada paciente usualmente apresenta razões relativamente aceitáveis para sua hospitalização, ao mesmo tempo em que aceita, sem discussão, as estratégias apresentadas por outros pacientes. Algumas histórias, como as seguintes, são apresentadas e explicitamente aceitas.

Eu estava freqüentando uma escola noturna para conseguir um mestrado, e além disso tinha um emprego; essa carga foi excessiva para mim.

Aqui, os outros estão mentalmente doentes, mas estou sofrendo de um mau sistema nervoso e é isso que me está dando estas fobias.

Vim para cá por erro, por causa de um diagnóstico de diabete, e vou sair dentro de alguns dias. (O paciente estava internado há sete semanas.)

Fracassei como criança, e depois, com minha mulher, procurei conseguir independência.

Meu problema é que não posso trabalhar. É por isso que estou aqui. Tive dois empregos e uma boa casa com todo o dinheiro que desejava[33].

(32) Uma regra semelhante de autoproteção tem sido observada em prisões. ALFRED HASSLER, *Diary of a Self-Made Convict*, Chicago, Regnery, 1954, p. 76, ao descrever uma conversa com um companheiro de prisão: "Não disse muitas coisas a respeito das razões para sua condenação, e não fiz perguntas a respeito, pois esse é o comportamento aceito na prisão". Uma versão romanceada do hospital psiquiátrico pode ser encontrada em J. KERKOHOFF, *How Thin the Veil: A Newspaperman's Story of His Own Mental Crack-Up and Recovery*, New York, Greenberg, 1952, p. 27.

(33) De notas de campo do autor, em interação informal com pacientes, transcrita da maneira mais literal possível.

O paciente às vezes reforça tais histórias com uma definição otimista de sua posição profissional. Um homem que conseguiu obter uma audição como anunciante de rádio se apresenta como anunciante de rádio; outro, que trabalhou durante alguns meses como copista e, depois, como repórter, mas foi despedido três semanas depois, se apresenta como repórter.

Um papel social global na comunidade de pacientes pode ser construído a partir dessas ficções reciprocamente aceitas. Essas delicadezas na situação face-a-face tendem a ser criticadas por boatos, contados na ausência da pessoa, e que se aproximam apenas um grau dos fatos "objetivos". Evidentemente, aqui podemos ver uma função social clássica de redes informais entre pessoas de mesmo nível: servem como audiência para as histórias que confirmam o eu — histórias que são um pouco mais fundamentadas do que pura fantasia e um pouco mais frágeis do que os fatos.

No entanto, a apologia do paciente é exigida num ambiente único, pois poucos ambientes podem ser tão destrutivos das histórias sobre o eu, com a exceção, evidentemente, das já construídas de acordo com esquemas psiquiátricos. E essa destrutividade se apóia em mais do que a folha oficial de papel que afirma que o paciente tem uma mente doentia, é um perigo para si mesmo e para os outros — um atestado que, diga-se de passagem, parece atingir profundamente o orgulho do paciente, bem como a possibilidade de que possa sentir qualquer orgulho.

Certamente as condições degradantes do ambiente do hospital desmentem muitas dessas histórias sobre o eu, apresentadas pelos pacientes, e o fato de aí estar é uma prova contra tais histórias. E, evidentemente, nem sempre existe suficente solidariedade entre os pacientes para impedir que um desminta o outro, assim como nem sempre existe um número suficiente de auxiliares "profissionalizados" para impedir que um auxiliar desminta o paciente. Como repetidamente um paciente superia a outro:

Se você é tão inteligente, como foi que veio parar aqui?

No entanto, o ambiente do hospital é ainda mais traiçoeiro. A equipe dirigente sempre tem muito a ganhar ao desmentir a história do paciente — qualquer que seja a razão para tais desmentidos. Para que a parte encarregada de custódia do hospital consiga realizar sua rotina diária sem queixa ou reclamações dos pacientes, pode ser útil indicar-lhe que as afirmações que faz a seu respeito e com as quais racionaliza seus pedidos são falsas, que não é a pessoa que afirma ser, e que na realidade, como pessoa, é um fracasso. Se a parte psiquiátrica deve impor-lhe suas inter-

131

pretações quanto à sua constituição pessoal, deve ser capaz de mostrar ao paciente, minuciosamente, como sua versão de seu passado e de seu caráter é muito melhor que aquela que apresenta[34]. Para que o grupo psiquiátrico e o encarregado da custódia consigam fazer com que coopere nos vários tratamentos psiquiátricos, pode ser útil desmentir a interpretação que o paciente tem de suas intenções, e fazer com que avalie que sabem o que estão fazendo, e que estão fazendo o que é melhor para ele. Em resumo, as dificuldades causadas por um paciente estão estreitamente ligadas à sua versão do que está acontecendo com ele, e para que seja possível obter cooperação, pode ser útil desmentir sua versão. O paciente precisa "compreender", ou fingir compreender, a interpretação que o hospital dá dele.

A equipe dirigente tem também meios ideais — além do efeito especular do ambiente — para negar as racionalizações do paciente. A atual doutrina psiquiátrica define a doença mental como algo que pode ter suas raízes nos primeiros anos de vida do paciente, mostrar sinais durante toda a sua vida, e invadir quase todos os setores de sua atividade atual. Portanto, não é preciso definir qualquer segmento de seu passado ou de seu presente, além da jurisdição e do mandato da avaliação psiquiátrica. Os hospitais para doentes mentais burocraticamente institucionalizam esse mandato extremamente amplo ao formalmente basear seu tratamento do paciente em seu diagnóstico e, por isso, na interpretação psiquiátrica de seu passado.

A história do caso é uma expressão importante desse mandato. O *dossier* aparentemente não é usado regularmente, no entanto, para registrar as oportunidades em que o paciente mostrou capacidade para enfrentar honrosa e efetivamente situações difíceis de vida. Nem o registro de caso é usualmente utilizado para registrar uma média grosseira ou amostragem de seu passado. Um dos seus objetivos é mostrar as maneiras pelas quais se revela a "doença" do paciente e as razões pelas quais era correto interná-lo e continua a ser correto mantê-lo internado; isso é feito ao tirar, de toda a sua vida, uma lista dos incidentes que tive-

(34) O processo de examinar psiquiatricamente uma pessoa e, depois, alterar ou reduzir seu *status* em conseqüência disso, é conhecido na linguagem de prisões e hospitais como *bugging* [deixar maluco], supondo-se que uma vez que você chame a atenção dos aplicadores de teste, você será automaticamente classificado como maluco ou ficará maluco por causa do processo de ser examinado. Por isso, às vezes se pensa que a equipe psiquiátrica não descobre se você está doente ou não, mas faz com que você fique doente; "Don't bug me, man" [não me deixe maluco] pode significar: não me atormente até o ponto em que eu fique perturbado. Sheldon Messinger me sugeriu que esse sentido de *bugging* está ligado a outro sentido da linguagem coloquial, isto é, colocar um microfone secreto numa sala, com a intenção de conseguir informação que desmoralize a pessoa.

ram ou poderiam ter tido significação "sintomática"[35]. Podem ser citadas infelicidades de seus pais ou irmãos que podem sugerir uma "tara" de família. São registrados atos iniciais em que o paciente parece ter mostrado mau julgamento ou perturbação emocional. São descritas oportunidades em que agiu de uma forma que o leigo consideraria imoral, sexualmente pervertida, com vontade fraca, infantil, indelicada, impulsiva ou "louca". Os seus últimos erros que alguém considerou como a última gota, como a causa para ação imediata, tendem a ser descritos minuciosamente. Além disso, o registro descreve o estado em que chega ao hospital — e esse não é provavelmente um momento de tranquilidade e facilidade para ele. O registro pode também descrever a tática que utilizou para responder a perguntas perturbadoras, mostrando-o como alguém que faz afirmações evidentemente contrárias aos fatos:

Afirma viver com a filha mais velha ou com as irmãs apenas quando está doente e precisa de cuidados especiais; no resto do tempo, vive com o marido; este, por sua vez, diz que não vive com ela há doze anos.

Ao contrário do que dizem os auxiliares, o paciente diz que já não bate no chão e nem grita de manhã.

... oculta o fato de que seus ovários foram extirpados, e afirma que ainda tem menstruação.

Inicialmente negou que tivesse tido experiência sexual antes do casamento, mas, quando lhe perguntaram sobre Jim, disse que tinha esquecido tudo, porque tinha sido desagradável[36].

Quando os fatos contrários não são conhecidos pela pessoa que registra o caso, sua presença é cuidadosamente considerada como questão aberta:

A paciente negou qualquer experiência heterossexual; nem foi possível fazer com que admitisse ter estado grávida ou ter tido qualquer tipo de liberdade sexual; também negou masturbação.

(35) Embora muitos tipos de organização mantenham registros de seus membros, em quase todas elas alguns atributos socialmente significativos só podem ser incluídos indiretamente, pois são oficialmente sem importância. No entanto, como os hospitais psiquiátricos têm um direito legítimo de lidar com a pessoa "global", não precisam reconhecer limites oficiais para o que consideram importante, o que é uma liberdade sociológica interessante. É um estranho fato histórico que pessoas preocupadas em conquistar liberdades civis em outras áreas da vida tenham tendência a dar ao psiquiatra um poder discricionário e completo em sua relação com o paciente. Aparentemente, pensa-se que, quanto maior o poder de terapeutas e pessoal com qualificação médica, melhor o atendimento dos interesses dos pacientes. Segundo posso saber, estes não foram interrogados a respeito.
(36) Transcrição literal de material de registro de caso de hospital.

Mesmo com considerável pressão, a paciente não estava disposta a apresentar qualquer projeção de mecanismos paranóides.
Nesse momento, não foi possível provocar qualquer conteúdo psicótico[37].

E embora sem limitar-se a fatos, as afirmações degradantes muitas vezes aparecem nas descrições das maneiras sociais do paciente no hospital:

Quando entrevistado, estava delicado, aparentemente seguro, e "salpicava" generalizações bem apresentadas em suas descrições verbais.
Protegido por uma aparência limpa e um pequeno bigode hitleriano, esse homem de 45 anos, que passou aproximadamente seus últimos cinco anos no hospital, está com ótimo ajustamento ao ambiente, vivendo o papel de um grande farrista e sempre elegante, que não apenas é superior a seus companheiros, mas também consegue muito prestígio junto às mulheres. Sua linguagem está cheia de palavras difíceis, que geralmente emprega em contexto adequado, mas, se fala durante tempo suficiente sobre um assunto, logo fica claro que está perdido em sua verborragia, de forma que aquilo que diz é quase totalmente sem valor[38].

Portanto, os acontecimentos registrados na história de caso são do tipo que um leigo consideraria escandaloso e difamatório. Acho que é justo dizer que todos os níveis da equipe dirigente do hospital deixam, de modo geral, de lidar com esse material com a neutralidade suposta em afirmações médicas e diagnósticos psiquiátricos, mas, ao contrário, participam, por entonação e gesto, ainda que não através de outros meios, da reação leiga a tais atos. Isso ocorre em encontros equipe dirigente-paciente, bem como em encontros da equipe dirigente em que o paciente não está presente.

Em alguns hospitais psiquiátricos, o acesso ao registro de caso é limitado, tecnicamente, ao nível médico e de enfermeiras de nível superior, mas, mesmo nesse caso, o acesso informal ou a informação transmitida são acessíveis a níveis inferiores da administração[39]. Além disso, o pessoal

---

(37) Transcrição literal de material de registro de caso de hospital.
(38) Transcrição literal de material de registro de caso de hospital.
(39) No entanto, alguns hospitais psiquiátricos têm um "registro quente" de casos selecionados que só podem ser verificados com permissão especial. Entre eles, pode haver registros de pacientes que trabalham como mensageiros de escritórios de administração, e que poderiam olhar seus registros; de internados que tinham posições de elite na comunidade próxima; de internados que podem mover ação legal contra o hospital e por isso podem ter uma razão especial para conseguir acesso a seus registros. Alguns hospitais têm até um "registro muito quente", con-

das enfermarias acredita que tem o direito de conhecer os aspectos da conduta anterior do paciente que, incluídos na reputação que cria, supostamente permitem o seu controle, tanto com maior benefício para o doente quanto com menos risco para os outros. Além disso, todos os níveis da equipe dirigente geralmente têm acesso às notas de enfermagem conservadas na enfermaria, e que anotam o curso diário da doença de cada paciente, e, portanto, sua conduta, dando para o presente o tipo de informação que o registro de caso dá de seu passado.

Penso que quase toda a informação reunida nos registros de caso é bem verdadeira, embora se pudesse também pensar que a vida de quase todas as pessoas permitiria a reunião de fatos suficientemente degradantes que justificariam o internamento. De qualquer forma, aqui não estou interessado em discutir o valor da manutenção de registros de casos, ou os motivos da equipe dirigente para mantê-los. O aspecto fundamental é que, embora tais fatos a seu respeito sejam verdadeiros, o paciente certamente não fica aliviado da pressão cultural para escondê-los, e talvez se sinta mais ameaçado por saber que são facilmente disponíveis, e que não controla quem tem acesso a eles[40]. Um jovem com aparência bem masculina que responde à convocação militar fugindo do quartel e escondendo-se num armário de quarto de hotel, em pranto, e aí é encontrado por sua mãe; uma mulher que vai de Utah a Washington

---

servado no escritório do superintendente. Além disso, o título profissional do paciente, principalmente no caso de médicos, é às vezes intencionalmente omitido de seu registro. Evidentemente, todas essas exceções à regra geral de dar informações mostram que a instituição compreende algumas das conseqüências da manutenção de registros de hospital. Para outro exemplo, ver HAROLD TAXEL, *Authority Structure in a Mental Hospital Ward* (Tese de mestrado, inédita, Departamento de Sociologia, University of Chicago, 1953), pp. 11-12.

(40) Este é o problema de "controle de informação", que muitos grupos sofrem em diferentes graus. Ver GOFFMAN, "Discrepant Roles", *The Presentation of Self in Everyday Life*, New York, Anchor Books, 1959, cap. IV, pp. 141-66. JAMES PECK, em seu conto "The Ship that Never Hit Port", *Prison Etiquette*, organizado por HOLLEY CANTINE e DACHINE RAINER, Bearsville, New York, Retort Press, 1950. p. 66, sugere esse problema com relação a registros de caso em prisões.

"Evidentemente, os guardas sempre levam vantagem ao lidar com os presos, pois sempre podem marcá-los para um castigo inevitável. Toda infração das regras é anotada no registro do preso, onde há todas as minúcias da vida do preso, antes e depois da prisão. Existem relatórios gerais escritos pelo encarregado do trabalho, pelo encarregado das celas ou por qualquer outro encarregado que tenha surpreendido uma conversa. São também incluídas as histórias descritas pelos *dedos duros*.

Qualquer carta que interesse às autoridades vai para o registro. O censor da correspondência pode fazer uma cópia fotostática de uma carta do preso, ou apenas copiar trecho dela, Ou pode entregar a carta para um guarda. Muitas vezes, um preso chamado pelo funcionário encarregado da liberdade condicional é colocado diante de algo que escreveu muito tempo antes e que já esquecera completamente. Isso podia fazer referência a sua vida pessoal ou a suas opiniões políticas — um fragmento de pensamento que, segundo as autoridades, podia ser perigoso e foi guardado para ocasiões posteriores."

para advertir o Presidente da República de uma catástrofe iminente; um homem que se despe diante de três meninas; um jovem que tranca sua irmã fora de casa, e, quando ela tenta entrar, arranca dois de seus dentes com socos — todas essas pessoas fizeram algo que terão todas as razões para ocultar de outros, e boas razões para mentir, se interrogadas.

Os padrões formais e informais de comunicação entre pessoas da equipe dirigente tendem a ampliar a função reveladora dos registros de casos. Um ato censurável que um paciente apresenta, durante uma parte da rotina diária, numa parte da comunidade hospitalar, tende a ser descrita aos que supervisionam outras áreas de sua vida, onde implicitamente assume a posição de alguém que não é o tipo de pessoa capaz de agir dessa forma.

Aqui, como em outros estabelecimentos sociais, é significativa a prática cada vez mais comum de conferências da equipe de todos os níveis, onde os diretores apresentam suas opiniões sobre os pacientes e chegam a um acordo coletivo quanto à estratégia que o paciente tenta empregar, bem como à estratégia que deve ser empregada no seu caso. Um paciente que desenvolva uma relação "pessoal" com um auxiliar, ou que consiga fazer com que um auxiliar fique angustiado com acusações eloquentes e persistentes de maus tratos, pode ser colocado de volta a seu lugar através da reunião da equipe dirigente, onde o auxiliar é advertido ou lembrado de que o paciente está "doente". Como a imagem diferencial de si mesma que uma pessoa usualmente encontra nas pessoas de vários níveis que a cercam é aqui secretamente unificada numa forma comum, o paciente pode ficar diante de uma espécie de conspiração comum contra ele — embora uma conspiração cujo objetivo sincero é o seu bem-estar futuro.

Além disso, a transferência formal do paciente de uma enfermaria ou de um serviço para outro tende a ser acompanhada por uma descrição informal de suas características, o que, segundo se supõe, facilita o trabalho do empregado que passa a ser responsável por ele.

Finalmente, no nível mais informal, a conversa durante o almoço ou o café muitas vezes se volta para as últimas atividades do paciente, e o nível de bate-papo de qualquer estabelecimento social é aqui intensificado pela suposição de que tudo que se refira ao paciente é, de certo modo, assunto adequado para os empregados do hospital. Teoricamente, parece não haver razão para que esse bate-papo não deva ser uma forma de elogiar o paciente, em vez de criticá-lo, a não ser que se suponha que a conversa a respeito dos ausentes tende sempre a ser crítica, a fim de manter a integridade e o prestígio do círculo em que a conversa ocorre. E assim, mesmo quando o impulso das pessoas parece ser delicado e generoso, a suposição de sua conversa é geralmente que o paciente não é uma pessoa integral. Por exemplo, um consciencioso terapeuta de grupo, com grande compreensão dos pacientes, uma vez admitiu a seus companheiros de café:

> Tive três desorganizadores de grupo, principalmente um — um advogado [em voz baixa] James Wilson — muito inteligente — que tornava minha vida impossível, ainda que eu o colocasse sempre no primeiro plano e ocupado com alguma coisa. Quase desesperado, procurei o seu psiquiatra, e este me afirmou que, apesar de sua aparência e de seus escândalos, precisava muito do grupo e que provavelmente este significava mais para ele do que tudo o mais que estava tendo no hospital — precisava desse apoio. Isso fez com que meus sentimentos a respeito mudassem completamente. Agora, conseguiu alta.

De modo geral, portanto, os hospitais para doentes mentais sistematicamente permitem que, a respeito do paciente, circulem exatamente as informações que ele gostaria de esconder. E, em vários graus de minúcia, essa informação é usada diariamente para desautorizar suas reclamações. Por ocasião da admissão e nas conferências de diagnóstico, ele ouve perguntas a que deve dar respostas erradas para que possa manter seu auto-respeito; depois, a resposta certa pode ser apresentada explicitamente a ele. Um auxiliar a quem conta uma versão de seu passado e sua razão para estar no hospital pode sorrir com descrença, ou dizer "Não foi isso que ouvi" — o que está de acordo com a prática psiquiátrica de levar o paciente para a realidade. Quando se aproxima de um médico ou de uma enfermeira e apresenta seus pedidos de maiores privilégios ou de alta, pode ser recebido com uma pergunta a que não pode dar uma resposta sincera sem fazer referência a um momento anterior em que agiu de maneira errada. Quando, na psicoterapia de grupo, dá sua interpretação da situação, o terapeuta, atuando como interrogador, pode tentar desmentir as interpretações que lhe permitiriam conservar seu amor-próprio, e estimular uma interpretação segundo a qual o paciente é que deve ser censurado e procurar mudar. Quando diz, para a administração ou para seus companheiros, que está bem, e que realmente nunca esteve doente, alguém pode apresentar minúcias da maneira pela qual, um mês antes, se rebolava como uma mocinha, ou afirmava que era Deus, ou se recusava a comer ou falar, ou colocava goma no cabelo.

137

Cada vez que a equipe dirigente desmente as afirmações do paciente, seu sentido do que uma pessoa deve ser e as regras de relações entre colegas o obrigam a reconstruir sua história; cada vez que faz isso, os interesses de guarda e de psiquiatria da equipe `dirigente podem levá-la a novamente desmentir tais histórias.

Além desses altos e baixos verbais do eu, há uma base institucional não menos oscilante. Ao contrário do que se julga na opinião popular, o "sistema de enfermarias" garante uma grande mobilidade social interna nos hospitais psiquiátricos, principalmente durante o primeiro ano de estada do internado. Durante esse período, é provável que o paciente mude uma vez de serviço, mude três ou quatro vezes de enfermaria, e mude várias vezes a sua situação de liberdade sob palavra; é provável que passe por mudanças em boas e más direções. Cada uma dessas mudanças exige uma alteração fundamental no nível de vida e nos materiais disponíveis com os quais pode construir uma rotina de atividades, uma alteração cuja amplitude é equivalente, digamos, a uma ascensão e queda de uma classe num sistema de classes da sociedade mais ampla. Além disso, os companheiros com os quais se identificou parcialmente também estarão sofrendo mudanças semelhantes, mas em diferentes direções e ritmos diversos, o que impõe à pessoa sentimentos de mudança social, ainda que não as sinta diretamente.

Como já se sugeriu antes, as doutrinas psiquiátricas podem reforçar as flutuações sociais do sistema de enfermarias. Atualmente, existe uma interpretação psiquiátrica segundo a qual o sistema de enfermarias é uma espécie de incubadora, em que os pacientes começam como bebês e terminam, dentro de um ano, em enfermarias de convalescentes, como adultos ressocializados. Essa interpretação dá muito peso e orgulho ao trabalho da equipe dirigente, e exige uma certa cegueira, principalmente nos níveis mais elevados, quanto a outras maneiras de ver o sistema de enfermaria — por exemplo, como um método de disciplinar pessoas desobedientes, através de prêmios e castigos. De qualquer forma, essa perspectiva de ressocialização tende a acentuar excessivamente o fato de que aqueles que são colocados nas enfermarias piores são incapazes de conduta socializada, e o fato de que os colocados nas enfermarias melhores estão preparados e dispostos a participar do jogo social. Como o sistema de enfermaria é algo mais do que uma câmara de socialização, os internados podem encontrar muitas razões para "desordens" ou para criar casos, e muitas oportunidades, portanto, de remoção para enfermarias inferiores. Essas degradações podem ser oficialmente interpretadas como recaídas psiquiátricas, ou reincidências morais, o que protege a interpretação de ressocialização apresentada pelo hospital; tais interpretações, implicitamente, traduzem uma simples infração de regras e conseqüente degradação para uma expressão fundamental do *status* do eu do acusado. De maneira correspondente, as promoções, que podem ocorrer por causa de pressão de população nas enfermarias, pela necessidade de um "paciente capaz de trabalhar" ou por outras razões pouco importantes de um ponto de vista psiquiátrico, podem ser apresentadas como algo que exprime profundamente o eu global do paciente. A equipe dirigente pode esperar que o paciente faça um esforço pessoal para "ficar bom", em menos de um ano, e por isso pode lembrá-lo constantemente de que deve pensar em termos de fracasso e triunfo do eu[41].

Em tais contextos, os internados podem descobrir que as quedas em *status* moral não são tão más quanto imaginara. Afinal, as infrações que levam a essas degradações não podem ser acompanhadas por sanções legais ou por redução do *status* do doente mental, pois tais condições já existem. Além disso, nenhum delito presente ou passado parece suficientemente horrível para excluir o doente da comunidade dos pacientes, e, por isso, os erros quanto a uma vida correta perdem parte de seu sentido de estigma[42]. Finalmente, ao aceitar a interpretação que o hospital dá de sua queda, o paciente pode adquirir a intenção de "endireitar-se", e pedir, da administração, compreensão, privilégios e perdão, a fim de perseverar nessa nova atitude.

O fato de aprender a viver sob condições de exposição iminente, e com grandes flutuações de consideração, com pouco controle da obtenção ou perda de tal consideração, é um passo importante na socialização do paciente, um passo que diz algo importante a respeito do que significa ser um internado em hospital psiquiátrico. O fato de ter os erros passados e o progresso presente sob revisão moral constante parece provocar uma adaptação especial, formada por uma atitude não-moral com relação aos ideais do ego. As limitações e os triunfos da pessoa se tornam muito centrais e flutuantes na vida para que permitam o compromisso usual de interesse pelas interpretações que outras pessoas dão disso. Não é muito possível tentar conservar afirmações firmes a seu próprio respeito. O internado aprende que as degradações e reconstruções do eu não devem ser muito consideradas, e ao mesmo tempo aprende que a equipe dirigente e os outros internados estão preparados para interpretar, com certa indiferença, as destruições e reconstruções do eu. Aprende que uma imagem defensável do eu pode

(41) Devo essa e outras sugestões a Charlotte Green Schwartz.
(42) Ver "A Vida Íntima de uma Instituição Pública", incluída neste livro.

139

ser vista como algo fora de si mesmo e que pode ser construída, perdida e reconstruída — tudo isso com certa rapidez e certa justiça. Aprende a viabilidade da aceitação de uma posição — e, portanto, um eu — que está fora daquele que o hospital pode dar e tirar dele.

Portanto, esse ambiente parece criar uma espécie de complexidade cosmopolita, uma espécie de apatia cívica. Nesse contexto moral, não muito sério, embora extremamente exagerado, a construção de um eu ou sua destruição se transformam em jogo impudico; o fato de aprender a considerar esse processo parece criar certa desmoralização, pois é um jogo fundamental. Portanto, no hospital o paciente pode aprender que o eu não é uma fortaleza, mas uma cidade aberta; e talvez se canse de precisar mostrar prazer quando é ocupada por suas tropas, e desprazer quando ocupada pelo inimigo. Uma vez que aprenda o que significa ser definido pela sociedade como possuidor de um eu inaceitável, essa definição ameaçadora — a ameaça que ajuda a ligar as pessoas ao eu que a sociedade lhes atribui — fica enfraquecida. O paciente parece atingir um novo platô quando aprende que pode sobreviver ao agir de uma forma que a sociedade considera como capaz de destruí-lo.

É possível dar alguns exemplos desse relaxamento e dessa fadiga moral. Atualmente, nos hospitais psiquiátricos os pacientes parecem aceitar uma "moratória no casamento", enquanto a equipe dirigente parece que até certo ponto tolera a situação. Pode haver certa pressão do grupo contra um paciente que "namora" mais de uma colega de hospital ao mesmo tempo, mas pouca sanção contra a união, mais ou menos firme, com pessoas do sexo oposto, embora se saiba que ambos são casados, têm filhos e são até visitados regularmente por tais estranhos ao hospital. Em resumo, nos hospitais psiquiátricos, parece haver uma licença para começar novamente a situação de namoro, embora se reconheça que nada sério ou permanente pode decorrer disso. Tal como ocorre em romances de navios ou férias, essas ligações mostram como o hospital está separado da comunidade externa, como se transforma num mundo próprio, dirigido em benefício de seus cidadãos. E essa moratória é certamente uma expressão da alienação e da hostilidade que os pacientes sentem com relação àqueles que estão fora e aos quais estão intimamente ligados. Além disso, temos provas dos efeitos destrutivos do fato de viver num mundo dentro de outro mundo, e em condições que tornam difícil levar a sério qualquer um dos dois.

O segundo exemplo refere-se ao sistema de enfermarias. No pior nível das enfermarias, o desprezo parece ocorrer com maior freqüência, em parte por causa da falta de recursos, em parte por causa de caçoadas e sarcasmo que parecem ser a norma ocupacional de controle social dos auxiliares e enfermeiros que trabalham nesses locais. Ao mesmo tempo, a falta de equipamentos e direitos significa que não é possível conseguir muita reconstrução do eu. Por isso, o paciente é constantemente derrubado, mas não pode cair de muito alto. Em algumas desssas enfermarias, parece desenvolver-se um tipo de humor amargo, com considerável liberdade para enfrentar a equipe dirigente e responder a um insulto com outro. Embora tais pacientes possam ser castigados, não podem, por exemplo, ser facilmente humilhados, pois na realidade já foram despojados das coisas boas que as pessoas precisam ter para sofrer humilhação. Tal como ocorre com as prostitutas no caso do sexo, os internados dessas enfermarias têm pouca reputação ou direitos que possam perder, e por isso podem ter certas liberdades. Quando uma pessoa sobe no sistema de enfermarias, pode, cada vez mais, evitar os incidentes que desmentem seu desejo de ser uma pessoa, e adquirir cada vez mais os variados ingredientes de auto-respeito; no entanto, quando eventualmente é degradado — e isso ocorre — há uma distância muito maior para sua queda. Por exemplo, o paciente privilegiado vive num mundo muito mais amplo do que a enfermaria, encontra funcionários de recreação que, a seu pedido, podem dar bolos, cartas para jogo, bolas de pingue-pongue, entradas para o cinema, materiais para escrever. No entanto, na ausência do controle social de pagamento que é geralmente exercido pelos que recebem esses artigos no mundo externo, o paciente corre o risco de, mesmo um funcionário bondoso, poder, às vezes, pedir-lhe que espere até que termine uma conversa informal, ou, por "gozação", perguntar para quê deseja aquilo que está pedindo, ou responder com uma longa pausa e um olhar frio de avaliação.

Portanto, o fato de subir e descer no sistema de enfermarias significa, não apenas uma mudança no material para a reconstrução do eu, uma mudança em *status* refletido, mas também uma mudança no cálculo de riscos. A avaliação dos riscos à autoconcepção é parte da experiência moral de toda gente, mas uma avaliação de que determinado nível de risco é apenas uma disposição social é uma experiência rara, e aparentemente desanimadora, para quem a enfrenta.

Um terceiro caso de relaxamento moral refere-se às condições freqüentemente associadas à alta do internado. Muitas vezes obtém alta sob a supervisão e controle da pessoa mais próxima ou de um empregador especialmente escolhido e vigilante. Se se comporta mal, podem rapidamente conseguir sua volta ao hospital. Portanto, fica à

141

mercê de pessoas que comumente não teriam esse poder sobre ele, e a respeito das quais poderia ter causa anterior para amargura. No entanto, para conseguir sair do hospital pode esconder seu descontentamento com essa disposição e, pelo menos até o momento em que esteja seguramente livre dos registros do hospital, pode fingir aceitar voluntariamente esse tipo de custódia. Portanto, esses processos de alta dão uma lição implícita quanto à aceitação manifesta de um papel, sem, ao mesmo tempo, exigir a sua aceitação íntima, e parecem separar ainda mais a pessoa dos mundos que os outros aceitam seriamente.

A carreira moral de uma pessoa de determinada categoria social inclui uma seqüência padronizada de mudanças em sua maneira de conceber os eus — entre os quais se coloca, de maneira importante, o seu próprio. Essas linhas semi-esquecidas de desenvolvimento podem ser acompanhadas pelo estudo de suas experiências morais — isto é, acontecimentos que marcam um momento decisivo na maneira pela qual a pessoa vê o mundo — embora possa ser difícil verificar as particularidades dessa interpretação. E é possível notar estratégias manifestas — isto é, posições que efetivamente assume diante dos outros, qualquer que seja a natureza oculta e variável de sua ligação íntima com tais apresentações. Ao notar as experiências morais e as posições pessoais, podemos obter um traçado relativamente objetivo de assuntos que são relativamente subjetivos.

Cada carreira moral, e, atrás desta, cada eu, se desenvolvem dentro dos limites de um sistema institucional, seja um estabelecimento social — por exemplo, um hospital psiquiátrico — seja um complexo de relações pessoais e profissionais. Portanto, o eu pode ser visto como algo que se insere nas disposições que um sistema social estabelece para seus participantes. Neste sentido, o eu não é uma propriedade da pessoa a que é atribuído, mas reside no padrão de controle social que é exercido pela pessoa e por aqueles que a cercam. Pode-se dizer que esse tipo de disposição social não apenas apóia, mas constitui o eu.

Neste artigo, foram consideradas duas dessas disposições institucionais, indicando-se o que ocorre à pessoa quando tais regras se enfraquecem. A primeira refere-se à lealdade sentida com relação à pessoa mais próxima. O eu do pré-paciente é descrito como uma função da maneira pela qual três papéis são relacionados, subindo e declinando nos tipos de ligação que ocorrem entre a pessoa mais próxima e os mediadores. A segunda se refere à proteção exigida pela pessoa para a versão de si mesma que apresenta aos outros, e à maneira pela qual o afastamento dessa proteção pode formar um aspecto sistemático, ainda que não intencional, do funcionamento de um estabelecimento. Desejo acentuar que esses são apenas dois dos tipos de regras institucionais a partir das quais surge um eu do participante; outras, não consideradas neste artigo, são igualmente importantes.

No ciclo usual de socialização de adultos, esperamos que a alienação e a mortificação sejam seguidas por um novo conjunto de crenças a respeito do mundo e uma nova maneira de conceber os eus. No caso do paciente de hospital psiquiátrico, esse renascimento ocorre às vezes, e apresenta a forma de uma crença muito forte na perspectiva psiquiátrica, ou, pelo menos por um curto período, uma devoção à causa social de melhor tratamento para doentes mentais. No entanto, a carreira moral do doente mental tem um interesse singular; pode exemplificar a possibilidade de que, ao tirar as vestimentas do antigo eu — ou ter suas vestes arrancadas — a pessoa possa não sentir a necessidade de uma nova roupa e uma nova audiência diante da qual se vista. Ao contrário, pode aprender, pelo menos durante certo tempo, a apresentar, diante de todos os grupos, as artes amorais do despudor.

A VIDA ÍNTIMA DE UMA INSTITUIÇÃO PÚBLICA[1]

[1] Uma versão mais reduzida deste artigo foi apresentada na reunião anual da American Sociological Society, Washington, D.C., agosto de 1957.

PARTE UM: INTRODUÇÃO

Agir e Ser

I

Os vínculos que unem o indivíduo a entidades sociais de diferentes tipos apresentam propriedades comuns. A participação do indivíduo na entidade — uma ideologia, uma nação, um ofício, uma pessoa ou mesmo uma conversa — terá alguns aspectos gerais. Sentirá obrigações: algumas serão duras, pois incluem alternativas obrigatórias, trabalho a ser realizado, serviço a ser cumprido, tempo ou dinheiro gastos; outras serão mais suaves, pois exigem que sinta participação, identificação e ligação emocional. Portanto, a participação numa entidade social impõe *compromisso* e *adesão*.

Não podemos pensar claramente nas exigências de compromisso e adesão que uma entidade social impõe a seus participantes sem pensar nos limites considerados adequados para tais exigências. Um exército exige que um soldado seja corajoso, mas estabelece um limite, além do qual sua bravura estará além e acima do dever; além disso, terá um direito de licença quando seu pai morre ou sua mulher tem um filho. De forma semelhante, uma mulher supõe que seu marido ficará publicamente a seu lado para formar uma unidade social visível, embora em todos os dias úteis precise deixá-lo entregue ao mundo do trabalho; e pode ter o direito de passar uma noite sozinho num bar, jogar cartas com os companheiros, ou desfrutar qualquer outra forma de liberdade.

Aqui, no vínculo social e nas restrições a este, encontramos um tema duplo e clássico da sociologia. Na sociedade ocidental, o acordo formal ou o contrato é um símbolo desse tema duplo, celebrando, com uma assinatura, os vínculos que liga e os limites reconhecidos daquilo que liga.

No entanto, é preciso acrescentar algo a esse tema duplo. Segundo a lição de Durkheim, atrás de cada contrato existem suposições não-contratuais a respeito do caráter dos participantes[2]. Ao concordar quanto ao que devem e não devem um ao outro, as partes tacitamente concordam quanto à validade geral dos direitos e obrigações contratuais, quanto às várias condições para sua nulidade, e quanto à legitimidade dos tipos de sanção para o rompimento do contrato; as partes contratantes também concordam tacitamente quanto à sua competência legal, sua boa fé, e quanto aos limites em que os contratantes que merecem confiança devem merecê-la. Ao concordar em dar certas coisas e conservar outras, o indivíduo tacitamente concorda que é o tipo de pessoa que tem esses tipos de coisas para dar e conservar, e que é o tipo de pessoa que considera legítimo participar de um contrato referente a tais coisas. Em resumo, quem aceita um contrato supõe que seja uma pessoa de determinado caráter e forma de ser. Um caráter muito minucioso que cuidadosamente limite os deveres e direitos de um indivíduo pode, portanto, basear-se num conjunto muito amplo de suposições referentes a seu caráter.

Se existem tais suposições de autodefinição para a pessoa e para o outro num contrato formal — um vínculo que

---

(2) DURKHEIM, Emile. *Professional Ethics and Civic Morals*, trad. de Cornelia Brookfield, Londres, Routledge and Kegan Paul, 1957, pp. 171-220.

é, afinal de contas, estabelecido para ser tão independente quanto possível de caprichos pessoais e do caráter dos participantes — há conseqüências ainda maiores para autodefinição, subjacentes a outros tipos, menos restritos, de vínculos. Em alguns vínculos — por exemplo, os de amizade e família — onde às vezes se diz que é possível perguntar tudo que não está explicitamente excluído, uma suposição importante para ser um bom amigo ou um bom irmão é que a pessoa seja o tipo de pessoa que pode ser bom amigo ou irmão leal. A pessoa que não sustenta a mulher e quatro filhos se torna o tipo de indivíduo que pode fracassar dessa maneira.

Se todo vínculo supõe uma concepção ampla da pessoa ligada por ele, devemos ir adiante e perguntar como o indivíduo enfrenta essa definição de si mesmo.

Existem algumas possibilidades extremas. A pessoa pode abertamente deixar de cumprir suas obrigações, separar-se daquilo a que está vinculado, e desafiar com desfaçatez os olhares de redefinição que as pessoas lhe dirigem. Pode rejeitar as conseqüências do vínculo para sua concepção de si mesmo, mas impedir que essa separação se torne aparente em qualquer de suas ações. Pode, intimamente, aceitar as conseqüências de sua participação para o eu, sendo, diante de si mesmo, aquilo que os outros participantes acham que deve ser.

Na prática real, o indivíduo freqüentemente se afasta desses extremos. Afasta-se de aceitação total das conseqüências, para o eu, de suas ligações, permite que algumas de suas rejeições sejam notadas, embora cumpra suas principais obrigações.

Aqui, desejo explorar esse tema de distância manifesta e alguns padrões de comportamento para os quais têm importância. Eu me proponho a discutir principalmente um tipo de entidade social, "as organizações formais instrumentais", utilizando principalmente o material de história de caso de um hospital para doentes mentais como um exemplo de uma classe de tais instituições.

II

Uma "organização formal instrumental" pode ser definida como um sistema de atividades intencionalmente coordenadas e destinadas a provocar alguns objetivos explícitos e globais. O produto esperado pode ser: artefatos materiais, serviços, decisões ou informações; pode ser distribuído entre os participantes de maneiras muito diversas. Aqui, interessar-me-ei principalmente pelas organizações formais localizadas nos limites de um único edifício ou complexo de edifícios adjacentes, e, por comodidade, a essa unidade fechada darei o nome de estabelecimento social, instituição ou organização.

É possível sugerir algumas restrições ao meu método tradicional. As organizações sociais podem ter muitos objetivos oficiais conflitivos, cada um deles com seus partidários próprios, e pode haver alguma dúvida quanto à facção que fala oficialmente em nome da organização. Além disso, embora um determinado objetivo — por exemplo, redução do custo ou assepsia — possa ser objetivamente aplicado como um padrão minucioso para muitas das atividades secundárias que ocorrem em algumas organizações, outros estabelecimentos — por exemplo, clubes e centros comunitários de recreação — não têm o tipo de objetivo que dê um padrão nítido com o qual seja possível examinar as minúcias da vida no interior do estabelecimento. Em outras organizações formais, o objetivo oficial pode ter pouca importância, e o problema principal pode ser a conservação ou sobrevivência da própria organização. Finalmente, os limites físicos — por exemplo, as paredes — podem ser, em última análise, um aspecto incidental das organizações, e não um aspecto analítico[3].

As organizações "muradas" têm uma característica que compartilham com poucas outras entidades sociais: parte das obrigações do indivíduo é participar *visivelmente*, nos momentos adequados, da atividade da organização, o que exige uma mobilização da atenção e de esforço muscular, certa submissão do eu à atividade considerada. Esta imersão obrigatória na atividade da organização tende a ser considerada como símbolo do compromisso e da adesão do indivíduo; além disso, indica a aceitação, pelo indivíduo, das conseqüências da participação para uma definição de sua natureza. Portanto, qualquer estudo da maneira pela qual os indivíduos se adaptam à identificação e à definição tende a focalizar a maneira pela qual enfrentam o problema da adesão visível nas atividades da organização.

III

Uma organização instrumental formal sobrevive por ser capaz de apresentar contribuições úteis da atividade de seus participantes; é preciso empregar meios estipulados e é preciso atingir fins também estipulados. No entanto, segundo a sugestão de Chester Bernard, uma organização, ao

(3) AMITAI ETZIONI sugeriu esse argumento numa conversa pessoal.

agir através de sua administração, precisa reconhecer limites de confiança para a atividade adequada de cada participante[4]. O ser humano é definido como notoriamente fraco; é preciso aceitar soluções intermediárias, é preciso mostrar consideração, é preciso tomar medidas de proteção. A maneira específica da apresentação de tais limitações ao uso dos participantes em determinada cultura parece uma de suas características mais importantes[5].

Nossa imagem anglo-saxônica para o delineamento de tais limites parece ser mais ou menos a seguinte — apresentada do ponto de vista aqui aceito e que identifica uma organização com seus dirigentes.

Em primeiro lugar, o participante tem, durante o período em que está ocupado na atividade da organização, certos "padrões de bem-estar", — e estes devem estar além do mínimo exigido para a sobrevivência. Aqui, os padrões se referem a nível de conforto, saúde e segurança; limites quanto ao tipo e quantidade de esforço exigido; consideração de participação em outras organizações que têm o direito de exigir o indivíduo; direitos referentes a férias e aposentadoria; expressão de queixas e até de ação legal; pelo menos no nível de expressões públicas, um direito de dignidade, auto-expressão e oportunidades para criatividade[6]. Estes padrões de bem-estar reconhecem claramente que um ser humano é algo mais do que apenas um participante de uma determinada organização.

Em segundo lugar, a imagem de nossa sociedade sugere que o participante de uma organização pode voluntariamente cooperar por causa de "valores comuns", através dos quais os interesses da organização e do indivíduo se confundem, tanto intrínseca quanto estrategicamente. Em alguns casos, é presumivelmente o indivíduo que se identifica com os objetivos e o destino da organização — por exemplo, quando alguém sente orgulho pessoal por sua escola ou seu local de trabalho. Em outros casos, a organização parece participar do destino pessoal de um de seus participantes — por exemplo, quando a equipe de um hospital fica realmente excitada com a recuperação de um paciente. Na maioria das organizações, alguns dos dois tipos de valor conjunto servem para motivar o participante.

---

(4) BARNARD, Chester. *The Functions of the Executive*. Cambridge, Harvard University Press, 1947, cap. XI, "The Economy of Incentives".

(5) Para o caso de instituições econômicas, isso foi recentemente sumariado por TALCOTT PARSONS e NEIL J. SMELSER, *Economy and Society*, Glencoe, Ill., The Free Press, 1956, cap. III, "The Institutional Structure of the Economy", Um tratamento minucioso das organizações industriais pode ser encontrado em REINHARD BENDIX, *Work and Authority in Industry*, New York, Wiley, 1956.

(6) BENDIX, *op. cit.*, "Managerial Conceptions of 'The Worker' ", pp. 288-97.

Em terceiro lugar, às vezes se reconhece que há necessidade de dar "incentivos", — isto é, prêmios ou pagamentos indiretos que francamente atraem o indivíduo como alguém cujos interesses finais não se confundem com os da organização[7]. Alguns desses incentivos são externamente significativos, pois são prêmios que o indivíduo pode levar consigo e usar, de acordo com sua vontade, sem comprometer os outros participantes da organização; pagamentos em dinheiro, instrução e diplomas são exemplos fundamentais desse caso. Alguns incentivos são internamente significativos, pois são "rendimentos" que exigem o ambiente da organização para sua realização; aqui, são importantes os aumentos de posto e melhoria naquilo que o indivíduo recebe dos recursos da organização. Muitos incentivos apresentam os dois tipos de significação — tal como ocorre no caso de títulos profissionais, como, por exemplo, o de "executivo".

Finalmente, percebe-se que os participantes podem ser induzidos a cooperar por ameaças de castigo se não o fizerem. Tais "sanções negativas" podem incluir uma redução nos prêmios usuais ou nos níveis usuais de bem-estar, mas neste caso parece haver mais do que apenas redução de prêmio. A noção de que um castigo pode ser um meio eficiente para provocar a atividade desejada exige suposições sobre a natureza humana, mas suposições diferentes das necessárias para explicar o efeito motivador dos incentivos. O medo do castigo pode ser adequado para impedir que o indivíduo realize determinados atos, ou deixe de realizá-los; no entanto, os prêmios positivos parecem necessários para que se consiga um esforço prolongado, contínuo e pessoal.

Portanto, em nossa sociedade, e presumivelmente também em outras, uma organização formal instrumental não se limita a usar a atividade de seus participantes. A organização também delineia quais devem ser os padrões oficialmente adequados de bem-estar, valores conjuntos, incentivos e castigos. Tais concepções ampliam um simples contrato de participação numa definição da natureza ou do ser social do participante. Tais imagens implícitas constituem um elemento importante dos valores que toda organização mantém, independentemente do grau de sua eficiência ou

---

(7) Nossa maneira de pensar facilmente distingue entre objetivos da organização e pagamentos aos empregados, embora na realidade possa haver coincidência das duas coisas. É possível definir o objetivo da organização como a distribuição, entre empregados, de prêmios que podem ser consumidos particularmente, e nesse caso o pagamento ao porteiro teria a mesma posição que o pagamento de lucros aos acionistas. Ver R. M. CYERT e J. G. MARCH, A Behavioral Theory of Organizational Objectives, em MASON HAIRE, (org.), *Modern Organization Theory*, New York, Wiley, 1959, p. 80.

impessoalidade[8]. Portanto, nas disposições sociais de uma organização, se inclui uma concepção completa do participante — e não apenas uma concepção dele como e enquanto participante — mas, além disso, uma concepção dele como ser humano[9]. Podemos ver facilmente essas concepções do homem nas organizações, nos movimentos políticos radicais e nos grupos religiosos evangélicos que acentuam padrões espartanos de bem-estar e valores conjuntos que são, ao mesmo tempo, intensos e penetrantes. Nesse caso, o participante deve colocar-se à disposição das necessidades atuais da organização. Ao dizer-lhe o que devo fazer e por que deve desejar fazer isso, a organização presumivelmente lhe diz tudo que ele pode ser. Há muitas maneiras de perder terreno, e mesmo quando isso não ocorre freqüentemente, pode haver grande preocupação com essa possibilidade, o que indica claramente o problema da identidade e da autodefinição[10].

Mas não devemos esquecer que, quando uma instituição oficialmente oferece incentivos externos e abertamente admite ter um direito limitado à lealdade, ao tempo e ao espírito do participante, se este aceita isso — o que quer que faça com seu prêmio e independentemente do fato de admitir que seus interesses pessoais não se identificam com os da instituição — tacitamente aceita uma interpretação que o motivará, e, portanto, uma interpretação de sua identidade. O fato de que possa sentir que tais suposições a seu respeito são perfeitamente naturais e aceitáveis nos diz por que, como estudiosos, geralmente não as percebemos, não que não existam. Um hotel que respeita quase todos os interesses particulares do hóspede e um campo de "lavagem de cérebro" que sequer admite a existência de interesses particulares dos hóspedes são semelhantes sob um aspecto: ambos têm uma interpretação geral do hóspede, importante para ele e com a qual se espera que concorde.

No entanto, as situações extremas nos mostram, não tanto as formas maiores de lealdade e traição, quanto os pequenos atos de vida. Talvez só quando começamos a estudar as memórias de idealistas escrupulosos — por exemplo, os que se negam a participar de guerra por questões de consciência e são por isso presos, ou os prisioneiros de

---

(8) Para uma consideração das tarefas de valor das organizações econômicas, ver PHILIP SELZNICK, *Leadership in Administration*, Evanston, Ill. Row, Peterson & Co., 1957.
(9) Para um estudo de caso, ver ALVIN GOULDNER, *Wildcat Strike*, Londres, Routledge and Kegan Paul, 1955, sobretudo "The Indulgency Pattern", pp. 18-22, onde o autor esquematiza as expectativas morais dos operários quanto à organização, e que não constituem parte oficial do contrato de trabalho.
(10) Isto é muito bem exemplificado na história de ISAAC ROSENFELD, The Party, *The Kenyon Review*, outono 1947, pp. 572-607.

guerra politizados, com seus problemas de consciência para decidir até que ponto devem "cooperar" com as autoridades — comecemos a ver as conseqüências de autodefinição até das interações secundárias nas organizações. Por exemplo, o fato de movimentar o corpo para atender a um pedido delicado, para não falar numa ordem, é parcialmente admitir a legitimidade da ação do outro. O fato de aceitar privilégios — por exemplo, exercícios no pátio ou materiais de arte — quando se está preso, é aceitar, em parte, a interpretação do guarda quanto aos desejos e necessidades do preso, colocar-se numa posição de precisar mostrar certa gratidão e cooperação (ainda que seja apenas para aceitar aquilo que é dado) e, através disso, reconhecer o direito do guarda de fazer suposições a respeito do preso[11]. Assim surge o problema da colaboração com o inimigo. Mesmo o pedido delicado do guarda para que o preso mostre seus quadros aos visitantes pode precisar ser rejeitado, a fim de que esse grau de cooperação não pareça subscrever a legitimidade da posição do guarda e, de passagem, a concepção que tem do preso[12]. De forma semelhante, embora seja evidente que um preso político que morre calado diante da tortura física possa negar a concepção que o guarda tem do que o motivará e, portanto, desmentir sua concepção de sua natureza humana, há coisas importantes, e menos evidentes, que podem ser aprendidas com a posição do prisioneiro de guerra. Por exemplo, sob interrogatório sutil, um prisioneiro bem instruído pode chegar a pensar que até o silêncio, como resposta a certas perguntas, pode dar informação, fazendo com que se torne um colaborador contra sua vontade; assim, a situação adquire uma força de autodefinição de que não pode livrar-se apenas por manter-se sincero e leal[13].

Evidentemente, os presos moralistas não são as únicas pessoas de elevada consciência moral cuja posição nos leva a perceber as conseqüências autodefinidoras de aspectos secundários da participação numa organização. Outro grupo decisivo é formado pelos vagabundos instruídos e militantes que, numa cidade como New York, conseguem viver sem dinheiro. Ao caminhar pela cidade, improvisam cada cena de acordo com suas possibilidades para a obtenção de alimento, aquecimento e dormitórios gratuitos, o que nos leva a perceber que as pessoas comuns, nessas situações, devem ter outras preocupações, tem um caráter que as leva a ter

(11) Como exemplo, ver LOWELL NAEVE, "A Field of Broken Stones", em HOLLEY CANTINE e DACHINE RAINER, (orgs.), *Prison Etiquette*, Bearsville, New York, Retort Press, 1950, pp. 28-44.
(12) *Ibid.*, p. 35.
(13) BIDERMAN, Albert. "Social-Psychological Needs and 'Involuntary' Behavior as Illustrated by Compliance in Interrogation", *Sociometry*, XXIII (1960), pp. 120-47, sobretudo pp. 126-28.

essas outras preocupações. Conhecer as suposições implícitas a respeito do uso adequado das instituições de uma cidade é conhecer o caráter e os interesses atribuídos aos cidadãos e considerados legítimos para eles. Se acompanhamos um manual recente sobre essa área[14], somos levados a ver que a *Grand Central Station* destina-se, realmente, a pessoas que vão viajar ou encontrar amigos, e não a ser um local para morar; que um carro de metrô destina-se a viagens; uma sala de espera de hotel, um local onde encontramos pessoas; uma biblioteca, um local para leitura; uma escada de incêndio, um local para fugir de situações perigosas; um cinema, um local para assistir a filmes; e que qualquer estranho que use tais locais como quarto não tem a constituição motivadora neles aceita. Quando ouvimos falar de um homem que, todas as tardes, durante todo o inverno, vai ao Hospital para Cirurgia Especial para encontrar uma moça que aí trabalha, e que mal conhece, apenas porque o hospital está aquecido e ele sente frio[15], podemos ver que o Hospital espera uma certa amplitude de motivos de seus visitantes, mas que, tal como ocorre com qualquer outra entidade social, pode ser usado como recurso, pode ser "abusado", em resumo, de uma forma que não combina com o que se espera de seus participantes. De forma semelhante, quando descobrimos que batedores de carteira profissionais podem cometer furtos pequenos, mas perigosos, em supermercados, apenas porque seu orgulho os impede de pagar por aquilo que desejam[16], podemos avaliar as implicações, para o eu, de uma compra rotineira num supermercado.

Hoje, as discrepâncias entre a interpretação oficial dos participantes de uma organização e a interpretação destes últimos se tornam bem visíveis na indústria, no problema de incentivos adequados e no conceito de "operário estável". A direção muitas vezes supõe que os empregados desejarão trabalhar continuamente para conseguir acumular economias e antigüidade no emprego. No entanto, se consideramos o mundo social de alguns trabalhadores urbanos de classe baixa e de muitos operários educados na periferia da sociedade industrial, não é correto aplicar a eles o conceito de "operário estável". Pode-se citar, como exemplo, um caso ocorrido no Paraguai:

O comportamento de camponeses num contexto de trabalho assalariado é esclarecedor. A atitude mais manifesta e idealizada

---

(14) LOVE, Edmund G. *Subways Are for Sleeping*. New York, Harcourt Brace and Company, 1957.
(15) *Ibid.*, p. 12.
(16) MAURER, David. *Whiz Mob*, Publication N.º 24 da American Dialet Society, 1955, p. 142.

é que, ao trabalhar para alguém, você lhe faz um favor pessoal; os salários recebidos como pagamento são presentes ou provas de estima. Mais implicitamente, o fato de trabalhar por um salário é visto como um meio de conseguir um pouco de dinheiro para determinada finalidade. O trabalho não é visto como uma mercadoria que pode ser impessoalmente comprada e vendida, nem o fato de trabalhar para um empregador é visto como um meio possível de ganhar a vida. A mudança de emprego, nas poucas fazendas e na fábrica de tijolos, é muito rápida, porque, usualmente, logo que um operário consegue a pequena quantidade de dinheiro que pretendia, abandona o serviço. Em alguns casos, os empregadores estrangeiros no Paraguai decidiram pagar salários mais elevados do que os usuais, a fim de conseguir a melhor mão-de-obra e ter operários satisfeitos que se tornassem mais permanentes. A conseqüência do salário mais elevado foi oposta à esperada; a mudança de emprego tornou-se ainda mais rápida. Não se compreendia que os que trabalham por salários só o fazem ocasionalmente, a fim de conseguir certa quantidade de dinheiro; quanto mais cedo conseguem essa quantidade, mais depressa abandonam o emprego[17].

Não são apenas as organizações industriais que verificam que seus participantes têm definições não-previstas da situação. As prisões poderiam servir como outro exemplo. Quando um preso comum é encerrado em sua cela, pode sofrer a privação prevista pela administração; no entanto, para um inglês de classe média superior, lançado entre os piores elementos da sociedade britânica, o confinamento solitário pode ter um sentido não-previsto:

Durante as cinco primeiras semanas de minha prisão, com a exceção de duas horas de trabalho pela manhã e à tarde, e dos períodos de exercício, ficava trancado em minha cela, felizmente sozinho. Quase todos temiam as longas horas em que ficavam trancados. Mas, depois de certo tempo, passei a esperar o período de isolamento como uma bênção, um alívio diante dos gritos de funcionários ou da necessidade de ouvir a linguagem interminavelmente obscena da maioria dos presos. A maior parte dessas horas de solidão eu passava em leitura[18].

Um funcionário civil francês da África Ocidental dá, implicitamente, um exemplo mais extremo:

Ora, a prisão nem sempre é entendida da mesma forma entre os povos da África Ocidental Francesa. Num lugar, parece

(17) E. R. e H. S. SERVICE. *Tobati: Paraguayan Town.* Chicago, University of Chicago Press, 1954, p. 126.
(18) HECKSTALL-SMITH, Anthony. *Eighteen Months.* Londres, Allan Wingate, 1954, p. 34.

uma aventura que nada tem de desonrosa; em outro, ao contrário, é equivalente a ser condenado à morte. Há alguns africanos que, se colocados numa prisão, se tornam uma espécie de empregados domésticos, e finalmente terminam por se considerar membros da família de quem os prende. Mas se prendermos um Fulani, provocaremos a sua morte[19].

Nesta discussão, não pretendo indicar apenas a ideologia explícita e verbal da administração da organização referente à natureza humana de seus participantes, embora esse seja indiscutivelmente um elemento significativo da situação[20]. Pretendo indicar também a *ação* da administração na medida em que esta exprime uma concepção das pessoas sobre que atua[21]. Também aqui as prisões apresentam um exemplo claro. Ideologicamente, os funcionários da prisão podem admitir, e às vezes admitem, que o prisioneiro deve aceitar, ainda que contra a vontade, o fato de estarem presos, pois as prisões (pelo menos as do tipo "moderno") supostamente dão um meio para que o preso pague à sociedade, cultive o respeito pela lei, admita seus pecados, aprenda um ofício legítimo, e, em alguns casos, receba uma psicoterapia necessária. No entanto, em termos de ação, a administração da prisão em grande parte se ocupa do problema de "segurança", isto é, procura impedir a desordem e a fuga. Um aspecto importante da definição que a administração da prisão dá do caráter dos internados é que, se tiverem a menor oportunidade, tentarão fugir à sua pena legal. Pode-se acrescentar que o desejo de fuga dos internados, e sua usual disposição de suprimir esse desejo por causa da possibilidade de serem apanhados e castigados, exprime (embora através de sentimentos e ação, não de palavras) um acordo com a interpretação dada pela administração. Por isso, grande parte de conflito entre a administração e os internados está coerente com o acordo quanto a alguns aspectos da natureza dos internados.

Em resumo, portanto, sugiro que observemos a participação numa organização a partir de um ponto de vista específico. Aquilo que se espera que o participante faça e

(19) DELAVIGNETTE, Robert. *Freedom and Authority in French West Africa*. Londres, International African Institute, Oxford University Press, 1950, p. 86. Em resumo, as paredes de pedra não constituem necessariamente uma prisão — tema tratado no capítulo com esse título no livro de EVELYN WAUGH, *Decline and Fall*.
(20) Ver BENDIX, *op. cit.*
(21) Quanto às suposições que disfarçam a motivação econômica, ver, por exemplo, DONALD ROY, Work Satisfaction and Social Reward in Quota Achievement: An Analysis of Piecework Incentive, *American Sociological Review*, XVIII (1953), 507-14, e WILLIAM F. WHYTE et al., *Money and Motivation*, New York, Harper, 1955, sobretudo p. 2 e ss., onde Whyte discute as concepções que a administração tem na natureza humana do operário, implícitas nas disposições de trabalhos por empreitada.

aquilo que realmente faz não constituirão nosso interesse principal. Estou interessado pelo fato de que a atividade esperada na organização supõe uma concepção do ator e que, portanto, uma organização pode ser vista como um local para criar suposições a respeito da identidade. Ao atravessar as fronteiras do estabelecimento, o indivíduo aceita a obrigação de estar atento à situação, de estar adequadamente orientado para ela e aceitá-la. Ao participar de uma atividade no estabelecimento, aceita a obrigação de, no momento, integrar-se na atividade. Através dessa orientação e participação da atenção e do esforço, visivelmente estabelece sua atitude com relação ao estabelecimento e às suposições implícitas sobre o seu eu. Participar de determinada atividade com o espírito esperado é aceitar que se é um determinado tipo de pessoa que vive num tipo determinado de mundo.

Ora, se qualquer estabelecimento social pode ser considerado como um lugar onde sistematicamente surgem suposições a respeito do eu, podemos ir adiante e considerar que é um local onde tais suposições são sistematicamente enfrentadas pelo participante. Adiantar-se nas atividades prescritas, ou delas participar segundo formas não-prescritas ou por objetivos não-prescritos, é afastar-se do eu oficial e do mundo oficialmente disponível para ele. Prescrever uma atividade é prescrever um mundo; eludir uma prescrição pode ser eludir uma identidade.

Cito dois exemplos. Os músicos da orquestra de um espetáculo musical da Broadway devem ir para o trabalho na hora certa, com a roupa certa, devidamente ensaiados e devidamente atentos ao trabalho que os espera. Quando tomam seus lugares à frente do palco, devem permanecer de pé, decentemente atentos, tocando a música ou esperando as indicações para fazê-lo. Como músicos, espera-se que se disciplinem dentro do mundo musical. Este é o ser que o local e o trabalho musical criam para eles.

No entanto, depois de aprenderem a partitura de determinado espetáculo, verificam que nada tem a fazer e, além disso, estão meio escondidos daqueles que esperam que sejam apenas e inteiramente músicos no trabalho. Em conseqüência, os músicos que trabalham no fosso do palco, embora fisicamente imobilizados, tendem a fugir de seu trabalho, mostram sub-repticiamente um eu e um mundo muito distantes do auditório. Embora tomem cuidado para não serem vistos, podem escrever cartas ou compor música, reler os clássicos, fazer jogos de quebra-cabeças, mandar bilhetes para os companheiros, jogar xadrez com tabuleiro dissimulado no piso ou fazer brincadeiras pesadas com pistolas d'água. Evidentemente, quando um músico com um fone de ouvido de rádio de bolso de repente assusta os assistentes da primeira fileira exclamando "gol de fulano!"[22], não está agindo numa posição e num mundo que foram programados para ele — e essa é uma queixa que a administração pode receber.

Um segundo exemplo foi tirado de campos de prisioneiros de guerra na Alemanha[23]. Um internado que encontra um oficial, passa por este, e não recebe qualquer observação sobre sua maneira adequada, parece um internado devidamente entrosado na prisão e capaz de aceitar adequadamente a sua situação. No entanto, sabemos que em alguns casos esse internado poderia estar escondendo, embaixo de seu sobretudo, duas travessas da cama que deveriam ser usadas como vigas no túnel para fuga. Um internado com esse equipamento podia ficar colocado à frente do oficial e não ser a pessoa que o oficial estava vendo, nem estar no mundo que supostamente o campo de prisioneiros lhe impunha. O internado continuava preso no campo, mas suas faculdades tinha emigrado. Além disso, como um sobretudo pode esconder provas claras dessa migração, e como uma aparência pessoal que inclui a vestimenta acompanha nossa participação em qualquer organização, devemos saber que *qualquer* imagem, apresentada por *qualquer* pessoa, *pode* esconder prova de fuga espiritual.

Portanto, toda organização inclui uma disciplina de atividade, mas nosso interesse, aqui, é que em algum nível, toda organização inclui também uma disciplina de ser — uma obrigação de ser um determinado caráter e morar em determinado mundo. E meu objetivo aqui é examinar um tipo especial de absenteísmo, uma deficiência que atinge, não a atividade prescrita, mas o ser prescrito.

Ajustamentos Primários e Secundários

I

Agora, é preciso apresentar um conceito. Quando um indivíduo contribui, cooperativamente, com a atividade exigida por uma organização, e sob as condições exigidas — em nossa sociedade com o apoio de padrões institucionalizados de bem-estar, com o impulso dado por incentivos e valores conjuntos, e com as ameaças de penalidades indica-

---

(22) OTTENHEIMER, Albert M. Life in the Gutter. *The New Yorker*, 15 de agosto de 1959.
(23) REID, P. R. *Escape from Colditz*. New York, Berkley Publishing Corp., 1956, p. 18.

159

das — se transforma num colaborador; torna-se o participante "normal", "programado" ou "interiorizado". Ele dá e recebe, com espírito adequado, o que foi sistematicamente planejado, independentemente do fato de isto exigir muito ou pouco de si mesmo. Em resumo, verifica que, oficialmente, deve ser não mais e não menos do que aquilo para o qual foi preparado, e é obrigado a viver num mundo que, na realidade, lhe é afim. Nesse caso, falarei do indivíduo com *ajustamentos primários* à organização, e deixarei de lado o fato de que seria igualmente razoável falar num ajustamento primário da organização ao indivíduo.

Criei esse termo grosseiro para chegar a um outro — *ajustamentos secundários* — que define qualquer disposição habitual pelo qual o participante de uma organização emprega meios ilícitos, ou consegue fins não-autorizados, ou ambas as coisas, de forma a escapar daquilo que a organização supõe que deve fazer e obter e, portanto, daquilo que deve ser. Os ajustamentos secundários representam formas pelas quais o indivíduo se isola do papel e do eu que a instituição admite para ele. Por exemplo, atualmente nos Estados Unidos se supõe que os presos sejam pessoas que devem ter uma biblioteca, pois as mentes dos presos são algo que pode e deve ganhar com a leitura. Dada essa atividade legítima da biblioteca, podemos predizer a verificação de Donald Clemmer: os prisioneiros muitas vezes pedem livros, não para melhorar sua educação, mas para impressionar a comissão de livramento condicional, para criar problemas para o bibliotecário, ou simplesmente para receber um presente[24].

Há termos sociológicos que se referem a ajustamentos secundários, mas também a outras coisas. O termo "informal" poderia ser usado, mas uma organização pode criar um momento e um local onde os participantes podem estar oficialmente livres, criar e utilizar recursos de distração, ao mesmo tempo em que exercem um estilo comportamental de informalidade de vestiários: o intervalo entre as aulas de escola é um exemplo disso. Aqui, a informalidade faz parte do ajustamento primário. O termo "não-oficial" poderia ser usado, mas este conceito tende a referir-se apenas ao que comumente seria a parte oficial de atividade na organização, e de qualquer modo o termo "não-oficial" pode ser adequadamente aplicado a essas compreensões tácitas e atividades não-codificadas através das quais os objetivos oficiais da organização podem ser estimulados e pelas

(24) CLEMMER, Donald. *The Prison Community*. Reimpressão, New York, Rinehart, 1958, p. 232.

quais os participantes podem chegar a qualquer ajustamento primário que seja possível na situação[25].

Agora, desejo mencionar algumas dificuldades para o emprego do conceito de ajustamentos secundários. Existem alguns ajustamentos secundários — por exemplo, a prática do operário de atender às necessidades da família quanto ao produto que ajuda a produzir — que se tornam tão aceitos na organização, que podem adquirir o caráter de "emolumentos", e não são abertamente exigidos e nem abertamente discutidos[26]. E algumas dessas atividades não são apenas aquelas que logo se tornam legítimas, mas aquelas que precisam permanecer não-oficiais para que sejam eficientes. Segundo o mostrou Melville Dalton, as capacidades especiais de um participante podem precisar ser apoiadas com prêmios que ninguém mais de sua categoria recebe. E aquilo que o protegido pode ver como algo que está "subtraindo" — um ajustamento secundário — pode estar sendo intencionalmente dado a ele por um funcionário rigoroso que tem apenas o desejo de manter a eficiência geral da organização[27]. Além disso, como já foi sugerido, pode haver pouco acordo quanto à pessoa que deve falar em nome da organização, e, quando há acordo, o porta-voz pode ter dúvidas quanto ao ponto em que deve ser traçado o limite entre o ajustamento primário e o secundário. Por exemplo, em muitas universidades norte-americanas seria considerado um erro de interpretação da natureza do aluno limitar excessivamente a parte "social" ou extracurricular

---

(25) No estudo clássico de Hawthorne sobre grupos informais e extra-oficiais de trabalho, a principal função da solidariedade dos operários parecia ser contrariar a interpretação que a administração tinha do que os operários deviam ser e fazer; nesse caso, os ajustamentos secundários e informais deveriam referir-se à mesma coisa. No entanto, estudos posteriores mostraram que as "igrejinhas" informais de trabalho podem manter atividades perfeitamente compatíveis com o papel estabelecido pela administração para os operários, e até apoiá-los. Ver EDWARD GROSS, Characteristics of Cliques in Office Organizations, *Research Studies*, State College of Washington, XIX (1951), principalmente p. 135; Some Functional Consequences of Primary Controls in Formal Work Organizations, *American Sociological Review*, XVIII (1953), pp. 368-73. Evidentemente, uma escolha de racionalidade "substantiva", e não "formal" — a busca seletiva de alguns objetivos oficiais diante de outros objetivos oficiais conflitivos — pode ser apresentada pela administração, bem como por subordinados. Ver, por exemplo, CHARLES PAGE, Bureaucracy's Other Face, *Social Forces*, XXV (1946), pp. 88-94; A. G. FRANK, Goal Ambiguity and Conflicting Standards: An Approach to the Study of Organization, *Human Organization*, XVII (1959), pp. 8-13. Ver também o notável estudo de MELVILLE DALTON, *Men Who Manage*, New York, Wiley, 1959, por exemplo, à p. 222:
"...a ação informal pode atuar na direção dos fins: mudar e conservar a organização, proteger indivíduos fracos, castigar os que erram, premiar outros, escolher novos funcionários, manter a dignidade da ação formal, bem como, evidentemente, realizar lutas pelo poder e trabalhar para objetivos que seríamos levados a condenar".
(26) Ver, por exemplo, a discussão de PAUL JACOBS, Pottering about with the Fifth Amendment, *The Reporter*, 12 de julho de 1956.
(27) DALTON, *op. cit.*, principalmente o cap. VII, "The Interlocking of Official and Unofficial Reward". Dalton sustenta (pp. 198-99) que, na indústria, e correspondente à grande amplitude de prêmios não-oficiais,

161

da experiência universitária. Isso está de acordo com as interpretações atuais quanto à necessidade de ter estudantes "integrais" ou "harmoniosos". No entanto, existe menos acordo quanto à maneira de dividir o tempo entre trabalho escolar e extracurricular. De forma semelhante, é compreensível e aceito que muitas estudantes encontrem seus futuros maridos na universidade e que, uma vez casadas, achem mais adequado sair da escola do que continuar a estudar para obter um diploma. No entanto, os diretores das escolas mostram diferentes graus de preocupação quando uma estudante muda todo ano seus estudos principais, a fim de estar perto de alunos que freqüentam determinados cursos. De forma semelhante, os gerentes de um escritório comercial podem achar permissível que funcionários e funcionárias se escolham mutuamente para relações pessoais — desde que, com isso, não se perca muito tempo de trabalho — e de maneira igualmente clara condenar os principantes que permanecem no emprego apenas o tempo suficiente para verificar as possibilidades de namoro, antes de passar para outro escritório e novo ambiente. No entanto, a gerência pode ter muito menos certeza quanto ao ponto em que deve ser estabelecida a fronteira que separa o uso legítimo e incidental de um estabelecimento como uma vantagem pessoal, e o uso ilegítimo de uma instituição como vantagem pessoal.

Outro problema ligado à distinção entre ajustamentos primários e secundários é que essas duas formas de adaptação não esgotam todas as possibilidades; para chegar a uma imagem completa, precisamos introduzir outra possibili-

---

existe uma grande amplitude de serviços extra-oficiais que o executivo de alguma forma precisa exigir de seus empregados para que a organização funcione adequadamente:

"Embora o prêmio informal seja dado, idealmente, para esforço e contribuições que estejam além do que é esperado de determinado posto, é também dado com muitos outros objetivos, freqüentemente inesperados e formalmente proibidos, embora necessários para a manutenção da organização e da realização de seus objetivos. Por exemplo, podem ser dados 1) em lugar de uma promoção ou de aumento de salário que não pode ser concedido; 2) como um prêmio por fazer coisas necessárias, mas desagradáveis ou de pouco prestígio; 3) como forma de "apaziguar" para esquecer derrotas em disputas de programa ou de posição; 4) como um preço para acomodar um colega enraivecido ou, na realidade, para fazer um acordo com outro departamento; 5) como condição prévia para pessoas-chave em grupos de equipe dirigente ou de escritório, a fim de impedir redução de trabalho e aumentar a atenção durante períodos decisivos; 6) como complemento direto a um salário baixo, mas que é o máximo que pode ser pago; 7) para compreensão e auxílio na operação, bem como a defesa de sistema extra-oficial de incentivo; 8) para grandes sacrifícios pessoais. Evidentemente, existem apoios mais sut's que podem não ser explicitados mas intuitivamente reconhecidos e, sempre que possível, recompensados. Entre estes últimos, devem ser lembrados: capacidade para manter o moral no grupo ou no departamento; habilidade para escolher e conservar bons subordinados; compreensão tácita habitual do que os superiores e colegas esperam, mas que em alguns podem não desejar explicitar, mesmo extra-oficialmente; habilidade para defender as aparências de superiores e manter a dignidade da organização, quando esta está colocada sob condições negativas".

162

dade. Qualquer que seja a direção imposta pela administração aos participantes, estes podem mostrar mais dedicação do que a exigida à entidade, ou, às vezes, do que a desejada pela administração. Um pároco pode dedicar-se excessivamente à igreja; uma dona de casa pode conservar a casa excessivamente limpa; um oficial pode teimar em afundar juntamente com o navio. Não penso que neste caso estejamos diante de um problema social básico, a não ser talvez no caso de internados em prisões, hospitais psiquiátricos, quartéis, universidades ou asilos, que se recusam a aceitar a saída; no entanto, analiticamente, precisamos ver que, assim como sempre haverá pessoas que não aceitam suficientemente uma entidade social a que pertencem, sempre encontraremos pelo menos alguns que podem aceitar excessivamente uma organização.

Finalmente, como veremos depois, a doutrina oficial segundo a qual uma instituição é dirigida pode ser tão pouco aceita na prática, e uma perspectiva semi-oficial ser tão firme e integralmente estabelecida, que precisamos analisar os ajustamentos secundários relativos a esse sistema autorizado, mas não muito oficial.

II

Deve estar claro que os ajustamentos primários e secundários são problemas de definição social e que uma adaptação ou um incentivo legítimo em determinado período de determinada sociedade podem não ser legítimos em momento diferente de sua história ou em outra sociedade. Um preso norte-americano que consegue passar a noite com sua mulher, dentro ou fora da prisão, está conseguindo um ponto muito elevado no ajustamento secundário[28]; um preso de uma cadeia mexicana aparentemente aceita essa possibilidade como parte dos padrões mínimos de bem-estar, um ajustamento primário à situação. Nos campos de internamento norte-americanos, não se pensa na prostituta como uma necessidade a que o estabelecimento deva atender; alguns campos alemães de concentração, ao contrário, tinham essa interpretação mais ampla das necessidades essenciais e características dos homens[29]. No século XIX, a Marinha norte-americana reconhecia a necessidade de bebida dos marinheiros, e servia um trago diário; hoje, isso seria descrito como ajustamento secundário. De outro lado, Melville nos diz que, na Marinha dessa época,

(28) Ver JAMES PECK, em CANTINE E RAINER, *op. cit.*, p. 47.
(29) KOGON, Eugen. *The Theory and Practice of Hell*. New York, Berkley Publishing Company, Corp., s/d, pp. 123-24.

163

os jogos de recreação (por exemplo, o jogo de damas), em momentos de folga, eram considerados como privilégio especial[30]; hoje, os jogos a bordo, em horas de folga, são considerados um direito natural. Na indústria britânica atual, um dia de oito horas, como uma hora de almoço e dez minutos de manhã para o chá ou o café, mostra as concepções atuais da pessoa que trabalha. Na década de 1830-1840, algumas tecelagens britânicas trabalhavam com a suposição de que os operários não tinham uma natureza que exigisse ar fresco ou água para beber, e os operários eram multados se apanhados em ações furtivas que lhes permitissem tais prazeres durante a jornada de trabalho[31]. Nessa época, na Grã-Bretanha, alguns dirigentes aparentemente pensavam em seus empregados a partir de uma noção exclusiva de tensão; julgavam que o limite para a quantidade e intensidade de trabalho era apenas a possibilidade, ou não, de acordar para o dia seguinte de trabalho.

Os castigos físicos dão um bom exemplo de uma prática que evidentemente supõe crenças a respeito do eu da pessoa castigada, e uma prática sujeita a concepções muito mutáveis. No século VI, São Bento, considerando o que devia ser feito com aqueles que cometessem erros durante as orações no oratório, determinava que os meninos deviam receber castigo corporal[32]. Esta concepção da maneira de conseguir obediência em meninos teimosos permaneceu notavelmente constante na sociedade ocidental. Só nas últimas décadas as escolas norte-americanas passaram a definir os meninos como objetos que não deveriam ser tocados, a não ser por seus pais, no caso de castigos. Na última metade do século XIX, a Marinha norte-americana também passou a admitir que os marinheiros, como "seres humanos" com certas dignidades mínimas, não deviam ser sujeitos ao açoite como forma de castigo. Atualmente, o castigo de confinamento solitário na prisão está sendo seriamente reexaminado, admitindo-se cada vez mais que nossas naturezas são de tal ordem que o isolamento é contrário a elas e não deve ser imposto.

As regras religiosas constituem outra condição interessante de participação. Em nossa sociedade, não há instituição residencial sem regras sabáticas, supondo-se que a natureza do homem exige tempo para a prece, independentemente do que tenha feito; sente-se que temos uma capacidade inalienável como seres religiosos. No comércio e na indústria, essa suposição está subjacente ao domingo de

---

(30) MELVILLE, Herman. *White Jacket*. New York, Grove Press, s/d, p. 346.
(31) BENDIX, op. cit., p. 39.
(32) *The Holy Rule of Saint Benedict*, cap. 45.

folga e alguns feriados religiosos. No entanto, em alguns países sul-americanos, as organizações de trabalho devem dar um peso muito maior do que esse ao que se supõe ser a natureza religiosa do homem. Os que empregam índios equatorianos precisam dar um terço do ano como tempo de folga para a comemoração alcoólica de várias festas e acontecimentos da vida pessoal que têm um caráter sagrado[33].

Até na mesma classe de estabelecimentos, na mesma época e na mesma sociedade, pode haver consideráveis diferenças na divisão que deve ser estabelecida entre ajustamentos primários e secundários. A expressão "vantagens secundárias" parece referir-se aos meios e fins que as pessoas num edifício considerarão, sem discussão, como sendo seu direito legítimo, mas que as pessoas do outro lado da rua oficialmente não podem ter. E, dentro dos mesmos estabelecimentos, há marcantes mudanças com o tempo. Por exemplo, na Alemanha Nazista uma organização de internados, oficialmente proibida, e destinada a policiar um campo de concentração, finalmente se tornou oficialmente aceita[34], mais ou menos como, nos Estados Unidos, os organizadores secretos de sindicatos se tornaram oficialmente reconhecidos como delegados da organização. De qualquer forma, deve estar evidente que, dentro de determinado estabelecimento, o que é ajustamento primário para uma categoria de participante pode ser ajustamento secundário para outra — por exemplo, quando os que trabalham na cozinha do exército conseguem alimentar-se, regularmente, "acima" de seu posto, ou quando uma empregada consome disfarçadamente bebida da dona da casa, ou quando uma pessoa encarregada de tomar conta de crianças, na ausência dos pais, usa a casa como um local para uma festa.

Além de notar tais variações, devemos pensar que as organizações têm uma tendência para adaptar-se a ajustamentos secundários, não apenas através de disciplina cada vez maior, mas também por legitimar seletivamente tais práticas, esperando, dessa forma, reconquistar o controle e a soberania, mesmo com a perda de parte das obrigações dos participantes. Os estabelecimentos domésticos não são os únicos em que se existe regularização, através do casamento, de uma vida anterior de pecados. Quando descobrimos algumas coisas a respeito do papel de ajustamentos secundários, também descobrimos alguma coisa sobre as conseqüências ambíguas da tentativa de sua legitimação.

(33) Ver a útil discussão de BEATE R. SALZ, The Human Element in Industrialization, Memoir N.º 85, *American Anthropologist*, LVII (1955), n. 6, parte 2, pp. 97-100.
(34) KOGON, *op. cit.*, p. 62.

III

Embora até agora eu tenha considerado os ajustamentos secundários apenas com relação à organização formal de que o indivíduo participa, deve estar claro que tais ajustamentos podem surgir e surgem com relação à subordinação do indivíduo a outros tipos de entidades sociais. Dessa forma, podemos considerar o consumo de bebida alcoólica com relação aos padrões públicos de uma cidade onde existe a lei seca[35], movimentos *underground* com relação ao estado, "casos" amorosos com relação à vida conjugal, e as diversas atividades fraudulentas com relação ao mundo oficial de negócios e propriedade[36]. De forma semelhante, algumas entidades, além das que são "fechadas", tentam manter o controle sobre os participantes ao legitimar, como primários, alguns ajustamentos secundários. É possível citar um exemplo de administração de cidade:

Nesta época do verão, a nossa força policial [na cidade de New York], auxiliada por trabalhadores do Departamento de Bombeiros, da Repartição de Água, Gás e Eletricidade, participa usualmente de pequenas escaramuças tendo em vista as crianças que abrem os hidrantes a fim de fazer "fontes" para banho. É uma prática que tem aumentado a cada ano, e as medidas preventivas e punitivas têm sido, quase sempre, ineficientes. Por isso, a Polícia, os Bombeiros e a Repartição de Água têm tentado popularizar um compromisso "camarada", a fim de acalmar as crianças da cidade sem prejudicar o abastecimento de água. Com esse plano, qualquer "grupo ou indivíduo respeitável" (os candidatos são integralmente investigados pela polícia) podem pedir uma tampa especial para hidrante, parecida com a tampa normal, mas que é alaranjada e tem aproximadamente cinqüenta furos, o que permite que o hidrante dê um jato semelhante ao de chuveiro, de maneira ordenada, controlada, mas, segundo se espera, satisfatória[37].

No entanto, qualquer que seja a entidade social diante da qual desejamos considerar os ajustamentos secundários, provavelmente precisamos fazer referência a unidades mais amplas, pois precisamos considerar, tanto o local em que ocorre o ajustamento secundário quanto a "região de origem" dos participantes. No caso de crianças que tiram doces da cozinha de sua casa e os comem no sótão, tais

---

(35) Ver, por exemplo, C. K. WARRINER, The Nature and Functions of Official Morality, *American Journal of Sociology*, LXIV (1958), pp. 165-68.
(36) Uma apresentação muito conhecida desse tema, com relação aos regimes políticos, é a de DAVID RIESMAN, em Some Observations on the Limits of Totalitarian Power, *The Antioch Review*, verão, 1952, pp. 155-68.
(37) *The New Yorker*, 27 de agosto de 1960, p. 20.

distinções não são evidentes e nem importantes, pois a casa é, ao mesmo tempo, a organização, a região de onde saem os participantes e, grosseiramente, o local em que ocorre a prática. No entanto, em outros casos, a organização não é a única unidade importante. Algumas crianças de um bairro podem reunir-se numa casa vazia para praticar atividades proibidas nas casas desse bairro, e a lagoa fora de algumas cidade pode ser um local para atividades proibidas onde se reúnem os jovens de toda a cidade. Existe uma zona da cidade, em inglês denominada *tenderloin*, e que é uma zona de corrupção e vício, que atrai maridos de todas as partes da cidade; algumas cidades, como Las Vegas e Atlantic City, se tornam zonas de corrupção para o país inteiro.

Um interesse pelo local real em que são praticados os ajustamentos secundários e a região de origem dos "praticantes" muda o foco de atenção — do indivíduo e seu ato para os problemas coletivos. Considerando-se uma organização formal como um estabelecimento social, a mudança correspondente seria do ajustamento secundário do indivíduo para o conjunto total de tais ajustamentos que todos os participantes da organização mantêm coletivamente. Tais práticas, em conjunto, abrangem o que pode ser denominado a *vida íntima* da instituição, correspondendo, no estabelecimento social, ao que o *submundo* é para uma cidade.

Para voltar novamente ao estabelecimento social, uma característica importante dos ajustamentos primários é sua contribuição para a estabilidade institucional: o participante que se adapta dessa maneira à organização tende a continuar a participar desta última enquanto ela o desejar, e, se sai antes disso, sai de uma forma que suaviza a transição para sua substituição. Este aspecto dos ajustamentos primários nos leva a considerar dois tipos de ajustamentos secundários: em primeiro lugar, os *perturbadores*, onde as intenções realistas dos participantes consistem em sair da organização ou alterar radicalmente sua estrutura, o que leva a uma ruptura da operação suave da organização; em segundo lugar, os ajustamentos *contidos*, que compartilham com os ajustamentos primários a característica de "encaixar-se" nas estruturas institucionais existentes, sem introduzir pressões para mudança radical[38], e que, na realidade,

(38) Esta característica definidora de ajustamentos secundários reprimidos foi notada por Richard Cloward. Ver a Sessão Quatro de *New Perspectives for Research in Juvenile Delinquency*, org. por HELEN L. WITMER e RUTH KOTINSKY, U. S. Department of Health, Education and Welfare, Children's Bureau Publication N.º 356 (1956), principalmente p. 89. Ver também seu artigo, Social Control in the Prison, em Social Science Research Council Pamphlet N.º 15, *Theoretical Studies in Social Organization of the Prison* (1960), pp. 20-48, principalmente p. 43 e ss., onde Cloward examina o caráter "conservador" do ajustamento da elite dos internados.

podem ter a função evidente de desviar esforços que poderiam ser perturbadores. As partes fixas e estabelecidas de uma organização tendem, portanto, a ser compostas, fundamentalmente, de ajustamentos contidos e não de ajustamentos perturbadores.

Os ajustamentos secundários perturbadores têm sido estudados nos processos dramáticos de sindicalização e infiltração nos governos. Como, por definição, os ajustamentos perturbadores secundários são temporários, — por exemplo, o planejamento para um levante — o termo ajustamento pode não ser muito adequado.

Aqui, limitar-me-ei fundamentalmente a ajustamentos secundários contidos, e muitas vezes os denominarei apenas "práticas". Embora a forma apresentada por tais práticas seja muitas vezes semelhante à dos ajustamentos secundários perturbadores, os fins são geralmente diversos, e existe maior probabilidade de apenas uma ou duas pessoas deles participarem — um problema, portanto, de vantagens pessoais e não de conspiração. Os ajustamentos secundários contidos recebem diferentes denominações populares, o que depende da entidade social em que são praticados. Nossas principais fontes de informação sobre tais práticas decorrem de estudos de relações humanas na indústria e de estudos sobre a vida na sociedade dos presos — onde geralmente se emprega a expressão "ajustamentos informais"[39].

O uso que um indivíduo faz de um ajustamento secundário é, inevitavelmente, uma questão sociopsicológica, e com ele obtém satisfações que não conseguiria de outra forma. No entanto, precisamente o que um indivíduo "consegue" com uma prática talvez não seja o interesse fundamental do sociólogo. De um ponto de vista sociológico, a pergunta inicial que se deve propor a respeito de um ajustamento secundário não é saber o que essa prática dá ao indivíduo, mas qual o caráter das relações sociais exigidas por sua aquisição e manutenção. Este é o ponto de vista estrutural, oposto ao ponto de vista sociopsicológico ou de consumo. Considerando-se o indivíduo e um de seus ajustamentos secundários, podemos partir da noção abstrata do conjunto total dos outros participantes da prática e daí passar para uma consideração sistemática do elo que liga os seus participantes, bem como o tipo de sanções que assegura a manutenção do sistema. Além disso, considerando-se o conjunto associado ao ajustamento secundário de qualquer indivíduo, podemos desejar saber qual a proporção de pessoas desse tipo na instituição e, quanto a elas, qual a

---

(39) CLEMMER, *op. cit.*, pp. 159-60; NORMAN S. HAYNER e ELLIS ASH, The Prisoner Community as a Social Group, *American Sociological Review*, IV (1939), pp. 362-69.

proporção das que participam de conjuntos semelhantes, o que nos permite obter uma medida de uma espécie de "saturação" que pode ocorrer com relação a determinada prática.

IV

Podemos começar por observar os ajustamentos secundários — as práticas existentes na vida íntima do estabelecimento social — ao notar que ocorrem com diferente freqüência e sob diferentes formas, de acordo com a localização do praticante na hierarquia da organização. As pessoas colocadas nas camadas inferiores de grandes organizações geralmente atuam em ambientes monótonos, e diante delas os participantes colocados em posições mais elevadas apreciam, por contraste, seus incentivos íntimos, pois gozam da satisfação de receber vantagens visíveis que são negadas aos outros. Os participantes com posição inferior tendem a ter menos compromisso e menos ligação emocional com a organização do que os participantes de posições mais elevadas. Têm empregos, não carreiras. Por isso, aparentemente, tendem a usar de maneira mais ampla os ajustamentos secundários. Embora as pessoas próximas do ponto mais alto das organizações tenham possibilidade de ser motivadas por valores comuns, seus deveres específicos como representantes da organização tendem também a levá-los a viagens, divertimentos e cerimônias — essa classe específica de ajustamentos secundários recentemente comentados como "despesas de representação". Talvez as camadas médias da organização sejam as que apresentam menos ajustamentos secundários. Talvez aí as pessoas se aproximem mais daquilo que a organização espera que sejam, e é daí que podem ser tirados os exemplos "edificantes" e "inspiradores" para os colocados em categorias inferiores[40].

Ao mesmo tempo, evidentemente, o caráter dos ajustamentos primários difere de acordo com a posição. Não se espera que os operários de posição inferior se "entreguem" à organização ou "levem seus problemas para casa", embora os funcionários de nível elevado possam ter essas obrigações de identificação. Por exemplo, um auxiliar de hospital psiquiátrico público que sai do trabalho logo que completa seu turno pode estar agindo de uma forma que é legítima para ele, exprimindo a natureza que a organização lhe atribui; no entanto, se um chefe de serviço dá essa impressão de funcionário "das nove às cinco horas da tar-

(40) Sugestão de Paul Wallin.

de", pode ser considerado como elemento inútil pela administração — alguém que não está de acordo com os padrões de dedicação esperados de um médico verdadeiro. De forma semelhante, um auxiliar que lê uma revista no horário de trabalho na enfermaria pode estar exercendo um direito reconhecido, desde que não tenha qualquer obrigação imediata; uma enfermeira que apresente esse comportamento provavelmente será menos considerada por causa de comportamento "não-profissional".

A ramificação dos ajustamentos secundários também difere em sua extensão, segundo o tipo de estabelecimento.

Presumivelmente, quanto menor o período contínuo de tempo que determinada categoria passa no local, mais possível será, para a administração, manter um programa de atividade e motivação aceito por tais participantes. Por isso, nos estabelecimentos em que o objetivo é a venda de um item secundário padronizado — por exemplo, cigarros — os compradores usualmente completarão a compra sem se desviarem muito do papel para'eles programado — a não ser, talvez, quando exigem ou recusam um momento de sociabilidade. Os estabelecimentos que impõem que o participante "viva lá dentro" presumivelmente terão uma vida íntima muito rica, pois, quanto maior o tempo programado pela organização, menor a probabilidade de uma programação eficiente.

Também nas organizações cuja participação é involuntária podemos esperar que, pelo menos inicialmente, o novato não esteja harmonizado com as autodefinições disponíveis para pessoas como ele e, por isso, se orientará para atividades não-legitimadas.

Finalmente, como já foi antes sugerido, os estabelecimentos que não apresentam consideráveis incentivos externos, que não dão um lugar ao Adão que existe em todo homem, tendem a descobrir que alguns incentivos externos se desenvolvem de maneira não-oficial.

Todas as condições que tendem a desenvolver uma vida íntima ativa estão presentes numa instituição que atualmente está recebendo considerável atenção: o hospital para doentes mentais. A partir de agora, desejo considerar alguns dos principais temas que ocorrem nos ajustamentos secundários que registrei durante um ano de observação participante da vida de doentes num hospital público para mais de 7000 pacientes, e que a partir de agora será denominado "Hospital Central"[41].

As instituições do tipo de hospitais psiquiátricos são "totais", pois o internado vive todos os aspectos de sua vida no edifício do hospital, em íntima companhia com outras

(41) Os agradecimentos são apresentados no Prefácio.

pessoas igualmente separadas do mundo mais amplo. Tais instituições tendem a ter duas categorias amplas e com situação bem diferente de participantes — equipe dirigente e internados — e é conveniente considerar, separadamente, os ajustamentos secundários de cada categoria.

É possível dizer algo a respeito dos ajustamentos secundários da equipe dirigente do Hospital Central. Por exemplo, a equipe dirigente às vezes usava os pacientes para tomar conta de seus filhos pequenos[42], como jardineiros, ou como empregados para serviços gerais[43]. Os pacientes com licença para andar pela cidade eram às vezes mandados para fazer serviços externos para médicos e enfermeiras. Os auxiliares esperavam receber algum alimento do hospital, mesmo quando isso era proibido, e, segundo se sabia, os que trabalhavam na cozinha "liberavam" alimento. A garagem do hospital era às vezes usada como oficina e fornecedora de peças para automóveis do pessoal dirigente[44]. Um auxiliar do período noturno muitas vezes mantinha um emprego durante o dia, e realisticamente esperava dormir durante seu turno, e às vezes pedia a outros auxiliares e mesmo a pacientes amigos que lhe dessem um sinal de advertência para que pudesse fazer isso sem risco[45]. Podem ter ocorrido um ou dois casos de desonestidade, — um dos quais (segundo um dos pacientes) foi retirar fundos dos pacientes mudos, para distribuir ou pessoalmente consumir alguns artigos.

(42) Aparentemente, sempre que há instituições totais com famílias residentes de equipe dirigente, existem internados que se encarregam de tomar conta de crianças, na ausência dos pais. Ver, por exemplo, o belo trabalho de T. E. LAWRENCE sobre a vida de exército e aviação militar na Grã-Bretanha, durante o período de 1920-1930, *The Mint.* Londres, Jonathan Cape, 1955, p. 40.
(43) Ver, em KOGON (*op. cit.*, pp. 84-86), o interessante material sobre o uso particular que os soldados SS faziam de trabalho dos internados em alfaiatarias, departamentos fotográficos, oficinas de impressão, trabalhos de armamentos, oficinas de cerâmica e pintura etc., e sobretudo durante o período de Natal. DALTON (*op. cit.*, p. 199), ao analisar os prêmios extra-oficiais numa fábrica norte-americana, cita um caso de *especialização* nessa função:
"Ted Berger, oficialmente contramestre na carpintaria de Milo, era *sub rosa* um guarda e defensor do sistema complementar de recompensa. Indiscutivelmente leal, tinha grande liberdade quanto a seus deveres formais, esperando-se, pelo menos ao nível de chefes de departamento, que atuasse como 'câmara de compensação' para o sistema. A sua recompensa era social e material, mas sua manipulação do sistema inintencionalmente provocava uma aglutinante social que ligava pessoas de vários níveis e departamentos. Embora não fosse obrigado a trabalhar com as máquinas, Berger passava um mínimo de seis horas diárias fazendo vários objetos — por exemplo, berços, janelas para tempestades, janelas para garagens, carrinhos de bonecas, cavalinhos de balanço, tábuas e pranchas para carne, rolos de macarrão. Tais objetos eram feitos, sob encomenda, para vários dirigentes".
(44) Para um exemplo na indústria, ver DALTON, *op. cit.*, p. 202.
(45) O pequeno rigor no turno da noite é, evidentemente, um fenômeno comum em todas as organizações norte-americanas de trabalho. Ver, como exemplo, S. M. LIPSET, A. M. TROW e J. S. COLEMAN, *Union Democracy*, Glencoe, Ill., The Free Press, 1956, p. 139.

Penso que tais ajustamentos secundários por parte dos empregados do Hospital Central podem ser considerados pouco importantes. Desenvolvimento muito maior de vida íntima de equipe dirigente pode ser encontrado em muitos outros hospitais psiquiátricos[46], bem como em outros estabelecimentos — por exemplo, quartéis militares. Além disso, tais práticas no Hospital Central devem ser consideradas juntamente com grande número de casos de pessoal da administração que dava tempo e atenção a atividades de recreação dos internados fora de horário de serviço, demonstrando, assim, mais dedicação a seu serviço do que a esperada pela diretoria. Por isso, não irei considerar muitos dos ajustamentos secundários praticados por subordinados em organizações de trabalho — por exemplo, limitação de produção[47], "trabalho aparente", "trabalho clandestino"[48], controle de apresentação de produtividade[49], sugerindo apenas que a descrição minuciosa de tais técnicas de ajustamento, apresentada por vários estudiosos — entre os quais Donald Roy e Melville Dalton — é um modelo para os que desejam estudar tais estabelecimentos.

Ao considerar os ajustamentos secundários de doentes mentais no Hospital Central, citarei, sempre que possível, práticas paralelas descritas em outros tipos de estabelecimentos e empregarei uma análise temática de ajustamentos secundários que, segundo penso, se aplica a todos os estabelecimentos. Portanto, apresentarei uma combinação informal de história de caso e método comparativo, com mais acentuação, em alguns casos, de comparações do que do hospital estudado.

Aparentemente, do ponto de vista da doutrina psiquiátrica, não há possibilidades de ajustamentos secundários para os internados; tudo que um paciente é levado a fazer pode ser descrito como parte de seu tratamento ou de sua

(46) Por exemplo, o uso de eletrochoque para objetivos disciplinares. JOHN MAURICE GRIMES, *Why Minds Go Wrong*, Chicago, publicação do autor, 1951, p. 100, cita o conhecido caso de "borracha" como um instrumento eficiente do auxiliar; não deixa marcas, pode ser facilmente escondida e nunca mata.
(47) Aqui, um artigo fundamental é o de DONALD DOY, Quota Restriction and Goldbricking in a Machine Shop, *American Journal of Sociology*, LVII (1952), pp. 427-42. Ver, também, O. COLLINS, M. DANTON e D. ROY, Restriction of Output and Social Cleavage in Industry, *Applied Anthropology* (que agora se denomina *Human Organization*), V (1946), pp. 1-14.
(48) Indicado em nota de rodapé por EDWARD GLOSS, *Work and Society*, New York, Crowell, 1958, p. 521:
"Às vezes também denominado 'trabalho de casa' e usado para indicar a realização de serviços pessoais (no período de trabalho na companhia) — por exemplo, consertar a perna da mesa da sala de jantar, ajustar instrumentos domésticos, fazer brinquedos para os filhos, e assim por diante".
(49) Por exemplo, DONALD ROY, Efficiency and "The Fix": Informal Intergroup Relations in a Piecework Machine Shop, *American Journal of Sociology*, LX (1954), pp. 255-66.

custódia; tudo que um paciente faz espontaneamente pode ser definido como sintomático de sua perturbação ou de sua convalescência. Um delinqüente que se "finge de louco" e prefere cumprir sua pena num hospital para doentes mentais a cumpri-la numa prisão pode ser considerado como alguém que, na realidade e num nível mais profundo, está em busca de terapia, assim como um simulador que, no exército, finge sintomas de doença mental, pode ser considerado como realmente doente, embora não tenha a doença que finge. De forma semelhante, um paciente que se estabelece num hospital, e gosta de aí ficar, pode não ser considerado como alguém que utiliza erradamente um local de tratamento, mas como alguém que ainda está doente, pois prefere essa adaptação.

Fundamentalmente, os hospitais públicos para doentes mentais não funcionam de acordo com a doutrina psiquiátrica, mas de acordo com o "sistema de enfermarias". Condições muito limitadas de vida são distribuídas como prêmios ou castigos, apresentados mais ou menos na linguagem das instituições penais. Este esquema de ações e palavras é empregado quase que inteiramente pelos auxiliares e em grande parte pela equipe superior, sobretudo no que se refere aos problemas diários da manutenção do hospital. O esquema de disciplina estabelece um conjunto relativamente completo de meios e fins que os pacientes podem legitimamente obter, e de acordo com esse sistema autoritário, mas não muito oficial, muitas atividades dos pacientes se tornam *efetivamente* ilícitas ou não-permitidas. A vida autorizada para alguns pacientes, em algumas enfermarias, é tão vazia, que praticamente qualquer coisa que façam tende a acrescentar uma satisfação não-planejada.

PARTE DOIS: A VIDA ÍNTIMA DO HOSPITAL

Fontes

Agora passarei a considerar as fontes de materiais que os pacientes empregam em seus ajustamentos secundários.

I

A primeira coisa que se observa é o predomínio de algumas *substituições*. Em todo estabelecimento social os participantes utilizam os artefatos disponíveis de uma maneira e para um fim que não são oficialmente destinados, e assim modificam as condições de vida programadas para eles. Pode haver modificação física no artefato, ou apenas um contexto ilegítimo de uso — e em qualquer desses casos encontramos exemplos caseiros do tema de Robinson Crusoe. Alguns exemplos evidentes podem ser obtidos em prisões, onde, por exemplo, é possível fazer uma faca a partir de uma colher, arranjar tinta de desenho tirada das páginas da revista *Life*[50], usar cadernos de exercícios para escrever apostas[51], acender cigarros através de diversos recursos — por exemplo, provocar faísca numa tomada de luz[52], um isqueiro improvisado[53], ou um fósforo comum dividido em quatro partes[54]. Embora esse processo de transformação esteja subjacente a muitas práticas complexas, pode ser visto mais claramente quando o praticante não está combinado com outros (a não ser na aprendizagem e no ensino da técnica), e em que ele sozinho consome o que produziu.

No Hospital Central, se toleravam muitas substituições simples. Por exemplo, os internados usavam muito os aquecedores para secar roupa que tinham lavado por conta própria no banheiro, e assim realizavam um serviço de lavanderia que, oficialmente, devia ser realizado apenas pela instituição. Nas enfermarias de camas duras, os pacientes às vezes carregavam jornais enrolados, a fim de colocá-los nas camas de madeira, como "travesseiros". Sobretudos enrolados e toalhas serviam para o mesmo fim. Os pacientes com experiência em outras instituições de internamento empregavam um objeto ainda mais eficiente para isso: um sapato[55]. Quando se transferem de uma enfermaria para outra, os pacientes às vezes levam seus objetos numa fronha amarrada, uma prática semi-oficial em algumas prisões[56]. Os poucos pacientes velhos que têm a sorte de ter um quarto particular para dormir, às vezes deixam uma toalha em baixo do lavatório do quarto, transformando o lavatório numa mesa de leitura, e a toalha num tapete que protege seus pés do frio do chão. Os pacientes mais velhos com pouca disposição para andar, ou incapazes de fazê-lo, às vezes empregavam certas estratégias para evitar a caminhada até o banheiro: na enfermaria, podiam urinar no aquecedor, sem deixar sinais muito duradouros; durante as

---

(50) CANTINE e RAINER, *op. cit.*, p. 42.
(51) NORMAN, Frank. *Bang to Rights*. Londres, Secker and Warburg, 1958, p. 90.
(52) *Ibid.*, p. 92.
(53) DENDRICKSON, George & THOMAS, Frederick. *The Truth About Dartmoor*. Londres, Gollancz, 1954, p. 172.
(54) *Ibid.*, pp. 172-73.
(55) Compare-se ao equivalente naval (MELVILLE, *op. cit.*, p. 189) "...o chapéu duro, grande e indomável do regulamento dos navios e que, quando novo, é suficientemente duro para que as pessoas possam sentar-se nele, e que na realidade serve como banco para o marinheiro."
(56) Para um exemplo inglês, ver DENDRICKSON e THOMAS, *op. cit.*, p. 66.

visitas ao barbeiro, realizadas duas vezes por semana, a caixa reservada para toalhas usadas era às vezes utilizada como mictório, desde que os auxiliares não estivessem observando. Nas enfermarias piores, os pacientes de todas as idades às vezes andavam com copos de papel que utilizavam como escarradeiras e cinzeiros portáteis, pois os auxiliares às vezes estão mais preocupados em manter o chão limpo do que em impedir que os pacientes escarrem ou fumem[57].

Nas instituições totais, as substituições tendem a concentrar-se em determinadas áreas. Uma delas é a da aparência pessoal — a criação de recursos que permitam à pessoa apresentar-se bem diante dos outros. Por exemplo, segundo se diz, as freiras colocam um avental negro atrás de uma vidraça a fim de criar um espelho — e este é uma forma de auto-exame, correção e aprovação, comumente negada às freiras[58]. No Hospital Central, o papel higiênico era às vezes "organizado"; cuidadosamente cortado e dobrado, era levado pela pessoa e usado como papel *Kleenex* por alguns pacientes mais meticulosos. De forma semelhante, nos meses de verão, alguns pacientes cortavam e davam acabamento às suas calças cáqui da instituição, transformando-as em *shorts* de verão.

II

As substituições simples que mencionei se caracterizam pelo fato de que, para empregá-las, a pessoa precisa participar pouco da orientação ao mundo oficial do estabelecimento. Agora, passarei a considerar um conjunto de práticas que, de certo modo, supõem mais atenção ao mundo legítimo da instituição. Neste caso, o espírito da atividade legítima da instituição pode ser mantido, mas é realizado numa extensão não prevista; temos uma extensão e uma ampliação das fontes existentes de satisfação legítima, ou a exploração de uma rotina completa de atividade oficial para fins particulares. Aqui, falarei da "exploração" do sistema.

(57) No Hospital Central, muitos pacientes permaneciam inteiramente mudos, eram incontinentes, alucinados e apresentavam outros sintomas clássicos. No entanto, poucos pacientes, pelo que posso saber, tinham o atrevimento de intencional e persistentemente jogar cinzas no chão de linóleo, assim como poucos deixavam de entrar na fila para as refeições, tomar banho de chuveiro, ir para a cama ou levantar-se na hora certa. Além de uma demonstração de franca psicose na enfermaria, havia uma rotina básica de enfermaria que era inteiramente aceita.
(58) HULME, Kathryn. *The Nun's Story*. Londres, Muller, 1956, p. 33. NORMAN, *op. cit.*, p. 87, afirma que, durante a redução de disciplina na prisão inglesa (Camp Hill), no dia de Natal, os homossexuais pintavam o rosto com pó branco para dentes, e os lábios com tinta obtida molhando as capas de livros.

175

Talvez a forma mais elementar de exploração do sistema no Hospital Central fosse apresentada pelos pacientes de enfermarias "atrasadas" que exageravam seus sintomas ou se negavam a obedecer à disciplina da enfermaria, aparentemente com o objetivo de fazer com que o auxiliar ou o médico prestassem atenção neles, e com eles tivessem interação social, ainda que para impor disciplina.

No entanto, a maioria das técnicas de hospital para explorar o sistema não pareciam estar muito ligadas a doença mental. Um exemplo de tais técnicas é o conjunto complexo de práticas ligadas à obtenção de alimento. Por exemplo, num grande refeitório onde 900 pacientes crônicos tomavam refeições por turnos[59], alguns traziam condimentos para temperar o alimento de acordo com seu gosto; açúcar, sal, pimenta e molho de tomate eram levados para a mesa com esse objetivo. Quando o café era servido em copos de papel, os pacientes às vezes protegiam as mãos, colocando-os dentro de um outro copo. Quando havia bananas, alguns dos pacientes tiravam um copo de leite da jarra dos que precisavam de uma dieta com este alimento, cortavam as bananas em fatias, colocavam um pouco de açúcar e saboreavam, com gosto, uma sobremesa "correta". Nos dias em que o alimento era apreciado e portátil — por exemplo, quando se serviam salsichas ou fígado, por exemplo — alguns pacientes enrolavam o alimento em guardanapos de papel e depois pediam "repetição", o que lhes permitia guardar uma parte para um lanche à noite. Quando se servia leite, alguns pacientes traziam garrafas vazias, a fim de levá-las cheias para as enfermarias. Se desejavam mais um dos pratos servidos, um recurso era comer apenas esse alimento, jogar o resto do que era servido na lata de sobras e (se pudessem fazê-lo) voltar para receber uma repetição completa. Alguns dos pacientes que podiam andar livremente pela instituição e que deviam comer nesse refeitório, no jantar dos meses de verão colocavam o queijo entre duas fatias de pão, embrulhavam o que então se transformava num sanduíche, e comiam em paz ao ar livre,

---

(59) Do ponto de vista residencial, os hospitais psiquiátricos norte-americanos são geralmente organizados, pelo menos oficialmente, em enfermarias e serviços. Uma enfermaria geralmente é formada por dormitórios (que freqüentemente podem ser trancados), uma sala de estar, um gabinete de enfermeiros que permite observar a sala, vários escritórios de manutenção e administração, uma fileira de celas de isolamento, e às vezes uma área de sala de refeições. Um serviço é formado por um conjunto de tais enfermarias que abrangem dois ou mais edifícios separados, e que inclui uma administração comum, além de certa base de homogeneidade de pacientes — idade, sexo, raça, duração da doença etc. Esta homogeneidade permite que o serviço desenvolva enfermarias de função e caráter diferenciados, o que grosseiramente permite uma escala de privilégios na qual o paciente pode subir ou descer no serviço, com um mínimo de trabalho burocrático. O hospital, como um todo, tende a repetir em seus serviços o que, em miniatura, cada serviço faz com suas enfermarias.

junto à cantina dos internados, onde compravam uma xícara de café. Os pacientes com licença para sair da instituição "completavam" isso com torta ou sorvete que compravam na confeitaria local. Num refeitório menor, num outro serviço do hospital, os pacientes que (com razão) tinham medo de que não conseguissem por longo tempo uma repetição, às vezes tiravam seu pedaço de carne do prato, colocavam-no entre dois pedaços de pão, deixavam isso em seu lugar e imediatamente voltavam para a fila para pedir repetição. Esses pacientes precavidos às vezes voltavam para seus lugares e verificavam que um outro internado tinha tirado a sua primeira refeição, enganando facilmente os "trapaceiros".

A fim de explorar eficientemente um sistema, é preciso conhecê-lo profundamente[60]; era fácil ver esse tipo de conhecimento utilizado no hospital. Por exemplo, os pacientes com licença para sair do hospital sabiam que, no fim das festas beneficientes no teatro, provavelmente haveria distribuição de doces e cigarros na porta, à medida que a assistência saísse. Como se chateavam muito com tais espetáculos, alguns desses pacientes chegavam um pouco antes do fim do espetáculo, a fim de sair juntamente com os internados; outros conseguiam voltar várias vezes para a fila e fazer um negócio "brilhante". A equipe dirigente naturalmente estava a par dessas práticas, e alguns dos que chegavam atrasados para os bailes do hospital eram deixados para fora, supondo-se que compareciam à festa apenas para comer e sair. As senhoras do Serviço Judaico de Assistência serviam um lanche depois da cerimônia religiosa semanal, e um paciente afirmava que "se você chegar na hora certa, pode receber um lanche e não precisa assistir à cerimônia". Outro paciente, como sabia que o hospital tinha um grupo de costureiras para consertar roupas, levava para elas suas calças e camisas para conseguir um corte bem ajustado, e mostrava sua gratidão com um ou dois maços de cigarros ou pequena quantia em dinheiro.

O horário tinha importância em outros meios de aproveitamento do hospital. Por exemplo, uma vez por semana um caminhão levava revistas velhas e livros de bolso, doados pela Cruz Vermelha, e colocados num edifício localizado no terreno do hospital; depois, eram distribuídos aos pacientes, individualmente, ou às enfermarias. Alguns lei-

(60) O conhecimento da rotina da guarda aparece em muitas histórias de ficção sobre fugas. O desespero e o conhecimento de rotinas também estão ligados na experiência real, tal como o demonstra KOGON (*op. cit.*, p. 180) ao discutir a resposta de prisioneiros de Buchenwald à redução e à retirada de rações: "... Quando um internado morria nas barracas, o fato era escondido e o morto era arrastado ou carregado por um ou dois homens até o ponto de distribuição de pão, onde a ração era entregue aos 'ajudantes'. O corpo era depois simplesmente jogado em qualquer parte dessa área em que se fazia a chamada".

tores mais afoitos conheciam a rotina exata do caminhão e esperavam que chegasse para conseguir escolher em primeiro lugar. Alguns pacientes que conheciam o horário de passagem do alimento de uma das cozinhas centrais para uma enfermaria de doentes crônicos às vezes paravam perto dos pontos de passagem, com a esperança de conseguir um pouco de alimento. Outro exemplo refere-se à obtenção de informação. As refeições servidas num dos grandes salões eram levadas antes para um grupo de velhos que não podiam sair de sua enfermaria. Os pacientes que podiam andar e que desejavam saber se deveriam ir para o refeitório, ou comprar sanduíches na cantina dos pacientes, regularmente espiavam pela janela dessa enfermaria, no momento exato, a fim de saber o que lhes seria servido.

Outro exemplo de utilização do hospital era dado pelos "varredores". Alguns pacientes percorriam as caixas de lixo perto de seus serviços, exatamente antes da hora da coleta. Examinavam as camadas superiores do lixo colocado em grandes caixas de madeira, e aí procuravam alimento, revistas, jornais ou outros objetos que para esses colecionadores adquiriam sentido porque eram escassos e era necessário pedi-los humildemente a um auxiliar ou outros funcionários — os meios pelos quais tais materiais podiam ser obtidos legitimamente[61]. Os pratos pequenos, usados pelos funcionários como cinzeiros nas dependências administrativas, eram periodicamente examinados, em busca de "tocos de cigarro" que ainda pudessem ser usados. Evidentemente, as comunidades abertas também têm os seus "varredores" e, aparentemente, não existe qualquer sistema para coletar e destruir objetos usados, de forma que se impeça a atividade dos colecionadores de sujeiras[62].

Alguns pacientes se salientavam na utilização do sistema, e eram levados a proezas individuais que dificilmente poderiam ser denominadas ajustamentos secundários usuais. Num serviço com duas enfermarias de convalescentes, uma fechada e outra aberta, um paciente dizia que tinha conseguido transferência da enfermaria fechada para a aberta porque o forro na mesa de bilhar desta última estava em melhores condições; outro paciente dizia que tinha conseguido uma transferência para a enfermaria fechada porque esta era "mais sociável", uma vez que os pacientes eram

(61) Compare-se isso com a experiência de campo de concentração (KOGON, *op. cit.*, p. 111): "... muitas centenas de pessoas tentavam, repetidamente, buscar restos nas latas de lixo, e finalmente juntavam e cozinhavam ossos".
(62) Uma parte significativa do equipamento que os meninos de cidades pequenas usam para construir seus mundos vem de depósitos de coisas inúteis. A versão psicanalítica dessas atividades de busca de sujeiras é interessante, mas talvez às vezes sugira uma excessiva distância etnográfica com relação a esses "pesquisadores de lixo".

obrigados a ficar aí. Outro paciente, com licença para sair pela cidade, periodicamente recusava seu trabalho no hospital e recebia dinheiro para condução até a cidade a fim de procurar trabalho; dizia que, em vez de fazer isso, ia para um cinema.

Gostaria de acrescentar que os pacientes com experiência em outras situações de privação, pacientes que, em certo sentido, conheciam os "truques" da situação, muitas vezes mostravam rapidamente que sabiam como utilizar o sistema. Por exemplo, um internado com experiência anterior em Lexington, em sua primeira manhã no hospital tinha conseguido uma boa reserva de cigarros, conseguiu graxa e limpou dois pares de sapatos; organizou um sistema para fazer café, isto é, café instantâneo e água quente; descobriu qual dos internados tinha uma coleção de histórias policiais; encontrou um lugar nas sessões de psicoterapia de grupo, sentado por perto e esperando, em silêncio, durante alguns minutos, antes de começar a apresentar o que seria um papel ativo. Por isso, é compreensível que um auxiliar tenha dito que "bastam três dias para verificar se alguém já sabe como viver aqui dentro".

Os meios de utilização do sistema que até aqui mencionei são aqueles que beneficiam apenas um ator ou as pessoas muito ligadas a ele. As práticas planejadas com interesses coletivos em mente são encontradas em muitas instituições totais[63], mas os meios coletivos de utilização do sistema não parecem muito comuns nos hospitais psiquiátricos. Os ajustamentos secundários coletivos encontrados no Hospital Central eram mantidos, principalmente, pelos pacientes vindos da instituição carcerária dentro da instituição — "A Casa dos Presos" — e onde ficavam os que tinham o *status* legal de delinqüentes insanos. Por exemplo, uma enfermaria de ex-prisioneiros enviava um de seus participantes para a cozinha um momento antes da hora da refeição, a fim de que levasse o alimento quente, numa travessa coberta; se não fizessem isso, o alimento ficaria frio até chegar à enfermaria.

Ao considerar o processo de "utilização do sistema", precisamos inevitavelmente discutir as maneiras pelas quais a hospitalização era "usada". Por exemplo, tanto os direto-

---

(63) Por exemplo, KOGON, *op. cit.*, p. 137:
"Em qualquer campo de concentração em que os presos políticos conseguiam certo grau de ascendência, transformavam o hospital dos presos, local de horrores dos temidos SS, num ponto de alívio para inúmeros presos. Não apenas os pacientes eram tratados sempre que possível; os presos saudáveis, embora com o risco de serem mortos ou levados para um campo de concentração, eram colocados nas listas de doentes, a fim de que ficassem livres das ameaças dos SS. Em casos especiais, onde não havia outra saída, os homens que corriam perigo eram nominalmente dados como 'mortos', e viviam com o nome de presos que realmente tinham morrido".

179

res quanto os pacientes às vezes diziam que alguns pacientes iam para o hospital para fugir de responsabilidades de família e de trabalho[64], ou para obter tratamento médico ou dentário gratuitos, ou a fim de evitar alguma acusação por crime[65]. Não posso confirmar a validade dessas afirmações. Havia também casos de pacientes com licença para andar pela cidade e que diziam usar o hospital como um local para curar-se das bebedeiras de fim de semana; aparentemente, essa função seria facilitada pelo suposto valor de tranqüilizantes como tratamento para "ressacas". E havia outros pacientes com licença para ficar na cidade e que aceitavam trabalho com pagamento abaixo do nível de subsistência, assegurando sua posição competitiva por causa de moradia e alimentação gratuitas do hospital[66].

Além disso, havia algumas formas menos tradicionais pelas quais os pacientes utilizavam o sistema do hospital. Todo estabelecimento social coloca seus participantes em contato face a face, ou pelo menos aumenta a probabilidade de tal contato, dando uma base para ajustamento secundário no hospital, assim como em outras instituições. Um grupo de pacientes que exploravam as possibilidades sociais do hospital eram os ex-prisioneiros, saídos da "Casa dos Presos". Esses homens eram relativamente jovens e tendiam a ter ambiente de classe operária urbana. Uma vez levados para o hospital propriamente dito, conseguiam parte desproporcional das atribuições de trabalho agradável e de pacientes femininas consideradas atraentes; quase todos os

---

(64) Num serviço do hospital havia um número considerável de homens internados, e que foram admitidos num momento em que havia poucos empregos disponíveis; como estavam mais ou menos separados dos acontecimentos externos, acreditavam que o "negócio" que conseguiam no mundo interno era muito bom. Como o disse um deles, ao receber gratuitamente a sobremesa: "Lá fora, a gente não consegue uma torta de maçã como esta nem por vinte e cinco *cents*". Aqui, a apatia e a busca de um emprego seguro, características do período de crise econômica [entre 1930-1940], ainda podiam ser estudadas, preservadas sob o verniz institucional.

(65) Para um homem de classe baixa que já tem o estigma de ter estado num hospital psiquiátrico e que está limitado ao tipo de emprego em que a extensão da experiência de trabalho ou antigüidade têm pouca significação, ir para um hospital psiquiátrico em que conhece os "fios" e tem amigos entre os auxiliares não é uma grande privação. Dizia-se que alguns desses pacientes andavam com um cartão que indicava sua condição de doentes; quando apanhados pela polícia, ou quando sofriam qualquer acusação, apresentavam esse cartão médico, o que influía na maneira de serem tratados. No entanto, os pacientes que conheci diziam que, a não ser no caso de acusação de crime de morte, a hospitalização era uma forma pior de enfrentar uma acusação: as prisões têm sentenças por períodos específicos, dão a possibilidade de ganhar algum dinheiro e, cada vez mais, recursos de TV. Penso, no entanto, que essa argumentação deve ser considerada, na realidade, como parte do moral anti-equipe dirigente, a não ser em alguns hospitais, como era o caso do Hospital Central, que tinha um edifício separado para os "delinqüentes insanos".

(66) Na doutrina psiquiátrica militante, como já foi sugerido, esses motivos para explorar a hospitalização podem ser interpretados como sintomáticos de uma necessidade "real" de tratamento psiquiátrico.

homens, que em outra instituição seriam denominados "donos da situação", vinham desse grupo. Outro grupo era formado pelos negros: entre estes, alguns que o desejassem podiam, até certo ponto, atravessar a linha de classe e de cor, reunindo-se a pacientes brancas e conseguindo namorá-las[67]; ao mesmo tempo, recebiam da equipe psiquiátrica parte da conversa profissional de classe média e do tratamento que não poderiam obter fora do hospital. Um terceiro grupo era formado pelos homossexuais: internados por suas tendências, encontravam, na vida dos dormitórios unissexuais, as oportunidades concomitantes.

Um dos meios interessantes pelos quais alguns pacientes usavam o sistema de hospital referia-se à sociabilidade com estranhos. O interesse pela interação com estranhos parecia estar ligado à posição "encastelada" dos pacientes no hospital e aos mitos associados ao estigma de insanidade. Embora alguns pacientes afirmassem que não podiam sentir-se bem com pessoas normais, outros, exibindo o lado oposto da moeda, sentiam que era intrinsecamente mais saudável ter relações com não-pacientes e, mais ainda, sentiam que isso constituiria uma espécie de recomendação. Além disso, os estranhos também tinham menos tendência para ter uma opinião tão negativa sobre os doentes quanto as pessoas da equipe dirigente; os estranhos não sabiam como era baixa a posição do paciente. Finalmente, alguns pacientes afirmavam que estavam cansados de falar de seu internamento e de seu caso com outros pacientes e procuravam a conversa com estranhos como um meio de esquecer a cultura de paciente[68]. A relação com estranhos podia confirmar um sentimento de não ser um doente mental. Por isso, é compreensível que nos pátios e no edifício de recreação ocorresse alguma "passagem", o que servia como uma importante fonte de segurança de que o doente na realidade não poderia ser identificado como diferente dos indivíduos sadios e que estes não eram muito espertos.

No sistema social do hospital havia vários pontos estratégicos em que era possível a relação com estranhos. Algumas das filhas adolescentes dos médicos residentes par-

(67) Muitas vezes ouvi auxiliares e pacientes brancos de mentalidade retrógrada resmungar contra o namoro ocasional de um paciente negro e uma paciente branca. A esse grupo tradicional, e dele separado por uma espécie de época social, opunham-se a administração do hospital, que tinha "integrado" os serviços de admissão e de geriatria, e que tinha começado a "integrar" os outros serviços; bem como os pequenos grupos de líderes de pacientes, mais jovens e aparentemente mais interessados em ser *"hip"* do que em conservar uma divisão entre os grupos raciais.

(68) Evidentemente, todos esses temas podem ser "rastreados" em qualquer grupo estigmatizado. É irônico que quando os pacientes dizem "Somos apenas diferentes de pessoas normais", não avaliam, da mesma forma que outros grupos de "desviados normais", que há poucos sentimentos tão estereotipados, previsíveis e "normais" em qualquer grupo estigmatizado.

ticipavam, em igualdade de condições, do pequeno grupo de doentes com liberdade e estudantes de enfermagem, que dominava a quadra de tênis do hospital[69]. Durante os jogos e depois destes, esse grupo repousava no gramado, participava de brincadeiras e, de modo geral, mantinha um tom não-hospitalar. De forma semelhante, quando instituições beneficentes organizavam um baile, e traziam algumas jovens, um ou dois pacientes se ligavam a elas, e aparentemente delas obtinham uma resposta estranha ao hospital. Também na enfermaria de admissão, onde estudantes de enfermagem estavam passando por um período de instrução psiquiátrica, alguns pacientes jovens regularmente jogavam baralho e com elas participavam de outros passatempos, durante os quais se mantinha um ambiente de namoro, e não de enfermagem. E durante as terapias "superiores" — por exemplo, psicodrama e terapia de grupo — os especialistas visitantes muitas vezes se sentavam para observar os últimos métodos; também essas pessoas davam aos pacientes uma forma de interação com pessoas normais. Finalmente, os pacientes da equipe de *baseball* do hospital, ao jogar contra equipes da comunidade próxima, podiam partilhar da camaradagem especial que se desenvolve entre equipes adversárias, e que as separa dos espectadores.

III

Talvez a forma mais importante de os pacientes usarem o sistema do Hospital Central fosse a obtenção de uma tarefa "explorável", isto é, trabalho, recreação, terapia ou serviço de enfermaria que pudesse permitir alguns ajustamentos secundários — e, freqüentemente, um conjunto completo de tais ajustamentos. Este tema pode ser considerado a partir da descrição de um ex-prisioneiro sobre Maidstone, uma prisão britânica:

Três vezes por ano, no Departamento de Educação, e no fim de cada período escolar, enviávamos um relatório às autoridades, sobre o progresso das várias classes. Apresentávamos números e mais números para mostrar quantos presos tinham freqüentado um curso ou outro. Dizíamos, por exemplo, que um dos cursos mais aceitos era o referente a "Problemas Atuais". Não dizíamos porque era tão aceito, mas a razão era a seguinte: a senhora bem intencionada que organizava o debate semanal

---

(69) Do ponto de vista social, nenhuma paciente "se acomodava" a esse grupo. D'ga-se de passagem que os filhos de médicos residentes constituíam a única categoria de não-pacientes que, segundo minha experiência, não apresentavam uma distância evidente de casta com relação aos paci·ntes; ignoro a razão disso.

trazia tabaco para seus alunos. A aula transcorria numa névoa de fumaça azulada, e, enquanto a professora expunha os temas de "atualidade", os alunos, um grupo de retardados, inúteis e pobres de espírito, se acomodavam para fumar de graça[70]!

As tarefas podem ser procuradas tendo em mente essas possibilidades de utilização, ou estas podem desenvolver-se depois da obtenção da tarefa, e então funcionam como razão para apego a ela. Em qualquer dos casos, temos, "na utilização da tarefa", uma das semelhanças básicas entre hospitais psiquiátricos, prisões e campos de concentração. Mais do que no caso de simples "substituições", o internado mostra aos funcionários encarregados que a tarefa está sendo realizada pelos motivos adequados — sobretudo quando a tarefa é voluntária e exige cooperação relativamente íntima entre a equipe dirigente e os internados, pois nesse caso muitas vezes se espera "esforço sincero". Em tais casos, o internado pode demonstrar aceitar ativamente sua tarefa, e, através disso, a interpretação que a instituição dá a seu respeito, quando, na realidade, a tarefa atua como uma separação entre ele e as elevadas expectativas que a instituição tem com relação a ele. Na realidade, a aceitação de uma tarefa que poderia ser recusada através de algum recurso inicia uma forma de boas relações entre a equipe dirigente e o internado, bem como o desenvolvimento de uma atitude com relação a este último que lhe permite mais facilidade para atividades de controle.

O primeiro aspecto geral a ser notado já foi sugerido: se algum produto resulta de uma tarefa de trabalho, o trabalhador tende a estar numa posição que lhe permite obter, informalmente, parte do fruto de seus esforços. No hospital, os que tinham tarefas na cozinha estavam numa posição que lhes permitia obter alimento extra[71]; os que traba-

(70) HECKSTALL-SMITH, op. cit., p. 65.
(71) Compare-se isso a um caso de hospital psiquiátrico inglês, descrito no livro organizado por D. McI. JOHNSON e N. DODDS, *The Plea for the Silent*, Londres, Christopher Johnson, 1957, pp. 17-18:
"Logo me liguei a duas pessoas razoavelmente sadias, nessa enfermaria de trinta ou mais pessoas. Em primeiro lugar, o jovem que já mencionei antes; o cozinheiro logo aceitou minha ajuda na cozinha, e minha recompensa era receber, diariamente, dois copos a mais de chá".
Um exemplo de campo de concentração é dado por KOGON, op. cit., pp. 111-12:
"Fora da cerca de arame farpado, os cães de quase todos os oficiais SS eram alimentados com carne, leite, cereais, batatas, ovos e vinho; na realidade, uma alimentação tão boa que muitos presos famintos utilizavam qualquer oportunidade para mexer nos restos dos cães, na esperança de conseguir um pouco do alimento dos animais".
Um exemplo de prisão é dado na descrição de Don Devault sobre a ilha McNeil em CANTINE e RAINER, op. cit., p. 92:
"A situação de alimento podia ser muito melhorada se a gente trabalhasse no pomar durante a época da colheita. No pomar, comíamos todas as frutas que podíamos, e trazíamos muitas delas para os outros internados. Era também útil trabalhar mais tarde no grupo de consertos, pois podíamos ir para o galinheiro para consertar os fios e, ao mesmo

183

lhavam na lavanderia obtinham mais freqüentemente roupas limpas; os que trabalhavam na sapataria raramente tinham falta de bons sapatos. De forma semelhante, os pacientes que trabalhavam na quadra de tênis comum à equipe dirigente e aos pacientes estavam numa posição que lhes permitia jogar mais freqüentemente e com bolas novas; um auxiliar voluntário da biblioteca conseguia em primeiro lugar os livros novos[72]; os encarregados da distribuição de gelo conseguiam manter-se em temperatura agradável no verão; os pacientes empregados no depósito central de roupas podiam vestir-se bem; os encarregados de comprar cigarros, doces ou refrigerantes na cantina, muitas vezes recebiam parte do que compravam[73].

Além desses usos diretos de uma tarefa, havia também muitos usos incidentais[74]. Por exemplo, alguns pacientes pediam períodos de ginástica porque no ginásio podiam, às vezes, conseguir usar os colchões relativamente macios para uma soneca durante o dia — uma das grandes paixões da vida de hospital. De forma semelhante, no serviço de admissão, alguns pacientes esperavam ansiosamente o serviço do barbeiro, realizado duas vezes por semana, porque se uma das cadeiras da barbearia estivesse desocupada poderiam às vezes gozar de alguns minutos de repouso numa

tempo, fritar um ovo, ou ir à cozinha para consertar o encanamento e, quando não havia fiscalização, pedir que os cozinheiros fizessem um *hamburger* ou nos dessem uma garrafa de leite".

HECKSTALL-SMITH, ex-internado na prisão inglesa de Wormwood Scrubs, sugere, *op. cit.*, p. 35:
"Passava a maior parte do tempo plantando repolhos e regando os canteiros de cebolas. Como nunca víamos uma verdura fresca, nos primeiros dias comi tantas cebolas, que tive medo de que os guardas descobrissem as falhas na plantação".

(72) Da mesma forma como uma pessoa apaixonada por cinema pode arranjar um emprego como "lanterninha", e assim receber outra recompensa, além do pagamento.

(73) Deve-se notar que, embora tais esforços possam revelar espírito empreendedor, o uso particular de material e instrumentos, descrito por DALTON, *op. cit.*, p. 119 e ss., num estabelecimento industrial e comercial, tem uma escala e uma amplitude que dificilmente os internados em instituições totais podem atingir. Para realizações ainda mais extraordinárias, provavelmente precisaríamos notar a grande operação de "organização" realizada por militares norte-americanos em Paris, no fim da fase européia da Segunda Grande Guerra.

(74) A literatura sobre instituições totais dá alguns belos exemplos disso. Os presos às vezes preferem o trabalho no campo ou em granjas, mesmo durante o inverno, o que se explica pela possibilidade de ficar fora de casa e fazer exercício (DENDRICKSON e THOMAS, *op. cit.*, p. 60); os cursos de correspondência preferidos são os de engenharia de estruturas como ajuda para tentativas de fuga (THOMAS GADDIS, *Birdman of Alcatraz*, New York, New American Library, 1958, p. 31, ou cursos de direito para aprender a apresentar sua defesa, e cursos de arte para roubar as frutas usadas como modelo (J.F.N. 1797, Corrective Training, *Encounter*, X (maio de 1958), p. 17). KOGON, *op. cit.*, p. 83, sugere o seguinte, sobre o trabalho em campo de concentração:
"Em todas as minúcias de trabalho, o interesse dos prisioneiros se voltava, fundamentalmente, para duas coisas: abrigo e fogo. Isso significava uma grande corrida em busca de minúcias desejáveis durante o inverno. Os contramestres corruptos ganhavam muito para dar serviços perto de um local com fogo, mesmo ao ar livre".

cadeira confortável. (Os professores de ginástica e os barbeiros pensavam, com razão, que, desde o momento em que se afastassem, algum paciente tiraria vantagem do ambiente, utilizando-o — o que era uma possibilidade e um problema em todo o hospital.) Os homens que trabalhavam na lavanderia do hospital podiam barbear-se sozinhos no banheiro do porão, e de acordo com o seu ritmo — o que, no hospital, constitui um grande privilégio. Um paciente mais velho, que trabalhava como porteiro no edifício de residência da equipe dirigente, podia recolher as sobras de alimento e bebida das festas dos diretores, e, no período quieto do dia, usar o aparelho de televisão, um dos melhores do hospital. Alguns pacientes me diziam que procuravam ser enviados para os serviços médicos e cirúrgicos porque nesse caso às vezes conseguiam ser tratados como doentes — um tratamento também sugerido por minhas observações[75]. É interessante notar que alguns pacientes chegavam a descobrir valores ocultos no tratamento de choque de insulina: os pacientes que recebiam choque de insulina podiam ficar deitados durante toda a manhã na enfermaria especial para esse tratamento, um prazer impossível na maioria das outras, e aí eram tratados como doentes pelas enfermeiras.

Como se poderia esperar, muitas tarefas dão, aos pacientes, uma oportunidade para manter contato com pessoas do sexo para eles "interessante", um ajustamento secundário explorado e em parte legitimado por muitas organizações religiosas e recreativas da sociedade civil. De forma semelhante, algumas tarefas permitiam que duas pessoas, separadas pela segregação interna do hospital, conseguissem um "encontro"[76]. Por exemplo, os pacientes chegavam um pouco mais cedo ao cinema ou aos espetáculos

(75) O uso indevido de local para doentes é, naturalmente, um tema tradicional em instituições totais. Ver, por exemplo, a versão da marinha, apresentada por MELVILLE, *op. cit.*, p. 313:
"No entanto, apesar de tudo isso, apesar da escuridão e do fechamento da enfermaria, em que todo suposto inválido poderia trancar-se até que o médico dissesse que estava bom, ocorriam muitos casos, sobretudo durante longos períodos de mau tempo, em que marinheiros se fingiam de doentes e se submetiam a esse péssimo hospital, a fim de fugir do trabalho duro e das camisas molhadas".
(76) NORMAN, *op. cit.*, p. 44, dá exemplo de prisão inglesa (com suas próprias palavras): "O desfile de doentes é a maior farsa que se conhece; se há vinte pessoas na lista de doentes, pode ser que um deles esteja realmente doente, mas quase todos os camaradas no desfile de doentes vão lá porque não querem trabalhar nesse dia ou combinaram com alguém que querem ver, que está em outro pavilhão e que também diz que está doente. Essa é uma das únicas maneiras de marcar um encontro e ter a certeza de conseguir ficar perto do outro. Nas cadeias muito grandes, você pode ter um companheiro em outro pavilhão, e é muito possível que não o veja durante todo o tempo da pena, mesmo que você e ele estejam lá por muitos anos. Por isso, a gente precisa fazer esse tipo de acordo".

185

beneficentes realizados no auditório, faziam piadas e depois tentavam conseguir lugar no auditório ou, se não sentassem, conseguiam canais de comunicação, de forma a realizar essa atividade durante a representação[77]. A saída era também uma oportunidade para tais comunicações, dando à noite um ar de função social de cidade pequena. As reuniões nas dependências hospitalares dos Alcoólatras Anônimos também tinham, aparentemente, a mesma função, dando um meio através do qual os pacientes, que então já eram amigos, pudessem reunir-se duas vezes por semana, bater papo e renovar suas ligações. O esporte era usado de maneira semelhante. Durante o campeonato interno de voleibol, não era surpreendente ver um jogador correr para as linhas laterais nos intervalos para apertar as mãos da namorada, que, por sua vez, tendo saído da enfermaria supostamente para assistir ao jogo, na realidade tinha vindo para um encontro com o namorado.

Uma das tarefas características do hospital psiquiátrico utilizada para um contato social com companheiros de internamento, e para "um encontro", era a terapia. No Hospital Central, as principais formas de psicoterapia eram: terapia de grupo, terapia de dança, e psicodrama. Todas eram realizadas numa atmosfera de relativa indulgência e tendiam a recrutar os tipos de pacientes interessados em contatos com o sexo oposto. O psicodrama podia ser usado especificamente para esse fim, pois o ambiente ficava em semi-obscuridade; a terapia de dança podia ser usada porque muitas vezes exigia períodos de dança de salão com uma pessoa escolhida.

No hospital, uma das razões mais gerais para aceitar uma tarefa era afastar-se da enfermaria e do nível de controle de supervisão e desconforto físico aí existentes. A enfermaria funcionava como uma espécie de êmbolo de compressão, fazendo com que os pacientes desejassem participar de todas as atividades da comunidade e fazendo, também, com que todas essas atividades parecessem satisfatórias[78]. Quando alguém da equipe dirigente oferecia trabalho, terapia, recreação ou até conversas educativas, usualmente era possível reunir um grande número de pacientes, apenas porque a atividade sugerida, qualquer que fosse, tendia a dar uma oportunidade para grande melhoria com relação às

---

(77) As capelas de prisões, aparentemente, às vezes se tornam locais para encontro de homossexuais, o que dá má fama à religião. Ver, como exemplo. DENDRICKSON e THOMAS, *op. cit.*, pp. 117-18.

(78) Uma situação semelhante existe quanto a celas de prisão. Ver, por exemplo, NORMAN, *op. cit.*, p. 32. Para alguns chefes de família, a mulher e os filhos criam o mesmo "efeito de compreensão", fazendo com que os homens procurem bilhar, bares, pescarias, conferências e outras atividades que ocorrem fora do lar. Essas atividades, em si mesmas, dificilmente explicariam o prazer nelas encontrado.

condições de vida. Assim, os que se inscreviam na aula de arte tinham uma oportunidade para sair da enfermaria e passar a metade do dia num porão fresco e quieto, desenhando sob os cuidados delicados de uma senhora de classe alta que fazia a sua parte de caridade semanal; uma grande vitrola tocava música clássica e, além disso, em cada sessão havia distribuição de doces e cigarros. Portanto, de modo geral, as várias audiências do hospital caminhavam livremente para o cativeiro.

Embora os auxiliares, as enfermeiras e freqüentemente os médicos francamente apresentassem as tarefas de enfermaria (por exemplo, passar a enceradeira no piso) como o principal meio para promoção para melhores condições de vida, a participação em qualquer das formas de psicoterapia geralmente não era definida dessa maneira pela equipe dirigente, de maneira que podemos considerar a participação nessas psicoterapias "básicas" como um ajustamento secundário, desde que realizada para promoção. Com ou sem razão, muitos pacientes também pensavam que a participação nessas atividades seria um sinal de que tinham sido "tratados", e alguns pensavam que, ao sair do hospital, essa participação poderia ser apresentada como prova, para parentes e empregadores, de ocorrência de tratamento real. Os pacientes também pensavam que a disposição para participar de tais terapias colocaria o terapeuta ao seu lado nos esforços para a obtenção de melhores condições de vida no hospital ou para conseguir alta[79]. Por exemplo, um paciente, já descrito como capaz de usar rapidamente o sistema do hospital, observou a outro paciente que lhe perguntara como planejava sair dali: "Olha, eu vou participar de tudo".

Seria de esperar que as pessoas da equipe dirigente às vezes se sentissem infelizes com o uso não-previsto de sua terapia. Um especialista em psicodrama me sugeriu:

Quando observo que um paciente vem apenas para encontrar sua namorada ou conseguir uns momentos de sociabilidade, e não apresentar problemas e tentar ficar melhor, procuro ter uma conversa com ele.

De forma semelhante, os terapeutas de grupo precisavam ridicularizar os pacientes que levavam para as reuniões as suas queixas quanto à instituição, e não seus problemas emocionais.

---

(79) Aqui, um caso notável foi a aceitação entusiástica da religião, por presos, quando os capelães foram inicialmente aceitos nas prisões norte-americanas. Ver H. E. BARNES e N. K. TEETERS, *New Horizons in Criminology*, 2.ª ed., New York, Prentice-Hall, 1951, p. 732.

No Hospital Central, uma das preocupações características para a escolha de tarefas era o grau de contato que permitissem com os níveis mais elevados da administração. Consideradas as condições usuais da enfermaria, qualquer paciente que trabalhava perto de pessoas de nível mais elevado conseguia melhorar sua situação, e tendia a conseguir as condições mais suaves da vida da equipe dirigente. (Este tem sido um dos fatores tradicionais na divisão entre empregados do campo e empregados domésticos, bem como entre soldados da linha de fogo e os que recebem trabalhos na administração de retaguarda.) Um paciente que fosse bom datilógrafo estava, por isso, em excelente posição para se sair bem durante o dia de trabalho, até o ponto de gozar de uma espécie de tratamento honorário de não-paciente, e para isso o único preço que pagava — tal como ocorre em tais casos — era precisar ouvir a maneira pela qual as pessoas da equipe dirigente falavam sobre os pacientes quando estes não estavam presentes.

Um caso desse tipo de adaptação podia ser encontrado nas piores enfermarias do hospital, onde um paciente com bom contato e bom autocontrole podia conseguir permanecer na enfermaria e aí obter um fácil monopólio de boas tarefas e dos privilégios a elas associados.

Por exemplo, um paciente que se recusava a falar com o psiquiatra conseguiu ficar numa enfermaria ruim, e assim podia usar livremente o posto das enfermeiras durante a tarde, onde tinha cadeiras macias de couro, revistas e livros, rádio e televisão, além de flores.

Locais

I

Já foram discutidas algumas das fontes elementares de material para ajustamentos secundários no Hospital Central. Passo agora para o problema do ambiente, pois, para que tais atividades de vida íntima possam ocorrer, precisam ocorrer em algum local ou alguma região[80].

No Hospital Central, como em muitas instituições totais, cada internado tendia a verificar que seu mundo estava dividido em três partes, separadas de maneira semelhante para os que estavam na mesma posição de privilégio.

---

(80) O estudo do uso social de espaço tem sido recentemente renovado pelo trabalho dos especialistas em etologia animal — por exemplo, por H. Hediger e Konrad Lorenz. Ver, como exemplo, o interessante artigo de ROBERT SOMMER, Studies in Personal Space, *Sociometry*, XXII (1959), pp. 247-60, e H. F. ELLENBERGER, Zoological Garden and Mental Hospital, *Canadian Psychiatric Association Journal*, V (1960), pp. 136-49.

Em primeiro lugar, havia o espaço situado fora de seus limites, ou fora de seu alcance. Nesse caso, a simples presença era a forma de conduta ativamente proibida — a não ser que o internado estivesse, por exemplo, especificamente "com" um agente autorizado ou estivesse ativo num papel significativo de serviço. Por exemplo, de acordo com as regras fixadas num dos serviços para homens, os pátios colocados atrás dos serviços femininos eram proibidos, presumivelmente como medida de castidade. Para todos os pacientes, com a exceção dos poucos que tinham licença para sair pela cidade, tudo que estivesse fora dos muros da instituição estava fora de seu alcance. Da mesma forma, tudo que estivesse fora de uma enfermaria fechada estava fora do alcance de seus pacientes e a enfermaria estava fora do alcance dos pacientes que não viviam ali. Muitos dos edifícios da administração e muitas das seções administrativas dos edifícios, e, com algumas variações, os postos de enfermagem, estavam fora do alcance dos pacientes. Naturalmente, disposições semelhantes já foram descritas em outros estudos de hospitais psiquiátricos:

Quando o auxiliar está no seu escritório, este e uma zona de aproximadamente cinco metros e meio estão fora dos limites para todos, a não ser para o grupo elevado de ajudantes da enfermaria, entre os pacientes privilegiados. Os outros pacientes não permanecem nessa zona e nem podem sentar-se aí. Mesmo os pacientes privilegiados podem ser mandados embora com autoridade, desde que os auxiliares assim o desejem. A obediência, quando há essa ordem — usualmente apresentada sob forma paternal, "agora, vá embora" —, é instantânea. O paciente privilegiado é privilegiado precisamente porque compreende o sentido desse espaço social e de outros aspectos da posição do auxiliar[81].

Em segundo lugar, havia o *espaço de vigilância*, a área em que o paciente não precisava de uma desculpa específica para ficar, mas onde estava sujeito à autoridade e às restrições usuais do estabelecimento. Para os pacientes com licença para andar livremente, essa área incluía a maior parte do hospital. Finalmente, havia o espaço não-regularizado pela autoridade usual da equipe dirigente; agora, desejo considerar as diversidades deste terceiro tipo de espaço.

A atividade visível de determinado ajustamento secundário pode ser ativamente proibida num hospital psiquiátrico, tal como em outros estabelecimentos. Para que a prá-

(81) BELKNAP, Ivan. *Human Problems of a State Mental Hospital.* New York, McGraw-Hill, 1956, pp. 179-80.

tica possa ocorrer, precisa estar longe dos olhos e dos ouvidos da equipe dirigente. Isso pode exigir, apenas, que o paciente esteja fora da linha de visão da pessoa da administração[82]. O internado pode sorrir disfarçadamente, ao virar o rosto; pode mastigar alimento sem movimento aparente das mandíbulas (quando a alimentação é proibida), esconder na mão um cigarro aceso, quando não devia estar fumando, usar a mão para esconder da enfermeira as fichas que ganhou durante um jogo de pôquer. Esses eram os recursos de ocultamento empregados no Hospital Central. Um outro exemplo é citado para o caso de outro hospital psiquiátrico:

> Minha rejeição total da psiquiatria que, depois do estado de coma por que passei, se transformou em elogio fanático, passava agora para uma terceira fase — a de crítica construtiva. Fiquei consciente da insensibilidade externa e do dogmatismo administrativo da burocracia do hospital. Meu primeiro impulso foi condenar; depois, aperfeiçoei meios para manobrar livremente a estrutura inepta da política da enfermaria. Por exemplo, minhas leituras tinham estado durante muito tempo sob vigilância rigorosa, e finalmente aperfeiçoei um meio de ficar a par das coisas sem assustar desnecessariamente as enfermeiras e os auxiliares. Consegui levar para minha enfermaria vários números de *Hound and Horn*, com o pretexto de que se tratava de uma revista de caça e pesca. Consegui ler *Terapia de Choque* de Kalinowski (que no hospital era um segredo de estado) com grande liberdade, depois de colocá-lo na capa do livro *Origens Literárias do Surrealismo* de Anna Balakian[83].

No entanto, além desses meios temporários de evitar a vigilância do hospital, os internados e a equipe dirigente tacitamente cooperavam para permitir o aparecimento de espaços físicos limitados, onde se reduziam marcantemente os níveis usuais de vigilância e restrição — espaços em que o internado podia ter livremente uma certa amplitude de atividades proibidas e, ao mesmo tempo, certo grau de segurança. Tais locais freqüentemente também permitiam uma redução marcante na densidade usual da população, o que contribuía para a calma e o silêncio que os caracterizavam. A equipe dirigente desconhecia a existência de tais

---

(82) Um exemplo de prisão norte-americana pode ser encontrado em ALFRED HASSLER, *Diary of a Self-Made Convict*, Chicago, Regnery, 1954, p. 123:
"Alguns minutos depois o guarda faz sua 'contagem', e nesse momento cada um deve estar de pé, inteiramente vestido, à porta de sua cela. No entanto, como o guarda só espia pela janela, é simples colocar a camisa e, colocando-se perto da porta, dar a impressão desejada".

(83) SOLOMON, Carl. Report from the Asylum. In: G. FELDMAN, & GARTENBERG, M. (orgs.) *The Beat Generation and the Angry Young Men*, New York, Dell Publishing Co, 1959, pp. 177-78.

locais, ou a conhecia, mas deles se afastava ou tacitamente deixava de exercer sua autoridade ao neles entrar. Em resumo, a liberdade tinha uma geografia. A essas regiões darei o título de *locais livres*. Podemos esperar encontrá-las principalmente quando a autoridade numa organização está localizada num grupo completo da equipe dirigente, e não num conjunto de pirâmides de comando. Os locais livres são a face oculta das relações usuais entre internados e equipe dirigente.

No Hospital Central, os locais livres eram freqüentemente empregados como ambiente para atividades especificamente proibidas: o pequeno bosque atrás do hospital era ocasionalmente usado como esconderijo para beber; a área atrás do edifício de recreação e a sombra de uma grande árvore próxima do centro dos pátios do hospital eram usadas como pontos para jogos de pôquer.

No entanto, às vezes os locais livres pareciam ser empregados apenas para conseguir algum tempo livre do controle rígido da equipe dirigente e das enfermarias cheias e barulhentas. Embaixo de alguns edifícios havia um túnel, antes usado para levar as refeições feitas nas cozinhas centrais; nos muros dessa passagem, os pacientes tinham reunido bancos e cadeiras, e alguns deles aí passavam o dia, certos de que dificilmente seriam interpelados por algum auxiliar. O túnel era usado para passar de uma parte do pátio para outra, sem precisar encontrar o pessoal administrativo nos termos usuais de equipe dirigente-internados. Todos esses locais pareciam penetrados por um sentimento de relaxamento e escolha pessoal, em contraste marcante com o sentimento de mal-estar predominante em algumas enfermarias. Aí, a pessoa podia ser ela mesma[84].

(84) Um bom exemplo de marinheiros é dado por MELVILLE, *op. cit.*, pp. 305-7:
"Apesar do comunismo doméstico a que está condenado o marinheiro de guerra, e apesar do aspecto público obrigatório dos atos que, por sua natureza, devem ser realizados na intimidade, existem ainda dois ou três cantos em que às vezes a gente pode ficar de longe, e, por alguns momentos, estar a sós.
O principal desses locais é a *plataforma*, na qual me escondia às vezes durante nossa agradável travessia de regresso à pátria, por aquelas tranqüilas latitudes tropicais. Depois de ouvir, até a saciedade, as intermináveis narrativas de nossos veteranos, eu me refugiava ali — se não fosse perturbado — e serenamente traduzia, em sabedoria, as informações recebidas.
A *plataforma* é o nome de um local para fora do casco, na base dos três enxárcias grandes que descem dos três mastros principais até à amurada. (...) Aqui, um oficial poderia repousar uma hora depois do combate, fumando um charuto para tirar dos bigodes o cheiro desagradável da pólvora. (...)

....

No entanto, embora as galerias das quadras da popa tenham desaparecido e embora o mesmo tenha ocorrido com a galeria lateral, continua a haver a plataforma; nem é possível imaginar um refúgio mais agradável. Os grandes abrigos e colhedores de enxárcias que formam os pe-

191

Como já foi sugerido, os locais livres variam de acordo com o número de pessoas que se utilizam deles e segundo a zona de origem, isto é, a residência dos usuários. Alguns dos locais livres do Hospital Central eram usados por pacientes de uma única enfermaria. Um exemplo disso era o banheiro e a sala vizinha deste, nas enfermarias dos doentes crônicos (homens). Aqui, o piso era de pedra e as janelas não tinham cortinas. Aí ficavam os pacientes que desejavam fumar, e ficava subentendido que os auxiliares aí exerceriam pouca vigilância[85]. Apesar do odor nessa parte da enfermaria, alguns pacientes preferiam aí passar parte do dia, lendo, olhando pela janela ou apenas sentados nas bacias sanitárias relativamente confortáveis. No inverno, os terraços abertos de algumas enfermarias passavam a ter uma posição semelhante, pois alguns pacientes preferiam sofrer um pouco de frio, mas ficar relativamente livres de vigilância.

Os usuários de outros locais livres vinham de um serviço psiquiátrico formado por um ou mais edifícios. O porão em desuso de um edifício no serviço de doentes crônicos tinha sido informalmente apropriado pelos pacientes, que aí colocaram algumas cadeiras e uma mesa de pingue-pongue. Aí, alguns deles passavam o dia, sem estar sob qualquer vigilância. Quando os auxiliares vinham usar a mesa de pingue-pongue, faziam-no quase que como companheiros dos pacientes; os auxiliares que não estavam dis-

destais dos mastros dividem a plataforma em pequenos nichos, pequenas alcovas e pequenos altares, onde a gente pode deitar-se ociosamente — fora do navio, embora continue a bordo. Mas muitos querem dividir uma boa coisa nesse mundo de guerreiros. Muitas vezes, quando estava sentado numa dessas alcovas, contemplando o horizonte e pensando em Catay, me assustava com algum artilheiro que, depois de pintar alguns tonéis, desejava colocá-los ali para que secassem ao sol.
Outras vezes, era um artista de tatuagem que caminhava por ali, seguido por seu modelo; então, à minha frente, via uma perna ou um braço nus, e começava o desagradável espetáculo de "alfinetadas", diretamente sob os meus olhos; ou, então, aparecia um bando de marinheiros, com caixas de costuras ou bolsas de rede, e pilhas de calças velhas que precisavam ser remendadas; com sua conversa no círculo de costura, me distraíam.
Uma vez — era uma tarde de domingo — estava agradavelmente reclinado num nicho de sombra e silêncio, entre dois cabos, quando ouvi uma voz baixa e suplicante. Espiando através do pequeno espaço entre as cordas, percebi um velho marinheiro ajoelhado, com o rosto voltado para o mar os olhos fechados, mergulhado em suas orações.
(85) Os banheiros têm função semelhante em outras instituições. KOGON, op. cit., p. 51, dá um exemplo de campo de concentração: "Quando um campo estava inteiramente organizado, às vezes se instalavam um lavatório e uma privada aberta entre duas alas. Era aí que, quando podiam, os presos fumavam, pois o fumo era rigorosamente proibido nas barracas".
Um exemplo de prisão pode ser citado de HECKSTAL-SMITH, op. cit., p. 28:
"Na oficina de sacos de correspondência, como em todas as oficinas da prisão, havia lavatórios onde os presos, aparentemente, passavam tanto tempo quanto possível. Iam para lá a fim de fumar escondidos ou apenas para sentar e fugir do trabalho, pois raramente encontramos, na prisão, alguém que tenha o menor interesse pelo trabalho que está fazendo".

postos a aceitar esse tipo de ficção tendiam a ficar longe do local.

Além de locais livres de enfermarias e serviços, havia locais livres cujos usuários vinham de toda a comunidade hospitalar. O campo parcialmente arborizado que havia atrás de um dos edifícios principais, como permitia uma excelente vista da cidade vizinha, era um desses lugares. (As famílias que não tinham ligações com o hospital às vezes faziam piquenique nesse local.) Essa area era importante na mitologia do hospital, pois, segundo se dizia, era aí que ocorriam práticas sexuais condenáveis. Por estranho que pudesse parecer, outro local livre da comunidade era a casa da guarda na entrada principal do hospital. Era aquecida durante o inverno, dava uma visão dos que entravam e saíam do hospital, estava próxima das ruas comuns da cidade e era um ponto bom para fins de caminhadas. A casa da guarda estava sob a jurisdição de guardas policiais, e não de auxiliares, que — aparentemente por estarem um pouco isolados do pessoal administrativo do hospital — tendiam a aceitar interação social com os pacientes. Aí predominava uma atmosfera relativamente livre.

Talvez o local livre mais importante da comunidade fosse a área imediatamente em torno da pequena loja "livre" que servia como cantina dos pacientes, dirigida pela Associação de Cegos, e que incluía alguns pacientes em sua administração. Aí os pacientes e alguns auxiliares passavam o dia em torno de alguns bancos ao ar livre, fazendo piadas, batendo papo, comentando a situação do hospital, bebendo café e refrigerantes, comendo sanduíches. Além de ser um local livre, essa área tinha também a função de centro informal de troca de informações[86].

Para alguns pacientes, outro local livre era o refeitório da administração, um edifício ao qual os pacientes eram oficialmente admitidos, desde que tivessem liberdade de movimento no pátio (ou visitantes responsáveis) e dinheiro para pagar a refeição[87]. Embora muitos pacientes aí se sentissem atemorizados, e não se sentissem bem quando per-

---

(86) MELVILLE, op. cit., pp. 363-64, dá um exemplo da marinha:
"Nos navios de guerra, o forno, ou cozinha, no convés principal, é o grande centro de conversas e novidades entre os marinheiros. Aqui se reúnem os grupos que desejam conversar durante meia hora, depois das refeições. A razão para a escolha desse local e dessa hora são as seguintes: só perto da cozinha, e apenas depois das refeições, o marinheiro de guerra pode ter o prazer de fumar".
Nas pequenas cidades norte-americanas, a porta da frente de algumas lojas pode ter essa função para alguns cidadãos; uma boa descrição disso é dada por JAMES WEST, no livro *Plainville, U.S.A.*, New York, Columbia University Press, 1945, "Loafing and Gossip Groups", pp. 99-107.

(87) Esta regra é um bom exemplo do programa humanitário e liberal do Hospital Central com relação a alguns aspectos da vida hospitalar. Seria possível fazer uma descrição do hospital exclusivamente a partir de liberalidades, e alguns jornalistas efetivamente fizeram isso. Ao rever uma apresentação preliminar de minha descrição, o então Mé-

maneciam no local, outros conseguiam utilizá-lo integralmente, explorando a suposição implícita de que nesse local um paciente devia ser tratado como qualquer pessoa. Alguns pacientes iam aí tomar café depois de cada refeição na enfermaria, como forma de "tirar o gosto" de uma refeição sob as condições da enfermaria, e de ter convívio com estudantes de enfermagem e médicos residentes; de modo geral, usavam o local como um centro social — a tal ponto que periodicamente precisavam ser mandados embora.

Era evidente que os pacientes, à medida que progrediam no sistema de enfermarias para privilégios cada vez maiores, tendiam a ter acesso a locais livres cuja população vinha de regiões cada vez mais amplas[88]. Além disso, a posição do local estava ligado ao sistema de enfermarias, de forma que o que era "região proibida" para um paciente desobediente podia, finalmente, ser local livre para um paciente obediente[89]. Deve-se dizer, também, que uma enfermaria podia tornar-se um local livre, pelo menos para os participantes do serviço aí localizado. Assim, algumas enfermarias num dos serviços para pacientes crônicos, e uma enfermaria de alta ou convalescência num serviço de admissão para homens, era "livre" nas horas de estudo. Durante o dia, não havia auxiliares nessas enfermarias, ou havia número muito pequeno deles, e por isso tais locais estavam relativamente livres de vigilância. Como a enfermaria do serviço de admissão tinha uma mesa de bilhar, revistas, televisão, baralhos e estudantes de enfermagem, aí se desenvolvia uma atmosfera de segurança, tranqüilidade e prazer, e alguns pacientes o consideravam semelhante a uma sala de recreação do exército.

Muitos tipos de tarefa davam aos pacientes locais livres, sobretudo quando o trabalho era realizado sob a orientação de um especialista e não de um auxiliar — pois, neste último caso, o ambiente de local de trabalho tendia a ser conservado, e isso assinalava uma liberdade distinta de autoridade e coerção, quando comparada à vida na

---

dico Assistente sugeriu que, embora não discutisse qualquer afirmação específica, poderia contraditar o resultado global com afirmações igualmente verdadeiras e favoráveis ao hospital. E realmente podia fazê-lo. O problema, no entanto, é saber se um aspecto liberal da administração do hospital atinge as vidas de apenas alguns pacientes durante alguns momentos, ou se se refere a um aspecto decisivo e repetido do sistema social que governa os aspectos centrais da vida da maioria dos pacientes.

(88) Na sociedade civil, como já foi sugerido, um local livre pode ser freqüentado por indivíduos de uma área muito grande, tal como ocorre nos parques das cidades. Em Londres, até o século XVIII, a cidade levava os ladrões para locais livres, denominados "santuários", e que às vezes impediam a prisão. Ver L. O. PIKE, *History of Crime in England,* 2 vols., Londres, Smith, Elder & Co., 1876, v. II. pp. 252-54.

(89) Pode-se acrescentar que alguns dos locais proibidos para os pacientes — por exemplo, os dormitórios de homens solteiros da equipe dirigente — eram, na realidade, e em virtude dessa regra, locais onde a equipe dirigente poderia ter "repouso", estar livre da coerção de seu comportamento que era provocada pela presença dos pacientes.

enfermaria. Isso ocorria nos locais principais de terapia industrial, lavanderia e sapataria. Portanto, conseguir local livre era um dos meios principais de utilizar uma tarefa. Para alguns pacientes, a sala de terapia ocupacional no serviço de admissão, onde se fazia serviço de carpintaria, era um local livre. O porão onde se fazia terapia de dança também era usado dessa maneira, principalmente pelo grupo de pacientes jovens, com grande reputação entre outros internados e na equipe dirigente, e que formava uma espécie de companhia de teatro para a apresentação de peças teatrais e danças, gozando de longas horas de instrução e exercícios sob a orientação de uma terapeuta de dança de que todos gostavam. Durante os intervalos, os pacientes iam para a ante-sala e, com doces comprados na máquina, e cigarros, às vezes dados pela terapeuta, se reuniam em torno de um piano, dançavam um pouco, namoravam, batiam papo, e tinham o que no mundo externo seria considerado um período de repouso informal. Comparados à vida que muitos desses pacientes tinham nas enfermarias, tais momentos eram incrivelmente suaves, harmoniosos e livres da pressão do hospital.

Embora a existência de um local livre fosse um aspecto incidental de muitas tarefas, aparentemente constituía o principal benefício de algumas delas. Por exemplo, fora da sala de insulina que ficava próxima da enfermaria de admissão num dos serviços, havia uma pequena ante-sala onde as enfermeiras podiam deitar-se e onde era possível preparar alimento para os pacientes que saíam do choque. Os poucos pacientes que conseguiam a tarefa de auxiliares na sala de insulina podiam gozar a nota médica de silêncio aí mantida e também de parte do cuidado carinhoso dado aos que passavam pelo choque; na ante-sala podiam sair do papel de pacientes, conseguir certo relaxamento, fumar, engraxar os sapatos, brincar com as enfermeiras e fazer café.

Paradoxalmente, alguns locais livres onde não havia estabilidade firmemente estabelecida podiam ser encontrados em partes bem centrais dos edifícios[90]. Num dos edifícios mais antigos, havia um vestíbulo que dava para os escritórios, e que era amplo e fresco nos meses de verão; formando um ângulo reto com ele, havia um corredor com aproximadamente três metros e meio de largura, e que levava, por uma porta trancada, às enfermarias. Nos dois

---

(90) É um fato social curioso que os locais livres sejam encontrados, freqüentemente, na proximidade de funcionários, cuja função é exercer vigilância sobre grandes áreas físicas. Por exemplo, os bêbedos de pequenas cidades às vezes se reúnem no jardim dos tribunais, e aí gozam alguns dos direitos de reunião livre que não têm nas ruas principais. Ver IRWIN DEUTSCHER, The Petty Offender; A Sociological Alien, *Journal of Criminal Law, Criminology and Police Science*, XLIV (1954), p. 595.

lados dessa sala escura, havia filas de bancos, uma máquina de fazer Coca-Cola e uma cabina telefônica. Tanto no vestíbulo principal quanto na sala, tendia a haver uma atmosfera de serviço público. Oficialmente, os pacientes não deviam "vadiar" por essa sala e, em alguns casos, eram até advertidos quando passavam pelo corredor. No entanto, alguns pacientes, conhecidos pela administração e com alguns deveres só entregues a pessoas de confiança, podiam sentar-se na saleta, e durante as tardes de verão podiam ser aí encontrados, às vezes mesmo jogando baralho, e, de modo geral, afastando-se do hospital, ainda que estivessem num de seus centros.

O consumo indireto de locais livres era um dos exemplos mais pungentes de substituição no hospital. Os pacientes fechados às vezes passavam muito tempo olhando pela janela, quando esta estava ao seu alcance, ou acompanhando pelo visor da porta a atividade que ocorria nos pátios ou na enfermaria. Alguns homens nas enfermarias mais "atrasadas" disputavam entre si a posse de um pedaço da janela; uma vez obtido, esse pedaço era usado como banco, e o paciente se curvava na janela, olhando para fora através das grades, esforçando-se para "colocar o nariz para fora", e dessa forma afastando-se da enfermaria e libertando-se um pouco de suas restrições territoriais. Os pacientes com licença para andar pelos pátios às vezes tomavam os bancos mais próximos da cerca externa e passavam o tempo olhando para os que passavam pelo hospital, e assim conseguiam um sentimento secundário de participação no mundo livre, existente lá fora.

Pode-se sugerir que, quanto menos agradável seja o ambiente em que o indivíduo precisa viver, mais facilmente alguns locais serão classificados como livres. Numa das piores enfermarias, que alojava até sessenta pacientes, muitos dos quais "regredidos", o problema de pouco pessoal durante o período da noite (das 16 às 24 horas) era resolvido pela reunião de todos os pacientes na sala de estar diurna, e pelo fechamento da entrada, de forma que todos os pacientes da enfermaria podiam ser vigiados por apenas um auxiliar. Esse período correspondia à saída do pessoal médico; com a obscuridade (no inverno) muito evidente porque as enfermarias eram mal iluminadas; e, muitas vezes, com o fechamento das janelas. Nesse momento, caía uma sombra sobre o que já era uma sombra, e havia intensificação de afeto negativo, tensão e discórdia. Alguns pacientes, sempre dispostos a varrer o chão, preparar as camas e levar outros pacientes para dormir, podiam ficar fora dessa sala e andar livremente pelos corredores então vazios, entre o dormitório e as dependências internas. Nesses momentos, qualquer local fora da sala adquiria um tom silencioso, com uma definição, pela equipe dirigente, relativamente pouco hostil da situação. O que estava fora dos limites para a maioria dos paciente se tornava, pela mesma regra, um local livre para alguns poucos.

II

O tipo de local livre até aqui considerado é um tipo categórico: o paciente que usava o local tinha que saber que outros pacientes, aos quais não estava muito ligado, teriam ou poderiam ter acesso a ele; não havia um sentimento de propriedade ou exclusivismo. Em alguns casos, no entanto, um grupo de pacientes acrescentava, ao seu acesso a um local livre, um direito de manter afastados todos os outros pacientes, a não ser quando especialmente convidados. Neste caso, podemos falar de territórios de grupo[91].

Os territórios de grupo pareciam relativamente pouco desenvolvidos no Hospital Central, surgindo apenas como extensões de direitos quanto ao uso de determinado espaço legitimamente atribuído aos pacientes. Por exemplo, um dos serviços de tratamento continuado tinha um terraço envidraçado numa das enfermarias, onde havia uma mesa de bilhar, uma televisão, revistas e outros objetos de recreação. Aqui, os auxiliares e pacientes de longo prazo, os bem estabelecidos da classe "governante", se misturavam com igualdade sociável, comentavam as novidades do hospital e, de modo geral, faziam uma grande confusão. Um auxiliar poderia trazer seu cão para mostrá-lo aos presentes, às vezes

(91) Um conhecido exemplo de território era a divisão de Chicago em zonas, cada uma delas controlada por um bando diferente. Ver, por exemplo, JOHN LANDESCO, *Organized Crime in Chicago*, Parte III de *The Illinois Crime Survey*, 1929, p. 931:
"Embora o grande número de mortes nas guerras da cerveja, ao contrário do que otimisticamente esperavam os cidadãos obedientes à lei, não levasse ao extermínio dos *gangsters*, levaria os principais chefes destes últimos a, por diferentes razões, aceitar termos de paz que definiam o território em que cada "bando" ou "sindicato" poderia atuar sem competição, e além do qual não deveria ir, a fim de não invadir o território dos outros". Um tipo de território que recentemente recebeu muita atenção foi o chamado [em inglês] *"turf"* do delinqüente.
O conceito original de território deriva da etologia, sobretudo da ornitologia; refere-se à área que um animal ou um grupo de animais defende, sobretudo contra machos da mesma espécie. Esta área varia muito quanto ao que inclui; num extremo, abrange apenas o ninho ou cubículo do animal e, no outro, toda a "amplitude do lar", isto é, a área dentro da qual o animal limita suas atividades regulares. Dentro da amplitude do lar existem localidades especializadas: local para filhotes, locais para beber água, locais para banho, locais para espojar-se, e assim por diante. Ver W. H. BURT, Territoriality and Home Range Concepts as Applied to Mammals, *Journal of Mammology*, XXIV (1943), pp. 346- -52; H. HEDIGER, *Studies of the Psychology and Behaviour of Captive Animals in Zoos and Circuses*, Londres, Butterworths Scientific Publications, 1955, pp. 16-18; S. R. CARPENTER, Territoriality: A Review of Concepts and Problems, em A. ROE e G. G. SIMPSON, (orgs.), *Behavior and Evolution*, New Haven, Yale University Press, 1958, pp. 224-50. Quanto ao conceito de territorialidade, devo agradecer o auxílio de Irven DeVore.

197

combinar datas para pescarias com pacientes com licença para sair, consultar o grupo todo quanto aos palpites para corridas de cavalos, fazendo brincadeiras sobre as apostas feitas ou programadas. O jogo de pôquer que os auxiliares e pacientes aí jogavam nos fins de semana colocavam os primeiros até certo ponto sob o poder dos pacientes, e o mesmo ocorria com o fato de aí os auxiliares se sentirem seguros para comer livremente alimento trazido para eles da cozinha dos pacientes — um uso proibido. Os auxiliares podiam castigar os pacientes barulhentos, mas dificilmente poderiam fazê-lo sem a aprovação dos outros pacientes presentes. Aqui havia um caso claro de confraternização, e que oferecia um interessante contraste com o tipo de relação que a equipe médica de psiquiatria desenvolvia com os pacientes pelos quais tinha maior interesse. E aqui os auxiliares e pacientes faziam um esforço conjunto para manter os pacientes de outros serviços fora da sala e, especialmente, fora do jogo de pôquer.

Assim como as tarefas que colocavam os pacientes em contato estreito com o meio de trabalho da equipe dirigente podia dar um local livre para esses pacientes, também um local desse tipo, limitado a pequeno número de pacientes oficialmente designados para ele, podia tornar-se um território deles[92]. Por exemplo, um dos escritórios do edifício de recreação era destinado a alguns pacientes que participavam ativamente da produção do jornal semanal dos pacientes. Aqui, podiam gozar, não apenas das condições de trabalho de qualquer diretoria de pequena empresa, mas também da expectativa de que outros pacientes não apareceriam sem boas razões para isso. Durante as muitas ocasiões em que não havia uma tarefa urgente e específica, um participante desse grupo podia sentar-se numa confortável cadeira de escritório, colocar o pé na mesa, folhear tranqüilamente uma revista, comer um doce, fumar um cigarro ou ter outras regalias dadas pela generosa equipe de recreação — uma condição de intimidade e controle que só poderia ser

---

(92) Tais disposições têm sido citadas em outras descrições de hospitais psiquiátricos; ver, por exemplo, BELKNAP, *op. cit.*, p. 174: "Para a maioria dos pacientes, tanto as instalações de banheiros quanto os armários e quartos de roupas eram territórios proibidos, a não ser em certos momentos autorizados. No entanto, um grupo escolhido de pacientes podia entrar no quarto de roupas e, sob certas condições, no quarto de escovas e vassouras".

Evidentemente, as prisões são conhecidas por tais possibilidades. Um exemplo inglês é dado por HECKSTALL-SMITH, *op. cit.*, p. 70: "No escritório de educação, eu tinha muitas oportunidades para falar franca e abertamente com os funcionários da prisão. Nossa pos ção, nesse caso, era um pouco singular. Tinham muita confiança em nós. Podíamos entrar e sair, praticamente de acordo com nossa vontade, e não estávamos sob supervisão direta; trabalhávamos sozinhos e andávamos com as chaves do escritório. Além disso, esse era o serviço mais cômodo na prisão — pois, no escritório, tínhamos um aparelho de rádio e, no inverno, uma bela lareira" (...)

corretamente apreciada considerando-se o ambiente das condições usuais do hospital.

Também sob outro aspecto, o edifício de recreação aparecia como um território de grupo. Aproximadamente seis pacientes eram indicados para serviços de limpeza e serviços domésticos no edifício. Como acordo tácito para compensação por seu trabalho, tinham alguns direitos especiais. Nos domingos, depois de terem lavado os pisos e terem feito a arrumação, e antes da abertura tardia das portas, o local lhes pertencia. Faziam café e tiravam, da geladeira, os doces e bolos que tinham sobrado da festa anterior. Da mesa do diretor podiam pegar, por algumas horas, os dois jornais de domingo que eram regularmente entregues no edifício. Durante algumas horas, depois da limpeza, e enquanto os pacientes se juntavam na porta à espera de que fosse aberta, esses trabalhadores podiam ter o luxo de uma experiência de silêncio, conforto e controle. Se um deles chegasse tarde para o trabalho, podia passar pelo grupo reunido na porta, e só ele seria admitido por um de seus colegas que já estivesse lá dentro.

Embora a casa de guarda tivesse tendência para ser um local livre para qualquer paciente com licença para andar pelo hospital, havia lugares que, de forma semelhante, recebiam pacientes de todo o hospital, mas não estavam abertas a todos os pacientes. Um desses locais era o pequeno escritório do funcionário que dirigia o edifício onde se localizava o teatro. Durante os ensaios para peças, *shows* e outros espetáculos — quando o cenário e a sala se tornavam um local livre para os pacientes participantes — esse escritório era usado por um pequeno conjunto de "pessoas importantes" como um local bem protegido para lanche e conversas. O administrador, que tinha grande contato com os pacientes e pouco contato com os colegas, — tal como ocorria com os guardas da porta principal — tendia a desempenhar um papel intermediário entre a equipe dirigente e os pacientes e, pelo menos no caso do grupo "importante", recebia o respeito e a intimidade de não ser tratado como pessoa da equipe dirigente.

Em algumas enfermarias, o território do grupo conservado por alguns pacientes passava a ser tacitamente respeitado pela administração da enfermaria. Nessas enfermarias, onde quase todos os pacientes eram regressivos, senis, ou sofriam de lesões orgânicas, os poucos pacientes capazes de comunicação, embora não oficialmente, recebiam, em troca do trabalho de limpar o piso e manter a ordem, uma ala do terraço, fechado para os outros pacientes por uma barreira de cadeiras.

Algumas das jurisdições territoriais desenvolvidas pelos pacientes tinham um caráter de periodicidade. Por exemplo, a tarefa de cinco pacientes num serviço de homens cronicamente doentes era ajudar a servir alimento aos incapazes da caminhada rotineira da enfermaria para o refeitório. Depois de servir esses pacientes, os que trabalhavam se afastavam, com os pratos vazios, para a sala de limpeza ligada à enfermaria. No entanto, antes ou depois de fazer isso, recebiam um prato de alimento e um jarro de leite, que podiam consumir à vontade, segundo o seu ritmo, na cozinha da enfermaria. Da geladeira dessa sala, tiravam o café que sobrara da refeição da manhã, podiam requentá-lo e, durante mais ou menos meia hora, sentar-se e repousar, com controle de seu ambiente. Encontravam-se domínios ainda mais fugazes de território. Por exemplo, no serviço de admissão de homens, na enfermaria para onde eram levados os pacientes com depressão grave, excitação ou lesão cerebral, os poucos pacientes com contato relativamente satisfatório se separavam com uma barreira de cadeiras, a fim de manter um canto da sala de estar, livre dos outros internados com sintomas mais graves[93].

III

Mencionei dois tipos de lugares sobre os quais o paciente tem um controle pouco usual: locais livres e territórios de grupo. Compartilha os primeiros com qualquer paciente e os outros com alguns poucos escolhidos. Existe ainda o direito a espaço, onde o indivíduo cria alguns elementos de conforto, controle e direitos tácitos que não compartilha com outros pacientes, a não ser quando os convida. Neste caso, falarei de *território pessoal*. Aqui existe um contínuo, onde, num extremo, existe um lar ou um "ninho"[94], e, no outro, apenas um local de refúgio[95], em que o indivíduo se sente tão protegido e satisfeito quanto isso seja possível no ambiente.

(93) Este tipo de formação de território é, naturalmente, muito comum na vida civil. Pode ser observada em Ascot para disposições de fechamento e nas barreiras de cadeiras, improvisadas por músicos que precisam trabalhar em casamentos (ver Howard S. Becker, The Professional Dance Musician and His Audience, *American Journal of Sociology*, LVII [1951], p. 142).
(94) Sobre o conceito de "ninho", ver E. S. Russell, *The Behavior of Animals*, 2.ª ed., Londres, Arnold, 1938, pp. 69-73; Hediger, *op. cit.*, pp. 21-22.
Às vezes é difícil estabelecer a separação entre os territórios pessoais do tipo de ninho e os territórios de grupo. Por exemplo, no mundo social dos meninos norte-americanos, uma árvore da casa, um "forte" ou uma caverna construídos no quintal do menino tendem a ser seu território pessoal; seus amigos podem participar, por convite, do território, mas o convite pode ser desfeito quando suas relações pioram; o mesmo edifício construído em terreno sem dono tende a ser coletivamente ocupado.
(95) Os locais de refúgio constituem um dos locais especializados que freqüentemente encontramos na amplitude de habitação do animal.

Nos hospitais psiquiátricos e em instituições semelhantes, o tipo básico de território pessoal é, talvez, o quarto particular de dormir, oficialmente disponível para aproximadamente cinco a dez por cento da população da enfermaria. No Hospital Central, um quarto desse tipo era dado em troca de trabalho na enfermaria[96]. Uma vez obtido, um quarto particular poderia ser provido de objetos que dariam conforto, prazer e controle à vida do paciente. Retratos de moças, um rádio, uma caixa com histórias policiais, fósforos, aparelho de barba — esses eram alguns dos objetos, muitos deles ilícitos, levados pelos pacientes.

Os pacientes que ficavam numa enfermaria durante alguns meses tendiam a criar territórios pessoais na sala de estar, pelo menos na medida em que alguns internados criavam locais preferidos para ficar em pé ou sentar-se, e fariam algum esforço para afastar quem quer que tomasse tais lugares[97]. Assim, numa enfermaria de tratamento continuado, um paciente idoso com "bom contato", com a realidade tinha, por consentimento mútuo, o uso de um aquecedor; colocava papel em cima do aquecedor e assim podia sentar-se nele, e era isso que comumente fazia. Atrás do aquecedor, conservava alguns de seus objetos pessoais, o que contribuía também para separar a área como sua[98]. A poucos metros de distância, num canto da sala, um pa-

(96) Além do preço de trabalho de um quarto particular, havia outras dificuldades. Na maioria das enfermarias, as portas dos quartos particulares eram trancadas durante o dia, de forma que o paciente precisava pedir licença para nele entrar sempre que o desejasse, e precisava suportar a recusa ou o olhar de impaciência que isso freqüentemente provocava no funcionário encarregado das chaves. Além disso, alguns pacientes pensavam que tais quartos não eram tão bem ventilados quanto os dormitórios grandes e estavam sujeitos a grandes variações de temperatura, de forma que durante os meses mais quentes alguns pacientes procuravam sair, temporariamente, de seus quartos particulares.

(97) Os territórios para sentar, conhecidos na literatura leve sobre os clubes, são descritos em material sobre hospitais psiquiátricos; ver, por exemplo, JOHNSON e DODDS, op. cit., p. 72:
"Ocupei esses locais para dormir durante vários meses. Durante o dia, ocupávamos uma agradável sala de estar, grande e encerada, onde havia poltronas. Às vezes, ficávamos sentados, aí, sem que ninguém falasse. Não havia outro som, além do resmungo de uma das moradoras mais antigas, quando alguma recém-chegada ocupava uma cadeira que habitualmente lhe pertencia".

(98) Sempre que os indivíduos têm um local fixo de trabalho — por exemplo, uma escrivaninha de escritório, um guichê, ou um torno de oficina — tendem, com o tempo, a criar certas condições de domínio e conforto, capazes de marcar a área com o material que constitui a casa particular. Cito um exemplo de vida no fosso de orquestra, retirado de OTTENHEIMER, op. cit.: "Depois de o espetáculo estar no cartaz durante certo tempo, o fosso adquire uma atmosfera cômoda e doméstica. Os homens armam cabides onde colocam os instrumentos de sopro nos momentos de repouso, e estantes para música, livros e outros objetos. Uma prática comum é pôr uma caixa de madeira no móvel onde se coloca a partitura, e dele fazer um depósito cômodo de papel, lápis, goma de mascar e óculos. Um 'toque' muito íntimo foi apresentado pela seção de cordas da orquestra de *West Side Story*, pois aí se colocaram retratos de moças (fora da vista do auditório) no lado interno das cortinas que separam a orquestra do público. Alguns artistas chegaram a levar pequenos rádios portáteis — usualmente para com eles acompanhar seu esporte predileto".

ciente capaz de trabalhar tinha o que correspondia a seu "escritório", pois era um local onde o pessoal da administração podia procurá-lo. Sentava-se há tanto tempo nesse local que havia, no reboco da parede, uma pequena "depressão", onde usualmente colocava a cabeça para repousar. Na mesma enfermaria, um outro paciente se considerava dono de uma cadeira colocada diretamente à frente do aparelho de televisão; embora alguns pacientes disputassem o lugar, geralmente conseguia conservá-lo para si.

A formação de territórios nas enfermarias tem uma relação específica com a perturbação mental. Em muitas situações civis, predomina uma regra igualitária — por exemplo, "quem chega primeiro é servido antes", outro princípio de organização é geralmente disfarçado — "o mais forte pega aquilo que deseja". Até certo ponto, esta última regra atuava nas enfermarias dos doentes piores exatamente como a primeira predominava na dos doentes melhores. No entanto, é preciso introduzir outra dimensão. A adaptação à vida de enfermaria que muitos pacientes "atrasados" conseguem, por qualquer razão voluntária ou por qualquer causa involuntária, faz com que se tornem quietos e não reclamem; além disso, afastam-se de qualquer confusão em que possam ficar envolvidos. Uma pessoa desse tipo pode ser afastada de um local, independentemente de seu tamanho ou de seu peso. Por isso, nas enfermarias atrasadas, ocorria uma forma especial de "ordem de bicadas", e os pacientes capazes de falar e com bom contato tiravam, dos que tinham mau contato, as cadeiras e os bancos preferidos. Isso era levado a tal ponto que um paciente capaz de falar podia afastar um paciente mudo de um repouso para os pés, fazendo com que o primeiro ficasse com uma cadeira e um repouso para os pés, enquanto o segundo ficava sem nada — uma diferença não-desprezível se lembrarmos que, a não ser durante alguns intervalos na hora das refeições, alguns pacientes passavam todo o dia nessas enfermarias, sem fazer nada, além de sentar ou ficar em pé em algum lugar .

Talvez o espaço mínimo que se transformava em território pessoal fosse dado pelo cobertor de um paciente. Em algumas enfermarias, alguns pacientes carregavam seus cobertores durante todo o dia, e, num ato considerado como muito regressivo, deitavam-se no chão, inteiramente cobertos pelo cobertor; dentro desse espaço coberto, cada um tinha certa margem de controle[99].

(99) Alguns nichos ecológicos — por exemplo, cantos de portas e barracas de cobertor — podem ser também encontrados entre crianças autísticas, segundo descrição, por exemplo, de BRUNO BETTELHEIM, Feral Children and Autistic Chidren, *American Journal of Sociology*, LXIV (1959), p. 458: "Outras constroem refúgios em cantos escuros ou armários, não dormem em outro lugar, e preferem passar todo o dia e toda a noite nesses locais".

Como se poderia esperar, um território pessoal pode ser criado dentro de um local livre ou de um território de grupo. Por exemplo, na sala de recreação de um serviço de pacientes crônicos, uma das duas grandes cadeiras situadas perto da luz e do aquecedor era regularmente tomada por um paciente mais velho e respeitado, e tanto os pacientes quanto a administração reconheciam seu direito a ela[100].

Um dos exemplos mais complexos de formação de território num local livre no Hospital Central ocorreu no porão abandonado de um dos edifícios de tratamento contínuo. Algumas das salas mais conservadas eram usadas por auxiliares menos graduados como salas de depósito; havia uma sala de tintas e uma sala onde se guardava o material para jardinagem. Em cada uma dessas salas, um paciente, que trabalhava como ajudante, tinha um domínio semi-oficial. Aí guardavam retratos de moças bonitas, um rádio, uma cadeira relativamente macia e provisão de tabaco do hospital. Algumas das outras salas, em piores condições, tinham sido apropriadas por pacientes idosos, há muito tempo no hospital e com licença para andar livremente; cada um deles tinha conseguido levar alguma coisa para seu "ninho" — ainda que apenas uma cadeira quebrada e pilhas de revistas velhas[101]. No caso raro de qualquer desses pacientes ser chamado durante o dia por alguém da equipe dirigente, seria procurado diretamente em seu escritório no porão, e não na enfermaria.

Em alguns casos, uma tarefa dava um território pessoal. Por exemplo, os pacientes que trabalhavam na sala de roupas e materiais de sua enfermaria podiam ficar nessa sala, mesmo quando não tinham serviços para realizar; aí podiam sentar-se ou deitar no chão, longe das alterações de comoção e tédio da sala de estar.

Recursos

Desejo agora considerar dois outros elementos da vida íntima, e que também incluem disposições físicas.

---

(100) Para fazer uma experiência, esperei uma noite em que a segunda cadeira boa tinha sido levada para outra parte da sala e, antes da chegada do paciente, sentei-me em sua cadeira, tentando dar a impressão de alguém que estivesse lendo inocentemente. Quando o paciente chegou, em sua hora habitual, olhou para mim, longa e silenciosamente. Tentei dar a resposta de alguém que não soubesse o que é que ele estava procurando. Como, dessa forma, não consegui fazer com que eu me lembrasse de meu lugar, o paciente procurou a outra cadeira boa na sala, encontrou-a, levou-a de volta para seu lugar usual, próximo daquele onde eu estava. Depois disse com tom respeitoso e sem qualquer hostilidade: "Meu filho, você se incomoda de passar para a outra cadeira"? Foi o que fiz, e isso encerrou a experiência.

(101) Alguns pacientes tentavam construir tais ninhos nas partes do hospital em que havia árvores, mas, aparentemente, os responsáveis rapidamente desmontavam tais estruturas.

I

Na vida diária, os bens legitimamente possuídos, e empregados nos ajustamentos primários, são geralmente guardados, quando não estão sendo usados, em locais especiais — por exemplo, sapateiros, gavetas, armários, cofres. Esses locais protegem o objeto de danos, mau uso e apropriação indébita, além de permitirem que o dono delas esconda dos outros aquilo que possui[102]. Mais importante do que isso, tais locais podem representar uma extensão do eu e de sua autonomia, tornando-se mais importantes à medida que o indivíduo perde outros "reservatórios" de seu eu. Se uma pessoa não pode guardar nada para si mesma, e se tudo que usa pode ser também usado por outros, há possibilidade de pouca proteção quanto à contaminação por outros. Além disso, algumas das coisas que a pessoa deve abandonar são aquelas com as quais mais se identificou e que emprega para auto-identificação diante dos outros. É por isso que um monge pode ficar preocupado com sua única propriedade particular, a caixa onde guarda suas cartas[103], e um marinheiro com a bolsa de lona onde guarda as roupas[104].

Onde não se permitem tais locais de conservação particular, é compreensível que sejam criados de maneira ilícita. Além disso, para que uma pessoa possua ilicitamente um objeto, pode precisar também esconder o local onde o guarda. Um local pessoal de armazenamento que é escondido ou fechado, não apenas para impedir tentativas ilegítimas de intromissão, mas também a interferência de autoridades legítimas, é às vezes denominado *stash* [esconderijo] no mundo delinqüente ou semidelinqüente, e assim será denominado aqui[105]. Pode-se notar que tais locais ilegítimos de armazenamento representam, do ponto de vista da orga-

(102) Evidentemente, locais pessoais para guardar as coisas com segurança são conhecidos em outras culturas, além da nossa. Ver, por exemplo, JOHN SKOLLE, *Azalaï*, New York, Harper & Bros., 1956, p. 49: "Os Tuaregues carregavam todos os seus bens em sacos de couro. Os que continham objetos preciosos eram fechados com sua *cadenas;* às vezes, havia necessidade de três chaves para o funcionamento da combinação. O sistema parecia muito pouco eficiente como medida de precaução, pois todos os homens tinham um punhal, e quem o desejasse poderia ignorar a fechadura e abrir o saco de couro. Mas ninguém pensava em fazer isso. A fechadura era universalmente respeitada como um símbolo de propriedade particular".
(103) MERTON, Thomas. *The Seven Storey Mountain*. New York, Harcourt, Brace & Company, 1948, p. 384.
(104) MELVILLE, *op. cit.*, p. 47.
(105) Um exemplo de prisão norte-americana pode ser obtido em HASSLER, *op. cit.*, pp. 59-60:
"Exatamente à minha frente, está o dormitório do mais ilustre inquilino — 'Nocky' Johnson, antigo chefe político de Atlantic City e, se não me falha a memória, concessionário das mais sórdidas atividades nesse local. Nocky é um homem alto e forte, que tem mais ou menos sessenta anos. Sua posição na hierarquia da prisão é evidente, à primeira vista, pela meia dúzia de cobertores de fina lã que estão colocados em seu catre (nós outros temos dois, e de qualidade muito pior) e pela chave

nização, um assunto mais complexo do que simples substituições, pois um esconderijo pode, comumente, guardar mais de um tipo de posse ilegítima. Eu gostaria de acrescentar que um objeto importante que pode ser guardado em esconderijos é o corpo humano (vivo ou morto), o que dá origem a vários termos especiais — por exemplo, "esconderijo" "clandestino" — e a uma das cenas inevitáveis nas histórias policiais.

Quando os pacientes eram admitidos no Hospital Central, não podiam ter um local particular e acessível para guardar coisas, principalmente se estavam excitados ou deprimidos. Por exemplo, suas roupas pessoais podiam ser guardadas num quarto onde não podiam freqüentar à vontade. Seu dinheiro era conservado no edifício da administração, e não podia ser obtido sem permissão médica e/ou de seu representante legal. Os objetos valiosos ou quebráveis — por exemplo, dentaduras, óculos, relógios de pulso —, que freqüentemente constituem parte integral da imagem do corpo, poderiam ser guardados fora do alcance de seus donos. Os documentos oficiais de identificação também poderiam ser conservados pela instituição[106]. Os cosméticos, necessários para que a pessoa se apresente adequadamente diante dos outros, eram coletivizados e acessíveis aos pacientes apenas em certos momentos. Nas enfermarias de convalescência, havia armários perto das camas, mas, como não estavam trancados, estavam sujeitos a roubo por parte de outros pacientes e dos auxiliares do hospital, e, de qualquer modo, estavam freqüentemente em quartos que, durante o dia, estavam fechados para os pacientes.

Se as pessoas fossem altruístas, ou se precisassem ser altruístas, evidentemente não haveria justificativa para um local particular para armazenamento, tal como o sugere um ex-doente mental inglês:

Procurei uma gaveta, mas sem resultado. Nesse hospital, aparentemente não as havia; a razão logo ficou muito clara; não eram necessárias — nada tínhamos para guardar nelas; e tudo era compartilhado, mesmo a solitária toalha de rosto, usada para vários outros objetivos, um assunto a respeito do qual tive grande revolta[107].

em seu lavatório de metal — o que, evidentemente, seria desnecessário entre os menos importantes. Meu vizinho — especialista em fraudes — me diz que os guardas nunca revistam os bens de Nocky, embora revistem os de todos os outros. A espiada que consegui dar para o interior de seu lavatório me mostrou que estava cheio de pacotes de cigarros — o principal meio de troca neste santuário em que não existe dinheiro".
(106) Deve-se dizer, claramente, que há muitos e bons argumentos, tanto clínicos quanto administrativos, para impedir que determinados pacientes tenham consigo seus bens pessoais. Aqui não se discute se essa restrição é desejável ou não.
(107) JOHNSON e DODDS, *op. cit.*, p. 86.

Mas todos têm um eu. A mutilação implícita na perda de locais para guardar as coisas com segurança permite compreender que, no Hospital Central, os pacientes criassem lugares adequados para isso.

Aparentemente, era característico da vida do hospital que a forma mais comum de esconderijo permitisse que a pessoa a levasse para qualquer lugar[108]. Para as doentes, um desses recursos era uma grande bolsa; uma técnica paralela para um homem era um paletó com bolsos grandes, vestido mesmo nos dias mais quentes de verão. Embora tais recipientes sejam muito comuns na comunidade mais ampla, no hospital tinham uma carga muito grande: livros, materiais para escrever, toalhas de papel, frutas, moedas, cachecol, baralho, sabonete, aparelho de barba (no caso dos homens), vidros de sal, pimenta e açúcar, garrafas de leite — esses eram alguns dos objetos carregados dessa forma. Essa prática era tão comum, que um dos símbolos mais fiéis do *status* do paciente no hospital era o fato de ter bolsos cheios. Outro recurso de armazenamento era uma sacola de compras, forrada com outra sacola. (Quando parcialmente cheio, esse esconderijo freqüentemente usado também servia como travesseiro e encosto.) Entre os homens, um pequeno esconderijo era freqüentemente criado com uma meia longa: costurando a parte aberta e enrolando essa parte no cinto, o paciente podia carregar uma espécie de porta-moedas dentro de sua calça. Encontravam-se, também, variações individuais desses recipientes portáteis. Um jovem engenheiro fabricou uma bolsa com oleado jogado fora; a bolsa tinha compartimentos separados e bem medidos para escova, pente, baralho, papel de carta, lápis, sabonete, toalha de papel para rosto e papel higiênico — e o conjunto estava preso por um clips escondido à sua cinta. O mesmo paciente tinha também costurado um bolso a mais no interior de seu paletó, a fim de carregar um livro[109]. Outro paciente, grande leitor de jornais, inva-

---

(108) Na literatura leve sobre atividade de criminosos, há esconderijos portáteis bem conhecidos: saltos falsos de sapatos, malas com fechaduras falsas, supositórios etc. As jóias e os narcóticos são os itens prediletos para tais esconderijos. Esconderijos mais complexos são descritos na ficção de espionagem.

(109) BRENDAN BEHAN, em *Borstal Boy*, Londres, Hutchinson, 1958, p. 173, ao descrever a resposta de um internado numa prisão inglesa ao alimento de que dispunham os que iam à missa, dá um exemplo paralelo:

"Vou dizer uma coisa — disse Joe, ao colocar a salsicha dentro do pão e depois, em seu esconderijo, um pedaço de lona de mala de correio amarrada à ponta de sua camisa —, a gente não ganha isso na Igreja Anglicana".

Aqui, como em muitos outros aspectos da vida íntima, MELVILLE, *op. cit.*, p. 47, é uma boa fonte:

"Você não tem lugar para colocar qualquer coisa, a não ser em seu saco ou em sua rede. Se você deixa qualquer coisa no chão, há dez possibilidades, em uma, de perdê-la ao menor descuido.

Ao esquematizar o plano preliminar, e ao decidir a criação dessa memorável jaqueta branca, pensei em todos esses inconvenientes e decidi

riavelmente vestia seu paletó, aparentemente para esconder os jornais que trazia dobrados sobre a cinta. Outro utilizava uma bolsa de tabaco bem limpa para transportar alimento; as frutas inteiras, descascadas, podiam ser facilmente colocadas no bolso, e levadas do refeitório para a enfermaria, mas o alimento cozido devia ser levado em esconderijo à prova de gordura.

Eu gostaria de repetir que havia boas razões para carregar tanta coisa. Muitas das coisas que tornam mais cômoda a vida civilizada — por exemplo, sabonete, papel higiênico, ou cartas de baralho — e que na sociedade civil podem ser encontradas facilmente em muitos locais, não estão disponíveis para os pacientes, de forma que as necessidades diárias precisam ser atendidas, pelo menos em parte, por aquilo que é fornecido no início do dia.

Além dos esconderijos portáteis, eram também empregados os fixos; estes eram encontrados mais freqüentemente nos territórios e locais livres. Alguns pacientes tentavam guardar seus objetos mais valiosos sob os colchões; no entanto, como já foi indicado, a regra geral do hospital fazia com que os dormitórios fossem inacessíveis durante o dia, o que reduzia a utilidade desse recurso. Os cantos semi-ocultos das janelas eram às vezes usados. Os pacientes com quartos particulares e boas relações com o auxiliar usavam seus quartos como esconderijos. As pacientes às vezes escondiam cigarros e fósforos nos estojos que deixavam em seus quartos[110]. Um dos contos moralizadores e prefe-

---

evitá-los. Decidi que a jaqueta não só devia permitir que eu me aquecesse, mas que fosse feita de tal forma que contivesse uma ou duas camisas, um par de calças, e objetos úteis para costura, além de livros, biscoitos e assim por diante. Para isso, fiz com que tivesse vários bolsos, depósitos, 'armários de roupas' e 'guarda-louças'.

As duas divisões principais estavam colocadas nas camisas, com uma grande abertura interna; outras, com menor capacidade, estavam colocadas na altura do peito, com portinholas dobradiças comunicantes, de forma que, em caso de emergência para acomodar objetos muito grandes, os dois bolsos pudessem ser transformados em um só. Havia também vários esconderijos; tão numerosos eram estes, que minha jaqueta, como um antigo castelo, estava cheia de escadas em caracol, armários secretos, criptas e salas particulares; e como uma escrivaninha confidencial, estava cheia de prateleiras e locais secretos para a guarda de objetos valiosos.

Sobre tudo isso, coloquei quatro bolsos grandes do lado de fora; dois para guardar rapidamente os livros, quando fosse repentinamente chamado de meus estudos para o convés; os outros dois deviam servir de meia-luva, onde colocaria as mãos numa guarda em noite fria".

(110) O registro de esconderijos bem planejados, em instituições totais, principalmente em prisões, é muito esclarecedor. Um exemplo é dado por um preso objetor de consciência (que se negou a prestar o serviço militar por razões religiosas), colocado em confinamento solitário (CANTINE e RAINER, op. cit., p. 44):

"Os presos me passavam alimento da mesa dos funcionários — ovos e queijo. Também me passavam tortas e doces. Em várias ocasiões um guarda sentiu o cheiro de queijo forte e "pôs abaixo" a cela. O queijo estava numa prateleira embutida sob a tampa da mesa. O guarda, perplexo, sentia o odor e procurava o queijo. Nunca encontraram a prateleira e nem o queijo".

Um preso em cadeia inglesa descreve a tentativa de fuga por um

207

ridos no hospital era o de um velho senhor que dizia ter escondido seu dinheiro — mil e duzentos dólares — numa caixa de charutos numa árvore do hospital.

Deve estar claro que algumas tarefas também permitiam a criação de esconderijos. Alguns dos pacientes que trabalhavam na lavanderia conseguiam ter caixas individuais trancadas, oficialmente distribuídas apenas a trabalhadores que não fossem pacientes do hospital. Os pacientes que trabalhavam na cozinha do edifício de recreação usavam os armários e a geladeira como locais para guardar alimento e beber o que economizavam em várias reuniões sociais, e outros artigos que tinham conseguido obter de um ou de outro modo.

II

Para que um esconderijo fixo possa ser usado, evidentemente é preciso inventar meios de levar o objeto para o esconderijo e de removê-lo de lá para o local de uso. De qualquer forma, para conseguir ajustamentos secundários eficientes, é preciso criar um meio não-oficial, geralmente escondido, para levar e trazer os objetos significativos — em resumo, é preciso ter um *sistema de transporte*. Todos os sistemas legítimos de transporte podem ser empregados como parte da vida secreta, pois para cada sistema há regras a respeito das pessoas que podem usá-lo; para que fins podem fazê-lo, havendo, portanto, possibilidade de uso errado. Quando um indivíduo tem certa liberdade de movimento, — como é o caso do paciente com licença para sair — um esconderijo portátil evidentemente funciona também como um meio de transporte. Pelo menos três objetos definidos de forma diferente podem ser usados num sistema de transporte: corpos, artefatos ou coisas, mensagens verbais ou escritas.

Os casos famosos de transporte ilícito de corpo podem ser encontrados nos campos de prisioneiros de guerra[111] e (com relação à sociedade como um todo) em túneis para fuga; nos dois casos, é possível criar uma fuga regular, e

---

tocador de tambor transformado em serralheiro (DENDRICKSON e THOMAS, *op. cit.*, p. 133):

"Jacob correu para a oficina e colocou a chave na fechadura. Quando estava virando a chave, uma pesada mão caiu sobre seu ombro. Foi levado de volta para a sua cela, com toda a vergonha que isso significava.

Isso provocou uma busca sem precedentes e minuciosa, através da qual se revelou finalmente um mistério de Dartmoor — o mistério de seus esconderijos. Dentro de seu tambor, descobriram limas, fitas de serra, formões, moldes para chaves, um martelo e muitos outros objetos suspensos em cordas".

(111) Ver, por exemplo, REID, *op. cit.*, e ERIC WILLIAMS, *The Wooden Horse*, New York, Berkley Publishing Corp., 1959.

não um trabalho para apenas um ato. Os exemplos diários de transporte humano ilícito referem-se, não a fugas, mas a movimentos de rotina. É possível dar um exemplo do Hospital Central: como o território cercado do hospital abrangia mais de 120 hectares, utilizavam-se ônibus para transportar os pacientes de um lugar para outro do hospital — para os locais de trabalho, para os edifícios médico--cirúrgicos, e assim por diante. Os pacientes com liberdade de movimentos, e que conheciam o horário dos ônibus, às vezes esperavam um deles e tentavam conseguir ir para outra parte do hospital, sem precisar caminhar[112].

Evidentemente, os sistemas de transporte ilícito de *objetos* são comuns e dificilmente poderiam ser omitidos de qualquer estudo de ajustamentos secundários. A arte venerável do contrabando dá aqui os exemplos mais notáveis, e, tanto no caso de estados nacionais[113] quanto de estabelecimentos sociais[114] é possível citar muitos exemplos de mecanismos de transporte oculto.

Os hospitais psiquiátricos apresentam seus exemplos característicos, onde se incluem recursos que, extra-oficialmente, são muito tolerados. Por exemplo, no Hospital Central, as enfermarias que estavam relativamente distantes da cantina tinham criado um sistema informal de pedidos e

(112) Não acredito que existam muitos sistemas de transporte que não sejam usados por alguém para transporte ilegítimo. A grande instituição norte-americana "viajar nos vagões de carga" é um bom exemplo disso; outro exemplo importante é "chocar" ou "pegar rabeira". Durante o inverno, no Norte do Canadá, antes da difusão do emprego de caminhões em zonas rurais, o principal meio de transporte de meninos para distâncias maiores era "chocar" ou "pegar uma rabeira" de um carro puxado por cavalos. Um aspecto interessante de todas essas difundidas formas de parasitismo de transporte é a amplitude da entidade social abrangida pelo ajustamento secundário: uma cidade, uma região, e até o país inteiro.
(113) Ver, por exemplo, a recente monografia de NEVILLE WILLIAMS, *Contraband Cargoes*, Toronto, Longmans, 1959.
(114) Sobre as técnicas de contrabando de bebida alcoólica para navio de guerra, ver MELVILLE, *op. cit.*, pp. 175-76. Os casos de contrabando em prisões são naturalmente muito numerosos. Ver, por exemplo, DENDRICKSON e THOMAS, *op. cit.*, p. 103;
"A tensa situação referente ao material de leitura em Dartmoor é levemente aliviada por um pequeno exército de livros conhecidos como 'voadores'. São livros que alguém retirou da biblioteca, sem que fosse anotado se destinasse a qualquer preso determinado. E alguns deles foram 'contrabandeados' para dentro da prisão. Esses livros — quase todos de autoria de Peter Cheyney — levam uma existência subterrânea, mais ou menos como baratas escondidas. Passam de mão em mão, encobertos por camisas ou jaquetas. Voam misteriosamente para a cela de um preso na hora da inspeção; aparecem sob as mesas nas horas das refeições; aparecem em cima da caixa d'água na hora do repouso. E, no caso de uma revista de surpresa, freqüentemente são jogados para fora das celas, a fim de evitar a descoberta e a apreensão. Uma situação que provavelmente divertiria muito o autor de tais livros".
De forma semelhante, HOWARD SCHOENFELD em CANTINE e RAINER, *op. cit.*, p. 23, descreve sua experiência numa cela solitária: "Comecei a esperar pelas horas das refeições, quando um internado, que não podia falar comigo por causa da presença de um guarda, depositava uma bandeja dentro de minha cela. Uma noite, encontrei um cigarro e fósforos cuidadosamente pregados na parte inferior da bandeja".

entregas. Duas ou mais vezes por dia, os que estavam numa dessas enfermarias — tanto auxiliares quanto pacientes — organizavam uma lista e recolhiam o dinheiro necessário; um paciente com licença para movimentar-se ia até à cantina para entregar os pedidos, trazendo-os numa caixa de charutos que era o equipamento extra-oficial da enfermaria para esse objetivo.

Além dessas práticas coletivas, relativamente institucionalizadas, havia as práticas individuais. Em quase todas as enfermarias fechadas, havia um ou mais pacientes com liberdade para andar pelo hospital; e em todas as enfermarias abertas, havia pacientes com liberdade para andar pela cidade. Esses pacientes privilegiados estavam numa posição excelente para agir como mensageiros, e freqüentemente o faziam, seja por afeição, obrigação, medo de complicações ou promessa de prêmios. Por isso, a cantina dos pacientes e as lojas do bairro estavam indiretamente acessíveis a muitos pacientes. Deve-se acrescentar que, embora alguns dos objetos transportados pareçam insignificantes, poderiam, num contexto de privação, parecer muito significativos. Por exemplo, o hospital tinha um paciente com tendência para o suicídio, fechado na enfermaria e com profunda depressão, e que achava que podia suportar o dia se pudesse ter suas balas prediletas para chupar; e realmente ficava muito grato a quem fizesse essa compra para ele. Selos, pasta de dente, pentes etc., também podiam ser facilmente comprados na cantina e facilmente transmitidos, e freqüentemente provocavam grande alegria em quem os recebia.

Tão importante quanto a circulação de corpos e objetos materiais é a circulação de *mensagens*. Aparentemente, os sistemas ocultos de comunicação constituem um aspecto universal das instituições totais.

Um tipo de comunicação oculta se faz face a face. Nas prisões, os internados criaram uma técnica de falar sem mover os lábios e sem olhar para a pessoa para a qual estão falando[115]. Nas instituições religiosas, algumas das quais têm em comum com as prisões e as escolas a distinção de ter uma regra de silêncio, aparentemente se cria uma linguagem de gestos suficientemente versátil para que os internados a empreguem para fazer brincadeiras[116]. Neste caso, os hospitais psiquiátricos apresentam material interessante.

Como já se sugeriu antes, nas enfermarias piores do Hospital Central, muitos pacientes mantinham a tática de

---

(115) Um exemplo inglês é dado por JIM PHELAN, *The Underworld*, Londres, Harrap & Co., 1953, pp. 7, 8, 13.
(116) Ver MERTON, *op. cit.*, p. 382; HULME, *op. cit.*, p. 245.

não receber e não apresentar comunicação de tipo explícito. A resposta a uma afirmação era lenta ou apresentada de tal forma que sugerisse que a mensagem realmente não tinha sido recebida. Para esses pacientes, o afastamento pelo silêncio era a posição oficial — uma defesa, presumivelmente, contra os auxiliares inoportunos e outros pacientes, e que era considerada, ainda que de má vontade, como sintoma de doença mental. (A aceitação parecia devida à grande dificuldade para distinguir essa posição diante da enfermaria da aparência involuntariamente apresentada por pacientes com lesão neurológica irreversível.) Evidentemente, a posição de afastamento, uma vez aceita, se torna um compromisso com suas restrições próprias. Os pacientes mudos precisam submeter-se a exames médicos sem exprimir oralmente o seu medo; precisam sofrer abusos, sem responder a eles; precisam esconder o interesse e orientação diante do que ocorre na enfermaria. Precisam renunciar a muitas das pequenas transações da vida social diária de dar e receber.

A fim de conservar a opção de fingir-se de surdos e cegos e conseguir superar as restrições concomitantes de comunicação, alguns pacientes das enfermarias "mais atrasadas" pareciam empregar um conjunto especial de convenções de comunicação entre si. Quando desejavam dar algo a um outro internado, ou dele receber alguma coisa, inicialmente olhavam nos olhos, depois para aquilo de que se tratava — por exemplo, um jornal ou uma pilha de cartas numa peça próxima do banco da enfermaria, e depois olhavam de novo para os olhos do companheiro. Este poderia então interromper a comunicação, o que significaria não, ou afastar o objeto, o que indicaria uma disposição para dá-lo, ou, quando não fosse seu, mover-se na direção do objeto, o que indicaria um desejo ou disposição para recebê-lo. Um pedido ou um oferecimento, bem como uma aceitação ou negação, poderiam ser assim transmitidos sem "tirar a máscara" e participar da comunicação. Embora esse sistema de comunicação pareça muito limitado, mais de uma comunicação e um objeto podiam ser distribuídos através dele. Deve-se acrescentar que, às vezes, um paciente no papel de alguém "sem contato" escolhia uma pessoa com a qual teria contato[117]. Diga-se de passagem que essa

(117) Uma descrição autobiográfica, anônima, reproduzida em JOHNSON e DODDS, *op. cit.*, p. 62, contém uma suposição semelhante: "Havia mais de quarenta pacientes nessa enfermaria e, entre elas, apenas duas eram capazes de manter uma conversa. Uma delas era uma alcoólatra, que lá estava há treze anos; a outra, uma inválida, que estava internada durante toda a vida. Compreendi imediatamente que as duas irmãs eram competentes e bem intencionadas. Depois de dois dias, abandonaram o hábito de dar respostas tolas a minhas perguntas, e, a partir desse momento, me tratavam com igualdade e prefeririam conversar comigo como se eu não fosse doente".

possibilidade parecia estar por trás de alguns contos exemplares de "conseguir contato" que as pessoas da equipe dirigente usualmente apresentavam quanto a suas capacidades terapêuticas ou à capacidade de seu psiquiatra predileto.

Além de explorar meios disfarçados de comunicação direta, os internados em instituições totais criam sistemas mediados[118] — que nas prisões norte-americanas recebem o título de *"kiting"* — e os sistemas oficiais já usados são às vezes explorados[119].

No Hospital Central, os pacientes faziam algum esforço para explorar os sistemas estabelecidos de comunicação. Um paciente que tinha trabalhado no refeitório da admi-

(118) Um exemplo disso é dado no capítulo de JAMES PECK em CANTINE e RAINER, *op. cit.*, p. 68, ao discutir como os grevistas da prisão se comunicavam:
"Mas a anotação mais divertida (no registro diário do guarda que por acaso Peck conseguiu ver) era esta: 'Descobri um recurso engenhoso que usavam para passar jornais de uma cela para outra, e apreendi esse engenho'.
Até esse momento, dávamos a esses instrumentos o nome de transportes, mas logo mudamos o seu nome para recurso engenhoso. Fora inventado no primeiro dia da greve. Em torno dos canos de aquecimento, onde estes entravam na parede, havia os discos de metal que são encontrados nos encanamentos de todas as casas particulares. Como eram bastante finos para passar por baixo das portas, nós os desatarraxávamos e os ligávamos a molas com dois metros e quarenta centímetros de comprimento. Inicialmente, construíamos nossas molas com os ganchos de sacos de tabaco Bull Durham (que em Danbury era denominado Stud) e que era distribuído pela prisão. Mais tarde, conseguimos um mapa velho, que nos permitiu ter provisão durante esse período.
No outro extremo da mola, ligávamos os jornais ou notas que deviam ser entregues. Depois, nos abaixávamos no chão e passávamos o disco de metal por baixo da porta, para o outro lado do corredor, para a cela colocada nesse lado ou para as celas vizinhas a ela. O homem dessa cela puxava o cordão até que a mensagem chegasse até sua cela. Ao cobrir, com movimentos de ziguezague, todo o comprimento do corredor, podíamos chegar a todos os grevistas".
(119) Nas prisões, onde as cartas são freqüentemente limitadas quanto à freqüência, ao conteúdo e ao destinatário, é possível empregar códigos. DON DEVAULT, preso da ilha de McNeil, dá um exemplo disso (CANTINE e RAINER, *op. cit.*, pp. 92-93): "Quase todas as cartas só eram censuradas quando especificamente infringiam um dos dez itens especificados no cartão de rejeição. Por exemplo, uma das minhas cartas foi rejeitada porque, nela, eu pedia a minha mãe que copiasse minhas cartas e mandasse essas cópias para meus amigos. O censor disse que isso desobedecia à regra sobre tentativa para comunicar-se com destinatários não-autorizados, através dos que o eram. No entanto quando reescrevi a carta, disse à minha mãe que, ao escrever outra carta e ver que fora rejeitada, descobri que ela não devia copiar minhas cartas para enviá-las a outros, e que eu não queria desobedecer às regras etc. Isso foi aceito piamente pelo censor! Além disso, minha mãe freqüentemente citava cartas que eram dirigidas a mim, e enviadas a ela; embora escrevesse tudo isso claramente, as cartas eram aceitas pela censura. Eu respondia falando no correspondente não-autorizado, em vez de dizer 'Escreva ao ...' Por coisas desse tipo, na prisão de McNeil, a gente não levava muito a sério a censura de cartas". (...)
Outro tipo de *truque* é descrito por HULME, *op. cit.*, p. 174, em sua discussão das datas marcadas do ano:
"Ela tinha licença para escrever quatro cartas por ano à sua família, cada uma com quatro páginas, e nem uma sentença a mais, a não ser com licença especial que raramente pedia; em vez disso, transformou sua letra grande e redonda no traçado de teia de aranha que permitia escrever mais linhas numa página; finalmente, descobriu que estava escrevendo como todas as outras irmãs missionárias".

nistração, ou tinha amigos que lá trabalhavam, às vezes podia usar o telefone interno. na cozinha para informar a sua enfermaria, a alguma distância, que não iria jantar — pois um paciente com liberdade de movimentos pode deixar de comparecer a uma refeição, desde que sua enfermaria seja avisada com antecedência. Os pacientes que participavam da terapia de dança podiam usar o telefone do pequeno escritório ligado ao porão em que se fazia esse tipo de terapia, e os que participavam das várias representações teatrais podiam usar, à vontade, o telefone interno instalado atrás do palco. Evidentemente, a pessoa que recebia a chamada precisava também deixar de lado uma regra para conseguir chegar ao telefone, de forma que uma chamada interna que se completasse entre dois pacientes, ou entre um paciente e um auxiliar camarada ou outro funcionário, era algo que podia justificar a afirmativa de ter conseguido "explorar" o hospital. Os telefones públicos pagos, colocados no hospital, eram também às vezes explorados ou "trabalhados". Se conseguisse ficar todos os dias, à mesma hora, em determinado telefone pago, um paciente com liberdade de movimentos podia receber chamadas diárias de sua namorada, independentemente do local em que ela conseguisse encontrar um telefone[120].

Os sistemas ilícitos de transmissão, empregados para a circulação de pessoas, objetos ou mensagens, têm alguns aspectos gerais que merecem ser mencionados. Uma vez que se tenha construído um sistema de transmissão, existe certa possibilidade de que os que o empregam sejam capazes de transmitir mais do que um tipo de item. Segundo a sugestão de Gresham Sykes, isso significa, do ponto de vista dos administradores do estabelecimento, que o que começa como uma infração secundária das regras pode tornar-se uma base de operações para passar contrabando muito proibido[121].

Outro aspecto geral dos sistemas de transmissão é que qualquer internado cuja tarefa exija que ande pela instituição acabe por ser naturalmente escolhido como um mensageiro e acabe por realizar sua tarefa dessa forma, seja por

---

(120) Esse é um ajustamento secundário moderado, no que se refere ao uso de cabine telefônica. A. J. Liebling, em seu conhecido estudo do Jollity Building, um edifício marginal de escritórios no centro da Broadway (New York), descreve o amplo uso de cabines telefônicas como escritórios para a realização de negócios. Ver seu livro *The Telephone Boot Indian*, New York, Penguin Books, 1943, pp. 31-33. O autor sugere que, por acordo mútuo, essas cabines se transformavam em territórios temporários para os negociantes pobres que nelas se abrigavam.

(121) SYKES, Gresham. The Corruption of Authority and Rehabilitation, *Social Forces*, XXXIV (1956), p. 259.

desejo pessoal, seja por pressão de outros internados[122]. De forma semelhante, os auxiliares de posição inferior, cuja situação exige visitas regulares a estabelecimentos da comunidade, e estranhos que têm contatos regulares com os internados, tendem a sentir pressão para tornar-se portadores de contrabando[123].

Estrutura Social

Ao considerar os sistemas clandestinos de transporte, verificamos que o consumidor do que é transportado sem autorização pode ser também a pessoa encarregada de seu transporte. No entanto, em muitos casos, quem recebe uma entrega não-autorizada usa regularmente o esforço de outra pessoa. Ao ajustar, regularmente, os esforços de outra pessoa aos seus planos pessoais, o indivíduo pode aumentar muito a amplitude de seus ajustamentos secundários, onde se incluem os que não dependem, fundamentalmente, de sistemas de transporte. Como este uso de outra pessoa constitui um aspecto importante da vida íntima do internado, é preciso tentar examinar suas formas e os elementos de organização social a elas subjacentes.

(122) Ver, por exemplo, BERNARD PHILLIPS em CANTINE e RAINER, *op. cit.*, pp. 103-4: "A distribuição de mensagens e a coordenação geral cabe ao homem que serve várias celas numa única 'vizinhança', e consegue troco e intercâmbio. As pessoas muito socializadas procuram esses serviços, e outros — por exemplo, rapaz de entrega de livros de biblioteca, correspondência e mensageiro da administração. A pessoa não precisa de muitos amigos íntimos: quem quer que tenha liberdade para chegar à cela fará esses serviços que, 'fora', seriam confiados apenas a amigos íntimos. Se não o fizer, não poderá ficar muito tempo nesta tarefa agradável, pois logo criará problemas".

HAYNER e ASH, *op. cit.*, p. 367, dão um exemplo semelhante do Reformatório Estadual de Washington, localizado em Monroe: "Pode-se formar um fundo comum, para o qual contribuem muitos internados. O vencedor ganha uma soma considerável, mas o promotor do jogo também tem lucro. Os rapazes que são da equipe educacional podem facilmente atuar como promotores. Como precisam passar todas as noites pelas diversas filas para entregar 'os trabalhos de estudo em casa', ou para ajudar na solução de problemas escolares, estão numa posição em que encontram todos os internados e verificam se desejam participar do 'bolo'. Os pagamentos aos vencedores podem ser feitos de forma semelhante".

Para exemplo de prisão inglesa, ver DENDRICKSON e THOMAS, *op. cit.*, p. 93:

"O trabalho de desembarcar em ordem era separado do trabalho rotineiro diário. (...) Em grande parte, consistia em recolher coisas e levá-las para o funcionário de desembarque, fazer listas e coligir os nomes do que desejavam ver o diretor e o capelão etc. Com isso havia certa liberdade nos desembarques, a oportunidade para ver outras celas, passar livros, além de um alívio geral na rotina monótona".

(123) Por exemplo, HAYNER e ASH, *op. cit.*, p. 367: "Os presos desse grupo (que trabalhavam na fazenda e aí passavam a noite) têm oportunidade para pegar coisas da beira da estrada — coisas abandonadas pelos motoristas durante a noite. A localização do esconderijo é fixada previamente, durante uma visita a um preso no Reformatório. Um preso da equipe permanente da fazenda pode pegar o dinheiro e passá-lo para um trabalhador da equipe que trabalha na fazenda apenas durante o dia".

I

Uma forma pela qual um indivíduo pode incorporar o esforço de outro a seus planos se baseia na força não-racionalizada ou no que poderia ser denominado *coerção particular*: aqui, o auxiliar ajuda, não porque sua condição presente vá melhorar, mas porque o fato de não obedecer pode ser suficientemente caro para fazer com que perceba a obediência como involuntária; e aqui a pessoa que pede ajuda não dá um pretexto para a legitimidade de seu pedido[124]. Sem considerar aqui a provável presença dessa coerção em cooperação "voluntária", desejo sugerir que nas instituições totais a coerção particular, sem qualquer disfarce, pode ser importante na vida íntima dos internados; expropriação aberta, extorção, técnicas de força, submissão sexual imposta — tais métodos podem ser empregados sem racionalização como um meio de fazer com que as atividades de outra pessoa estejam de acordo com as intenções do sujeito[125]. É interessante perguntar quando é que essa coerção se torna rotineira, por quanto tempo pode permanecer sem disfarces, e quando é regularizada por uma demonstração de compensação ou justificação moral.

No Hospital Central, como já foi sugerido com relação aos lugares para sentar, a posição de "fora de contato", mantida por muitos pacientes das enfermarias "atrasadas", criava uma situação que permitia a coerção particular; muitas vezes se podia saber que tais pacientes não protestariam e, portanto, poderiam ser livremente explorados. Por exemplo, se, por qualquer razão, um paciente definia suas pernas como uma parte do eu com que não deveria preocupar-se, estaria sujeito a ver um companheiro empurrá-las para um lado, a fim de ficar com o tamborete onde as apoiava, ou ver outro usá-las, sem permissão, como travesseiro. Por isso, é compreensível que os auxiliares às vezes brincassem quanto ao papel de *Svengali*, indicando um paciente que se especializava na fria utilização de outro — por exemplo, quando, para guardar um bom lugar diante da televisão e também beber água, um paciente no Hospital Central tinha

(124) Nos hospitais psiquiátricos, o uso de força física por pessoas da equipe dirigente que tinham objetivos apresentados como legítimos é um aspecto básico da vida do paciente; não é fácil criticar algumas de suas formas — por exemplo, alimentação forçada, prevenção de suicídio, proteção de um paciente com relação a ataque de outro.
(125) Uma útil apresentação desse problema pode ser encontrada em GRESHAM SYKES, *The Society of Captives*, Princeton, Princeton University Press, 1958, pp. 91-93, onde o autor sugere que um dos papéis informais encontrados em prisões, o de "gorila", se baseia na possibilidade de exploração coercitiva.

215

usado outro como marcador de lugar, pois o colocou numa cadeira boa quando foi beber água e depois o tirou novamente dali.

II

Uma forma básica pela qual um indivíduo pode usar outro é estabelecer com ele um intercâmbio econômico franco, num negócio de compra ou troca. Uma pessoa contribui para os planos de outra apenas em virtude de uma estipulação anterior quanto ao que ganhará como troco; não importa de quem recebe o objeto — uma máquina automática ou uma casa que aceita ordens pelo correio podem ter a mesma função de uma pessoa. As condições sociais exigidas para esse tipo de cooperação incluem certo grau de confiança mútua quanto à realidade que está atrás daquilo que cada um oferece, certo consenso quanto ao que seria um preço indevidamente alto, algum mecanismo para a transmissão de propostas e contrapropostas, e uma crença de que é correto usar pessoas e bens dessa forma. Pode-se dizer que a realização de uma troca econômica "exprime" tais condições sociais, na medida em que dá sinais ou provas de sua existência. Mais adiante considerarei o fato de que, em qualquer situação social real, o processo de troca econômica será modificado pela influência de outras disposições sociais, mas aqui sugiro apenas que, no caso de trocas não-autorizadas ou clandestinas, a confiança no outro pode precisar ser relativamente grande, pois o outro pode ser um funcionário disfarçado ou alguém que depois denuncie a situação a funcionários, ou alguém que não faça a entrega combinada, utilizando a natureza clandestina da transação para evitar a ação corretiva oficial.

No Hospital Central, tal como ocorre em muitas outras instituições totais modernas, os internados podiam gastar dinheiro na cantina dos pacientes e nas várias máquinas automáticas de doces. No entanto, tal como em outras instituições totais, havia maiores limites à compra do consumidor do que no mundo externo. Em primeiro lugar, a origem e a quantidade de dinheiro eram determinadas. Um paciente devia, ao ser admitido, entregar todo o seu dinheiro e renunciar ao direito de dispor, à vontade, de suas economias; em troca disso, tinha permissão para receber uma pequena quantia regulamentada do escritório do hospital encarregado de seus recursos[126]. Uma ordem oficial,

---

(126) Em algumas instituições totais, principalmente prisões, os regulamentos podem exigir que os internados usem vales ou um sistema de crédito com a cantina, em vez de dinheiro; qualquer deles é geralmente sentido com privação.

assinada pelo chefe do serviço, era necessária para a obtenção de quantias extraordinárias no crédito que a pessoa tinha no hospital ou, no caso de veteranos, para aumentar seu recurso mensal, de dez para vinte dólares. Como todas as suas "necessidades" estavam sendo, presumivelmente, atendidas pelo hospital, os pacientes estavam oficialmente proibidos de receber dinheiro pelos serviços prestados ao hospital[127]. Em segundo lugar, quanto ao mercado livre no mundo externo, era limitada a amplitude de artigos para venda: a cantina dos pacientes não podia, por exemplo, vender fósforos, bebidas alcoólicas, lâminas de barbear ou anticoncepcionais, e aparentemente tinha pouco mercado para peças maiores de roupas. Finalmente, para os pacientes sem licença para andar livremente pelo hospital, a cantina era oficialmente acessível apenas quando um grupo era levado até lá ou tinha licença para ir à cantina desde que fosse também a um espetáculo no edifício de recreação que ficava ao lado.

Como se poderia esperar, a partir do que sabemos de outras situações, os pacientes criavam meios para superar tais restrições ao uso de dinheiro[128]. Os pacientes faziam alguns esforços para conservar seus recursos fora do controle do edifício da administração, em parte porque se pensava que os funcionários usavam uma espécie de teste de recursos pelo qual, de acordo com sua capacidade para pagar, os pacientes precisariam pagar parte do custo de seu tratamento. Um paciente com um pagamento mensal da Administração dos Veteranos de Guerra dizia ter conseguido mantê-lo, durante algum tempo, fora do controle do hospital, fazendo com que fosse depositado por sua antiga doméstica. Alguns pacientes usavam suas economias postais para fazer uma conta de que apenas eles podiam dispor. Alguns pacientes novos desprezavam tacitamente as regras do hospital e continuavam a mandar, do hospital, cheques para os bancos locais. Alguns pacientes diziam que algumas pessoas tinham tentado enterrar dinheiro nos pátios do hos-

(127) Os pacientes com experiência em prisões diziam, às vezes, que uma das grandes virtudes das prisões era a possibilidade de usualmente poderem ganhar e guardar pequenas quantias em dinheiro. Alguns hospitais psiquiátricos fizeram experiências com pagamentos, e entre psiquiatras existe certa crença (que pessoalmente aceito) de que isso aumentaria muito a possibilidade de tolerar a vida no hospital.
(128) No nível comunitário, isso é muito bem documentado por E. W. BAKKE, *The Unemployed Worker*, New Haven, Yale University Press, 1940, ao discutir como, nos anos de grande crise econômica [década de 1930], o desempregado conseguia burlar o método de fichas da assistência social para compras em armazém. Ver "Loss of Function of Spending", pp. 355-59. Dostoiévski, em suas *Memórias da Casa dos Mortos*, trad. ingl. de Jessie Coulson, Londres, Oxford University Press, 1959, apresenta interessante material sobre as maneiras pelas quais os internados em prisão na Sibéria conseguiam adquirir e usar dinheiro (pp. 15-17), sugerindo (p. 16) que "O dinheiro é liberdade cunhada, e por isso é dez vezes mais valioso para um homem privado de todas as outras liberdades".

217

pital a fim de guardá-lo com segurança. Um paciente às vezes usava outro paciente como banco, às vezes para pagamento de uma taxa.

No Hospital Central, os objetos e serviços ilicitamente comprados pelos pacientes, bem como as fontes de fundos ilicitamente empregadas, eram ilegais em diferentes graus.

Havia o ato muito proibido de comprar ou vender bebida alcoólica, contrabandeada para dentro do estabelecimento. Os pacientes diziam que as bebidas alcoólicas podiam ser regularmente obtidas por dinheiro; embora, algumas vezes, eu tenha bebido, tanto com auxiliares quanto com pacientes, não tenho conhecimento de um mercado dessa mercadoria. Parece, também, que algumas mulheres se prostituíam ocasionalmente por algo menos do que um dólar, mas não tenho provas conclusivas a respeito. Não tenho provas de que houvesse um mercado de tóxicos. Alguns pacientes, segundo o sabiam outros internados e pessoas da equipe dirigente, emprestavam dinheiro a pacientes e auxiliares, cobrando juros relativamente altos, de vinte e cinco por cento durante um período curto; nesses casos, parece que o "usurário" tinha tanto interesse pelo papel social decorrente de seu negócio quanto pelo lucro obtido.

Outros serviços que podiam ser comprados com dinheiro eram menos proibidos. Os pacientes diziam que poderiam mandar passar as calças por vinte e cinco *cents*. Vários ex-barbeiros profissionais faziam um "bom" corte de cabelo em troca de cigarros ou dinheiro; esse mercado era criado pelos "maus" cortes de cabelo de que os pacientes podiam dispor comumente[129]. Um relojoeiro num dos serviços estava tão bem estabelecido em seu ofício, que muitas pessoas da equipe dirigente, bem como pacientes, pagavam por seus serviços, que custavam aproximadamente a metade do que fora se pagaria por eles. Alguns pacientes atuavam como mensageiros no hospital, e pelo menos um deles pagava ajudantes. Um paciente que não podia sair do hospital pagava trinta e cinco *cents* para outro, com licença para ir à cidade, para levar um terno ao tintureiro e trazê-lo de volta (um serviço para o qual havia procura, mas talvez não houvesse preço padronizado), e pagava ao trabalhador da sapataria para colocar saltos novos no seu sapato particular.

(129) Um paciente muito simpático, e que era barbeiro profissional, dizia que poderia ganhar oitenta dólares por mês no hospital, exercendo o seu ofício. Depois de ter saído do edifício de máxima segurança penal, ocasionalmente era levado de volta para lá, quando cometia algum delito e estava com liberdade de circulação dentro do hospital. Dizia que uma das contingências desse afastamento periódico era que, cada vez que isso ocorria, perdia sua clientela e precisava conquistá-la novamente quando voltava para o hospital propriamente dito.

Embora todos esses serviços fossem comprados e vendidos, não o eram por todos os pacientes. Uma das atividades mais difundidas de compras referia-se a fósforos, formalmente ilegais, mas cuja posse era ignorada, a não ser no caso de pacientes que, segundo se sabia, ofereciam perigo na provocação de incêndios. Um paciente era conhecido em todo o hospital como vendedor de fósforos — um *penny* por caixa — e durante todo o dia pacientes que ele não conhecia o procuravam com um *penny* na mão, para comprar fósforos.

A principal fonte de renda em dinheiro para os pacientes era, além do que era autorizado ou trazido por parentes, a lavagem de carros. Em todos os níveis da equipe dirigente havia fregueses, tanto em base "regular" — aproximadamente dois dólares por mês — ou uma lavagem por vez, na base de cinqüenta a setenta e cinco *cents*. (O preço comercial predominante para uma única lavagem era de um dólar e vinte e cinco centavos a um dólar e meio.) Às vezes, os visitantes eram "abordados", como fregueses potenciais, pelos lavadores de carro.

Alguns pacientes também enceravam automóveis, mas isso exigia capital para comprar a cera, bem como um contato externo para comprar esse material. O negócio de carros, ao contrário do que ocorria com a maioria dos outros no hospital, tinha criado certa divisão do trabalho: um paciente vendia grandes latas d'água, por cinco *cents*, para os lavadores; outro dizia ter contratado vários pacientes cuja lavagem tinha conseguido combinar; outro dizia que, usualmente, recebia cinqüenta *cents* de gorjeta para conseguir um trabalho de encerar carro.

Os pacientes começaram a sentir que a lavagem de carros era uma prerrogativa legítima e que o trabalho do hospital poderia interferir injustamente nessa forma de ganhar dinheiro. Às vezes se faziam acordos extra-oficiais, de forma que um paciente pudesse fazer seu trabalho no hospital e ainda ter tempo para o que às vezes chamava de seu "trabalho de verdade". Pode-se acrescentar que, embora algumas pacientes lavassem carros, essa fonte de renda, tal como ocorria com a maioria das fontes não-autorizadas de obtenção de dinheiro, era considerada adequada apenas para homens.

Havia algumas outras formas secundárias de conseguir dinheiro. Alguns pacientes engraxavam sapatos, tanto para os auxiliares quanto para outros pacientes. Nos jogos internos, alguns pacientes vendiam refrigerantes com certo lucro. Em algumas enfermarias, os pacientes compravam o pó "Kool" na cantina, e vendiam um refrigerante gelado. Um ou dois pacientes colhiam amoras nos bosques do hospital e, quando podiam, vendiam a fruta para as senhoras das famílias dos administradores.

O material dado aos pacientes por várias agências do hospital era às vezes vendido para outros internados. Os pacientes às vezes vendiam prêmios ganhos nos jogos de "bingo", depois de voltarem do edifício de recreação onde se realizava o jogo. Os cigarros de fábrica, distribuídos no encerramento de festas de todo o hospital, eram às vezes vendidos, da mesma forma que os recebidos pelos ajudantes de cozinha quando determinada organização de assistência social da cidade vizinha realizava seu baile regular para pacientes no edifício de recreação. Os pacientes às vezes vendiam as roupas dadas pelo hospital; o tabaco dado pelo hospital era às vezes vendido por cinco *cents*.

Alguns pacientes aparentemente conseguiam dinheiro de uma fonte que seria ilícita, tanto fora quanto dentro do hospital, e constituiria, portanto, uma pequena fraude. Dizia-se que, algum tempo antes, os telefones pagos do hospital tinham sido "regulados" com goma, de forma que devolviam as moedas apenas aos que conheciam o segredo. Dizia-se, também, que alguns livros da biblioteca tinham sido roubados e vendidos, e que algumas peças de equipamento de atletismo tinham sido vendidas a pessoas da comunidade vizinha[130].

Quando um internado de uma instituição indevidamente paga dinheiro por alguns bens ou serviços a alguém que, como representante da organização, oficialmente controla o acesso a tais bens e serviços, podemos falar de suborno. Dizia-se que isso ocorria ocasionalmente no caso de paciente que conseguia um quarto particular, mas disso só tenho provas por ouvir dizer, e acho que não era prática usual. Nas prisões, como se sabe, o suborno de guardas tem sido descrito muitas vezes[131].

Até aqui descrevi o papel, na vida íntima do hospital, de moedas e notas oficialmente empregadas na sociedade mais ampla. Este meio de troca tem virtudes fiduciárias bem conhecidas: ocupa pouco espaço; pode ser manu-

---

(130) Nos campos europeus de prisioneiros de guerra, a venda de bens do campo para pessoas de fora era às vezes importante, principalmente quando havia pacotes da Cruz Vermelha que continham alguns artigos — por exemplo, o café — com grande valor no mercado negro. Ver R. A. RADFORD, The Economic Organization of a P.O.W. Camp, *Economica*, XI (1945), p. 192.

(131) Aqui, a gíria de prisões inglesas é esclarecedora. Ver DENDRICKSON e THOMAS, *op. cit.*, p. 25:
"A palavra *bent* [torcido, inclinado] merece uma explicação à parte. É usada apenas na forma de particípio passado, para indicar desonesto. Um carcereiro *bent* é aquele que coopera com o pessoal para introduzir tabaco na cela. Você não "torce" um carcereiro — só para complicar as coisas, você o "endireita", talvez com uma gorjeta. Assim, se você endireita um carcereiro, ele se torna torto"!
Nas pp. 91-94, DENDRICKSON e THOMAS descrevem alguns dos vários usos que pode ter um carcereiro desonesto.

seado e guardado sem deterioração; é de difícil falsificação e, dentro de uma denominação, uma moeda é tão aceitável quanto outra; pode ser usada para contabilidade e como medida de valor; o seu valor intrínseco ou de mercadoria não é suficientemente grande para provocar "corridas" que provoquem sua falta. Para os pacientes, a moeda oficial, embora não facilmente guardada, tinha ainda outro valor: com dinheiro no bolso o internado podia pretender obter bens fora do hospital — podia falar numa linguagem que seria compreendida fora dali, embora oficialmente não tivesse licença para falar.

Nas instituições totais, freqüentemente se cria um meio extra-oficial de troca. Já se registrou o caso de papel "moeda" num campo de prisioneiros de guerra[132]; comumente, no entanto, o meio clandestino é um bem muito desejado e tem marcantes limitações como forma de moeda. Geralmente, tal como ocorre nos muitos casos em que os cigarros passam a ser empregados como um meio de troca[133], o armazenamento pode ser um problema; a equivalência entre marcas é um problema; a redução do valor por perda de tabaco é fácil; o consumo, como um bem, pode introduzir grandes flutuações no valor do dinheiro.

(132) RADFORD, op. cit., p. 196 e ss. Este artigo rastreia, passo a passo, o desenvolvimento de uma economia fechada e de "sombra", e foi muito utilizado por mim. O artigo é um modelo para estudiosos da vida íntima das instituições.
(133) Isto significa que muitos bens e serviços podem ser comprados com cigarros, e que as pessoas que não fumam estão dispostas a aceitar essa forma de pagamento, porque podem, depois, comprar coisas com ela. Por exemplo, Radford, ao escrever sobre campos alemães de prisioneiros de guerra (op. cit., p. 193), diz o seguinte:
"Na verdade, havia um mercado de trabalho embrionário. Mesmo quando não havia falta de cigarros, usualmente havia alguma pessoa infeliz capaz de realizar serviços para ganhá-los. Os que trabalhavam na lavanderia anunciavam seus serviços por dois cigarros a peça. A roupa de serviço era lavada e passada, e se emprestavam calças durante o período — isso por doze cigarros. Um bom retrato a óleo custava trinta ou uma lata de 'Kam'. A confecção de roupas sob medida e outros serviços tinham também um preço.
Havia também serviços empresariais. Havia um posto de venda de café, chá ou chocolate, a dois cigarros a xícara; para isso, o proprietário precisava comprar os materiais ao preço do mercado e pagar trabalhadores para juntar combustível e manter o fogo".
HECKSTALL-SMITH, op. cit., p. 193, escrevendo a respeito de Wormwood Scrubs, uma prisão inglesa, diz o seguinte:
"Agora, quando os presos não ganham dinheiro, mas bens da cantina, o tabaco e os cigarros são usados como moeda. Na prisão, se alguém deseja que sua cela seja limpa, paga certo número de cigarros pelo serviço. Com esses cigarros, é possível comprar rações extra de pão e açúcar. O preso pode mandar lavar a camisa, ou mandar alterar a roupa de prisão na alfaiataria.
O cigarro fino, feito na mão, compra qualquer coisa — mesmo o corpo de um preso. Por isso, não admira que em todas as prisões do país exista um florescente mercado negro de tabaco, ou, como o denominam, snout, e que é dirigido pelos 'magnatas".
DENDRICKSON e THOMAS, op. cit., pp. 95-96, descrevem a situação em Dartmoor, onde se fazem apostas em corridas de cavalos, de acordo com informações dadas pelo rádio. Para uma versão desse aspecto em prisão norte-americana, ver HAYNER e ASH, op. cit., p. 366.

A vida íntima do hospital exemplifica muito bem algumas das limitações características de meios substitutos de troca. Em alguns jogos de pôquer, moedas e cigarros eram usados como fichas; mas quem ganhava os cigarros tinha tendência de guardá-los para fumar. Durante o baile da comunidade, no edifício de recreação, um paciente poderia ir à cantina a pedido de outro paciente, a fim de comprar um refrigerante ou um maço de cigarros, em troca de alguns cigarros. De forma semelhante, em algumas enfermarias atrasadas, um paciente com cigarro de fábrica podia evitar a necessidade de pedir fósforos a um auxiliar, ao pedir que outro paciente levasse o cigarro para que o auxiliar o acendesse, e em troca a pessoa que fazia o trabalho tinha direito a algumas tragadas. Nesses casos, as pessoas que participavam da transação mantinham o espírito dos que realizam um acordo friamente negociado, e não de troca de favores. No entanto, apenas alguns pacientes aparentemente desejavam comprar tais serviços, e apenas alguns deles reconhecidamente agiam dessa forma.

O uso de dinheiro substituto e o desenvolvimento de um valor especial para a moeda oficial da sociedade mais ampla não podiam tornar-se muito amplos no Hospital Central, pois o suprimento de dinheiro e bens não era tão restrito quanto em algumas prisões e em alguns campos de prisioneiros de guerra[134]. Havia um número tão grande de visitantes, que constantemente havia recepção de dinheiro e bens, sob a forma de presentes da família. Além disso, os pacientes que tinham licença para ir à cidade podiam trazer coisas, sem muito receio de serem revistados na entrada, assim como os pacientes com licença para circular apenas dentro do hospital podiam facilmente "dar algumas escapadas" para a cidade, também sem muito risco de identificação[135]. Havia outras restrições à economia baseada no cigarro, pois o hospital distribuía papel e tabaco mais ou menos livremente aos que participavam de trabalho constante ou que de qualquer modo pudessem dizer que "ajudavam". Em alguns casos, essas distribuições eram periódicas, com ou sem trabalho correspondente dos pacientes.

(134) RADFORD, *op. cit.*, descreve o desenvolvimento de um mercado unificado, estrutura de preço estável, trocas regulares com níveis de preços, negócios marcados para o futuro, arbitragem, problema de moeda, papéis de intermediários, fixação de preço para evitar "pechinchas", e outros refinamentos de um sistema econômico. As economias de prisioneiros de guerra, quando ligadas à economia livre local, aparentemente permitiam o desenvolvimento de anúncios diários de mercado. A economia "de sombra" do Hospital Central não tinha qualquer desses refinamentos.
(135) O Hospital Central tinha um programa muito humano quanto à guarda das entradas. Os pacientes sem licença para ir à cidade na realidade podiam sair e voltar, sem que houvesse muita probabilidade de serem detidos pelos guardas. Quando estava muito claro que um paciente estava saindo sem que tivesse licença para fazê-lo, os guardas se aproximavam tranquilamente dele, na volta, e discretamente o interrogavam

Embora, aparentemente, ninguém gostasse muito dos cigarros feitos com esse material, estes é que davam o preço-teto para o valor dos cigarros de fábrica, pois estes últimos não significavam apenas o ato de fumar, mas a utilização de cigarros bons e de prestígio.

Uma última fonte clandestina de dinheiro e bens deve ser mencionada — o jogo de azar[136]. Os pequenos círculos dedicados a essa atividade já foram descritos. Aqui desejo apenas acentuar novamente que, para que esse uso do outro fosse possível, havia necessidade de compreensão social do tipo subjacente ao mercado. É preciso acrescentar apenas que a disposição para aceitar um indivíduo como participante num jogo de pôquer ou de vinte-e-um era às vezes bem independente da manifestação simultânea de sintomas psicóticos (sobretudo se as apostas eram consideráveis, relativamente aos recursos dos participantes).

O uso de dinheiro "real" ou substituto é apenas uma forma de atividade econômica, embora talvez a mais eficiente para grandes grupos. No outro extremo, encontramos a "barganha direta"; aqui, aquilo que o indivíduo dá pode ser desejado apenas pela pessoa que o recebe, e o que lhe é dado como pagamento pode ter pouco valor para qualquer outra pessoa. O que temos é um negócio, e não comércio. Este tipo de barganha, sem a introdução de alguma coisa — como cigarros — que poderiam, no caso de necessidade, ser novamente negociados, era comum no Hospital Central. Por exemplo, as frutas frescas, recebidas como sobremesa depois de algumas refeições, eram às vezes trocadas por outros itens mais desejados; a roupa dada pelo hospital às vezes era também barganhada.

III

Já sugeri que a venda ou barganha, bem como os elementos de organização social supostos por tais atividades,

---

quanto à sua posição. Um paciente que desejasse fugir poderia, além disso, encontrar vários locais em que poderia pular o muro e também vários locais não-murados e onde uma cerca de arame podia ser facilmente esticada. Um caminho, conhecido pelos pacientes e pela administração, era um trilho que passava pelo bosque e chegava até um grande buraco na cerca. Sob tais aspectos, o hospital era nitidamente diferente de algumas prisões. É interessante notar que, alguns pacientes, mesmo quando conseguiam licença para circular pela cidade e podiam, sem qualquer problema, passar pelo portão principal, diziam sentir-se extremamente inseguros e culpados ao fazê-lo. Eu também tinha esse sentimento.

(136) Em algumas instituições totais, as apostas e o jogo podem constituir uma forma básica de estruturação da vida. Ver, como exemplo HAYNER e ASH, *op. cit.*, p. 365: " No Reformatório, o jogo é muito popular. (...) Os internados jogam sob qualquer pretexto: (...) o meio de troca para a aposta pode ser qualquer serviço ou bem que pode ser transferido de um internado para outro. Um companheiro de cela muitas vezes paga uma dívida de aposta ao realizar, por período estabelecido, a limpeza necessária da cela".

constituíam um meio importante para o aparecimento do uso do outro entre os pacientes. No entanto, tal como provavelmente ocorre em muitas instituições totais, havia um meio mais importante pelo qual os objetos e serviços passavam de uma pessoa para outra, uma forma mais importante em que os esforços extra-oficiais do indivíduo eram multiplicados pela incorporação de ações extra-oficiais utilizáveis por parte de outros.

Identificado com o transe porque passa uma pessoa, ou com sua situação de vida, um indivíduo pode ajudá-la voluntariamente, ou dar-lhe uma demonstração cerimonial de consideração; no primeiro caso, dá ao estudioso um sinal de solidariedade, e, no segundo, um símbolo desta última. Tais sinais e símbolos de interesse por outra pessoa são geralmente correspondidos de alguma forma, pois uma pessoa que recebe esse tipo de apoio muitas vezes dá também um apoio correspondente. Disso surge uma troca de coisas *afetuosamente* desejadas e, quando a relação é igualitária, a troca é freqüentemente muito bem equilibrada[137]. Analiticamente, no entanto, essa transferência dupla, ou o que se poderia denominar *intercâmbio social*, é muito diferente de uma troca claramente econômica. O acordo antecipado quanto ao que deve ser trocado é característico de uma troca econômica, mas poderia ser comprometedor no intercâmbio social, pois o que pode ser objetivo manifesto num caso, deve ser apenas conseqüência incidental no outro. Uma pessoa que não cumpra o prometido numa troca econômica, pode ser obrigada a pagar o que deve; uma pessoa que não corresponda a um favor ou a um gesto de consideração muitas vezes só pode ser acusada de maldade e a outra pode afastar-se dela. (Se a parte ofendida desejar empreender uma ação mais direta, muitas vezes ocultará a causa real de sua queixa e fará a acusação quanto a outra, isto é, uma que possa ser apresentada em termos jurídicos e econômicos, de forma a proteger os dois esquemas de referência.) Algo que se dá como troca precisa ser pago imediatamente, ou, em caso contrário, a pessoa deve pagar pela prorrogação da dívida; no entanto, embora um benefício social deva ser pago quando a outra a pede, só precisa ser pago *se* a outra o pedir, isto é, quando o suposto bene-

---

(137) Uma discussão desses problemas de reciprocidade pode ser encontrada em MARCEL MAUSS, *The Gift*, trad. de Ian Cunnison, Londres, Cohen e West, 1954; C. LÉVI-STRAUSS, *Les structures élémentaires de la parenté*, Paris, Presses Universitaires de France, 1949; G. HOMANS, Social Behavior as Exchange, *American Journal of Sociology*, LXIII (1958), pp. 597-606; ALVIN GOULDNER (a quem muito devo quanto à informação a respeito deste assunto), The Norm of Reciprocity, *American Sociological Review*, XXV (1960), pp. 161-78. Ver, também M. DEUTSCH, A Theory of Cooperation and Competition, *Human Relations*, II (1949), pp. 129-52.

ficiário passa a ter necessidade de um favor ou quando tem uma posição que ritualmente exige uma expressão cerimonial de consideração. No intercâmbio social, a necessidade é estabilizar a relação, e um favor considerável feito por uma pessoa pode ser adequadamente equilibrado por um gesto puramente cerimonial de outra; é que os dois gestos podem atestar, igualmente, o interesse pelo outro[138]. Nas trocas econômicas, ao contrário, presumivelmente nenhuma quantidade de agradecimento pode satisfazer a pessoa que deu alguma coisa; esta precisa receber, em troca, algo de valor material equivalente. Geralmente, um direito econômico com relação a outra pessoa pode ser vendido a uma terceira, que então se torna habilitada a exercê-lo; no entanto, só de maneira muito limitada um direito a expressões e sinais de solidariedade de outra pode ser transferido a uma terceira — por exemplo, em cartas de apresentação. Portanto, no que se refere a cooperação de outra pessoa, precisamos distinguir entre pagamentos sociais e pagamentos econômicos.

A diferença entre pagamentos sociais e pagamentos econômicos é muito bem exemplificada pelo duplo uso do dinheiro no Hospital Central. O pagamento recebido por lavagem de carro era uma parte apreciável do que o mesmo serviço custaria no mundo externo e era, freqüentemente, concebido em termos simplesmente monetários, como parte do sistema de mercado. Por isso, um dos benefícios do trabalho no hospital, para algumas pessoas da administração, era o fato de ter lavagens relativamente baratas de automóveis. No entanto, o dinheiro era também usado de maneira puramente ritual. Um paciente que trabalhava para alguém da equipe dirigente esperava receber ocasionalmente uma moeda de vinte e cinco *cents*, não como pagamento razoável de mercado por qualquer serviço, mas apenas como uma expressão de consideração. Os pacientes também, não apenas compravam um refrigerante na cantina para um amigo, mas também lhe davam diretamente uma moeda de cinco ou de dez *cents*, por iniciativa própria, dizendo: "Olhe, compre um doce". Como uma gorjeta, tais prêmios podiam ser comumente esperados, mas não exigidos, e pretendiam dar uma medida de *apreciação* de uma relação não *valor de troca* por trabalho realizado.

(138) Um dos interessantes dilemas no intercâmbio social é que, nas relações igualitárias, o fato de não dar um equivalente adequado daquilo que se recebeu é uma expressão de desconsideração pela relação, bem como de mesquinharia; no entanto, um esforço reconhecido para dar exatamente o equivalente do que foi recebido, ou exigir o equivalente exato daquilo que se deu, destrói a suposta base da atividade e coloca as relações num plano econômico. De certo modo, precisamos receber o equivalente do que damos e, apesar disso, essa deve ser uma conseqüência não-intencional do fato de livremente apoiar os outros e ser livremente apoiado por eles.

225

Em todos os estabelecimentos sociais se desenvolvem elos de solidariedade entre grupos de participantes. Em estabelecimentos domésticos e de convívio, alguns de tais elos podem ser especificamente prescritos como parte do ajustamento primário dos participantes. Em outros casos, tal como ocorre nas "igrejinhas" de horas livres de alguns escritórios comerciais, e que exigem pouca participação, o ajustamento primário exige uma escolha entre participar ou não de tais estruturas. Em muitos casos, no entanto, a ligação atua como parte da vida íntima do estabelecimento, e isso ocorre sob duas formas. Em primeiro lugar, o simples apoio emocional e o sentimento de ligação pessoal assim obtidos podem não constituir algo estabelecido no plano oficial da organização. Talvez a forma mais clara disso seja o chamado "caso de escritório" ou, nos termos de hospital, "romance de manicômio", pois tais relações, como já foi sugerido, podem absorver grande parte do tempo dos participantes, e em grande parte encher o mundo em que vivem. Em segundo lugar — e o que é aqui mais importante — tais subestruturas podem dar a base para intercâmbios sociais e econômicos, de um tipo que provoca transferência não-autorizada de bens e serviços. Portanto, para considerar o papel dos intercâmbios sociais no Hospital Central, precisamos considerar os tipos de solidariedade aí encontrados.

No Hospital Central, tal como ocorre em muitas outras instituições totais, ocorria a formação de alguns tipos padronizados de formação de ligações. Havia relações de "companheirismo", em que dois indivíduos apresentavam o que se considerava como inter-relação não-sexual, identificando-se, até certo ponto, com os interesses do outro[139]. Havia relações de namoro, nas quais duas pessoas, usualmente do sexo oposto, mantinham um tipo especial de interesse mútuo, com colorido sexual[140]. Havia relações de igre-

(139) O elemento distintivo da relação de "companheirismo" em algumas instituições totais é que se trata de uma relação recíproca e exclusiva (tal como ocorre na relação conjugal): a pessoa tem apenas um companheiro e é companheiro de apenas uma pessoa. No dialeto londrino, a expressão de gíria *china plate* [para *mate* — isto é companheiro] usualmente reduzida a *china* é muito usada nesse sentido. Nas prisões inglesas, a relação de companheirismo é tão institucionalizada na sociedade dos presos que um internado descontente pode ficar comprometido pelo fato de ser delicado com um outro preso que, por acaso, fale com ele durante o dia. HECKSTALL-SMITH, *op. cit.*, p. 30, pode ser citado a respeito: "Você se despede no fim do período de exercício com um alegre 'até amanhã'. E amanhã ele estará a seu lado. Amanhã, e depois de amanhã, e no dia seguinte a este. Então, já será visto pelos outros presos como seu 'companheiro'. Pior ainda, de acordo com o costume da prisão, evitarão intrometer-se nessa nova amizade e você ficará isolado dos outros, e ligado apenas ao novo companheiro".
BEHAN, *op. cit.*, apresenta material útil sobre a relação de companheiro.
(140) Em quase todas as instituições totais, não apenas existe separação entre os sexos à noite, mas também admissão exclusiva de homens ou mulheres como internados. Portanto, em grandes instituições, o que

jinha, em que três ou mais pessoas, ou dois ou mais casais, apresentavam preferência pela companhia uns dos outros, e trocavam algum auxílio mútuo. Havia relações categóricas, nas quais dois internados quaisquer, em virtude de se conhecerem como internados, apresentavam alguns sinais de consideração mútua. Finalmente, havia relações patronais entre uma pessoa da equipe dirigente e um paciente que ela aceitava como empregado.

Eu me proponho a considerar as relações de companheirismo, namoro e de igrejinhas sob a categoria geral de "relações pessoais". De modo geral, tais relações não eram proibidas no hospital, embora os casais de namorados, como não tinham permissão para casar, fossem advertidos quanto ao perigo de "levar muito longe o namoro"; as relações homossexuais eram oficialmente proibidas, embora algumas igrejinhas de homossexuais, com licença para andar em liberdade, mantivessem sua solidariedade específica no ambiente.

Os pacientes com relações pessoais mutuamente se emprestavam dinheiro, cigarros, roupas e livros de bolso; ajudavam-se mutuamente na mudança de uma enfermaria para outra; compravam, uns para os outros, materiais levados de contrabando para dentro do hospital; tentavam melhorar as condições de qualquer um deles que "tivesse tido problemas" e fosse colocado numa enfermaria trancada; davam-se conselhos mútuos quanto à maneira de conseguir os diferentes privilégios, e ouviam, entre si, a exposição de seus casos[141].

No Hospital Central, como nos hospitais psiquiátricos em geral, parecia haver um tipo interessante da relação de companheirismo: o padrão do "ajudante". Um paciente, muitas vezes considerado pelos outros como muito doente, aceitava a tarefa de ajudar regularmente um outro paciente que, pelos padrões da equipe dirigente, estava pior do que ele. O ajudante vestia o companheiro, fazia e acendia os seus cigarros, ocasionalmente o protegia de brigas, levava-o para o refeitório, ajudava-o a comer, e assim por diante[142]. Embora muitos dos serviços prestados pelo ajudante fossem aqueles que os pacientes poderiam receber, eram freqüente-

---

muitos estudiosos denominariam interesse homossexual tende a existir, ainda que não haja atividade homossexual. Penso que, a respeito, a principal documentação é a apresentada por CLEMMER, op. cit., cap. X, "Sexual Patterns in the Prison Community".

(141) O auxílio mútuo entre pacientes é bem descrito num artigo já antigo de William Caudill. Ver WILLIAM CAUDILL, F. REDLICH, H. GILMORE e E. BRODY, Social Structure and Interaction Processes on a Psychiatric Ward, American Journal of Orthopsychiatry, XXII (1952), pp. 314-34.

(142) Para outro tratamento dessa relação, ver OTTO VON MERING e STANLEY KING, Removating the Mental Patient, New York, Russell Sage Foundation, 1957, "The Sick Help the Sicker", pp. 107-9.

mente aqueles que esse paciente específico não teria recebido de modo tão completo sem o ajudante. O aspecto interessante é que, para o observador ocasional, a relação se dava em apenas uma direção: a pessoa ajudada não dava uma compensação visível[143]. Além disso, como os dois participantes estavam relativamente "sem contato", o período entre os serviços específicos não era preenchido com interação sociável de companheirismo, embora houvesse muita oportunidade para ela.

Os intercâmbios sociais no hospital se caracterizavam pelos poucos recursos que os pacientes tinham para exprimir consideração e ajuda mútuas. Essa era uma dificuldade das condições limitadas da vida no hospital, oficialmente reconhecida, pois os cartões de Natal e os materiais para os presentes do Dia de *Saint Valentine* podiam ser usados pelos pacientes no edifício de recreação, de forma que tivessem algo para enviar aos outros. Portanto, como seria de se esperar, alguns dos ajustamentos secundários praticados no hospital eram planejados para conseguir bens que, por sua vez, pudessem ser dados a outros — em resumo, *bens rituais*[144]. Os refeitórios dos pacientes constituíam uma fonte de tais bens rituais, pois quando havia frutas portáteis — laranjas, maçãs ou bananas — os pacientes as levavam para as enfermarias, em vez de comê-las, não apenas como bens pessoais e como meio para fazer trocas econômicas, mas também como algo que poderia ser dado a amigos. De forma semelhante, no edifício de recreação, um homem poderia aceitar um cigarro de fábrica e responder à gentileza com uma laranja, uma troca econômica justa, mas realizada com o espírito de pessoas que não estavam preocupadas com essa equivalência mesquinha. Ao entrar na fila para repetir a refeição, um paciente podia perguntar a seus companheiros de mesa se podia trazer algo para eles; em troca, estes poderiam oferecer-lhe sal, pimenta ou açúcar que, de outra forma, teriam levado consigo. Ao receber bolo e doces nas reuniões sociais do edifício de recreação, um paciente podia embrulhar parte do que recebera para levá-lo a um amigo que não tinha tido licença para ir à festa. O tabaco distribuído pelo hospital era também usado dessa forma. Em resumo, o sistema do hospital era usado para a obtenção de bens rituais.

O papel ritual dos cigarros era muito interessante. Alguns pacientes, principalmente os que estavam há pouco

---

(143) Em alguns casos, observei que o "ajudante" tentava obter concessões homossexuais da pessoa ajudada, mas não tenho provas de que isso fosse comum.

(144) Talvez, através da falta de bens rituais, possamos compreender, pelo menos em parte, a prática antes mencionada de dar aos amigos pequenas quantias em dinheiro.

tempo no hospital, se davam ao luxo de oferecer cigarros, como se faz no mundo externo, embora isso criasse problemas: um paciente, embora com seu maço de cigarros, muitas vezes aceitava um cigarro que fosse oferecido. (Conheci um jovem que se gabava de ser capaz de conseguir cigarros dos outros, apresentando um cigarro seu quando se aproximava um paciente menos sabido.[145]) Permitir algumas "tragadas" era uma cortesia comum entre companheiros, da mesma forma que dar o "toco" do cigarro. (Os tocos eram também um dos bens rituais importantes que os auxiliares usavam para agradar pacientes.)

Nas enfermarias "atrasadas" de pacientes velhos, mudava a medida de valor ritual. Aqui, era muito pouco provável que alguém, a não ser talvez um auxiliar, desse a um paciente um cigarro inteiro de fábrica. Alguns dos pacientes não podiam enrolar os seus cigarros e dependiam de pacientes mais hábeis para essa tarefa; enrolar os cigarros era um favor, às vezes solicitado com a apresentação do "material" ao ajudante, e às vezes apresentado sem um pedido anterior. Um toco de um cigarro feito era procurado por alguns pacientes, e oferecido por outros — moeda cerimonial que raramente tinha valor em outras partes do hospital. De modo geral, um cigarro de fábrica afastava um cigarro feito a mão, pois este era desprezado quando o primeiro era obtido. Encontrava-se um tipo de relação de caridade pelo qual os auxiliares e pacientes desenvolviam pessoas prediletas para suas concessões de cigarros. Um protegido mudo, que desejasse fumar, ficava de pé diante de seu protetor quando este acendia um cigarro de fábrica ou já estava fumando um deles. O "pedinte" esperava até que o cigarro fosse fumado até o ponto em que lhe seria entregue. Às vezes, ele também ajudava outro paciente, passando-lhe o toco de cigarro que tinha recebido, depois de fumá-lo até o ponto que considerava adequado. O terceiro a fumar o cigarro muitas vezes precisava usar um alfinete para impedir que o cigarro queimasse sua mão. Lançado ao chão, o cigarro era às vezes recolhido por um paciente que o achava muito pequeno para ser fumado, mas com tamanho que ainda permitia que tirasse o resto de

---

(145) Isso deve ser contrastado com o destino social de cigarros em alguns campos de prisioneiros de guerra. Veja-se RADFORD, *op. cit.*, pp. 190-91:
"Logo depois da captura, as pessoas compreendiam que, diante da quantidade limitada de bens e da sua qualidade, era indesejável e desnecessário dar ou aceitar presentes de cigarros ou alimento. A 'boa vontade' se transformou num comércio, como forma mais justa de aumentar a satisfação individual".
Posso acrescentar que o hábito civil de pedir um fósforo ou oferecê-lo tendia a ser muito reduzido no hospital; o fogo de um cigarro já aceso era, comumente, aquilo que se pedia, embora houvesse muita probabilidade, em algumas enfermarias, de que o indivíduo solicitado tivesse fósforos.

tabaco que continha. Algumas enfermarias "atrasadas" eram organizadas de tal forma que um único cigarro passava, *rotineiramente,* por três ou quatro pessoas.

No entanto, um tratamento completo do papel dos cigarros nos leva para além das relações particulares de companheiros e de igrejinhas, para uma consideração do *status* do paciente como tal, e especialmente para uma consideração das exigências que uma pessoa podia fazer a outra, apenas em virtude de ambas serem pacientes. Quase todos os pacientes no hospital, com a exceção de alguns poucos pré-adolescentes, formavam um único sistema de cigarros que incluía o direito de pedir e a obrigação de dar fogo de um cigarro aceso[146]. É surpreendente que os pacientes nas piores enfermarias, tão doentes que há anos estavam mudos, tão hostis que recusavam a oferta de um cigarro, e tão distraídos que esqueciam de apagar um cigarro que tinha começado a queimar suas mãos, observassem esse sistema. Evidentemente, uma das funções do sistema era que poupava aos pacientes a necessidade de pedir fogo a um auxiliar.

Tal como ocorria com o sistema do hospital, as tarefas eram utilizadas, não apenas para alguma coisa que era pessoalmente consumida ou trocada, mas por alguma coisa que seria dada por sentimento de solidariedade. Os homens que trabalhavam nos viveiros do jardim podiam dar flores às pessoas da administração de que mais gostavam; os que trabalhavam na cozinha podiam levar alimento para a enfermaria, a fim de dá-lo a amigos; o homem que trabalhava na quadra de tênis e recebia algumas bolas em pagamento podia dá-las a seus amigos prediletos. Nas enfermarias em que o café já era servido misturado ao leite — uma privação considerável para os que preferiam café preto — os pacientes que trabalhavam na cozinha podiam dar a seus companheiros o café por estes preferido. Os pacientes que ajudavam a preparar os saquinhos de amendoim que seriam

(146) O fato de dar e receber fogo para cigarros indicava uma relação especial; o gesto através do qual se comprovava a existência de uma relação parecia ser o seu único conteúdo, de forma a constituir uma espécie de relação ritual. Um pouco menor do que o círculo de cigarro era a rede de pacientes que "trocavam olhares" quando se encontravam nos pátios do hospital. Quando os pacientes de ambos os sexos e de qualquer idade se cruzavam nos pátios, e quando ambos podiam saber pela aparência do outro que este era um paciente, às vezes ocorria uma saudação — um sinal com a cabeça, um bom dia, ou um olhar orientado e alegre. Essa saudação é típica de locais rurais na sociedade ocidental, embora, nestas, todas as categorias de pessoas possam participar, enquanto que, no hospital, havia tendência para que dela participassem apenas os pacientes. Quando dois pacientes que não se conheciam se encontravam fora do hospital e um sabia que o outro era um paciente porque o vira lá, propunha-se o problema de saber se ambos tinham o direito e a obrigação de se cumprimentarem. A decisão final parecia determinada, em parte, pelo fato de haver ou não outras pessoas presentes que poderiam desejar saber qual a base para o cumprimento.

dados aos pacientes quando fossem a um jogo fora do hospital dariam os que sobrassem aos amigos.

É possível mencionar outra fonte de bens rituais: alimentos, cigarros e dinheiros que os parentes levavam aos pacientes. Nas poucas enfermarias em que havia elevado espírito de cooperação, os presentes eram distribuídos imediatamente aos outros internados, e por alguns momentos enchiam a enfermaria com doces e barras de chocolates.

Já sugeri que as condições médias de vida para os pacientes no Hospital Central apresentavam uma perda de bens rituais e levavam à criação desses bens a partir dos materiais disponíveis. Aqui, é preciso mostrar um paradoxo. Alguns criminologistas já disseram que as regras criam a possibilidade de infrações e, por isso, de subornos. Assim, é possível dizer que as restrições podem criar desejo ativo, e o desejo ativo pode levar uma pessoa a criar meios para atendê-lo. Tais meios podem ser consumidos pessoalmente e podem ser negociados; podem também ser dados como provas de consideração aos outros. Por exemplo, em muitas enfermarias fechadas pelo menos um ou dois pacientes recebiam um jornal diário. Depois de ler o jornal, o seu dono tendia a levá-lo embaixo do braço ou a escondê-lo na enfermaria; durante a manhã, podia emprestá-lo a seus amigos. A falta de material de leitura para a enfermaria era o seu bem ritual. De forma semelhante, um paciente que conseguisse permissão para barbear-se com o equipamento da enfermaria num dia não previsto pelo horário podia, freqüentemente, conservá-lo por mais tempo a fim de que um amigo também pudesse fazer a barba.

Um exemplo da criação de "licenças" pelas restrições pode ser encontrado nas práticas de namoro no Hospital Central. Quando uma pessoa do par ficava fechada numa enfermaria, a outra podia enviar mensagens, cigarros e doces, desde que conseguisse o auxílio de um colega de enfermaria do namorado e que tivesse liberdade para andar livremente pelo hospital. Além disso, podia também, ao ficar silenciosamente num edifício vizinho, conseguir um contato visual com o namorado. Se conhecesse os direitos de movimento do grupo a que pertencia o namorado que tinha perdido a licença para andar livremente, era possível acompanhá-lo ao passar da enfermaria para outro edifício. No entanto, quando os dois tinham perdido a licença para andar pelo hospital, ou quando ainda não a tinham obtido, é que seria possível notar cadeias realmente complexas de contato. Por exemplo, uma vez vi um paciente fechado numa enfermaria empregar o recurso padronizado de jogar, pela janela, certa quantidade de dinheiro num saquinho de papel, para que um amigo o pegasse no chão. De acordo com as instruções, o amigo levou o dinheiro

231

para a cantina dos pacientes, comprou algumas batatas fritas e café e, também num saquinho, levou isso para uma janela gradeada onde a namorada do primeiro podia pegá-lo. Como se pode ver, para os poucos pacientes colocados nessa posição, o hospital oferecia um tipo de situação de jogo, em que a pessoa podia enfrentar as autoridades, e algumas das relações que se desenvolviam pareciam decorrer do fato de os participantes apreciarem a manutenção da "trama".

Embora a transmissão de uma gentileza de uma pessoa para outra pudesse ser mediada pela assistência de uma ou até de duas pessoas, as correntes de mediação no Hospital Central não pareciam ser maiores do que isso. Embora pequenos conjuntos de amigos pudessem agir como sistemas de transporte, e embora a maioria dos pacientes com licença para andar pelo hospital pudessem ser participantes, como um todo os pacientes não constituíam um sistema *único* sob esse aspecto, pois, com a exceção do fogo para cigarro, uma pessoa podia pedir coisas a determinados pacientes amigos, e não a qualquer paciente como tal.

Já sugeri que as restrições criam a possibilidade, não apenas de a pessoa conseguir superá-las, mas também de fazer com que os amigos as superem. Existe uma outra forma pela qual as condições restritivas de vida criam seus bens para intercâmbio econômico e social: quando as pessoas não sabem o que é provável que aconteça com elas, e se não têm informações quanto à maneira de "sair" de uma situação onde isso pode significar a sobrevivência psicológica, a informação se torna um bem decisivo, e quem pode transmiti-la está numa posição favorável nos sistemas de intercâmbio social e econômico[147]. É compreensível, por isso, que os companheiros em todas as instituições totais dêem ajuda mútua através de "instruções"; é também compreensível que no Hospital Central, tal como nas prisões, a equipe dirigente tenha o desejo de separar os novos internados dos mais antigos, para que os novos, através de amizade ou intercâmbio econômico, não aprendam os "truques" do "ofício".

IV

Os elos particulares até aqui considerados constituíam uma classe importante de relações, pois davam as bases para o intercâmbio social extra-oficial. Resta considerar o

(147) Este tema é apresentado e sistematicamente desenvolvido num artigo muito útil de RICHARD MCCLEERY, Communication Patterns as Bases of Systems of Authority and Power, em S.S.R.C. Pamphlet N.º 15, *op. cit.*, pp. 49-77.

outro tipo importante — o das *relações de proteção*. Penso que, na maioria dos casos, tais relações de proteção eram mais estáveis que as particulares.

No Hospital Central, havia dois tipos oficiais básicos de organização em que o paciente era localizado. Um deles era o "sistema de enfermarias", formado pelo local de residência, a supervisão aí recebida, bem como as relações com outras e diferentes enfermarias das quais o paciente tinha vindo ou para as quais poderia ser enviado. O outro era o "sistema de tarefas" através do qual um paciente deixava a enfermaria e, durante todo o dia ou parte deste, passava para a supervisão da pessoa da equipe dirigente para a qual trabalhava ou da qual recebia um dos vários tipos de terapia.

Como já foi sugerido antes, a teoria do hospital era que, desde que o estabelecimento atendia a todas as necessidades dos pacientes, não havia razão para que fossem pagos, pelo hospital, pelo trabalho que faziam. A disposição para trabalhar gratuitamente para o hospital era considerada, na realidade, como um sinal de convalescença, um sinal de interesse em atividade socialmente construtiva, assim como o trabalho era definido como terapêutico. No entanto, fosse pelo desejo de agir de acordo com os padrões civis, fosse para conseguir disciplina e motivação, as pessoas da equipe dirigente que recebiam os pacientes sentiam-se obrigadas a "mostrar seu apreço" por "seus" pacientes. E um funcionário que não demonstrasse esse tipo de consideração pelos seus clientes poderia precisar mostrar, no fim do ano, um menor número de pacientes que participavam dessa atividade.

A principal regalia concedida aos que trabalhavam era o direito de sair todos os dias da enfermaria durante o período de trabalho — de trinta minutos a seis horas — e o direito de período ocasional de repouso durante as horas de trabalho, a fim de ir à cantina ou às festas do edifício de recreação. A regra tradicional no hospital era que a liberdade para andar pelos pátios era dada apenas aos que, com o trabalho, pagavam por ela. (Na época de realização deste estudo, a regra estava sendo modificada — para grande desgosto de alguns funcionários que temiam que, com isso, fossem incapazes de manter a disciplina dos pacientes sob sua responsabilidade. Os pacientes do serviço de admissão pareciam capazes de obter liberdade de circulação pelo hospital sem precisar fazer mais do que trabalho simbólico, e os pacientes dos serviços de doentes crônicos estavam conseguindo, cada vez mais, ter essa liberdade sem realizar um trabalho para o hospital.)

A direção do hospital dava uma base oficial para o sistema de proteção através da distribuição de cigarro de papel e tabaco ao pessoal encarregado dos pacientes, que redistribuíam esses bens, uma ou duas vezes por semana, aos pacientes de que estavam encarregados. Além disso, por ocasião do Natal, os materiais da festa e pequenos presentes eram às vezes entregues aos funcionários, e os pacientes esperavam que a pessoa para a qual trabalhavam daria pelo menos uma festa anual com refrigerantes e presentes. Para essas ocasiões, a pessoa da equipe dirigente podia, oficialmente, pedir sorvete, concentrado de ponche de frutas, e bolo (fornecido pela padaria do hospital), sem que precisasse pagar por isso, mas quase sempre o chefe se sentia obrigado a complementar esses presentes com a compra de outros bens (o que fazia por sua conta). Os pacientes se tornavam juízes severos da qualidade desses bens: um sorvete melhor ou bolos maiores, comprados fora do hospital, recebiam melhor qualificação por esses consumidores muito capazes de crítica; o ponche padronizado do hospital fazia com que o chefe perdesse pontos na classificação.

Além dessas regalias semi-oficiais, o chefe do serviço dava outras, igualmente esperadas pelos pacientes. Os trabalhadores muito bons de um chefe de serviço esperavam ganhar de vez em quando pacotes de cigarros, Coca-Cola da máquina automática, roupas usadas, troco de compras na cantina, e às vezes moedas de dez ou vinte e cinco *cents*[148]. Além dessas regalias materiais, os trabalhadores constantes ou os pacientes fixos de terapia às vezes esperavam que o chefe do serviço interferisse em seu favor, ajudando-os a obter uma tarefa desejada de residência, um dia na cidade, ou redução de penalidade por ter sido apanhado na transgressão de alguma regra. Outro favor esperado era ter o nome colocado na lista para os bailes locais ou exibições de filmes, bem como para jogos externos de *baseball*. (O conhecimento de que uma pessoa da equipe dirigente confiava muito num paciente para a realização de um trabalho presumivelmente influenciava a maneira pela qual seria considerado por outras pessoas da administração.) Finalmente, os pacientes às vezes esperavam uma redução na distância social entre eles e seus chefes de serviço, maior cordialidade e delicadeza do que poderiam esperar de outras pessoas colocadas em situação hierárquica semelhante.

O complexo do automóvel era significativo para este caso. Um dos símbolos mais seguros de *status* que diferenciava o pessoal da equipe dirigente dos pacientes com licença para sair do hospital era o fato de poder ou não

---

(148) Um paciente com um dos "melhores" serviços no hospital — levar mensagens do edifício da administração central para outros locais do hospital — tinha a fama de conseguir até oito dólares por mês com gorjetas, mas não tenho boas provas disso.

dirigir automóvel. Isso era rigorosamente proibido para quem quer que tivesse a posição de paciente. Conseqüentemente, quem fosse visto na direção de um carro poderia ser considerado, a partir dessa regra, como não-paciente. Em parte como resposta a isso, em parte talvez como uma causa disso, as pessoas da equipe dirigente tendiam a andar muito pouco, usando seus carros para quase todos os trajetos que precisassem fazer no hospital[149]. Ora, uma das regalias especiais que uma pessoa da equipe dirigente poderia dar a um paciente era permitir que o levasse de carro de um ponto a outro do hospital; isso não apenas dava maior tempo de repouso entre uma tarefa e outra, mas também prova de que gozava da estima e da confiança do seu chefe de serviço. Essa prova podia ser amplamente transmitida, do banco da frente de um carro, pois havia um limite aceito de velocidade dentro do hospital, e uma tendência dos pacientes com o direito de andar pelo hospital para notar quem andava com quem.

Parte da proteção conseguida pelo paciente era, naturalmente, um subproduto do controle que precisava ter para facilitar a ajuda que prestava ao chefe do serviço. Por isso, o paciente que estava encarregado da sala de porão que era extra-oficialmente usada para armazenar instrumentos para a conservação dos pátios, não apenas tinha sua cadeira e sua mesa, mas também tinha, sob sua guarda, provimentos de tabaco que distribuía ao grupo de pacientes que, extra-oficialmente, trabalhavam sob suas ordens. Portanto, estava numa posição de protetor. De forma semelhante, o paciente de confiança que dirigia a cozinha durante as festas no edifício de recreação tinha chaves, e com elas a tarefa de impedir que pacientes não-autorizados entrassem na cozinha. Portanto, estava numa posição que lhe permitia deixar que um amigo entrasse na cozinha para "experimentar" o

---

(149) Todos os lugares e todas as coisas que estão num hospital psiquiátrico parecem compartilhar com as piores enfermarias um considerável sentido de isolamento, exílio e doença ritual. Um carro parece representar uma peça de equipamento secular que não é muito manchada pelo local e que indica, claramente, a segurança da ligação da pessoa com o mundo externo e normal. Talvez o notável interesse das pessoas da equipe dirigente do Hospital Central em manter seus carros bem limpos e brilhantes não possa ser inteiramente compreendido nem pelos baixos preços para a limpeza, nem pelo seu desejo afetuoso de fazer com que os pacientes recebessem algum dinheiro. Posso acrescentar que uma das fantasias de liberdade às vezes encontrada em pacientes era conseguir um carro novo, depois da alta, e voltar com ele para o hospital para visitar os antigos companheiros e chefes. Esta fantasia às vezes se realizava, mas penso que isso não ocorria com tanta freqüência quanto seria possível. Eu poderia acrescentar também que, embora houvesse uma associação entre os carros muito caros (não *Cadillacs*) e os quatro ou cinco administradores de postos mais elevados, e apesar de piadas de pessoas de postos mais altos da administração, mas que tinham carros velhos, com os carros mais novos e melhores de alguns auxiliares, não havia uma associação geral aparente entre a posição na administração e a marca ou o ano do carro.

235

que iria ser depois servido. Aqui, evidentemente, havia uma forma especial de "usar" a tarefa[150].

Embora sempre houvesse algumas regalias que os pacientes razoavelmente esperavam do trabalho com determinada pessoa da equipe dirigente[151], alguns pacientes conseguiam "usá-las" da maneira habitual. Na época de Natal, alguns pacientes que conheciam bem o hospital repentinamente se tornavam ardentes participantes de várias tarefas, combinando vários serviços e várias terapias. Quando chegava o momento das comemorações, podiam estar certos de receber muitos presentes e participar de muitas festas — na realidade, tinham "uma estação", no sentido *debutante* desse termo. (Os chefes evidentemente não se opunham à exploração de sua benemerência, pois uma festa de Natal com poucos pacientes seria um problema para o espetáculo realizado presumivelmente pelo trabalho ou pela terapia, e, além disso, como já foi sugerido, um outro nome acrescentado à lista de pessoas que ocasionalmente compareceriam à festa criava uma boa impressão na administração.) Alguns pacientes crônicos, que julgavam que só conseguiriam a liberdade de circulação pelo hospital se se apresentassem como voluntários para trabalho constante, aceitavam um serviço, conseguiam a posição de liberdade de circulação, e depois aos poucos deixavam de comparecer ao trabalho, supondo que não seriam imediatamente denunciados, ou, se isso ocorresse, não seriam imediatamente levados de volta para as enfermarias. Outros trabalhavam durante certo tempo num serviço, estabeleciam boas relações com a pessoa da equipe dirigente dele encarregada, e depois passavam a trabalhar para outra pessoa, mas periodicamente se apresentavam ao antigo chefe para pedir tabaco ou dinheiro, e dessa forma tentavam usar a pessoa, em vez de "usar" a tarefa.

Nas enfermarias "atrasadas", onde muitos dos pacientes apresentavam marcante resistência a relações sociais comuns, os auxiliares tinham um ou dois "pacientes trabalhadores" que poderiam ser usados como fonte constante de ajuda no controle da enfermaria. Em tais casos, os dois sistemas, o de enfermarias e o de tarefas, convergiam, e o paciente trabalhava para a mesma pessoa que tinha o direito de vigilância sobre ele. Em tais situações, o paciente que trabalhava tinha a certeza de receber uma corrente con-

---

(150) SYKES, Corruption of Authority, *op. cit.*, pp. 260-61, analisa esse problema sob o título "Corruption by Default".
(151) Compare-se isso ao sistema de "regalias", característico da ligação entre a dona da casa e a empregada doméstica, sobretudo entre donas de casa do Sul dos Estados Unidos e empregadas negras.

tínua de favores, pois as restrições da vida na enfermaria atrasada criavam um grande número de regalias[152]. Os quartos particulares e semiparticulares tendiam a ser um direito dos pacientes que trabalhavam; as compras feitas na cantina, para os auxiliares, seriam recompensadas com um cigarro, ou no caso de refrigerantes, com garrafas vazias — que na cantina valiam dois *cents* cada uma; os auxiliares podiam dar a um paciente o direito de ter fósforos e arrumar suas roupas todas as noites; quando o paciente lhe pedia fogo, o auxiliar responderia imediatamente e, como ato especial de confiança, daria o seu isqueiro para o paciente, de forma a reduzir os aspectos de submissão do pedido; o controle de roupas e listas de recreação também dava aos auxiliares alguns favores que poderiam distribuir.

Deve-se acrescentar que a relação de chefia não era a única base para favores entre a equipe dirigente e o paciente; apareciam relações particulares de "companheirismo", não ligadas a tarefas, sobretudo (ao que parece) entre alguns auxiliares jovens e alguns pacientes também jovens, pois a solidariedade combinada de grupos de idade, sexo e classe operária às vezes tendia a superar as distinções da organização[153]. Quase todos os auxiliares precisavam aceitar o tratamento de "você" por alguns pacientes e o tratamento "anônimo" por outros, e, da mesma forma que instrutores de atletismo, bombeiros, guardas e policiais, muitas vezes estavam dispostos a brincadeiras pesadas com pacientes que tivessem liberdade de circulação pelo hospital. Cito um caso, tirado de minhas notas de campo:

Noite de cinema. O carro da polícia passa lentamente pelo prédio do cinema, à medida que os pacientes se retiram, a fim de assegurar uma saída ordenada. O carro diminui ainda mais a marcha e pára; o policial observa o grupo de pacientes que procuram as pacientes, e identifica um paciente com liberdade de circulação, bem conhecido e muito simpático. O paciente saúda o policial, tal como o faria com um amigo:

Paciente: Oi!

Policial: Vi você ontem à noite (no baile dos pacientes); se você dançasse mais, acabaria indo dormir com elas.

Paciente (despedindo-se): Deixa disso.

---

(152) Uma boa apresentação de favores nas enfermarias pode ser encontrada em BELKNAP, *op. cit.*, pp. 189-90.

(153) Esses são os fundamentos do que John Kitsuse denominou "aliança masculina". Uma útil apresentação do problema pode ser encontrada em SYKES, Corruption of Authority, *op. cit.*, "Corruption through Friendship", pp. 259-60. Ver também HAROLD TAXEL, Authority Structure in a Mental Hospital Ward, Tese de mestrado, inédita, Departamento de Sociologia, Universidade de Chicago, 1953, que mostra (pp. 62-63) que os pacientes procuram os auxiliares para escapar das regras, enquanto as enfermeiras atuam de forma a impor as mesmas regras, e (p. 83) que existe um acordo tácito, segundo o qual, sempre que possível, o auxiliar deixará de impor as regras ao paciente.

237

Considerando-se que o auxiliar tinha controle arbitrário de muitas das coisas de que os pacientes precisavam, seria de esperar que a solidariedade paciente-auxiliar (fora da relação de proteção) desse uma base para a troca de favores, do que cito um exemplo de minhas notas de campo:

Estou almoçando com um paciente-amigo num dos grandes refeitórios de pacientes. Ele me diz: "A comida aqui é boa, mas não gosto de salmão (enlatado)". Pede licença, joga o resto de alimento na lata de lixo, e vai para a seção de dietas da linha de alimentos quentes, e volta com um prato de ovos. Sorri com ar de caçoada e conspiração e diz: "Jogo bilhar com a auxiliar que toma conta disto"[154].

Embora muitos desses favores, oficiais ou particulares, fossem levemente ilícitos, deve-se notar que alguns deles — por exemplo, acender o cigarro com gentileza ou abrir rapidamente uma porta — eram apenas parte do dever do auxiliar, embora raramente recebidos. Por exemplo, nas enfermarias em que os pacientes eram obrigados a ir ao refeitório três vezes por dia, os auxiliares verificavam que seria mais cômodo regular o fluxo de pessoas se colocassem os pacientes em fila, na porta da enfermaria, quinze minutos antes do sinal dado para a refeição, embora isso fizesse com que muitos pacientes fossem obrigados a ficar de pé, durante quinze minutos, sem nada para fazer. Os pacientes que trabalhavam, ou que tinham ligações especiais com os auxiliares, eram dispensados dessa obrigação e iam para as refeições depois dos outros, ou antes, o que permitia que não precisassem ficar esperando.

V

Mencionei três maneiras pelas quais um indivíduo pode utilizar os bens ou serviços de outro: coerção particular, troca econômica e intercâmbio social. Cada uma dessas três maneiras tem seu conjunto de suposições e suas condições sociais necessárias. No entanto, essa é uma imagem analiticamente simplificada. Cada uma dessas formas faz exigências quanto à maneira de o indivíduo apresentar sua atividade aos outros. No entanto, na prática real, várias bases para o uso de outra pessoa são simultânea e rotineiramente empregadas; a única obrigação é manter a aparência da atividade, de forma que apenas um dos três modelos pareça determinar o que ocorre.

(154) O mesmo paciente dizia que, sempre que ia à cidade, podia parecer bem vestido com a roupa cáqui do hospital, pois pegava uma calça nova de cada vez; antes da primeira lavada, esse tecido tem um brilho que dá uma aparência de roupa de qualidade melhor e uma resistência que garante o friso da calça.

Por exemplo, no contexto da relação de protetor, usualmente era fácil distinguir entre pagamentos sociais e pagamentos econômicos, mas em alguns casos surgiam interessantes dificuldades. Ouvi um auxiliar discutir com um paciente quanto à quantidade de trabalho diário que seria necessária, como troca justa, pelo direito de fazer a barba diariamente. Embora a discussão ocorresse antes de os dois chegarem a um acordo, exatamente esse tipo de intercâmbio se transformava, depois de algum tempo, em expressão não-calculada de consideração mútua. Além disso, quando um chefe desejava a realização de um serviço novo ou considerado não-adequado, havia discussões prévias de regalias e pagamentos, o que introduzia um contrato econômico impessoal numa relação alheia ao mercado[155].

A distinção entre pagamentos econômicos e sociais inclui outros problemas. A expectativa de um paciente de que seu chefe faria com ele um contrato puramente econômico para a lavagem de carro levava algumas pessoas da equipe dirigente a pagar pela lavagem de carros que já estavam limpos, e assim simulavam uma prática econômica por razões de apoio da relação. Os pacientes que, segundo se supunha, tinham pago por relações sexuais com algumas pacientes, eram um pouco condenados, da mesma forma que as pacientes que supostamente tinham "entrado no negócio", pois, segundo se pensava, a atividade sexual significava exclusivamente ligação afetiva[156], e não venda explícita[157]. Além disso, parecia haver certa instabilidade: o que uma vez era concedido como um gesto especial de consideração poderia tornar-se, com o tempo, uma expectativa padronizada, aceita sem discussão, de forma que ocorria algo semelhante a um processo regressivo — cada novo meio de mostrar consideração se tornava rotineiro e, por isso, ineficiente, como um sinal de consideração, e precisava ser

---

(155) O problema oposto, o da troca econômica ser restrita a participantes em relação de apoio, tem sido freqüentemente descrito em estudos de sociedades não-letradas. Ver, por exemplo, C. M. ARENSBERG, *The Irish Countryman*, New York, Peter Smith, 1950, pp. 154-57; SERVIÇE *op. cit.*, p. 97. Nas comunidades da Ilha Shetland, alguns moradores cuidadosamente fazem pelo menos algumas compras em todas as lojas, a fim de não ofender pessoalmente o lojista. O fato de não comprar coisa alguma numa loja local indica que a pessoa "se afastou" do seu proprietário.

(156) Poder-se-ia acrescentar que, nos hospitais psiquiátricos, a prostituição e o que é percebido como "ninfomania" pode ter uma influência desorganizadora equivalente na validade do sexo como um símbolo de relação reciprocamente exclusiva; nos dois casos, um homem socialmente inadequado pode conseguir ser aceito sexualmente por determinada mulher, e por razões erradas.

(157) SYKES, *Society of Captives*, pp. 93-95, sugere que na prisão existe uma grande amplitude de coisas que poderiam ser vendidas clandestinamente, mas que os internados acham que não devem ser vendidas. e que o mau uso do mercado leva um internado a ser socialmente marcado: "(...) o preso que vende quando deve dar é chamado *negociante* ou *mascate*".

239

complementado por novas regalias. E uma vez que uma regalia se tornava inteiramente aceita como devida, a sua ausência poderia provocar comentário direto e explícito. Por exemplo, quando um grupo se reunia num baile comia todos os doces e bolos preparados para a festa, os auxiliares da cozinha se queixavam abertamente à administração por terem perdido o que lhes era devido; por isso, para evitar problemas, os auxiliares da cozinha tinham licença para separar "os restos" antes de servir o alimento.

Era possível encontrar outras combinações tácitas de coerção, troca econômica e intercâmbio social. Correspondente ao fato de que o dinheiro era dado de uma forma ritual, e não puramente econômica, havia o fenômeno de pedir dinheiro — uma prática muito importante no sistema de trocas de algumas sociedades. Os pacientes não apenas esperavam receber pequenos trocos e cigarros, mas iniciavam o processo. Um paciente procurava um auxiliar predileto ou, às vezes, outro paciente, e pedia o "empréstimo" de cinco ou dez *cents* para a compra de um doce, ou alguns *cents* para completar o que seria necessário para uma compra. O estilo do pedido muitas vezes deixava implícito que a pessoa solicitada era um pouco "quadrada" e culpada de uma "dura" respeitabilidade, o que por sua vez sugeria que isso era um meio de exprimir distância quanto à própria situação e de elevar a condição de desvalia a uma condição de respeitabilidade. Qualquer que fosse o seu sentido, o pedido era um caso em que os outros eram convencidos a mostrar afetividade, mesmo antes de estarem preparados para fazê-lo.

Diferentes bases para usar os outros eram combinadas ainda de outras formas. Um problema no Hospital Central, como em outras instituições semelhantes, era que, ao dar aos auxiliares a obrigação altruísta de fisicamente dominar os pacientes que poderiam ferir-se ou ferir os outros, dava-se uma cobertura adequada para coerção particular. Os pagamentos econômicos e sociais também chegavam a esconder disposições nominalmente estranhas a ambos os tipos de pagamento. Quando um paciente comprava o serviço de outro através de um cigarro ou de uma "tragada", o comprador às vezes realizava a transação de maneira autoritária, dando a impressão de conseguir mais prazer com o fato de obrigar o outro paciente a realizar um ato subserviente do que com o serviço propriamente dito. Os auxiliares paternalistas de velho estilo nas enfermarias "atrasadas", antes de dar a um paciente as balas compradas com os fundos do paciente na cantina, às vezes faziam algumas "gozações", até que o paciente fizesse alguns sinais humilhantes de pedido, ou afirmasse que realmente desejava aquilo que o auxiliar iria dar-lhe. O fato de dar tocos de cigarros, tanto por auxiliares como por pacientes, era também usado às vezes para humilhar o que os recebia. Da mesma forma, quando uma organização beneficente organizava festas para os pacientes no edifício de recreação, e no intervalo distribuía cigarros de fábrica a cada paciente, este ficava na posição de receber esmolas de alguém que nada lhe devia. O grande desejo de cigarros de fábrica fazia com que quase todos os pacientes aceitassem tais presentes; no entanto, no caso de pacientes novos, ou daqueles que estavam acompanhados por visitantes, os olhares de ressentimento, sarcasmo mal disfarçado, ou vergonha, sugeriam que não havia um esquema adequado, ou pelo menos um esquema de auto-respeito, em que essa atividade pudesse ser colocada[158].

Finalmente, é evidente que qualquer meio utilizado para usar os bens ou serviços de outra pessoa poderia ser, e era, às vezes, empregado com malícia e má fé, de forma que um jogador poderia ser tapeado, um comprador poderia ser enganado ou um amigo poderia ser explorado. (Está claro que, teoricamente, mesmo uma pessoa que julga não estar contribuindo de forma alguma para os fins de outra, e que não o faria se estivesse consciente disso, pode descobrir que involuntariamente contribui para os planos dessa outra.)

O problema é que todo setor da vida social e, mais especificamente, todo estabelecimento social fornecem o ambiente onde se apresentam aparências que permitem o uso de outra pessoa, e combinações características de tais disposições são controladas de maneira oculta[159]. Precisamos estudar essas unidades de aparência e realidade[160]. Eu gostaria de acrescentar que, considerada determinada entidade social como ponto de referência — uma relação social, um estabelecimento social, um grupo — podemos examinar as exigências extra-oficiais que determinado participante pode fazer com relação a outro — o que nos Estados

(158) Conheci duas pacientes, internadas há muito tempo, e que, embora não precisassem de cigarros, eram tão gentis que aceitavam essa oferta por deferência, a fim de não envergonhar o doador.
(159) As combinações de pagamentos coercitivos, econômicos e sociais, precisam ser estudadas, a fim de que possamos empregar um esquema para observar as diferenças e semelhanças entre vários pagamentos — por exemplo, prebendas, tributos, gorjetas, gratificações, favores, presentes, cortesias, honorários, concessões, pilhagem, bônus, resgate, multa. Deve-se lembrar que, na maioria das sociedades, a troca econômica não é a forma mais importante de transferência de bens, serviços e dinheiro.
(160) Em RALPH TURNER, The Navy Disbursing Officer as a Bureaucrat, *American Sociological Review*, XII (1947), pp. 342-48, encontramos uma útil descrição de história de caso das várias bases de intercâmbio social. Turner distingue entre três bases para a distribuição de favores: padrões de amizade, amizade simulada e, no sentimento mais tênue, simples troca de favor; no entanto, nos três padrões, as noções de pedido formal, pagamento impessoal e suborno precisam ser manifestamente afastadas. Ver também SYKES, Corruption of Authority, *op. cit.*, p. 262 (nota de rodapé).

Unidos é às vezes denominado o *clout*, e na União Soviética o *blat* de uma pessoa.

Desejo apresentar dois problemas referentes à vida íntima no Hospital Central.

Em primeiro lugar, deve estar claro que uma descrição da vida íntima de uma instituição pode dar uma imagem sistematicamente deformada. Na medida em que os participantes se limitam a ajustamentos primários (seja por satisfação, seja por incapacidade para construir um mundo diferente), a vida íntima pode ser pouco representativa e até pouco importante. Além disso, os ajustamentos secundários mais facilmente observados podem ser aqueles que são desenvolvidos e vivos, e estes, tal como ocorre no caso do Hospital Central, podem ser praticados principalmente por pequeno grupo de líderes informais bem relacionados entre si. Sua conduta pode ter grande importância para o estudioso, se este deseja saber como determinada instituição pode ser usada e como as instituições, de modo geral, podem ser usadas; no entanto, ao pesquisar a amplitude dos ajustamentos secundários, o estudioso pode deixar de ver como vive o participante médio. Esta descrição necessariamente focaliza a atividade de pacientes com licença para circular e com habilidades para fazer manipulações, o que dá uma visão excessivamente rósea, tanto da vida dos pacientes, como um todo, no Hospital Central, quanto da eficiência de suas técnicas para alterar, extra-oficialmente, as suas condições de vida.

O segundo problema geral que desejo apresentar refere-se ao controle social e à formação de relações.

As disposições sociais que permitem o intercâmbio social e econômico evidentemente atuam de forma a assegurar que o indivíduo será capaz de incorporar em seu plano de ação os esforços dos outros, o que multiplica a eficiência dos seus ajustamentos secundários ou dos que atuam a seu favor. Ora, é evidente que, para que tais disposições sociais possam ser mantidas, é preciso exercer alguma forma de controle social, a fim de manter as pessoas dentro da ordem, para fazer com que cumpram seus acordos e sua obrigação de realizar favores e cerimônias em favor dos outros. Tais formas de controle social constituirão ajustamentos secundários de um tipo muito específico — uma classe de ajustamentos subjacentes a um grande conjunto de outras práticas clandestinas e extra-oficiais, e que ajudam a estabilizá-las. E, do ponto de vista da vida íntima dos internados em instituições totais, tais controles precisarão ser exercidos pelos internados e pela administração.

O controle, pelos internados, da equipe dirigente de instituições totais apresenta formas tradicionais — por exemplo, provocar "acidentes" para uma pessoa da administração[161], a maciça rejeição de certo tipo de alimento[162], a lentidão intencional da produção, a sabotagem de sistemas de água, luz e comunicação, todos facilmente vulneráveis à ação dos internados[163]. Outras sanções dos internados com relação à equipe dirigente podem apresentar-se como "gozação" individual ou "coletiva", ou formas mais sutis de desobediência ritual — por exemplo, a técnica militar de saudar um oficial de uma distância muito grande, ou com muita precisão, ou com excessiva lentidão. Uma ameaça da administração ao sistema global de disposições clandestinas pode ter, como resposta, alguma ação extrema — por exemplo, greves ou rebeliões.

Existe uma interpretação popular, segundo a qual o controle do grupo social de internados é bem organizado e forte, tal como ocorre no caso dos tribunais de 'canguru". E, aparentemente, nas prisões, a confiança de um internado com relação aos ajustamentos secundários dos outros é uma base importante para a tipificação social[164]. No entanto, de modo geral, as provas existentes sugerem que é fraco o controle social de outros internados pelos próprios internados. A ausência de ação de policiamento clandestino da vida íntima era característica do Hospital Central[165], com a possível exceção do Prison Hall[166].

Quando um paciente da enfermaria cometia alguma falta, todos os pacientes dessa enfermaria sofreriam mais privações; quando um paciente com liberdade de circulação

(161) Por exemplo, DENDRICKSON e THOMAS, *op. cit.*, p. 130.
(162) CANTINE e RAINER, *op. cit.*, p. 4.
(163) *Ibid.*, p. 10.
(164) Ver, por exemplo, a discussão de MORRIS G. CALDWELL, Group Dynamics in the Prison Community, *Journal of Criminal Law, Criminology and Police Science*, XLVI (1956), p. 651, "Right Guys", e GRESHAM SYKES e SHELDON MESSINGER, The Inmate Social System, S.S.R.C. Pamphlet N.º 15, *op. cit.*, especialmente pp. 5-11.
(165) Não considero o controle social exercido pelos auxiliares com relação aos seus ajustamentos secundários pessoais. Por exemplo, um ex-paciente da Prison Hall dizia que lá os auxiliares podiam aceitar gorjetas para serviços especiais e não ter medo de denúncias porque preparavam a lista de todos aqueles com quem tinham realizado transações ilícitas; por isso, um informante precisaria enfrentar um registro de suas culpas. É certo que os pacientes das duas partes do hospital freqüentemente exprimiam o sentimento de que, se acusassem um auxiliar por crueldade ou roubo, a equipe dirigente da enfermaria "se uniria", qualquer que fosse a verdade. Aqui, é interessante comparar o material sobre outro grupo que deve exercer coerção direta — a polícia — e os dados que indicam o grande apoio de segredo que um policial dá a outro. Ver WILLIAM WESTLEY, Violence and the Police, *American Journal of Sociology*, LIX (1953), pp. 34-41, e Secrecy and the Police, *Social Forces*, XXXIV (1956), pp. 254-57.
(166) O Prison Hall no Hospital Central, segundo alguns pacientes, estava "organizado" na maneira mais extensa de prisões para não-doentes. Aí, segundo se dizia, um auxiliar poderia ser subordinado para enviar secretamente uma carta ou trazer contrabando; havia movimento regular de apostas; os "agitadores" estavam por cima; um grupo de internados "dirigia o local", e a greve de pacientes era empregada para lidar com funcionários que não podiam ser controlados. Não tenho informação direta a respeito.

fugia e cometia algum crime, as condições de liberdade de circulação se tornavam, durante algum tempo, mais severas para muitos pacientes; no entanto, nesses casos em que a ação de um fazia com que para muitos fosse mais difícil conseguir "tratos" com a administração, aparentemente não havia medidas de vingança contra os transgressores[167]. Além disso, a "segurança" da vida íntima parecia fraca. Um internado que decidisse fugir poderia, com segurança, revelar isso a um ou dois amigos, mas um grupo de cinco ou seis não merecia confiança no caso de informação secreta. Em parte, isso se devia ao fato de que os psiquiatras da equipe dirigente afirmavam que, no interesse de sua terapia, um paciente deveria contar tudo; devia-se também a uma extensão característica desse princípio, pois muitos pacientes pensavam que poderiam melhorar sua posição psiquiátrica ao denunciar seus amigos. Por isso, não era surpreendente ouvir um funcionário de recreação dizer, com resignação e benevolência:

Você sabe, são como crianças pequenas. Logo que alguém faz alguma coisa errada, os outros vêm contar.

Nem seria supreendente ouvir as seguintes palavras de um dos pacientes mais empreendedores:

Durante a Série [do Mundo], qualquer um pode fazer negócio clandestino aqui na cantina. Nunca faço isso, porque aqui há muitos espiões, negros e brancos, e a gente não pode ter confiança em ninguém. Se quero fazer uma jogada, telefono e à tarde alguém vem buscá-la.

A ausência de controle social informal e a já mencionada ausência de cooperação ampla entre os pacientes devem ser consideradas, em conjunto, como prova de fraca organização social informal entre os pacientes. A psiquiatria pode explicar isso com o argumento de que os doentes mentais, por definição, são incapazes de manter ordem e solidariedade comuns, uma explicação que, todavia, não explica muito bem a anomia em prisões e em alguns campos de concentração. De qualquer forma, é interessante procurar outras explicações. Uma delas diria que os pacientes do Hospital Central apresentavam pouca solidariedade

---

(167) Durante a pesquisa, um alcoólatra internado, que muitos pacientes consideram "irritadiço", fez com que duas estudantes de enfermagem, muito aceitas pelos pacientes, fossem beber com ele na comunidade local. As moças foram apanhadas e despedidas antes do término de seu curso, enquanto o paciente voltou para uma enfermaria pior. Pensei que o paciente sofreria ostracismo por esse ato; na realidade, embora muitos pacientes o condenassem em sua ausência, aparentemente não houve qualquer ação contra ele por parte dos pacientes.

"reativa": em vez de se unirem para sustentar sua posição de pacientes contra o mundo tradicional, procuravam, em igrejinhas e díades, definir-se como normais, e definir muitos dos outros pacientes como loucos. Em resumo, poucos pacientes sentiam orgulho de serem pacientes[168]. A solidariedade reativa tornava-se ainda mais fraca pelo fato de que era difícil definir todas as pessoas da equipe dirigente como duras e coercitivas, ainda que as condições na enfermaria constantemente apresentassem tais características.

VI

Ao descrever a amplitude de ajustamentos secundários empregados pelos pacientes no Hospital Central, tentei criar conceitos com os quais fosse possível descrever, também, ajustamentos secundários em outros estabelecimentos. A unidade de descrição foi determinada por um interesse por análise comparativa, e não por *drama*. Assim, o fluxo da atividade dos pacientes no Hospital Central foi dividido em peças pequenas e independentes, o que permitiria a comparação. Por isso, pode ficar a impressão de que os pacientes passavam o dia todo em estratagemas pueris e gestos tolos que permitissem melhorar o seu destino, e que nada existe de incoerente entre essa exibição patética e nossas noções tradicionais do doente mental como "insano". Por isso desejo dizer que, na prática real, quase todos os ajustamentos secundários descritos eram realizados com um ar de decisão inteligente e realista, suficiente, uma vez conhecido o contexto global em que se manifestavam, para fazer com que um estranho se "sentisse em casa", numa comunidade muito mais semelhante do que diferente das outras que já conheceu antes. Existe uma conhecida expressão que diz ser impossível fazer uma separação nítida entre pessoas normais e doentes mentais; ao contrário, há um contínuo que vai do cidadão bem ajustado, num extremo, ao psicótico total, no outro. Preciso dizer que, depois de um período de aclimatação num hospital psiquiátrico, a noção de um contínuo parece muito arrogante. Uma comunidade é uma comunidade. Assim como é bizarra para os que dela não participam, é natural, ainda que indesejável, para os que lá estão. O sistema de combinações que os pacientes têm entre si não está no extremo de coisa alguma, mas dá um exemplo de associação humana, que sem dúvida deve ser evitada, mas também registrada, pelo estudioso, juntamente com outros tipos de associação que pode coligir.

(168) Isto foi sugerido por William R. Smith, que realizou trabalhos (ainda não publicados) sobre a solidariedade dos internados.

245

PARTE TRÊS: CONCLUSÕES

I

Em todo estabelecimento social existem expectativas quanto ao que o participante deve ao estabelecimento. Mesmo nos casos em que não existe uma tarefa específica, tal como ocorre em certos empregos de guarda-noturno, a organização exige certa presença de espírito, certo reconhecimento da situação presente, bem como preparação para acontecimentos não-previstos; na medida em que o estabelecimento exige que seus participantes não durmam no serviço, pede que estejam atentos a certas coisas. E, quando o sono é parte da expectativa, tal como ocorre em casa ou no hotel, há limites quanto ao local e quanto ao tempo em que o sono deve ocorrer, com quem e de que maneira[169]. E além dessas exigências ao indivíduo, grandes ou pequenas, os dirigentes de todo estabelecimento terão uma concepção implícita muito ampla quanto ao caráter que o indivíduo deve ter para que essas exigências sejam adequadas.

Sempre que estudamos um estabelecimento social, verificamos uma discrepância com esse primeiro tema: verificamos que os participantes se recusam, de alguma forma, a aceitar a interpretação oficial do que devem dar e retirar da organização e, além disso, quanto ao tipo de eu e de mundo que devem aceitar para si mesmos. Onde se espera entusiasmo, haverá apatia; onde se espera afeição, há indiferença; onde se espera freqüência, há faltas; onde se espera robustez, há algum tipo de doença; onde as tarefas devem ser realizadas, há diferentes formas de inatividade. Encontramos inúmeras histórias comuns, cada uma das quais é, a seu modo, um movimento de liberdade. Sempre que se impõem mundos, se criam submundos.

II

O estudo da vida íntima em instituições totais restritivas tem algum interesse específico. Quando a existência é reduzida a um mínimo, podemos compreender o que as pes-

---

(169) No século XV, quando na Europa os viajantes de carruagem eram obr'gados a ficar na mesma cama com um estranho, os livros de boas maneiras estabeleciam códigos de conduta adequada na cama. Ver NORBERT ELIAS, *Über den Prozess Der Zivilisation*, 2 vols., Basel, Verlag Haus Zum Falken, 1934, v. II, pp. 219-21, *"Über das Verhalten im Schlafraum"*. A respeito da sociologia do sono, devo muito a trabalhos ainda inéditos de Wilhelm Aubert e Kaspar Naegle.

soas fazem com os aspectos mais importantes de sua vida. Esconderijos, meios de transporte, locais livres, territórios, bens para intercâmbio social e econômico — essas são, aparentemente, algumas das exigências mínimas para a construção de uma vida. Comumente, tais coisas são aceitas sem discussão como parte do ajustamento primário de uma pessoa; quando vemos que são retiradas da vida oficial através de barganhas, astúcia, força e trapaças, podemos ver novamente sua significação. O estudo das instituições totais também sugere que as organizações formais tenham locais padronizados de vulnerabilidade — por exemplo, depósitos, enfermarias, cozinhas ou locais de trabalho muito especializado. Esses são os recantos úmidos onde nascem os ajustamentos secundários e de onde começam a infestar o estabelecimento.

O hospital psiquiátrico constitui um caso específico de estabelecimentos em que a vida íntima tende a proliferar. Os doentes mentais são pessoas que, no mundo externo, provocaram o tipo de perturbação que fez com que as pessoas próximas a elas as obrigassem, física, se não socialmente, à ação psiquiátrica. Muitas vezes essa perturbação estava ligada ao fato de o "pré-paciente" ter praticado impropriedades situacionais de algum tipo, ter apresentado conduta fora de lugar no ambiente. É essa má conduta que traduz uma rejeição moral das comunidades, dos estabelecimentos e das relações que têm o direito de exigir a lealdade da pessoa.

A estigmatização como doente mental e a hospitalização involuntária são os meios pelos quais respondemos a essas ofensas contra a adequação. A persistência do indivíduo na manifestação de sintomas depois de entrar no hospital, e sua tendência para criar sintomas adicionais como resposta inicial a essa nova situação, já não lhe podem servir como expressões de desafeto. Do ponto de vista do paciente, o fato de recusar-se a trocar uma palavra com a equipe dirigente ou com os outros pacientes pode ser uma prova muito boa de rejeição da interpretação que a instituição dá do que e de quem ele é; no entanto, a administração superior pode considerar essa expressão de alienação como exatamente o tipo de sintomatologia que a instituição deve tratar, e como o melhor tipo de prova de que o paciente deveria estar onde agora se acha colocado. Em resumo, a hospitalização psiquiátrica previne todas as manobras do paciente, e tende a tirar dele as expressões comuns através das quais as pessoas se recusam a aceitar as organizações — insolência, silêncio, observações em voz baixa, ausência de cooperação, destruição maldosa de decoração interior, e assim por diante; tais sinais de desafeição são entendidos como sinais da adequação da ligação da pessoa com a instituição. Sob tais condições, todos os ajustamentos são primários.

Além disso, aí encontramos um círculo vicioso. As pessoas colocadas nas enfermarias "ruins" verificam que recebem muito pouco equipamento — suas roupas podem ser retiradas todas as noites, os materiais de recreação podem ser escondidos, e como mobília têm apenas cadeiras e bancos pesados de madeira. Os atos de hostilidade contra a instituição precisam valer-se de recursos limitados e inadequados — por exemplo, bater uma cadeira no chão ou rasgar uma folha de jornal de maneira a fazer o maior barulho possível. E quanto mais inadequado esse equipamento seja para traduzir a rejeição do hospital, mais o ato parece um sintoma psicótico, e maior a possibilidade de que a administração se considere justificada ao colocar o paciente numa enfermaria ruim. Quando um paciente se vê fechado, despido e sem meios visíveis de expressão, pode precisar rasgar seu colchão, se conseguir fazê-lo, ou escrever com fezes na parede — ações que a administração considera como de acordo com o tipo de pessoa que precisa ser fechada.

Também podemos ver esse processo circular nos bens pequenos, ilícitos e semelhantes a talismãs que os internados usam como recursos simbólicos para se separarem da posição a que estão condenados. Penso que um exemplo típico disso pode ser obtido em literatura sobre prisão:

A roupa da prisão é anônima. Os bens de uma pessoa se limitam a escova de dentes, pente, cama superior ou inferior, metade do espaço numa mesa pequena, uma navalha. Como no cárcere, o desejo de colecionar bens adquire extensão absurda. Pedras, anéis, facas — tudo que é feito pelo homem e proibido numa instituição humana — qualquer coisa, um pente vermelho, um tipo diferente de escova de dentes, um cinto, tudo isso é procurado, ciumentamente escondido ou triunfantemente exibido[170].

No entanto, quando um doente mental, cujas roupas são retiradas todas as noites, enche seus bolsos com pedaços de mola e papel enrolado, e quando luta para conservar esses bens, apesar do transtorno que criam para os encarregados de regularmente examinar seus bolsos, usualmente se pensa que está apresentando um comportamento sintomático e característico de pessoa muito doente, e não como alguém que tenta separar-se do local em que foi colocado.

(170) CANTINE e RAINER, op. cit., p. 78. Compare com isso as coisas que os meninos pequenos guardam em seus bolsos; alguns desses itens também parecem estabelecer uma distância entre o menino e o lar.

A doutrina psiquiátrica oficial tende a definir os atos de alienação como psicóticos — e essa interpretação é reforçada pelos processos circulares que levam o paciente a apresentar alienação sob forma cada vez mais bizarra — mas o hospital não pode ser dirigido de acordo com essa doutrina. O hospital não pode deixar de exigir de seus participantes exatamente aquilo que é exigido por outras organizações; a doutrina psiquiátrica é suficientemente flexível para evitá-lo, mas isso não ocorre com os hospitais. Considerados os padrões da sociedade mais ampla, é preciso que haja pelo menos as rotinas ligadas à alimentação, limpeza, roupas, acomodações para dormir e proteção de ferimentos físicos. Consideradas essas rotinas, é preciso pedir aos pacientes que obedeçam a elas, ou levá-los a isso. É preciso fazer exigências, e há demonstrações de decepção quando um paciente não faz aquilo que se espera dele. O interesse em ver "movimento" ou "melhora" psiquiátrica depois de uma estada inicial nas enfermarias leva a equipe dirigente a estimular a conduta "adequada" e a exprimir decepção quando um paciente volta à "psicose". O paciente volta à posição de alguém em quem os outros podem confiar, alguém que deve saber como agir corretamente. Algumas inadequações — sobretudo as que, como o mutismo e a apatia, não perturbam e até facilitam as rotinas das enfermarias — podem continuar a ser percebidas naturalisticamente como sintomas, mas, de modo geral, o hospital atua, semi-oficialmente, com a suposição de que o paciente deve agir de maneira controlável e respeitar a psiquiatria, e que aquele que faz isso será recompensado por melhoria nas condições de vida; quem não o faz será castigado por uma redução das coisas agradáveis. Com esse restabelecimento semi-oficial das práticas comuns de organização, o paciente descobre que muitas das maneiras tradicionais de fugir de um local, embora sem sair dele, continuam válidas; portanto, os ajustamentos secundários são possíveis.

III

Entre os numerosos e diferentes tipos de ajustamento secundário, alguns são mais interessantes, pois esclarecem o tema geral da participação e da repulsa, características de todas essas práticas.

Um dos tipos especiais de ajustamento secundário é formado pelas "atividades de evasão" (ou "viagens"), isto é, atividades que dão algo que permite ao indivíduo esquecer-se de si mesmo, que temporariamente apagam todo sentido que tenha do ambiente no qual e para o qual deve

viver. Nas instituições totais, um exemplo útil disso é dado
por Robert Stroud, o "Homem Pássaro" que, ao observar os
pássaros de sua janela, e através de uma carreira espeta-
cular de artimanhas e substituições, construiu um laboratório e se tornou um notável colaborador da literatura médica — embora fizesse tudo isso dentro da prisão[171]. Os
cursos de línguas nos campos de prisioneiros de guerra e
os cursos de arte nas prisões[172] podem dar a mesma
liberação.

O Hospital Central dava vários desses mundos de fuga
para os internados[173]. Um deles era o do esporte. Alguns
dos jogadores de *baseball* e alguns jogadores de tênis pareciam tão ligados a seu esporte, e ao registro diário de seus
esforços na competição, que pelo menos durante os meses
de verão esse era o seu interesse dominante. No caso do
baseball isso era ainda mais fortalecido pelo fato de que,
dentro do hospital, os pacientes com liberdade de circulação poderiam seguir os jogos nacionais de *baseball* da mesma forma que qualquer pessoa do mundo externo. Para
alguns pacientes jovens, que nunca deixavam de comparecer, desde que tivesse licença para isso, a um baile organizado no seu serviço ou no edifício de recreação, era possível viver pela possibilidade de encontrar alguém "interessante" ou reencontrar alguém que já tinha sido encontrado
— mais ou menos como os estudantes universitários são
capazes de suportar os seus estudos ao esperar novos "na-
moros" que podem ser conquistados nas atividades extra-
curriculares. No Hospital Central, a "moratória no casamento", que efetivamente libertava o indivíduo de suas
obrigações conjugais com relação a um não-paciente, acen-
tuava essa atividade de evasão. Para alguns pacientes, a
representação teatral, realizada duas vezes por ano, era uma
atividade muito eficiente de evasão; provas, ensaios, preparação de roupas, cenários, montagem, elaboração e reelaboração dos textos, representação — tudo isso parecia tão
eficiente quanto no mundo externo, para construir uma vida
isolada para os participantes. Outra "viagem", importante
para alguns pacientes — e uma grande preocupação para
os capelães do hospital — era a aceitação entusiástica da

(171) GADDIS, *op. cit.*
(172) J. F. N., *op. cit.*, pp. 17-18.
(173) Além da classificação social informal e da formação de grupo
informal na prisão, muitas vezes parece haver uma atividade de afastamento. CALDWELL, *op. cit.*, pp. 651-53 dá alguns exemplos interessantes do
que os presos usavam: os que conseguiam e usavam tóxicos; os que se
ocupavam de trabalho com couro, destinado à venda; os "espartanos",
para os quais, aparentemente, o armário da cela servia como refúgio; os
homossexuais; os jogadores etc. O fundamental em todas essas atividades é que cada uma delas constrói um mundo para a pessoa, de forma
a afastar a prisão.

religião. Para alguns pacientes, outra forma de evasão era dada pelo jogo de azar[174].

As formas portáteis de evasão eram muito aceitas no Hospital Central — histórias de detetives[175], baralho, e até quebra-cabeças eram carregadas pelos pacientes. Não apenas era possível evadir-se da enfermaria e dos pátios através desses meios, como também se o doente precisasse esperar mais ou menos durante uma hora por um funcionário, ou por uma refeição, ou pela abertura do edifício de recreação, a conseqüência para o eu dessa subordinação poderia ser enfrentada imediatamente pelo equipamento pessoal de construção de um mundo.

Os meios individuais de criação de um mundo eram notáveis. Um doente deprimido, alcoólatra e com tendências para o suicídio, e que aparentemente era bom jogador de bridge, desprezava quase todos os outros doentes como parceiros para esse jogo, carregava consigo o seu tabuleiro de jogo e de vez em quando escrevia, pedindo novo conjunto de torneios. Com sua goma de mascar predileta e seu rádio de bolso, podia afastar-se livremente do hospital, cercando todos os seus sentidos com coisas agradáveis.

Ao considerar as atividades de evasão, podemos apresentar novamente o problema de entrega excessiva a um estabelecimento. Por exemplo, na lavanderia do hospital havia um doente que estava no serviço há vários anos. Tinha recebido a tarefa de mestre extra-oficial e, ao contrário do que ocorria com quase todos os outros pacientes, lançava-se ao trabalho com uma capacidade, uma dedicação e uma seriedade que se tornavam evidentes para muitos. A seu respeito, dizia o responsável pela lavanderia:

(174) MELVILLE, op. cit., dedica todo um capítulo, o LXXIII, ao jogo ilícito em seu navio.

(175) BEHAN, op. cit., descreve muito bem o papel liberador da leitura na prisão; ver, também, HECKSTALL-SMITH, op. cit., p. 34: "A biblioteca da prisão apresentava uma seleção muito boa de livros. Mas, com a passagem do tempo, verifiquei que eu estava lendo apenas para matar o tempo — lendo tudo que podia pegar. Durante essas primeiras semanas, a leitura atuava como soporífero e, nas longas noites de verão, muitas vezes dormia sobre o meu livro".
KOGON, op. cit., pp. 127-28, dá um exemplo de campo de concentração: "No inverno de 1942-1943, vários roubos seguidos de pão na barraca N.º 42 de Buchenwald tornaram necessário o estabelecimento de uma guarda-noturna. Durante muitos meses me apresentei como voluntário para essa tarefa, pegando o turno das três às seis da manhã. Isso significava ficar sentado, sozinho, na sala de estar, enquanto os roncos dos camaradas vinham da outra extremidade. Pela primeira vez eu estava livre da inevitável companhia que usualmente estorvava e comprimia qualquer atividade individual. Que grande experiência foi sentar, quieto, ao lado de uma lâmpada fraca, e afundar-me nas páginas dos *Diálogos* de Platão, *Swan Song* de Galsworthy, ou nas obras de Heine, Klabund, Mehring! Heine? Klabund? Mehring? É verdade, esses autores podiam ser ilegalmente lidos no campo de concentração. Estavam entre os livros recolhidos das coleções jogadas ao lixo em todo o país".

251

Este é meu principal auxiliar. Trabalha mais do que todos os outros juntos. Eu estaria perdido sem ele.

Como compensação para seu esforço, o seu chefe lhe trazia todos os dias algum alimento especial. Apesar disso, havia algo de grotesco em seu ajustamento, pois evidentemente sua profunda viagem no mundo do trabalho tinha um caráter ligeiramente falso; afinal, era um doente, não um mestre, e fora do serviço isso ficava logo esclarecido.

Evidentemente, como se vê em alguns desses exemplos, as atividades de evasão não precisam ser, em si mesmas, ilegítimas; é a função que passam a ter para o internado que nos levam a considerá-las juntamente com outros ajustamentos secundários. Um exemplo extremo talvez seja, aqui, o da psicoterapia individual em hospitais públicos; esse privilégio é tão raro nessas instituições[176], e o contato resultante com o psiquiatra da equipe dirigente é tão singular quando se considera a estrutura de *status* do hospital, que um internado pode, até certo ponto, esquecer-se, ao fazer sua psicoterapia, do local em que está. Ao realmente receber aquilo que a instituição diz oferecer, o doente pode conseguir afastar-se daquilo que o hospital realmente dá. Aqui existe uma conseqüência geral. Talvez todas as atividades que um estabelecimento impõe ou admite aos participantes sejam ameaças potenciais à organização, pois, aparentemente, não existe atividade em que o indivíduo não possa ficar excessivamente comprometido.

Outra propriedade fica clara em algumas práticas clandestinas e talvez seja um fator em todas elas: refiro-me aqui ao que os freudianos denominam "determinação múltipla". Algumas atividades são realizadas com certa medida de desprezo, malícia, caçoada e ainda à custa do paciente, que não podem ser explicadas pelo prazer intrínseco do consumo do produto. É verdade que, nas instituições fechadas e restritivas, satisfações aparentemente insignificantes podem ser definidas como fundamentais. No entanto, mesmo levando em conta essa reavaliação, algo ainda precisa ser explicado.

Um aspecto da "determinação excessiva" de alguns ajustamentos secundários é o sentimento que a pessoa obtém de uma prática ser empregada *apenas* porque é proibida[177]. No Hospital Central, alguns internados que tinham conseguido realizar efetivamente alguma forma de desobediência às regras muitas vezes pareciam procurar um outro inter-

---

(176) De aproximadamente 7000 pacientes no Hospital Central, calculei que, na época do estudo, aproximadamente 100 recebiam algum tipo de psicoterapia individual durante um ano.

(177) Este tema é desenvolvido por ALBERT COHEN em *Delinquent Boys*, Glencoe, Ill., The Free Press, 1955.

nado, mesmo que este não merecesse muita confiança, para dar-lhe provas da desobediência. Um paciente que voltasse tarde de sua escapada pela vida noturna da cidade estava, no dia seguinte, cheio de histórias para contar; outro, chamava seus amigos para um lado e lhes mostrava onde tinha escondido a garrafa de bebida, cujo conteúdo tinha consumido na noite anterior, ou para mostrar os preservativos em seu armário. Nem era surpreendente ver que ultrapassavam os limites da segurança. Conheci um alcoólatra muito esperto que, depois de conseguir meio litro de vodka, colocava um pouco de bebida num copo de papel e se sentava na parte mais exposta que pudesse encontrar do parque, e lentamente se embebedava; nesses momentos, tinha o prazer de oferecer hospitalidade a pessoas de *status* semi-oficial. De forma semelhante, conheci um auxiliar que estacionava o seu carro ao lado da cantina dos pacientes — centro do universo social dos pacientes — e, juntamente com um paciente amistoso, discutia as qualificações mais íntimas das pacientes que por ali passavam, enquanto colocava um copo de papel, cheio de vinho, em cima da caixa de câmbio, exatamente abaixo da linha de visão do grupo, como se pretendesse celebrar com um brinde a distância que os separava do ambiente.

Outro aspecto da "determinação excessiva" de alguns ajustamentos secundários é que a sua busca parece ser uma fonte de prazer. Como já foi sugerido no caso de contatos de namoro, a instituição pode ser definida como oponente da pessoa num jogo sério, cujo objetivo é derrotar o hospital. Ouvi um grupo de pacientes discutir, alegremente, a possibilidade de nessa noite "conseguir" um café[178], usando com propriedade essa palavra mais ampla para designar uma atividade secundária[179]. A tendência de presos para colocar alimento e outras comodidades na cela de alguém que está em confinamento solitário pode ser vista, não apenas como um ato de caridade, mas também como forma de compartilhar, por associação, do espírito de alguém que está contra

(178) HAYNER e ASH, *op. cit.*, pp. 365-66, dão uma descrição minuciosa do esforço clandestino e contínuo para conseguir café na prisão.

(179) Tradicionalmente, o valor da empresa, em si mesma, é considerado com relação à sociedade mais ampla — por exemplo, quando os viciados em tóxicos são definidos como pessoas que participam de um jogo diário e muito significativo contra a sociedade, a fim de obter sua dose diária, enquanto que os charlatães, ladrões e delinquentes são vistos como pessoas que trabalham muito na honrosa e misteriosa tarefa de ganhar dinheiro, sem que os outros percebam que estão trabalhando para isso.

253

a autoridade[180]. De forma semelhante, o planejamento complexo e demorado para fuga de doentes, presos e internados em campos de prisioneiros de guerra, pode ser visto, não apenas como forma de sair, mas também como forma de dar sentido ao fato de estar lá dentro.

Estou sugerindo que os ajustamentos secundários são superdeterminados, e que isso ocorre mais nitidamente com alguns deles. Tais práticas dão às pessoas mais do que aquilo que aparentam dar: independentemente do que dêem, tais práticas parecem demonstrar — pelo menos para o praticante — que ele tem individualidade e autonomia pessoal que escapam às garras da organização[181].

IV

Se uma função dos ajustamentos secundários é colocar uma barreira entre o indivíduo e a unidade social de que deve estar participando, devemos esperar que alguns ajustamentos secundários não tenham valor intrínseco e que atuem apenas para exprimir uma distância não-autorizada — uma "rejeição de quem nos rejeita"[182], a fim de preservar o eu. Isso parece ocorrer com as formas muito comuns de insubordinação ritual — por exemplo, o protesto e os nomes feios —, quando não se espera, realisticamente, que esse comportamento provoque mudança. Através da insolência direta que não enfrenta uma correção imediata, ou observações mal ouvidas pela autoridade, ou gestos realizados às suas costas, os subordinados exprimem certa distância do lugar que lhes é oficialmente atribuído. Um ex-preso da penitenciária de Lewisburg dá um exemplo disso:

(180) Este tema é sugerido por McCLEERY, S.S.R.C. Bulletin N.º 15, *op. cit.*, p. 60 (nota de rodapé): "Este estudo sugere que, entre internados, a exibição de bens e privilégios serve para simbolizar *status* que precisa ser obtido por outros meios. Os símbolos indicam uma capacidade para manipular o poder, ou resistir a ele; o grupo de internados se sente obrigado a dar esses símbolos a homens que sofrem castigo, embora sua única função seja resistir valentemente ao poder".
(181) DOSTOIÉVSKI apresenta muito bem esse aspecto em sua descrição da vida no campo de prisioneiros da Sibéria, *op. cit.*, p. 17: "Na prisão, havia muitos que tinham sido condenados por contrabando e, por isso, não era surpreendente que o vodka aparecesse, apesar de todos os guardas e todas as inspeções. Diga-se de passagem que o contrabando é um crime muito especial. Por exemplo, será que alguém é capaz de imaginar que, para alguns contrabandistas, o dinheiro e o lucro não estejam no primeiro plano, mas representem um papel secundário? No entanto, é isso que acontece. O contrabandista trabalha por amor, porque essa é sua vocação. Em certo sentido, ele é um poeta. Arrisca tudo, corre terríveis perigos, debate-se e se contorce, usa sua invenção, procura libertar-se; às vezes, parece agir quase que por inspiração. É uma paixão tão grande quanto a dos jogos de azar".
(182) McCORKLE, Lloyd W. & KORN, Richard. "Resocialization Within Walls", *The Annals*, CCXCIII (1954), p. 88.

Superficialmente, a vida é plácida, mas basta descer um pouco nessa superfície para descobrir redemoínhos e vórtices de cólera e frustração. O rumor surdo de insatisfação e rebelião é constante: a caçoada a meia voz sempre que passamos por um funcionário ou um guarda, o gesto calculadamente estudado para exprimir desprezo sem provocar uma vingança manifesta[183]...

Brendan Beham dá exemplo de uma prisão inglesa:

O guarda gritou com ele.
"Estou indo", gritou de volta. "Já estou indo", e com voz mais baixa, acrescentou: "estou indo, seu resto de latrina"[184].

Algumas dessas maneiras de abertamente, mas com segurança, tomar uma posição fora da autorizada são belas, sobretudo quando realizadas coletivamente. Ainda aqui, as prisões apresentam exemplos imediatos:

Como exprimir desprezo pela autoridade? A maneira de "obedecer" às ordens é uma forma de fazê-lo. (...) Os negros são os mais capazes de fazer paródia, e às vezes começam a andar com passo de ganso. Sentam-se dez à mesa ao mesmo tempo, e, de maneira precisa, simultaneamente tiram as boinas[185].

Quando o capelão subia ao púlpito para o sermão dominical, sempre apresentava alguma piada um pouco sem graça, diante da qual ríamos tão alto por tanto tempo quanto pudéssemos, embora ele soubesse qual a nossa opinião a seu respeito. Costumava fazer ainda pequenas observações espirituosas e a cada vez que o fazia toda a igreja vinha abaixo com risadas, embora apenas a metade da assistência tivesse ouvido o que dissera[186].

Alguns atos de insubordinação ritual dependem de ironia, encontrada na sociedade mais ampla sob a forma de piadas sobre a forca e, nas instituições, com a construção de mascotes extremamente significativos. Uma ironia padronizada nas instituições totais é dar apelidos a aspectos muito ameaçadores ou desagradáveis do ambiente. Nos campos de concentração, os nabos eram denominados "abacaxis

---

(183) HASSLER, *op. cit.*, pp. 70-71. Para um exemplo militar, ver LAWRENCE, *op. cit.*, p. 132.
(184) BEHAN, *op. cit.*, p. 45. As crianças de escola primária, na sociedade norte-americana, desde muito cedo aprendem a cruzar os dedos, resmungar protestos e fazer caretas sem que sejam percebidas — esses são os meios de que dispõem para exprimir certa margem de autonomia, embora obrigadas a submeter-se ao castigo verbal da professora.
(185) CANTINE e RAINER, *op. cit.*, p. 106.
(186) J. F. N., *op. cit.*, pp. 15-16. Ver também GOFFMAN, *Presentation of Self*, "derisive collusion", pp. 186-88.

alemães"[187]; os exercícios destinados a esgotar fisicamente os prisioneiros eram denominados "geografia"[188]. Nas enfermarias psiquiátricas no Hospital de Monte Sinai, os casos de lesão cerebral levados para a cirurgia eram às vezes denominados "Monte Cianídrico"[189], e os médicos do hospital eram geralmente chamados por nomes errados — por exemplo "advogado", "escriturário" "chefe da tripulação", "um dos presidentes", "dono de bar", "corretor de seguros", e "gerente do crédito". Um (E. A. W.) era chamado por algumas variações — por exemplo, "Weinberg", "Weingarten", "Weiner" e "Wiseman"[190], (...)

Na prisão, o pavilhão dos castigos pode ser chamado "salão de chá" [191]. No Hospital Central, uma das enfermarias onde se localizavam os pacientes incapazes de contenção de fezes e urina era às vezes considerada uma enfermaria de castigo para os auxiliares, e era denominada "jardim de rosas". Um ex-doente mental apresenta outro exemplo:

De volta à sala de estar, Virginia decidiu que sua mudança de roupa representava Terapia de Roupas. T.R. Hoje foi minha vez de T.R. Isso seria bem divertido se você tivesse tomado alguns tragos. De paraldeído, por exemplo. O "coquetel Júniper", nome que as alegres damas do Monte Júniper damos a esse remédio. As mais elegantes falam num martini, e perguntam à enfermeira onde está a azeitona[192].

Evidentemente, deve-se compreender que o mundo ameaçador a que se responde com ironias não precisa ser dirigido por uma autoridade humana estranha, mas pode ser auto-imposto, ou imposto pela natureza — por exemplo, quando pessoas muito doentes fazem piadas sobre sua situação[193].

No entanto, além da ironia, existe um tipo mais sutil e revelador de insubordinação ritual. Existe uma atitude especial que pode ser apresentada diante da autoridade; combina inflexibilidade, dignidade e frieza, numa mistura especial que traduz insolência insuficiente para provocar castigo imediato, embora indique, integralmente, a independência da pessoa. Como essa comunicação é transmitida

(187) KOGON, op. cit., p. 108.
(188) Ibid., p. 103.
(189) WEINSTEIN, Edwin & KAHN, Robert, Denial of Illness, Springfield, Ill., Charles Thomas, 1955, p. 21.
(190) Ibid., p. 61. Ver, principalmente, o cap. VI, "The Language of Denial".
(191) DENDRICKSON e THOMAS, op. cit., p. 25.
(192) WARD, Mary Jane. The Snake Pit, New York, New American Library, 1955, p. 65.
(193) Uma descrição muito útil das ironias e outros recursos para lidar com ameaça à vida é apresentado por RENÉE FOX, em Experiment Perilous, Glencoe, Ill., The Free Press, 1959, p. 170 e ss.

pela maneira de manter o corpo e a face, pode ser constantemente apresentada, qualquer que seja o local onde esteja o internado. Exemplos disso podem ser encontrados na sociedade das prisões:

"Retidão" significa valentia, destemor, lealdade aos colegas, recusa da exploração, negativa intransigente a admitir superioridade ao sistema oficial de valor, e repúdio da noção de que o internado é de uma ordem inferior. Consiste, fundamentalmente, na afirmação da integridade básica, da dignidade e do valor da pessoa numa situação fundamentalmente degradante, bem como a apresentação de tais qualidades pessoais, independentemente de qualquer demonstração de força pelo sistema oficial[194].

De forma semelhante, no Hospital Central, nas enfermarias "duras" de castigo e maior segurança, onde os internados tinham pouca coisa mais a perder, era possível encontrar belos exemplos de pacientes que não procuravam criar perturbação, mas que por sua postura revelavam desinteresse e leve desprezo por todos os níveis da equipe dirigente, combinados com autodomínio perfeito.

V

Seria fácil explicar o desenvolvimento de ajustamentos secundários ao supor que o indivíduo possui um conjunto de necessidades, inatas ou adquiridas, e que, quando colocado num ambiente que impede a satisfação de tais necessidades, responde apenas com meios indiretos para sua satisfação. Penso que essa explicação não faz justiça à importância, para a estrutura do eu, de tais adaptações clandestinas.

A prática de reservar, para si mesmo, alguma coisa do que existe numa instituição, é muito visível nos hospitais psiquiátricos e nas prisões, mas pode ser encontrada também em instituições mais benignas e menos totalitárias. Desejo sustentar que essa teimosia não é um mecanismo incidental de defesa, mas, ao contrário, uma parte constituinte e essencial do eu.

Os sociólogos sempre procuraram mostrar as maneiras pelas quais um indivíduo é formado por grupos, identifica-

(194) CLOWARD, Richard. Social Control in in the Prison, S.S.R.C. Pamphlet N.º 15, *op. cit.*, p. 40. Ver também SYKES e MESSINGER, *op. cit.*, pp. 10-11. Alguns grupos minoritários têm, com relação à sociedade global, uma variação dessa posição de não-provocação, mas que leva ao afastamento. Pense-se, por exemplo, no complexo de "posição de postes", entre negros norte-americanos de zonas urbanas.

-se com estes, e afinal se destrói, se não for por eles apoiado emocionalmente. No entanto, quando observamos de perto o que ocorre num papel social, um reduto de interação social, um estabelecimento social — ou qualquer outra unidade social — não vemos apènas a atração exercida pela unidade. Sempre encontramos um indivíduo que emprega métodos para manter certa distância, algum recanto livre entre ele e aquilo com que os outros desejam identificá-lo. Sem dúvida, um hospital público para doentes mentais dá um solo muito rico para o desenvolvimento de tais ajustamentos secundários, mas, na verdade, como erva daninha, surgem em qualquer tipo de organização social. Por isso, se verificamos que, em todas as situações realmente estudadas, o participante ergue defesas contra sua ligação social, por que devemos basear nossa concepção do eu na maneira pela qual o indivíduo deveria agir se as condições fossem "corretas"?

A interpretação sociológica mais simples do indivíduo e do seu eu é que ele é, para si mesmo, aquilo que seu lugar numa organização o define que seja. Quando posto em xeque, um sociólogo modifica esse modelo, admitindo certas complexidades: o eu pode ainda não estar formado ou pode apresentar lealdades conflitivas. Talvez seja necessário tornar o conceito ainda mais complexo, ao elevar tais restrições a um lugar central, inicialmente definindo o indivíduo, para os objetivos sociológicos, como uma entidade capaz de assumir posições, como algo que se coloca entre a identificação com uma organização e a oposição a ela, e que, diante da menor pressão, está pronto a reconquistar seu equilíbrio ao desviar sua participação para qualquer um dos lados. Portanto, o eu pode surgir *contra alguma coisa*. Isso foi bem avaliado pelos estudiosos do totalitarismo:

Em resumo, Ketman significa realização do eu contra alguma coisa. Quem pratica o Ketman sofre por causa dos obstáculos que enfrenta; mas se tais obstáculos fossem repentinamente afastados, ficaria num vazio que poderia ser muito mais doloroso. A revolta interna é às vezes essencial para a saúde espiritual, e pode criar uma forma especial de felicidade. O que pode ser dito abertamente é, muitas vezes, muito menos interessante do que a magia emocional da defesa do santuário pessoal[195].

Sustentei a mesma tese com relação às instituições totais. No entanto, será que isso não é verdade também no caso da sociedade livre?

(195) MILOSZ, Czeslaw. *The Captive Mind*, New York, Vintage Books, 1955, p. 76.

Sem algo a que pertençamos, não temos um eu estável; apesar disso, o compromisso e a ligação totais com qualquer unidade social supõem uma espécie de ausência do eu. Nosso sentimento de ser uma pessoa pode decorrer do fato de estarmos colocados numa unidade social maior; nosso sentimento de ter um eu pode surgir através das pequenas formas de resistência a essa atração. Nosso *status* se apóia nas construções sólidas do mundo, enquanto nosso sentimento de identidade pessoal reside, freqüentemente, em suas fendas.

O MODELO MÉDICO
E A HOSPITALIZAÇÃO PSIQUIÁTRICA[1]

Algumas Notas sobre as Vicissitudes das Tarefas de Reparação

---

(1) Agradeço a Fred Davis e Sheldon Messinger por críticas e sugestões que foram incorporadas sem menção específica. Sem referência específica também me utilizo do artigo fundamental nesta área, de ALFRED H. STANTON e MORRIS S. SCHWARTZ, Medical Opinion and the Social Context in the Mental Hospital, *Psychiatry*, XII (1949), pp. 243-49.

Em toda sociedade, existem maneiras prediletas pelas quais dois indivíduos podem aproximar-se e ter interação — por exemplo, como parente e parente, ou como casta elevada com casta inferior. Cada um desses esquemas de contato pode ser, ao mesmo tempo, uma fonte de identidade, um guia para conduta ideal, bem como uma base para solidariedade e separação. Cada esquema inclui um conjunto de suposições interdependentes que se ajustam, de modo a formar uma espécie de modelo. Em todos os casos, verificamos que pressões características impedem as pessoas de realizar integralmente o ideal e que os desvios resultantes têm conseqüências características. Por isso, o estudioso da sociedade pode usar, para seus objetivos, os mesmos modelos usados pelos participantes da sociedade a fim de atingir seus objetivos específicos.

Na sociedade ocidental, uma forma importante de tratamento entre duas pessoas é como servidor e servido. Ao examinar as suposições e os ideais supostos nessa relação ocupacional, penso que podemos compreender alguns dos problemas da hospitalização psiquiátrica.

I

As tarefas ocupacionais especializadas podem ser divididas em duas categorias: uma, em que o profissional "encontra o público" através de seu trabalho; outra, em que isso não ocorre, e realiza o trabalho apenas para os participantes de sua organização de trabalho. Suponho que o problema de encontrar o público e poder controlá-lo é tão central que merece que todos que passam por ele sejam tratados em conjunto. Isso significa que o escriturário de uma loja de ferragens e o encarregado de depósito de uma fábrica de ferramentas devem ser separados para estudo, apesar das semelhanças entre as coisas que fazem.

Entre as tarefas que exigem que o profissional encontre o público, é possível distinguir dois tipos: um, em que o público consiste de uma seqüência de indivíduos; outro, em que consiste de uma seqüência de audiências. Um dentista realiza o primeiro tipo de tarefa; um ator, o segundo.

As tarefas que exigem que o profissional encontre o público (em qualquer de suas formas) variam quanto ao grau em que são apresentadas a esse público como serviço pessoal, isto é, como uma assistência desejada por quem a recebe. Idealmente, uma *profissão de serviço pessoal* pode ser definida como aquela em que o profissional realiza um serviço pessoal especializado para um conjunto de indivíduos, e onde o serviço exige que tenha comunicação pessoal direta com cada uma das pessoas, e onde ele não está, sob outros aspectos, ligado às pessoas que serve[2]. Por essa definição, o processo de citação judicial, por exemplo, não é um serviço pessoal para a pessoa servida. Um psicólogo que aplica testes vocacionais em pessoas que desejam conhecer suas aptidões está realizando um serviço pessoal, mas, se aplicar o teste na mesma pessoa para o departamento de pessoal de uma empresa, essa pessoa é apenas o objeto de seu trabalho e não seu cliente. Por isso, e apesar

---

[2] O interesse sociológico pelas profissões de serviço decorre, em grande parte, de Everett C. Hughes e é documentado no trabalho de seus estudantes na Universidade de Chicago, principalmente Oswald Hall e Howard S. Becker. Ver, principalmente, BECKER, The Professional Dance Musician and His Audience, *American Journal of Sociology*, LVII (1951), pp. 136-44.

da linguagem dos recenseadores, excluo os empregados domésticos da categoria de "servidores", pois uma empregada tem uma patroa, não um público, e excluo também as encarregadas de limpeza, pois geralmente não têm comunicação direta com aqueles que andam pelos pisos limpos.

Neste artigo, desejo considerar as profissões de serviço pessoal — segundo a definição aqui apresentada — mas incluirei alguns profissionais que não se ajustam integralmente à minha definição, pois o ideal em que se baseia reúne pessoas que não estão em condições de amoldar-se inteiramente a ele. Os desvios com relação a um ideal imposto pelo eu ou pelos outros criam problemas de identidade que o estudioso deve compreender em função do ideal — e compreender de forma diferente, de acordo com a relação do desvio diante do ideal: tanto um vendedor insistente de automóveis quanto um médico de companhia de seguros dão algo menos do que um serviço pessoal, mas por um esquema diferente de razões.

Uma forma tradicional de classificar as profissões de serviço pessoal consiste em levar em conta as honrarias a elas atribuídas: as profissões liberais ficariam num extremo e os ofícios e ocupações mais humildes no outro. Essa distinção pode ser obscura, pois separa por postos aqueles que são semelhantes quanto ao espírito. A divisão que desejo empregar coloca num extremo aqueles que, como recebedores de bilhetes e telefonistas, realizam um trabalho pessoal técnico superficial, e, no outro, os que têm uma especialização que inclui uma competência racional e demonstrável, e que não pode ser adquirida pela pessoa que é servida. Os "servidores superficiais" podem ter fregueses, "agrupamentos" ou candidatos; os servidores especializados tendem a ter clientes. Os dois tipos de servidores tendem a ter certa independência com relação às pessoas que servem, mas apenas os especialistas estão em condições de colocar essa independência num papel solene e digno. Neste artigo, desejo considerar as suposições sociais e morais subjacentes ao trabalho do serviço especializado e não do superficial.

Sugiro que, em nossa sociedade, os ideais subjacentes ao serviço especializado sejam enraizados no caso em que o servidor tem um complexo sistema físico que deve ser consertado, construído ou "remendado" — e que o sistema físico é aqui o objeto ou bem pessoal do cliente. A partir de agora, neste artigo, quando eu usar a expressão relação de serviço (ou profissão) estarei supondo esse caso puro, a não ser que o contexto exija uma citação mais cuidadosa.

Lidamos com um triângulo — profissional, objeto, proprietário — e um triângulo que desempenhou um papel histórico importante na sociedade ocidental. Toda sociedade tem servidores especializados, mas nenhuma deu a esse serviço tanto peso quanto a nossa. A nossa sociedade é uma sociedade de "serviços", a tal ponto que mesmo algumas instituições — como lojas — passam a seguir esse estilo, se não na realidade, pelo menos nas palavras, a fim de responder à necessidade que vendedores e compradores sentem de apresentação de serviço pessoal especializado, mesmo quando sabem que isso é impossível.

O tipo de relação social que desejo considerar neste artigo é aquele em que algumas pessoas (clientes) se colocam nas mãos de outras pessoas (servidores). Idealmente, o cliente traz para essa relação um respeito pela competência técnica do servidor e a confiança de que a empregará de maneira eticamente correta; traz também gratidão e um honorário. De outro lado, o servidor traz: uma competência esotérica e empiricamente eficiente, bem como a disposição para colocá-la à disposição do cliente; discrição profissional; uma seriedade voluntária, fazendo com que apresente um desinteresse disciplinado pelos outros problemas do cliente e mesmo (em última análise) pela razão que leva o cliente, inicialmente, a desejar o serviço; e, finalmente, uma civilidade não-servil[3]. Este é o serviço de reparação.

Podemos começar a compreender a relação de serviço ao examinar o conceito de honorário. Há um duplo sentido em que um honorário não é um preço[4]. Tradicionalmente, um honorário é algo diferente do valor do serviço. Quando são realizados serviços cujo valor para o cliente, nesse momento, é muito grande, idealmente o servidor deve limitar-se a um honorário determinado pela tradição — presumivelmente aquilo de que o servidor precisa para manter-se de maneira decente, ao mesmo tempo em que se dedica à sua vocação. De outro lado, quando são realizados serviços muito secundários, o servidor se sente obrigado a não cobrar, ou a cobrar um honorário relativamente alto, o que impede que seu tempo seja ocupado com coisas sem importância, ou que a sua contribuição (e, em última análise, ele mesmo) sejam medidos por uma escala que possa aproxi-

---

(3) Esta descrição da relação de serviço utiliza muito o artigo de PARSONS, "The Professions and the Social Structure", que, segundo penso, é ainda a melhor apresentação nesta área. Ver também TALCOTT PARSONS e NEIL SMELSER, *Economy and Society*, Glencoe, Ill., The Free Press, 1956, pp. 152-53.

(4) Ver, por exemplo, A. M. CARR-SAUNDERS e P. A. WILSON, *The Professions*, Oxford, The Clarendon Press, 1933, seção "Fees and Salaries", pp. 451-60.

mar-se de zero[5]. Quando realiza serviços para clientes muito pobres, o servidor pode pensar que o fato de não cobrar seja mais digno (e mais seguro) do que cobrar um honorário reduzido[6]. Dessa forma, o servidor evita dançar de acordo com a música do cliente, ou discutir preços, e pode mostrar que está motivado por uma participação desinteressada em seu trabalho. E como seu trabalho é do tipo de reparação, que se refere a sistemas físicos muito fechados e muito reais, está diante de um tipo de trabalho em que a participação desinteressada é possível: um trabalho de construção ou reparação que seja bom é também aquele com que o servidor pode identificar-se; isto acrescenta uma base de interesse autônomo ao trabalho. Presumivelmente, a outra motivação do servidor é servir a humanidade como tal.

A ligação do servidor com sua concepção de si mesmo como um especialista desinteressado, e sua disposição para ligar-se às pessoas a partir dessa concepção, é uma espécie de voto secular de castidade, está na raiz do uso maravilhoso que as pessoas fazem dele. Nele encontram alguém que não tem as usuais razões pessoais, ideológicas ou contratuais para ajudá-las; apesar disso, é alguém que terá um interêsse intenso e temporário por elas, de seu próprio ponto de vista, e de acordo com seus interesses.

Segundo a sugestão de um estudioso de problemas humanos:

Definido nesta cultura, um especialista é alguém que consegue sua renda e seu *status,* ou um deles, com o uso de informação extraordinariamente exata ou adequada a respeito de seu campo específico, mas posta a serviço de outros. Este "uso a serviço de alguém" é fixado em nossa ordem industrial-comercial. O especialista não negocia com elementos nem com as dificuldades de seu campo; não é um "comerciante", nem um colecionador, nem um diletante, nem um *connoisseur,* pois estes usam sua habilidade em seu próprio benefício[7].

Portanto, o cliente é recompensado por confiar naqueles diante dos quais não tem as garantias usuais de confiança.

(5) Quanto mais baixo o ofício de consertos, maior a necessidade que o servidor pode sentir de não cobrar por serviços secundários, embora resultantes de habilidades. Entre os sapateiros, esses atos de *noblesse oblige* podem tornar-se realmente "atos senhoriais", exatamente num momento da história em que os nobres não podem dar a versão original da expressão.
(6) CARR-SAUNDERS e WILSON, *op. cit.,* p. 452: "Na maioria das outras profissões (com exceção da contabilidade) as associações tentam induzir seus associados a não cobrar abaixo de certo preço, embora nunca se faça objeção a serviços gratuitos quando o cliente é pobre".
(7) SULLIVAN, Harry Stack. The Psychiatric Interview, *Psychiatry,* XIV (1951), p. 365.

Esta confiança, disponível a pedido, já daria uma base singular de relação em nossa sociedade, mas existe ainda um outro fator: o trabalho do servidor refere-se à competência racional, e, além disso, uma crença em competência racional, empirismo e mecanicismo, em contraste com os processos mais subjetivos que atormentam as pessoas.

A interação que ocorre quando o cliente e o servidor estão juntos deve, idealmente, ter uma forma relativamente estruturada. O servidor pode realizar operações mecânicas e manuais nos bens da pessoa, sobretudo trabalho de um tipo diagnóstico; pode também ter interação verbal com o cliente. A parte verbal contém três componentes: uma parte *técnica,* isto é, dar e obter informação significativa para reparação (ou construção); uma parte *contratual,* formada por uma apresentação, muitas vezes discretamente breve, quanto a custos aproximados, tempo aproximado para a realização do trabalho, e assim por diante; finalmente, uma parte *social,* formada por pequenas cortesias, delicadezas e sinais de deferência. É importante notar que tudo que ocorre entre servidor e cliente pode ser assimilado a esses componentes de atividade, e que quaisquer divergências podem ser entendidas em função dessas expectativas normativas. A assimilação integral da interação entre servidor e cliente a esse esquema é, muitas vezes, uma das provas que o servidor deve enfrentar para uma "boa" relação de serviço.

A informação tecnicamente significativa de que o servidor precisa, a fim de conseguir efetivamente consertar ou construir, lhe é dada por duas fontes: as afirmações verbais do cliente e o objeto em si mesmo, através da impressão que causa no servidor. De acordo com a prática às vezes empregada na medicina, as dificuldades descritas pelo paciente são denominadas *sintomas,* e os dados diretamente observados pelo servidor são denominados *sinais,* embora na semiótica não exista uma justificativa específica para esse uso. Em parte, a dignidade da relação de serviço se baseia na capacidade do cliente para dar informação utilizável, embora filtrada através de linguagem leiga e sensibilidade também leiga. A realização do serviço pode, nesse caso, adquirir parte do espírito de um empreendimento comum, e o servidor mostra certo respeito pela avaliação não -especializada, apresentada pelo cliente, de seu problema.

O servidor tem contato com duas entidades básicas: um cliente e um objeto deste que não funciona adequadamente. Presumivelmente, os clientes são seres autodeterminados, entidades no mundo social, e que precisam ser tratados com consideração e rituais adequados. O objeto possuído é parte de um outro mundo, que deve ser visto numa perspectiva técnica, e não ritual. A adequação do serviço depende do fato de o servidor conservar como separados esses diferentes tipos de entidades, ao mesmo tempo em que dá a atenção devida a cada um.

II

Passemos, agora, a considerar o objeto que o servidor conserta ou constrói. Já descrevi esse objeto (ou bem) como um sistema físico que exige atenção especializada, e focalizarei os consertos, pois são mais usuais que as construções. À noção de conserto está ligada uma concepção do ciclo de consertos, cujas fases desejo descrever resumidamente.

De início, podemos considerar nossa concepção cotidiana de etiologia. O prego comum pode nos servir como um ponto de partida, pois é um objeto que comumente inicia um ciclo de conserto. Um prego na estrada pode fazer um carro parar; um prego numa cadeira pode rasgar a roupa; um prego num tapete pode estragar um aspirador de pó; um prego no chão pode ferir um pé. Note-se que um prego não é uma característica do ambiente, mas, de certo modo, uma ocorrência casual neste último; o ambiente não é inteiramente responsável por ele. O contato do prego com o bem é, portanto, uma interrupção infeliz, um acidente, um acontecimento imprevisto. Uma vez ocorrido esse contato, segue-se uma espécie de transferência causal; o pequeno mal é transplantado, e adquire uma posição causal persistente e íntima dentro do bem. Dizemos: eu me sentei e fui machucado; ou, então, estava guiando e encontrei um prego. Note-se, também, que embora o prego e o carro possam ser acusados pelo problema que provocam, não cabe no conjunto de serviço para o cliente, e principalmente para o servidor, atribuir, a sério, malícia ou intenção ao agente prejudicial ou ao objeto prejudicado. (Apenas quando o cliente deixa de seguir precauções de senso comum ou conselho técnico é que o servidor começa, inevitavelmente, a ter um papel moral.)

Ora, um agente estranho colocado num sistema físico pode ser permanentemente tratado pelas capacidades de correção do sistema, por conserto natural ou por compensação também natural, e deixar de constituir um problema para o dono do objeto. No entanto, com muitos agentes perturbadores, segue-se, com o passar do tempo, uma fase diferente, isto é, um funcionamento cada vez pior do sistema. O pequeno mal se difunde, até que todo o sistema seja ameaçado. Por isso, o pneu, uma vez furado, fica cada vez mais vazio, até que a câmara e o aro ficam estragados e o carro já não pode andar.

Existe um ponto limiar em que o dono finalmente vê que seu bem sofreu dano ou deterioração. Se o dono não pode fazer o conserto e se define o problema como aquele em que um servidor pode ajudá-lo, torna-se um cliente em busca de um servidor, ou em busca de indicação de um servidor, através de um conjunto de intermediários.

Uma vez encontrado um servidor, o cliente lhe dá o bem completo, ou o que resta deste, e, quando possível, as partes quebradas. O aspecto fundamental aqui é que o complexo global do bem, tudo que o servidor precisa para seu trabalho, é voluntariamente posto à sua disposição pelo cliente.

Então começa o processo conhecido: observação, diagnose, receita, tratamento. Através da descrição do cliente, o servidor indiretamente alivia a experiência de perturbação do cliente; o servidor depois observa o funcionamento do bem do cliente, mas agora, evidentemente, o funcionamento errado ocorre sob o nariz, os ouvidos e os olhos de um técnico. (É notável que, nesse momento, muitas vezes aparece um avental de laboratório, o que simboliza, não apenas o caráter científico do trabalho do servidor, mas também a aura espiritual de um objetivo desinteressado.)

Depois de o servidor ter concluído seu trabalho, pode ocorrer um período de convalescência, durante o qual se fazem poucas exigências ao objeto, e durante o qual se acentua a atenção aos sinais de recaída ou conserto insuficiente. Essa vigilância a esse cuidado se reduzem, gradualmente, a verificações periódicas durante as quais o cliente, ou às vezes o servidor, verificam novamente os vários aspectos, a fim de terem a certeza de que as coisas correm de acordo com o desejado.

A fase final do ciclo de conserto ocorre quando o bem está "como novo", ou, se estiver um pouco fraco no ponto do "remendo", está num estádio em que já é possível, com segurança, deixar de dar atenção ao problema geral do conserto.

Eu gostaria de acrescentar uma nota histórica que tem significação para o ciclo de conserto. Uma das mudanças básicas que observamos nos serviços de conserto nos últimos cem anos é o desaparecimento de carros de vendedores ambulantes e visitas domiciliares, e o desenvolvimento do *conjunto de oficina*. Em vez de o servidor ir com seus instrumentos até o cliente, este procura o servidor e deixa com ele o objeto quebrado, e volta mais tarde para pegar o bem consertado.

Evidentemente, há muitas vantagens no fato de ter um local de trabalho próprio, e isso sem dúvida influiu no desenvolvimento da oficina. Muitas vezes os clientes preferem um endereço fixo, que dá um serviço contínuo, a uma única data, com ciclo de visitas domiciliares anuais, mensais ou semanais. Outra vantagem decorre da crescente divisão de trabalho. Com uma oficina, o servidor pode comprar equipamento pesado e fixo. Além disso, pode aceitar mais de um serviço de conserto ao mesmo tempo, dividindo o trabalho de forma que o auxílio especializado muito dispendioso não será usado em trabalho não-qualificado. Não precisa recusar serviço enquanto está realizando um trabalho, nem precisa esperar entre os vários serviços, mas, ao contrário, pode distribuir seu trabalho pelo controle do tempo em que os objetos ficam na oficina durante o período de conserto.

Outro conjunto de vantagens da oficina tem um caráter social, pois se refere à crescente importância de *status* dos servidores quando adquirem uma oficina. O fato de ter ou alugar uma oficina assegura que o cliente não pode mandar o servidor para fora de casa e que a polícia não pode exigir que "ande". É o cliente que se torna visita. Além disso, como o cliente não está presente quando se executa o trabalho efetivo, os erros de trabalho e os aumentos de despesa podem ser facilmente ocultados dele; ao mesmo tempo, o período exigido pelo servidor para ficar com o bem do cliente permite que o servidor dignifique seu serviço e cobre mais caro por ele[8]. Finalmente, o tipo de roupa, postura e aparência física que está associado a trabalho manual pode ser separado do tipo de apresentação que se ajusta melhor aos aspectos verbais das relações cliente-servidor. Um especialista em limpeza pode ser mantido permanentemente "na frente", ou o gerente da oficina pode lavar as mãos, tirar o macacão e colocar o paletó quando ouve a campainha da porta de sua oficina.

É evidente que a oficina poderia contribuir para o enfraquecimento do conjunto de serviço. Afinal, agora o cliente precisa abandonar a posse de seu objeto durante vários dias de uma vez — sem mencionar que não pode controlar o serviço. No entanto, é possível que a maior necessidade de confiança tenha levado a maior confiança. De qualquer forma, quando um local de trabalho se torna fixo numa comunidade, o servidor fica sujeito, de uma outra forma às pessoas que serve. Sabe-se onde pode ser encontrado; por isso ele está ao alcance de clientes insatisfeitos e sujeito à atitude geral da comunidade com relação a ele. Sob tais condições, sente-se obrigado a dar o tipo de serviço que não esteja sujeito a reclamações.

(8) Ver E. GOFFMAN, *The Presentation of Self in Everyday Life*, New York, Anchor Books, 1959, pp. 114-15.

III

Examinemos agora algumas das suposições conceituais que estão subjacentes à relação de serviço e ao ciclo de conserto.

Para que um bem ou um objeto sejam úteis ao seu dono, suas várias partes devem estar numa ordem funcional adequada entre si. As marchas precisam engatar, o sangue precisa correr, as rodas e as mãos precisam girar. Aqui, há uma coincidência feliz que não deve ficar implícita: o funcionamento do objeto, quando observado, por assim dizer, de seu próprio ponto de vista, tem alguma relação com o fato de seu dono poder, ou não, utilizá-lo. Em alguns casos — tal como ocorre com objetos mecânicos — a coincidência foi intencionalmente pré-organizada, pois o objeto foi inicialmente planejado para determinado uso, desde que funcione adequadamente. Em outros casos, tal como ocorre com animais de carga ou com nossos corpos, a coincidência não é planejada, mas está presente. Para que um cavalo possa trabalhar, não pode estar muito doente.

Uma segunda suposição da relação de serviço é que o bem do cliente seja inteiramente seu e que possa, legalmente, fazer com ele aquilo que deseja.

Em terceiro lugar, supõe-se que o bem forme, não apenas um sistema relativamente fechado, mas também suficientemente pequeno para ser carregado pelo dono, ou, quando isso não ocorre, pelo menos possa ser visto como um todo pelo dono e pelo servidor.

Em quarto lugar, e mais importante ainda, os bens que devem ser reparados formam, não apenas sistemas relativamente fechados e relativamente controláveis, mas também classes de sistemas distintos e evidentes. Independentemente do fato de lidarmos com produtos da natureza ou de manufatura, lidamos com produtos que obedecem a certo modelo, com reprodução estrita e com o uso de soluções padronizadas para problemas de construção e conserto, mesmo quando a aparência externa dos produtos de uma classe possam apresentar diferenças aparentes. Disso decorre que, se o servidor conhece o funcionamento de um membro de uma classe, é automaticamente competente para lidar com outros membros dessa classe[9].

Existem algumas suposições subjacentes ao desenvolvimento do complexo de oficina que devem ser explicitadas.

A primeira suposição é que o ambiente da oficina seja benéfico quanto ao dano sofrido pelo objeto; a oficina

(9) Evidentemente, a mudança tecnológica apresenta limites a isso. Um mecânico de automóveis que fosse capaz de desmontar e montar apenas um Ford Modelo A teria hoje habilidades mecânicas que não poderia usar, e alguns problemas de automóveis que não poderia resolver.

deterá o curso progressivo da perturbação, embora, em si mesma, não o cure. Um carro com um teto com vazamento será colocado numa garagem fechada ou colocado sob uma coberta até que se possa começar o trabalho; essa precaução não conserta o teto, mas assegura que o defeito não ficará maior e que o estofamento não ficará ainda mais prejudicado. Uma cadeira que esteja começando a quebrar pode não ser consertada imediatamente na oficina para a qual é levada, mas, presumivelmente, ninguém se sentará nela e ninguém aumentará o defeito.

Uma segunda suposição é que o bem seja suficientemente independente de seu ambiente original, de forma que possa ser temporariamente levado para a oficina, sem que isso introduza um novo conjunto de estragos.

Uma terceira suposição é que o cliente não esteja tão ligado ao seu bem que não possa suportar a espera a que, provavelmente, estará sujeito ao levar o objeto para uma oficina. Muitas vezes, o uso que o cliente faz de seu bem é intermitente, de forma que o período sem o objeto não é tempo inteiramente perdido[10]; pode considerar todo o período em que está sem o bem como um período preenchido com a atividade de serviço no objeto.

Sugeri algumas das suposições que precisamos fazer quanto a objetos que podem ser consertados e quanto a oficinas de serviço, a fim de que a relação de serviço possa ser idealmente mantida. Um conjunto final de tais suposições refere-se à estrutura de clientelas.

O caráter da relação de serviço parece exigir que a clientela seja formada por um conjunto de pessoas que voluntariamente usam o serviço de uma forma que impede que pratiquem uma ação combinada contra ele, e assim exerçam poder sobre o servidor apenas como um agregado, não como uma coletividade. Sob tais condições, o servidor pode ser independente dos favores de qualquer um dos clientes, e polidamente recusar qualquer cliente que, segundo pense, não poderá atender de maneira correta, assim como cada uma deles pode afastar-se, no caso de a relação não ser satisfatória. Idealmente, existe uma vontade dupla na relação, — tal como ocorre com pessoas que vivem pecaminosamente — e um limite para as queixas razoáveis que qualquer dos lados pode fazer quanto à relação, embora permanecendo nela. Idealmente, o serviço especializado exprime respeito mútuo entre o cliente e o servidor, e é planejado como um processo cavalheiresco.

---

(10) Recentemente, esse ponto delicado do esquema de serviço tem sido fortalecido pela prática do "empréstimo". Quando a pessoa deixa o relógio, o rádio ou o carro para conserto, recebe, emprestado, um substituto oferecido pelo servidor, até que se complete o conserto.

IV

Segundo a descrição aqui apresentada, o caráter da relação de serviço tem uma lógica própria. Dadas suas diferentes premissas, o servidor está numa posição em que pode manter uma definição de si mesmo como de alguém que, apenas por um honorário, dá um serviço especializado para um cliente que realmente necessita dele, e o cliente poderá acreditar que, na sociedade, existem estranhos de boa vontade tão competentes, e dedicados de tal forma à sua competência, que, apenas por um honorário, aceitam os problemas dos outros. No entanto, embora a relação de serviço seja colocada nesse modelo puro e nobre, não tem os apoios institucionais que asseguram algumas outras relações muito valorizadas — por exemplo, as de família. Por isso, podemos esperar que o esquema de direitos e deveres em cada lado da relação possa formar uma espécie de matriz de dúvida e angústia, mesmo quando os dois lados da relação estejam agindo corretamente. O cliente pensa: será que esse servidor é realmente competente? Será que está agindo de acordo com os meus interesses? Será que não está cobrando demais? Será que é discreto? Será que, intimamente, não me despreza por causa do estado em que está o meu bem? (Cada uma dessas dimensões de afastamento potencial pode ocorrer na ausência das outras, de forma que o número total de possibilidades é muito grande.) O servidor pensa: será que este cliente realmente tem confiança em mim? Não estará escondendo o fato de ter "examinado os preços" antes de vir até aqui? Será que vai pagar os meus honorários?

Além dessas preocupações gerais, podemos esperar o aparecimento de preocupações mais específicas; uma vez que vemos o complexo de serviço como aquilo que é, um ideal e um modelo, podemos ver que cada tipo de serviço terá seus casos específicos de problemas que não podem ser facilmente colocados no modelo de serviço, provocando dificuldades específicas.

Por exemplo, existem necessidades de serviços — como o de canos de água — que tendem a ser apresentados ao servidor como uma crise: a família precisa de água imediatamente, ou alguém precisa deter o fluxo de água que começou. Ao mesmo tempo, o encanador não pode levar o equipamento defeituoso para a proteção de sua oficina, mas precisa fazer o serviço sob os olhos da dona da casa.

Outra dificuldade surge em alguns serviços — por exemplo, conserto de rádio e TV — em que o complexo de honorários ficou consideravelmente enfraquecido, pois os clientes freqüentemente (e com razão) pensam que estão sendo "enganados". No entanto, a demonstração de dignidade ligada a tais serviços não se reduziu, e é apoiada por uma taxa mínima cada vez maior.

Além disso, há algumas tendências na sociedade contemporânea que enfraquecem o complexo de serviço. Muitos estabelecimentos de serviço acham mais lucrativos vender apenas mercadoria nova do que perder espaço e pessoal com trabalho de conserto. Os que fazem consertos tendem, cada vez mais, a introduzir um conjunto inteiramente novo de serviços internos — isto é, substituem partes inteiras, em vez de, com habilidade, consertá-las[11] — e, evidentemente, existe a tendência para "venda automática", no estilo de máquinas ou de restaurantes em que o freguês é que se serve, o que reduz consideravelmente o papel do servidor, quando não o elimina inteiramente.

Outro problema básico na validade do modelo de serviço é que os servidores inevitavelmente se esforçam por escolher uma clientela a partir de fatores que são tecnicamente insignificantes — por exemplo, *status* de classe ou capacidade para pagar; os clientes agem de forma semelhante. Além disso, o servidor tende a dar a seus clientes um tratamento diferenciado, a partir de variáveis estranhas, embora talvez haja mais desvio na obtenção de um servidor do que no tratamento recebido depois de ser aceito por ele.

Uma fonte importante de dificuldade é que a independência dupla que idealmente existe entre o servidor e o servido está freqüentemente ameaçada. Quando o servidor não é "livre", isto é, não trabalha por conta própria, suas relações com os clientes podem ser limitadas pelas exigências dos patrões. (Evidentemente, de outro lado, os patrões podem ter muitos problemas com o fato de os empregados procurarem assumir o papel de servidores com relação aos fregueses da companhia.) Pode-se chegar a um ponto em que o gerente de um estabelecimento de serviço — por exemplo, uma grande sapataria — chame para si todo contato com o público, e assim afasta os outros sapateiros da categoria de serviço tal como foi aqui definida — independentemente de classificações populares e de recenseamentos. De forma semelhante, existem os problemas daqueles cuja vocação é geralmente definida como adequada para prática independente — por exemplo, direito e arquitetura — mas que ficam em posições de chefia em que têm uma clientela cativa, ou são cativos de uma clientela, ou têm apenas um cliente; colocadas na forma tradicional do servidor livre,

---

(11) A respeito desse e de outros desvios com relação ao ideal de serviço, ver F. L. STRODTBECK e M. B. SUSSMAN, Of Time, the City, and the "One-Year Guaranty": The Relations between Watch Owners and Repairers, *American Journal of Sociology*, LXI (1956), pp. 602-9.

tais pessoas tendem a perturbar-se e a perturbar os outros, pois fingem uma posição que os fatos não confirmam. Os médicos da corte dão um exemplo clássico disso, pois nos lembram que, hoje, a dignidade do serviço médico exige que um médico de pessoa de uma casa real seja também médico de outras pessoas. E, evidentemente, quando os clientes de um servidor estão na mesma comunidade fixa, tendem a ter comunicação potencial, se não real, entre si, e estão sempre prontos a unir-se num "sistema leigo de referência" com um poder imprevisível sobre o servidor[12]. Se na comunidade existem apenas alguns advogados e médicos, os clientes provavelmente precisam desse poder.

É preciso mencionar duas fontes finais de dificuldade na aplicação do modelo de serviço; as duas se referem às conseqüências sociais da profissionalização. O cultivo de um desinteresse honrado parece, inevitavelmente, destinado a exceder-se, e isso em duas direções. Em primeiro lugar, a atenção cada vez mais eficiente do servidor aos interesses do cliente pode levá-lo a formar concepções ideais do interesse do cliente, e este ideal, juntamente com padrões profissionais de gosto, eficiência e previsão, pode às vezes entrar em conflito com o que determinado cliente, em determinada ocasião, considera como o *seu* interesse mais importante. Mesmo um decorador de casas pode, delicadamente, dizer a um cliente que deve procurar outra pessoa, pois não admite que possa conformar-se aos desejos indecorosos do cliente.

Em segundo lugar, quanto maior a preocupação do servidor com a apresentação de um bom serviço, e quanto mais sua profissão tenha um mandato social para o seu controle, maior a tendência para que receba, do público, a tarefa de manter os padrões da comunidade, e estes às vezes podem não concordar com os interesses imediatos de determinado cliente. Por exemplo, o código aceito por um arquiteto faz com que seu cliente admita, mesmo a contragosto, certas considerações pelos vizinhos. A obrigação que os advogados têm de dar apenas conselhos legais é outro exemplo que pode ser citado. Aqui existe um rompimento na noção inicial que apresentamos de um cliente independente e de um servidor independente. Agora temos uma tríade — o cliente, o servidor e a comunidade — e esta pode atingir ainda mais profundamente a noção de serviço do que a tríade que ocorre quando o servidor ingressa num estabelecimento de certo tipo e divide sua lealdade entre os clientes e a direção do estabelecimento.

(12) A expressão "sistema leigo de indicações" foi empregada por ELIOT FREIDSON, Client Control and Medical Practice, *American Journal of Sociology*, LXV (1960), pp. 374-82.

V

Passamos agora para a versão médica do modelo de serviços de consertos[13]. O fato de entregarmos nossos corpos para o servidor médico, e o seu tratamento racional e empírico desses corpos é, certamente, um dos pontos altos do complexo de serviço. É interessante observar que o gradual estabelecimento do corpo como um bem que pode ser "consertado" — um tipo de máquina físico-química — é muitas vezes citado como um triunfo do espírito científico secular, quando na realidade tal triunfo parece, em parte, ter sido causa e efeito da crescente consideração por todos os tipos de serviço especializado.

Os sinais que os médicos atualmente empregam, principalmente os sinais que incluem trabalho refinado de laboratório, são cada vez mais complexos, embora todos os médicos ainda digam que dependem do paciente para a descrição de sintomas; o cliente é ainda um participante que deve ser respeitado na relação de serviço. No entanto, tal como ocorre em outras especializações, existem pontos de tensão para ajustar o tratamento do corpo ao esquema de serviço. Gostaria de mencionar alguns deles, admitindo que os mesmos problemas surgem, até certo ponto, em outros tipos de prestação de serviços.

O primeiro problema é que o corpo é, como dizem os psicanalistas, muito catectado em nossa sociedade; as pessoas dão grande valor à sua aparência e ao seu funcionamento, e tendem a identificar-se com ele. Os indivíduos não se sentem bem ao entregar seus corpos às manipulações racionais e empíricas de outros, e por isso é preciso que sua "confiança" no servidor seja continuamente mantida por estímulos de cabeceira. No entanto, esse problema não deve ser exagerado, não porque as pessoas estejam deixando de identificar-se com seus corpos, mas por causa daquilo que aos poucos estamos aprendendo quanto à intensidade de sua identificação com coisas não-corporais — por exemplo, relógios de pulso e automóveis — vendo nas ameaças a esses "objetos bons" uma ameaça ao eu.

O fato de os clientes estarem dispostos a colocar o destino de seus corpos nas mãos de seus médicos apresenta problemas para estes: podem descobrir que sua identificação com o paciente os submete a tensão emocional quando estão incertos quanto ao que está errado ou quanto ao que pode ser feito pelo paciente, ou quando estão certos de que pouco pode ser feito e precisam dar essa informação à pes-

(13) Ver T. S. SZASZ, Scientific Method and Social Role in Medicine and Psychiatry, *A.M.A. Archives of Internal Medicine*, CI (1958), pp. 232-33, e seu artigo Men and Machines, *British Journal for the Philosophy of Science*, VIII (1958), pp. 310-17.

soa (ou seu tutor), cujo destino fica selado por ela[14]. No entanto, talvez estejamos aqui diante de um problema, não para o serviço médico como tal, mas para os indivíduos que o realizam.

Outro problema é o fato de o corpo ser um bem que não pode ser deixado aos cuidados do servidor, enquanto o cliente cuida de suas outras atividades. Sabe-se que os médicos mostram uma notável capacidade para realizar a parte verbal do servidor, ao mesmo tempo em que realizam a parte mecânica, sem que essa segregação desapareça, mas aqui existem dificuldades inevitáveis, pois o cliente está muito interessado no que está acontecendo a seu corpo e está em boa posição para ver o que está sendo feito. (Os barbeiros, cabeleireiros e prostitutas também conhecem tais problemas, pois a atividade mecânica mal realizada por eles pode ser imediatamente percebida pelo cliente.) Uma solução é a anestesia; outra é o ramo maravilhoso do "tratamento de não-pessoa", encontrado no mundo médico, pelo qual a pessoa é cumprimentada com o que passa por civilidade, e recebe um adeus da mesma forma, e tudo que ocorre entre esses dois momentos ocorre como se o paciente aí não estivesse como uma pessoa social, mas apenas como um bem que alguém deixou[15].

Na medicina, outro problema se liga à considerável margem de tratamento paliativo, de "processos alternativos" e de tratamento que não dá certo. No caso de muitos objetos mecânicos, toda perturbação possível pode ser consertada, o que depende apenas das partes do objeto original que são substituídas por partes novas, e isso pode não exigir grande habilidade mecânica. Um mecânico de rádio com razoável habilidade pode consertar qualquer rádio quebrado com o expediente simples de verificar seções do circuito e substituir as peças nos pontos em que parece haver problemas. O distribuidor de automóveis que tenha um bom depósito de peças pode, realisticamente, gabar-se de poder construir um carro completo em seu depósito. Isso não é verdade na medicina. Algumas partes do corpo não podem ser substituídas, e nem todas as perturbações físicas podem ser corrigidas. Além disso, por causa da ética médica, um

(14) Uma análise das pressões sobre o médico para deixar de comunicar um mau prognóstico conhecido e para dar uma opinião, quando na realidade não tem certeza, é apresentada por FRED DAVIS, Uncertainty in Medical Prognosis, Clinical and Functional, *American Journal of Sociology*, LXVI (1960), pp. 41-47.

(15) A solução de não-pessoa parece muito eficiente quando o médico que faz o exame está acompanhado por colegas e subordinados — por exemplo, quando faz "visitas" no hospital — pois nesse caso terá participantes para uma conversa técnica a respeito do caso. Essa maneira de suprimir a presença social do paciente é tão eficiente que seu destino pode ser abertamente discutido à sua cabeceira, sem que os debatedores sintam uma preocupação desnecessária; um vocabulário técnico, presumivelmente desconhecido pelo paciente, ajuda a criar essa situação.

médico não pode aconselhar um paciente que jogue no lixo o objeto muito danificado ou muito gasto em que seu corpo pode estar transformado (que é o que podem fazer os que realizam serviços com outros tipos de objetos), embora o médico possa, tacitamente, dar esse conselho a outras pessoas interessadas.

Embora essa reduzida probabilidade de conserto seja característica da medicina, existem técnicas eficientes para o controle da dúvida. Mesmo no caso da cirurgia cerebral, onde se pode esperar a perda de cinqüenta por cento dos casos, os clientes podem chegar a compreender que esse é apenas um departamento arriscado e de último recurso da medicina, e que se torna tolerável pela probabilidade de eficiência conseguida em muitos outros departamentos. Além disso, existem serviços especializados, embora não do tipo de reparação — como o do advogado ou do corretor de bolsa — em que a probabilidade de triunfo pode estar bem abaixo da conseguida na medicina geral e, apesar disso, mantêm um sentido de ética profissional de serviço. Em todos esses casos, o servidor pode afirmar que, erre ou acerte dessa vez, está aplicando as melhores técnicas com o melhor de suas capacidades, e que, de modo geral, é melhor depender dessas técnicas e capacidades do que depender de puro acaso. As relações contínuas e respeitosas entre os corretores de ações e seus clientes mostram que, uma vez que se aceite uma definição de serviço da situação, os clientes estão dispostos a aceitar uma probabilidade pouco maior que a do acaso como justificativa para continuar a relação. O cliente descobre que precisa considerar, não quanto conseguiu com o servidor, mas como estaria pior sem ele, e com essa compreensão é levado a dar o tributo final à capacidade esotérica: o alegre pagamento do honorário, apesar da perda do objeto que o servidor devia salvar.

Outra dificuldade interessante para aplicar o modelo de serviço de reparação à prática médica é que, em alguns casos, se reconhece que o agente prejudicial não é um acontecimento improvável, casualmente colocado no ambiente, mas o próprio ambiente. Em vez de haver um prego na estrada, esta está cheia de pregos. Assim, para algumas perturbações físicas, determinado clima ou determinado tipo de trabalho podem ser agravantes. Se o paciente pode pagar uma troca completa de ambiente, o ambiente patogênico pode ser considerado como apenas um, entre muitos ambientes possíveis, e, portanto, como um membro improvável de uma classe geralmente sadia. No entanto, para muitos pacientes, a mudança na situação de vida não é possível, e o modelo de serviço não pode ser satisfatoriamente aplicado.

Ligada ao fato de que o ambiente mesmo pode ser o agente patogênico, há a possibilidade de exercer a medicina ao nível da comunidade, tratando não apenas um indivíduo, mas uma grande unidade social, e reduzindo a probabilidade de uma doença específica num conjunto completo de pessoas, e não curando apenas um indivíduo. Todo o novo campo da epidemiologia é desse tipo, e constitui, não uma ameaça à prática médica realizada com indivíduos, mas um complemento a ela.

Embora muitos indivíduos possam merecer confiança para agir como agentes responsáveis e com força de vontade com relação a seus corpos, é evidente que os muito jovens, os muito velhos e os mentalmente doentes podem ser levados a cuidados médicos, "para o seu próprio bem", por outra pessoa, o que muda radicalmente a relação usual entre cliente, bem e servidor. Muitas vezes se tenta assimilar essas situações ao modelo de agente livre, ao fazer com que o paciente seja levado por alguém com quem está socialmente identificado, geralmente um parente que pode falar em seu nome e ser um tutor capaz de defender os seus interesses na enfermaria. Talvez um fator aqui seja o fato de a busca de serviço médico muitas vezes não ser muito livre, mas um produto de consenso, se não de pressão, por parte dos parentes mais próximos do paciente. Pode-se acrescentar que, quando há necessidade de dar más notícias a um paciente, este pode descobrir que sua condição de objeto e de cliente estão divididas. Conserva seu *status* como um objeto, mas seu papel como cliente é sutilmente transferido a uma pessoa próxima. Às vezes, o problema não é o fato de já não ser competente como pessoa social, mas que o médico não está disposto a imiscuir-se como testemunha participante na resposta imediata de alguém à destruição de suas possibilidades de vida.

O problema do tutor pode exemplificar o conflito que pode surgir entre o que um servidor e sua disciplina aceitam como o melhor para o cliente e aquilo que este deseja. Este conflito potencial torna-se mais agudo por causa de um outro fator: a tensão entre os interesses do cliente e os da comunidade. Um exemplo óbvio é o de doenças transmissíveis, nas quais o médico tem a obrigação legal de proteger a comunidade, além de proteger o seu cliente. Entre outros exemplos desse conflito, é possível citar: o aborto e o tratamento de ferimentos a bala que não foram denunciados, embora nos dois casos exista uma saída, pois um aborto é muitas vezes definido como não sendo "a melhor coisa" para a paciente que o procura, e os ferimentos sejam tratados desde que as autoridades policiais sejam informadas ao mesmo tempo. Um terceiro caso refere-se à restrição que se fazia ao uso de cirurgia plástica por razões exclusivamente de beleza, embora, neste caso, se discutisse, não tanto o bem-estar da comunidade, mas a dignidade e o altruísmo da profissão médica. E, evidentemente, há outros casos como, por exemplo, o interessante problema do médico soviético, que consiste em dar a um operário o que será seu único feriado, embora possa não estar muito doente[16], ou o problema do médico americano, que pode, ou não, dar receitas para a aquisição de tóxicos por viciados.

Outro problema da aplicação à medicina do esquema de serviço é que os pacientes muitas vezes acham que podem obter de seu médico conselhos em problemas não--médicos, e o médico muitas vezes acha que tem uma competência especial que justifica a aceitação dessa difusão de seu papel[17]. Mais importante, e cada vez mais importante, é outro problema: apesar dos esforços das associações médicas, em alguns países, a prática médica tende a afastar-se do ideal de clínico livre, com clientela não-organizada, para uma situação em que uma repartição burocrática de algum tipo dá serviço a clientes que têm pouca escolha quanto aos médicos que podem ver. Essa é uma ameaça séria à relação clássica de serviço, mas penso que ainda não sabemos o suficiente quanto às suas conseqüências, a longo prazo, para o ideal de serviço.

Do ponto de vista deste artigo, a tensão mais importante na aplicação do modelo de serviço à medicina reside no complexo de oficina, embora, em algumas ocasiões, tal como ocorre em certas atividades de cirurgia, uma sala cheia de gente possa ser intimamente controlada por um grande número de regras minuciosas, quase todas racionalmente fundamentadas em considerações técnicas. Embora geralmente se apresentem como instituições de serviço público voltadas para o benefício da humanidade, alguns hospitais são dirigidos para a obtenção de lucro de seus proprietários, e todos demonstram preocupação pelas características sociais de seus diretores e de seus clientes. Além disso, muitos hospitais participam de programas de instrução que fazem com que algumas decisões de tratamento sejam influenciadas, não apenas pelas necessidades dos pacientes considerados, mas também pelas técnicas e medicamentos em que o hospital se especializa. De forma semelhante, muitos hospitais participam de programas de pesquisa que às vezes levam a tratamento ditado, não tanto pelas necessidades dos pacientes, mas pelas exigências do planejamento de pesquisa.

Existem também outras dificuldades. Como já foi sugerido, o cliente acha difícil tratar seu corpo e ver que é tratado impessoalmente, e tende a esquecer que, durante o

(16) FIELD, M. G. Structured Strain in the Role of the Soviet Physician, *American Journal of Sociology*, LVIII (1953), pp. 493-502.
(17) SZASZ, Scientific Method... *op. cit.*, pp. 233, nota de rodapé.

tratamento não pode usá-lo da maneira habitual. Além disso, percebe-se, cada vez mais, que mesmo uma breve estada no hospital pode criar "angústia de separação" nas crianças muito pequenas; a conseqüência disso é que, em tais casos, a oficina não é um ambiente neutro e benéfico, mas um ambiente prejudicial. Além disso, como o cliente precisa morar na oficina durante a fase de tratamento ativo do ciclo de reparação, está bem colocado para ver as dificuldades existentes para assimilação de tudo que ocorre no ambiente, e com ele, ao modelo de serviço. A capacidade do paciente para conseguir essa assimilação reside, necessariamente, no fato de ser enganado quanto a certos procedimentos, pois parte da rotina do hospital será necessariamente ditada, não por considerações médicas, mas por outros fatores, principalmente por regras de controle do paciente que surgiram na instituição para a conveniência e o conforto da equipe dirigente. (A mesma divergência com relação a regras determinadas pelo serviço ocorre, evidentemente, em toda oficina, mas nessas outras geralmente o cliente não está presente para ver o que acontece.) Quanto maior o período de estada exigida no hospital, e quanto mais crônica e mais prolongada a doença, maior a dificuldade do paciente para ver o hospital como uma instituição inteiramente racional de serviço.

Apesar dessa e de outras dificuldades para colocar os serviços médicos num estabelecimento hospitalar, existem fatores que são eficientes para permitir que o paciente assimile toda sua experiência ao modelo de serviço — desde que sua estada não seja muito prolongada. Evidentemente, o hospital pode dar ao paciente o benefício de equipamento muito caro e de instrumentos especializados que nenhum médico poderia ter em seu consultório. Além disso, o fato de ficar imóvel na cama é, afinal de contas, definido como aquilo que fazemos em nossa sociedade quando estamos doentes, e em alguns casos o paciente pode sentir-se fisicamente incapaz de fazer qualquer outra coisa. Alguns aspectos técnicos da atenção médica dão um apoio adicional: as fraturas de ossos e muitos estados pós-operatórios evidentemente exigem imobilidade, e o mesmo ocorre, às vezes, com os processos pós-operatórios como, por exemplo, a drenagem; algumas terapias exigem uma dieta muito bem regrada; o trabalho de gráficos e de laboratório muitas vezes exigem a disponibilidade constante do paciente. Tudo isso dá justificativa racional para a postura que o paciente deve apresentar no hospital.

Um outro fator acentua a assimilação da experiência no hospital ao modelo de serviço. Muitas vezes, durante a hospitalização e os cuidados depois da alta, há uma divisão no ambiente do paciente: dentro da parte coberta ou engessada, ou de alguma outra forma protegida do corpo, mantém-se um ambiente medicamente ajustado; a condição em que tudo que está fora desse limite pode ser racionalizado, não como base direta de sua salubridade, mas como base para assegurar a manutenção de ambiente interno. Dessa maneira, a área em que se conservam as ações médicas evidentemente úteis podem ser muito reduzidas, sem prejudicar a possibilidade de que o paciente assimile ao modelo médico tudo que está ocorrendo com ele.

Essas bases de validade do serviço, apresentadas pelos hospitais, tornam mais segura a pose de serviço apresentada pelo médico, que pode andar solenemente, sem o temor de não ser levado a sério pelos seus clientes ou por si mesmo. Numa situação de grande preocupação para o cliente e diante de ignorância ainda considerável, o médico ainda pode distribuir bem-estar, provando que merece o respeito que demonstra esperar por sua pose. O cliente atesta a validade das afirmações do médico, e, através disso, a viabilidade do modelo médico, através de sua disposição para seguir o servidor ao considerar impessoalmente a perturbação — que não decorre do desejo, da intenção e do erro de ninguém. A hospitalização afasta temporariamente o indivíduo de seus papéis sociais, mas, se suporta essa provação, tende a voltar para o local social que deixou atrás de si, um lugar que é conservado aberto e afetuoso para ele através da instituição da "ausência por razões médicas", e pela qual os outros desculpam a importância de sua ausência.

Embora o modelo de serviço especializado pareça ser aquele que serve como padrão para a prática médica, desejo concluir esta discussão do modelo médico com a sugestão de que esse esquema de serviço orientado para o indivíduo não é o único a que se ajusta a ação médica (uma restrição já suposta, anteriormente, na referência a médicos de companhia de seguros e epidemiologia); dois outros esquemas devem ser mencionados.

Em primeiro lugar, os médicos podem ser empregados, não para prestar serviço a determinado indivíduo, mas para assegurar que uma empresa social que inclui várias pessoas seja dirigida de maneira coerente com alguns padrões mínimos de cuidado médico — padrões estabelecidos e, em última análise, impostos por agentes que trabalham para a comunidade mais ampla. O que antes foi discutido como uma limitação à orientação para determinado paciente pode tornar-se a principal função do clínico. Assim, algumas atividades esportivas — por exemplo, lutas de boxe — empregam médicos para fiscalização, assim como fábricas e minas são obrigadas a trabalhar de uma forma coerente com padrões mínimos de segurança. Aqui podemos falar das funções *normativas* da medicina; engenheiros, eletricistas e arquitetos podem ser empregados de forma semelhante.

Em segundo lugar, os médicos podem ser empregados num papel de *manutenção,* com o objetivo de tratar um participante de uma empresa, não em benefício desse participante, ou para conservar os padrões da comunidade, mas apenas para elevar ao máximo a utilidade do participante para a empresa. A aplicação de estimulantes em atletas e cavalos é um exemplo disso; a supervisão médica da tortura, para assegurar que o prisioneiro não morrerá antes de falar, é outro; outro ainda é dado pela alimentação de prisioneiros de campo de trabalho, para assegurar que os internados conservarão suas forças para o trabalho[18]. A função normativa e a função de manutenção estão muitas vezes combinadas, tal como ocorre com serviços dentários e médicos ligados a estabelecimentos sociais muito amplos, sobretudo no caso de estabelecimentos isolados como, por exemplo, companhias de navios e exércitos.

Portanto, além da medicina de serviço pessoal, podemos ter medicina de companhia de vários tipos. Ao sugerir esses outros modelos de atividade médica, não nego que o serviço pessoal recebido por alguns pacientes pobres é às vezes menos adequado — do ponto de vista do paciente — do que o recebido por alguns empregados, como parte das funções normativas e de manutenção de medicina em seus estabelecimentos de trabalho. O interesse aqui não se refere à atenção médica que o indivíduo recebe, mas ao esquema de organização em que o recebe.

VI

Agora, finalmente, podemos passar para o problema proposto pelo título deste artigo: a aplicação do modelo de serviço especializado, em sua versão médica, à psiquiatria institucional.

A história ocidental de interpretação de pessoas que parecem agir de maneira estranha é dramática: pactos voluntários ou involuntários com o demônio, domínio por tendências de animais selvagens etc.[19]. Na Grã-Bretanha, na última parte do século XVIII, o mandato médico sobre esses "trangressores" se iniciou de maneira séria. Os internados começaram a ser denominados pacientes, as enfermeiras eram instruídas, e havia registros de caso no estilo

---

(18) Um interessante tratamento da influência dessa função na medicina militar pode ser encontrado em R. W. LITTLE, The Sick Soldier and the Medical Ward Officer, *Human Organization,* XV (1956), pp. 22-24.
(19) Ver, por exemplo, ALBERT DEUTSCH, *The Mentally Ill in America,* 2.ª ed., New York, Columbia University Press, 1949, pp. 12-23.

médico[20]. Os manicômios, que tinham mudado de nome e passaram a chamar-se hospitais para insanos, receberam um nome ainda diferente: hospitais psiquiátricos. A partir de 1756, um movimento semelhante foi dirigido nos Estados Unidos pelo Pennsylvania Hospital[21]. Hoje, no Ocidente, há diferenças de acentuação entre clínicos que aceitam um método "orgânico" e os que aceitam um método "funcional", mas as suposições subjacentes aos dois métodos confirmam, igualmente, a legitimidade da aplicação da versão médica de modelo de serviço aos internados de hospitais psiquiátricos. Por exemplo, em muitas comunidades, o certificado de um médico é uma exigência legal para hospitalização psiquiátrica involuntária.

Quando um futuro paciente chega para sua primeira entrevista de admissão, os médicos aplicam imediatamente o modelo de serviço médico. Quaisquer que sejam as condições sociais do paciente, e qualquer que seja o caráter específico de sua "perturbação", ele pode ser tratado nesse ambiente como alguém cujo problema pode ser enfrentado, ainda que não tratado, pela aplicação de uma única interpretação psiquiátrica técnica. O fato de um paciente diferir de outro quanto a sexo, idade, grupo racial, estado conjugal, religião ou classe social é apenas um item a ser levado em consideração, a ser, por assim dizer, "neutralizado", de forma que a teoria psiquiátrica geral possa ser aplicada e a fim de que os temas universais possam ser identificados sob as superficialidades das diferenças externas na vida social. Assim como qualquer pessoa no sistema social pode ter um apêndice inflamado, também qualquer pessoa pode manifestar um dos síndromes psiquiátricos básicos. Uma cortesia profissional uniforme apresentada aos pacientes corresponde a uma aplicabilidade uniforme de doutrina psiquiátrica.

Há certamente casos de perturbação mental (ligada a tumores cerebrais, paresia, arteriosclerose, meningite etc.) que parecem ajustar-se maravilhosamente a todas as exigências do modelo de serviço: uma distribuição casual de acontecimento raro prejudica o funcionamento mental do cliente, sem que ninguém pretenda fazer isso, e sem que ele possa ser pessoalmente condenado. Depois de certo tempo, ele ou outras pessoas sentem "que alguma coisa está errada". Através de um caminho de indicações, o cliente é levado, voluntária ou involuntariamente, à atenção dos psiquiatras. Estes reúnem informação, fazem observações, dão um diagnóstico, uma receita, e sugerem certo curso de tra-

(20) JONES, Kathleen. *Lunacy, Law, and Conscience*, Londres, Routledge and Kegan Paul, 1955, pp. 55-56.
(21) DEUTSCH, *op. cit.*, p. 58 e ss.

tamento. Depois, o paciente se cura, ou o avanço de sua patologia é verificado, ou (à semelhança do que ocorre com "reações orgânicas") a doença segue seu curso conhecido e inevitável, terminando com a morte do paciente ou com sua redução a um estado incurável de simples funcionamento vegetativo. Nos casos mais benignos, em que o paciente pode beneficiar-se marcantemente com o tratamento, tende a reavaliar suas experiências passadas, de forma a reconhecer que o serviço psiquiátrico foi realizado em seu benefício e que o teria procurado voluntariamente, desde que tivesse compreendido o que estava errado e o que poderia ser feito por ele. Depois, a história tem um final feliz[22] ou, se não feliz, pelo menos metódico. Nos vestíbulos de edifícios médico-cirúrgicos de alguns hospitais psiquiátricos, podemos encontrar registros de casos, colocados em molduras, que dão, com relação a um caso real, um esquema de sinais e sintomas sociais ("pródomos"), documentação do fracasso dos leigos para diagnosticá-los corretamente, descrição do comportamento do paciente durante o período em que estava doente, desenhos de autópsia que confirmam a exatidão do diagnóstico e a correção do tratamento. O comportamento socialmente errado e a patologia orgânica visível são reunidos, numa confirmação perfeita da aplicabilidade do modelo médico.

Embora alguns casos psiquiátricos possam ser claramente enfrentados dentro do esquema estabelecido pelo modelo médico, há fontes muito evidentes de dificuldade, sobretudo quanto à categoria maior de doentes mentais — os das chamadas psicoses "funcionais". Muitas dessas dificuldades têm sido descritas na literatura especializada e são bem conhecidas na psiquiatria. Eu gostaria de resenhá-las rapidamente aqui, a partir dos tipos mais incidentais e chegando até os mais fundamentais.

Um problema na aplicabilidade do modelo de serviço à psiquiatria institucional decorre do fato de que parte do mandado oficial do hospital psiquiátrico público é proteger a comunidade do perigo e dos aborrecimentos de certos tipos de má conduta. Nos termos da lei e das pressões públicas a que o hospital psiquiátrico está sujeito, essa função de "custódia" tem uma importância básica. No entanto, dentro da instituição, há referências surpreendentemente pequenas e explícitas a ela, focalizando-se muito mais os serviços terapêuticos médicos que o hospital dá aos pacien-

---

(22) Um bom exemplo disso é dado num artigo de BERTON ROUECHÉ, publicado na revista *New Yorker*, com o título de Ten Feet Tall, onde se descrevem minuciosamente os efeitos secundários de um incidente maníaco-depressivo provocado por tratamento de cortisona. Este artigo foi publicado na coletânea de ROUECHÉ, *The Incurable Wound*, New York, Berkley Publishing Corp., s/d, pp. 114-43.

tes. Se consideramos os doentes mentais como pessoas com que os outros têm dificuldade específica, o papel de custódia do hospital (mais ou menos como o papel de custódia da prisão) é compreensível e, segundo a opinião de muitos, justificável; no entanto, o aspecto a ser notado aqui é que um serviço para a família, a vizinhança ou o empregador do paciente não é, necessariamente, um serviço para a comunidade como um todo (qualquer que esta seja), e um serviço a qualquer um deles não é necessariamente um serviço, principalmente um serviço médico, ao internado. Em vez de um servidor e um servido, encontramos um governador e os governados, um funcionário e os que estão sujeitos a ele[23].

Durante a hospitalização, é muito provável que o paciente passe da jurisdição de um médico para outro, e essa mudança não resulta do sistema de indicação em que o clínico sugere outro servidor e o paciente voluntariamente segue a sugestão; o paciente passa da jurisdição de um médico para outro por causa de mudanças diárias e semanais entre os médicos, e por causa da freqüência com que os pacientes são transferidos de uma enfermaria para outra, e os médicos são transferidos de um serviço para outro. Como participam da mesma organização, o paciente e o médico estão sujeitos a decisões alheias, isto é, não escolhem as pessoas que verão[24].

Além disso, precisamos ver o hospital psiquiátrico no contexto histórico recente em que se desenvolveu, como uma entre várias instituições destinadas a servir de residência para várias categorias de pessoas socialmente perturbadoras. Entre essas instituições, encontramos as creches, os hospitais gerais, as instituições para veteranos de guerra, as cadeias, as clínicas geriátricas, as instituições para os mentalmente retardados, as fazendas de trabalho, os orfanatos,

---

(23) Ver TALCOTT PARSONS, "The Mental Hospital as a Type of Organization", em M. GREENBLATT, D. LEVINSON e R. WILLIAMS, (orgs.), *The Patient and tre Mental Hospital*, Glencoe, Ill., *The Free Press*, 1957, p. 115.

(24) Em hospitais de pesquisa, fizeram-se instrutivas tentativas para enfrentar esse problema. O papel do médico da enfermaria pode ser rigorosamente segregado do papel de terapeuta, e com isso a relação terapeuta-paciente permanece constante, independentemente da mudança de enfermaria de residência do paciente. (Ver, por exemplo, STEWART PERRY e LYMAN WYNNE, Role Conflict, Role Redefinition, and Social Change in a Clinical Research Organization, *Social Forces*, XXXVIII (1959), pp. 62-65.) Em hospitais gerais particulares, que têm um ou dois andares separados para psiquiatria, encontra-se uma aproximação ainda maior quanto à relação de serviço: um psiquiatra com clínica particular pode ter vários "leitos" e hospitaliza um paciente durante certo período, quando considera que isso é necessário. A equipe médica da casa, geralmente formada por res:dentes, terá a tarefa de alimentar o paciente e deixá-lo em repouso, enquanto o psiquiatra visita seu paciente uma ou duas vezes por dia, tal como o fazem os médicos que usam leitos em outros andares. Dessa maneira, são conservadas muitas das formas da relação de serviço; a terapia resultante desse processo é outro problema.

e os lares para velhos. Todo hospital estadual [dos Estados Unidos] tem uma considerável fração de pacientes que estariam melhor em alguma dessas outras instituições (assim como algumas destas têm alguns internados que estariam melhor em hospitais psiquiátricos), mas que precisam ser conservados por falta de espaço, ou de recursos nessas outras instituições. Cada vez que o hospital psiquiátrico atua como albergue provisório, dentro de uma rede de tais albergues, para lidar com pessoas que não podem ficar na comunidade externa, o modelo de serviço é desmentido. Todos esses fatos sobre o recrutamento de pacientes constituem parte do que a equipe dirigente deve esquecer, racionalizar ou dissimular em seu posto de serviço.

Um dos problemas mais notáveis para a aplicação do modelo de serviço à hospitalização psiquiátrica refere-se ao caráter, em grande parte involuntário, da admissão a um hospital psiquiátrico nos Estados Unidos. Tal como ocorre com a atenção médica exigida pelos muito jovens ou pelos muito velhos, existe um esforço para empregar o princípio de tutor e assimilar a ação tomada pela pessoa mais próxima à ação tomada pelo paciente. É verdade que o fato de tratar os muito jovens e os muito velhos como irresponsáveis parece não ser violentamente incoerente com as contínuas relações com eles, nem parece perturbá-los. No entanto, embora alguns pacientes involuntários cheguem a reconhecer o erro de sua resistência à hospitalização, de modo geral o ressentimento do paciente involuntário parece permanente. Tende a sentir que foi levado para o hospital com a ajuda, ou, pelo menos, com o consentimento daqueles que estão mais próximos dele. Embora, comumente, um encontro com um servidor tenda a afirmar a crença do indivíduo na racionalidade e na boa vontade da sociedade em que vive, um encontro com psiquiatras de hospital tende a ter um efeito alienador.

Aparentemente, o paciente não é o único a deixar de ver sua perturbação como apenas um tipo de doença que deve ser tratada e depois esquecida. Uma vez que tenha um registro de ter estado num hospital para doentes mentais, o público em geral, tanto formalmente — quanto a restrições de emprego — quanto informalmente — no que se refere a tratamento social diário — o considera como um ser à parte; o doente é estigmatizado[25]. Mesmo o hospital reconhece, tacitamente, que a perturbação mental é uma vergonha; por exemplo, muitos hospitais dão um endereço postal em código, de forma que os pacientes possam enviar e receber cartas sem que sua posição seja anunciada

---

(25) Ver, por exemplo, CHARLOTTE GREEN SCHWARTZ, The Stigma of Mental Illness, *Journal of Rehabilitation* (julho-agosto de 1956).

no envelope. Embora, em alguns círculos, a amplitude da estigmatização venha declinando, é um fator básico na vida do ex-paciente. Ao contrário do que ocorre com grande parte da hospitalização médica, a estada do paciente no hospital psiquiátrico é muito longa e o efeito muito estigmatizador para permitir que o indivíduo volte facilmente ao local social de onde veio[26].

Como resposta à sua estigmatização e à privação que ocorre quando entra no hospital, o internado freqüentemente desenvolve certa alienação com relação à sociedade civil, e que às vezes se exprime pelo fato de não desejar sair do hospital. Essa alienação pode desenvolver-se independentemente do tipo de perturbação que levou o paciente a ser internado, e constitui um efeito secundário da hospitalização, que muitas vezes tem mais significação para o paciente e seu círculo pessoal do que suas dificuldades originais. Aqui encontramos, novamente, algo que não se ajusta ao modelo de serviço[27].

Outra dificuldade reside na natureza das habilidades psiquiátricas. Parece justo dizer que a suposição atual quanto aos psicóticos funcionais é que o paciente desenvolveu maneiras errôneas de relacionar-se com as pessoas e precisa participar de experiências terapêuticas de aprendi-

---

[26] Parece característico que, em hospitais médicos, os homens que estão deitados façam piadas com as enfermeiras, "gozando-se", como se dissessem que o corpo deitado para ser tratado pelas enfermeiras é tão pouco característico de seu eu permanente que, com segurança, podem dizer qualquer coisa a respeito. Nos hospitais psiquiátricos, ao contrário, essa fácil dissociação entre as condições presentes e o caráter da pessoa é muito menos realizável; por isso, os homens internados em hospitais psiquiátricos tendem a ser sérios, e quando se apresentam expressões que revelam distanciamento com relação ao eu, tais expressões tendem a ter proporções psicóticas.

[27] Em seu artigo, The Social Dynamics of Physical Disability in Army Basic Training, *Psychiatry*, X (1947), pp. 323-33, DAVID M. SCHNEIDER mostra como o afastamento com relação às obrigações, mesmo por razões médicas, pode levar a um isolamento cada vez maior da pessoa doente e crescente confirmação do fato de ser diferente. Os efeitos de separação podem tornar-se mais importantes que as causas iniciais. Trabalhando a partir de uma noção semelhante a essa, os psiquiatras de pesquisa do Exército Norte-Americano no Hospital Walter Reed desenvolveram, recentemente, o princípio de que, quanto mais um soldado possa ver a si mesmo como um grande problema psiquiátrico que precisa de tratamento psiquiátrico especial, menor a probabilidade de que seja rapidamente reassimilado pelo grupo militar em que inicialmente sentiu sua perturbação. Ver, por exemplo, B. L. BUSHARD, The U. S. Army's Mental Hygiene Consultation Service, em *Symposium on Preventive and Social Psychiatry*, 15-17, abril de 1957, Walter Reed Army Institute of Research, Washington, D.C., pp. 431-43, principalmente p. 442:
"Esses objetivos (redução da doença psiquiátrica) podem ser realizados através de pouco trabalho efetivo e direto com o paciente, mas exigem ligação extensiva e de trabalho com várias outras repartições. Muito mais importantes do que a conversa com o paciente é a suposição não-verbal de ser visto logo, ouvido de maneira empática, e logo enviado novamente para a posição de trabalho. Qualquer suposição de que o problema decorre de situações distantes e imponderáveis, que se deve a doença ou se baseia em considerações que não são imediatas e nem podem ser dominadas, freqüentemente leva à destruição das defesas que ainda podem estar intactas".

zagem, a fim de corrigir tais padrões. No entanto, a capacidade para dar a um paciente essa experiência não é uma habilidade técnica, nem pode ser apresentada, seguramente, como tal. Além disso, as possíveis habilidades desse tipo que uma equipe técnica possa ter não podem ser facilmente divididas na hierarquia de *status* característica de outros estabelecimentos de serviço, onde as pessoas em postos elevados realizam as tarefas rápidas e decisivas, enquanto os níveis não-qualificados e inferiores realizam o trabalho preparatório de rotina ou apenas asseguram que o ambiente continue adequado. Um auxiliar de enfermaria muitas vezes parece tão "bem preparado" para ter uma "boa" relação com um paciente quanto um psiquiatra muito instruído, e, boa ou má, a contribuição do auxiliar atingirá continuamente o paciente, enquanto a do psiquiatra do hospital o atinge apenas intermitentemente[28]. Os subalternos que preparam o paciente para ver o psiquiatra podem, presumivelmente, exercer, através dessa preparação, tanta intervenção psiquiátrica quanto o psiquiatra, pois o domínio do contato social face a face é um contato em que todos os participantes têm a mesma licença para usar um *bisturi*. Isso ocorre apesar de os administradores de hospitais, que atuam de acordo com o modelo médico, darem aos psiquiatras o direito de tomar decisões cruciais com relação à disposição do paciente.

Um outro problema contribui para exagerar o fato de que, em qualquer parte, há pouca habilidade psiquiátrica, e, quando existe, nem sempre é distribuída de acordo com a hierarquia da equipe dirigente: a circunspecção usual ou a "especialidade funcional" do servidor são diretamente negadas no serviço psiquiátrico. Todos os sentimentos, ações e pensamentos do paciente — passados, presentes e futuros — são oficialmente utilizáveis pelo terapeuta, a fim de que possa fazer diagnóstico e dar receitas. As concepções atuais sobre o caráter psicogênico de muitas perturbações físicas levam para o domínio psiquiátrico assuntos que, sob outros aspectos, deviam ser atribuídos aos clínicos, e disso resulta que o psiquiatra pode na realidade dizer que trata da "pessoa global"[29]. A organização de servidores pisiquiatras auxi-

(28) O movimento de terapia de ambiente decorre, presumivelmente, de um reconhecimento de que a experiência crucial do hospital não pode ser limitada à hora terapêutica (quando existe) e que, por isso, todas as pessoas que trabalham no hospital podem ter uma igual importância para o paciente. Aqui, as principais indicações são as seguintes: ALFRED H. STANTON e MORRIS S. SCHWARTZ, *The Mental Hospital* (New York, Basic Books, 1954) e MAXWELL JONES, *The Therapeutic Community* (New York, (New York, Basic Books, 1953).
(29) Uma conseqüência secundária da doutrina psicogênica das perturbações físicas é que alguns doentes mentais não desejam apresentar um pedido de tratamento físico necessário, porque temem que se pense que "estão imaginando coisas".

liares no hospital — praticantes internos, psicólogos, neurofisiologistas, assistentes sociais, equipes de enfermeiras — confirma o mandato difuso do psiquiatra, pois recebe informação de que apenas ele tem o direito oficial de reunir numa avaliação global de um paciente. Nada que se relacione com o paciente deve deixar de preocupar o psiquiatra; para este, nenhuma informação deixa de ser importante. Aparentemente, nenhum outro servidor especializado, com um sistema para reparar, arroga para si esse tipo de papel.

Correspondente a esse mandato diagnóstico difuso do psiquiatra, há uma prescrição também difusa. As instituições de reclusão atuam a partir de uma definição de quase todos os direitos e deveres dos internados. Alguém estará numa posição que lhe permite dizer o que o internado consegue obter e tudo de que deve ser privado, e essa pessoa é, oficialmente, o psiquiatra. O psiquiatra não precisa exercer esse direito de acordo com regras burocráticas uniformes, como o fariam um funcionário público ou um militar. Praticamente qualquer aspecto das condições de vida do paciente em sua rotina diária pode ser modificado à vontade pelo psiquiatra, desde que seja dada uma explicação psiquiátrica. Também aqui vemos que o papel do psiquiatra é único entre os servidores, pois nenhum outro recebe tanto poder.

Ao discutir o modelo médico num hospital geral, já se sugeriu que as condições de vida no hospital poderiam ser divididas entre uma esfera interna e outra externa: a esfera interna contém a parte ferida do organismo, sob condições de controle médico indicado e que são muito sensíveis ao estado do ferimento; a esfera externa dá, de maneira grosseira, um abrigo para a esfera interna. Nos hospitais psiquiátricos, essa divisão, entre um ambiente terapêutico e um ambiente de abrigo pode ser às vezes mantida. Quando se emprega intervenção médica (e não psicológica), pode haver certo esforço para dar o tratamento sob condições muito controladas, permitindo que os períodos entre os tratamentos sejam enfrentados com menor atenção médica. E há casos — por exemplo, quando o paciente tem tendências ativas de suicídio ou de homicídio — em que toda a sua rotina diária é rigorosamente controlada e constitui uma espera interior de controle médico intimamente ajustada às suas condições; as condições de vida podem, nesse caso, ser assimiladas às condições de tratamento. De forma semelhante, para os pacientes com adiantada deterioração, as condições de enfermarias atrasadas parecem bem adaptadas às condições do organismo: o fato de o paciente sentar-se o dia todo num lugar, com uma expressão vazia em sua face, é, de certo modo, uma extensão inevitável e sem remédio de seu estado.

No entanto, durante os estádios iniciais da deterioração cerebral, e durante a maior parte do curso de vida de algumas perturbações orgânicas — como, por exemplo, a epilepsia — a segurança absoluta de que existe um síndrome orgânico de forma alguma está ligada às condições de vida que o paciente tem no hospital. Por mais desesperada que, em última instância, seja uma condição, há um número relativamente pequeno de pacientes tão deteriorados que a vida típica nas enfermarias atrasadas é um reflexo exato de suas capacidades e uma resposta a elas. Atualmente, não existe acordo quanto à possível "normalidade" de suas condições de vida. Por isso, o diagnóstico pode ser médico, enquanto o tratamento não o é, pois o paciente é tratado apenas com a vida disponível para esse tipo geral de pacientes. E quando passamos para os casos funcionais, a vida da enfermaria deixa de ser uma resposta técnica a suas capacidades, na medida em que o repouso na cama é uma expressão do estado físico do paciente em estágio pós-operatório. Apesar disso, como veremos, as equipes dirigentes dos hospitais psiquiátricos sustentam que as condições de vida do paciente constituem uma expressão de suas capacidades e de sua organização pessoal no momento, bem como uma resposta médica a elas.

A seguir, desejo sugerir que, comparado a um hospital médico ou a uma oficina de automóveis, um hospital psiquiátrico está mal equipado para ser um local em que ocorra o ciclo clássico de reparação. Nos hospitais psiquiátricos públicos, e mais ainda nos hospitais particulares e nos de veteranos de guerra dos Estados Unidos, há oportunidade para observar o paciente, mas a administração está geralmente tão ocupada que se limita a registrar atos de desobediência. Mesmo quando a equipe dirigente tem tempo para esse trabalho, a conduta do paciente na enfermaria dificilmente pode ser considerada como exemplo de sua conduta fora dela: alguns comportamentos considerados inaceitáveis no mundo externo não ocorrem na enfermaria (principalmente quando esse comportamento era uma resposta a pessoas de que o paciente não gosta em seu ambiente doméstico), e outras formas de comportamento errado se superpõem às anteriores, como resposta à situação em que o paciente está involuntariamente colocado. Portanto, ocorre uma refração do comportamento, e as paredes da instituição atuam como um prisma grosso e deformado. A não ser que se sustente a validade da avaliação de pessoas sob esse tipo específico de tensão, a enfermaria parece ser o pior local para a observação feita pelo servidor.

De forma semelhante, mesmo quando há conferências sobre diagnóstico quanto a cada paciente, o trabalho de tais reuniões pode estar voltado para o acordo quanto ao tipo dos títulos legais que será colocado na apresentação do registro de caso; a duração dessas reuniões pode ter pouca relação com a presença ou ausência de um acúmulo de dados que possam ser analisados.

O que é verdade a respeito das dificuldades de diagnóstico nos hospitais psiquiátricos é ainda mais verdade para o tratamento. Como já foi sugerido, o problema de acomodar a atitude do paciente com relação ao mundo se confunde com o problema de acomodar sua atitude à hospitalização involuntária, e é exacerbado por este. De qualquer forma, o tratamento dado em hospitais psiquiátricos tende a não ser específico à perturbação — ao contrário do que ocorre, de modo geral, em hospital médico, oficinas para automóveis ou loja de consertos de rádio; em vez disso, se se dá algum tratamento, um ciclo de terapias tende a ser dado a toda uma classe de pacientes recentemente admitidos, e as doses são usadas mais para descobrir se existem contra-indicações para o tratamento padronizado, do que para encontrar indicações para ele.

Ao mesmo tempo, a vida do paciente é regulada e ordenada de acordo com um sistema de disciplina desenvolvido para o controle de grande número de internados involuntários por uma pequena equipe. Nesse sistema, o auxiliar tende a ser a pessoa-chave da equipe, pois informa o paciente quanto aos prêmios e castigos que irão regular sua vida, e consegue autorização médica para tais privilégios e castigos. O comportamento dócil e obediente leva o paciente à promoção no sistema de enfermarias; o comportamento turbulento e rebelde à sua queda. É interessante notar que no momento em que o paciente está disposto a melhorar sua conduta social é que o auxiliar tende a chamar a atenção do médico para ele, como merecedor de atenção e capaz de aproveitá-la, de forma que, segundo a descrição de Ivan Belknap, o paciente obtém a obtenção do médico quando menos precisa dela[30].

(30) BELKNAP, *op. cit.*, p. 144. Gostaria de acrescentar que, como os doentes mentais são pessoas que, no mundo externo, se recusaram a responder aos esforços de controle social, pode-se perguntar como, no interior do hospital psiquiátrico, é possível obter esse mesmo controle. Acredito que, em grande parte, é conseguido através do "sistema de enfermarias", o meio de controle que, lentamente, se desenvolveu nos hospitais psiquiátricos modernos. A chave disso, segundo penso, é um sistema de enfermarias classificadas quanto ao grau de mau comportamento permissível e quanto ao grau de desconforto e privação nelas predominante. Portanto, qualquer que seja o nível de mau comportamento do novo paciente, é possível encontrar para ele uma enfermaria em que sua conduta é tratada de maneira rotineira e, até certo ponto, permitida. Na realidade, ao aceitar as condições de vida nessas enfermarias, o paciente pode continuar a ter um mau comportamento, mas então não incomoda ninguém com isso, pois é rotineiramente enfrentado, se não aceito, na

293

Para o paciente, é difícil assimilar o período que passa no hospital psiquiátrico ao modelo médico. Uma queixa muito comum é a seguinte: "Nada está sendo feito comigo — só me deixam ficar sentado". E a essa dificuldade corresponde o fato de que o atual tratamento psiquiátrico oficial para as perturbações funcionais não tem, em si mesmo, uma probabilidade de acerto suficientemente grande para justificar facilmente a prática de psiquiatria institucional como uma ocupação de serviço especializado — de acordo com a definição aqui apresentada — pois, como já foi sugerido, é positiva e elevada a probabilidade de que a hospitalização prejudique as oportunidades de vida do paciente.

No entanto, o problema não é apenas o de pequena probabilidade de serviço adequado, mas, para alguns pacientes, um problema da validade da aplicação de todo o esquema do serviço.

Em primeiro lugar, devemos notar que é discutível a separação da entidade em que existe a perturbação. É verdade que, em casos de perturbação orgânica, o paciente encerra em si mesmo o mundo em que sente a lesão e o mundo em que a reparação, se possível, será feita. Isso não ocorre nos casos de psicose funcional. Na medida em que o comportamento sintomático do paciente é parte integral de sua situação interpessoal, o servidor deveria levar toda essa situação para o hospital, a fim de observar a dificuldade do paciente e tratá-la. Em vez de haver um ambiente relativamente benigno e passivo, e um ponto isolado de perturbação, a figura e o fundo das concepções usuais de serviços se fundem numa coisa só, e o ambiente interpessoal do paciente é inseparável da perturbação que está sentindo. Teoricamente, é certo que uma pequena mudança terapêutica no paciente poderia ter num efeito benéfico em seu ambiente quando voltasse para ele, e seria possível organi-

---

enfermaria. Quando pede alguma melhoria em sua situação, é na realidade obrigado a pedir "perdão", obrigado a dizer que está pronto a modificar seu comportamento. Quando, verbalmente, se "entrega", provavelmente terá uma melhoria em suas condições de vida. Se novamente se comportar mal como antes, e persistir nisso, recebe um sermão e volta para a condição anterior. Se não apresenta reincidência, afirma sua disposição de comportar-se ainda melhor, e conserva essa promessa por um período adequado de tempo, avança ainda mais, dentro do ciclo de alta rápida, através do qual passa a maioria dos admitidos pela primeira vez no hospital, que são promovidos e saem dentro do período de um ano. Atinge-se um ponto em que o paciente é confiado à tutela de um parente, seja para andar nos pátios do hospital, seja para ir até à cidade. Nesse caso, o parente se transforma em alguém que tem o estabelecimento e a lei para reforçar a ameaça: "Comporte-se bem ou você será novamente internado". O que encontramos aqui (e não encontramos no mundo externo) é um modelo do que os psicólogos poderiam denominar uma situação de aprendizagem — centralizada no processo de "entregar-se". Por essa razão, o moral dos pacientes nas enfermarias rebeldes parece mais forte e saudável do que nas enfermarias de alta, onde existe um ligeiro ar de pessoas que se venderam para conseguir a liberdade.

zar uma volta a um novo ambiente, mas, na prática, o paciente volta, no momento em que recebe alta, para o sistema que é uma parte natural de sua resposta psicótica.

No entanto, existe um problema ainda mais fundamental, e que se liga à aplicabilidade do conceito de "patologia". Comumente, a patologia que inicialmente chama a atenção para a condição do paciente é o comportamento que é "inadequado na situação". No entanto, a decisão quanto ao fato de determinado ato ser apropriado ou não, precisa ser, freqüentemente, uma decisão leiga, apenas porque não temos um "mapeamento" técnico das várias subculturas de comportamento em nossa sociedade, sem mencionar os padrões de comportamento predominantes em cada uma delas. As decisões de diagnóstico, a não ser em casos de sintomas extremos, podem tornar-se etnocêntricas, pois o servidor julga, do ponto de vista da sua cultura, o comportamento de indivíduos que na realidade só pode ser julgado a partir da perspectiva do grupo de que deriva. Além disso, como o comportamento inadequado é geralmente comportamento de que alguém não gosta e acha extremamente desagradável, as decisões referentes a ele tendem a ser políticas, na medida em que exprimem os interesses específicos de determinado grupo ou determinada pessoa, e não os interesses que possam ser considerados acima das preocupações de qualquer agrupamento específico — tal como ocorre no caso da patologia física[31].

Para o paciente, a aplicação do conceito de patologia a seu comportamento pode ter efeitos incompatíveis com o ideal de serviço. Na medida em que sinta que agiu de maneira inadequada, pode ver sua ação como parte do mundo social normal de intenção, responsabilidade e culpabilidade — mais ou menos como a percepção leiga inicial de sua conduta perturbadora. O fato de que o nosso comportamento seja definido como involuntário, irresponsável e não-culpável pode ser útil em alguns casos, mas, apesar disso, exige um esquema técnico, e não social, e idealmente deveria afastar o paciente de qualquer participação na relação de serviço, embora o colocasse como objeto de serviço. A descrição de Szasz pode ser citada aqui:

Mais precisamente, segundo a definição de senso comum, a saúde mental é a capacidade para jogar qualquer jogo de vida social, e jogá-lo bem. Inversamente, o fato de recusar-se a jogar, ou o fato de jogar mal, significa que a pessoa está mentalmente doente. Ora, é possível, perguntar quais as diferenças, se é que existem, entre o inconformismo (ou desvio) e a doença

---

(31) Ver T. S. SZASZ, Psychiatry, Ethics, and the Criminal Law, *Columbia Law Review*, LVIII (1958), p. 188.

mental. Deixando de lado, por um momento, as considerações psiquiátricas técnicas, sustentarei que essas duas noções — que se exprimem, por exemplo, nas expressões "ele está errado" e "ele está mentalmente doente" — não estão necessariamente em quaisquer *fatos* observáveis que indiquem, mas podem consistir apenas numa diferença em nossas *atitudes* com relação ao nosso sujeito. Se o levamos *a sério*, se consideramos que tem dignidades e direitos humanos, e se o consideramos mais ou menos como nosso semelhante — nesse caso falamos de discordâncias, desvios, lutas, crimes e talvez até de traição. No entanto, se sentimos que não podemos nos comunicar com ele, que é de certo modo "basicamente" diferente de nós, estaremos inclinados a considerá-lo, não mais como um semelhante, mas como uma pessoa inferior (raramente como superior); nesse caso, dizemos que está louco, mentalmente doente, insano, psicótico, imaturo e assim por diante[32].

No entanto, não devemos superestimar esse problema, pois, na realidade, nos hospitais psiquiátricos não existe grande perigo de que os atos de uma pessoa sejam coerentemente definidos num esquema neutro e técnico. Na medicina, é possível agir como se não existissem estreptococos certos ou errados, mas apenas estreptococos perigosos. Na psiquiatria, existe um esforço formal para agir como se o problema fosse de tratamento, não de julgamento moral, mas isso não é mantido de forma coerente. Na realidade, é difícil manter a neutralidade ética na psiquiatria, pois a perturbação do paciente está intrinsecamente ligada ao fato de agir de uma forma que ofende "as testemunhas". Além disso, a maneira padronizada de tratar tais ofensas em nossa sociedade é castigar o transgressor, negativa e corretivamente. Toda a nossa sociedade atua com essa suposição em todos os itens e em todas as minúcias da vida, e, sem algum equivalente funcional, é difícil ver como, sem ela, seria possível manter alguma ordem social.

Por isso é compreensível que, mesmo as oportunidades escolhidas para demonstrar que na instituição se realiza psicoterapia especializada e não-moralista, sejam invadidas por uma perspectiva moralista, embora modificada. É compreensível que grande parte da psicoterapia consista em apresentar ao paciente os seus pecados, e fazer com que veja os erros em sua maneira de agir. E, em certo sentido,

---

(32) Szasz, T. S., Politics and Mental Health, *American Journal of Psychiatry*, CXV (1958), p. 508. Ver também seus artigos intitulados Psychiatric Expert Testimony — Its Covert Meaning & Social Function, *Psychiatry*, XX (1957), p. 315, e Some Observations on the Relationship between Psychiatry and the Law, *A.M.A. Archives of Neurology and Psychiatry*, LXXV (1956), pp. 297-315.

não vejo como seria possível atuar de outra forma. O aspecto interessante, neste caso, é que a equipe psiquiátrica não está em condições de renunciar à ficção de neutralidade e nem de realmente sustentá-la.

Quando aplicado ao hospital psiquiátrico, o modelo de serviço leva a uma ambivalência muito característica de ação, por parte da equipe dirigente. A doutrina psiquiátrica exige a neutralidade ética ao lidar com os pacientes, pois aquilo que os outros vêem como mau comportamento o psiquiatra precisa ver como patologia. Até a lei sanciona essa posição, pois o doente mental tem o privilégio de cometer crimes sem precisar enfrentar a condenação legal. No entanto, na direção efetiva de pacientes, os ideais de conduta adequada ·devem ser apresentados como desejáveis, as infrações devem ser condenadas, e o paciente precisa ser tratado como uma pessoa "responsável", isto é, uma pessoa capaz de esforço pessoal para comportar-se corretamente. A equipe psiquiátrica compartilha com os policiais a peculiar tarefa profissional de atemorizar e moralizar adultos; a necessidade de submeter-se a esses "sermões" é uma das conseqüências de praticar atos contrários à ordem social da comunidade.

VII

Considerados esses vários sentidos em que um serviço especializado não é dado ao doente mental, ou em que o conceito de serviço especializado não se aplica à situação do paciente, devemos esperar certas dificuldades na interação entre o psiquiatra da instituição e o paciente — dificuldades que constituem um produto necessário e natural da hospitalização psiquiátrica. A instrução, a orientação e o *status* do psiquiatra fazem com que se aproxime delicadamente de um paciente, aparentemente para oferecer um serviço especializado a um cliente que voluntariamente o procurou. Por isso, o psiquiatra precisa supor que o paciente deseja tratamento e tem uma mente racional que pode, embora de maneira inábil, ajudar aquele que serve o seu possuidor. A instituição mesma afirma, a todo momento, esse disfarce de serviço, através da terminologia usada, os uniformes do pessoal e os termos empregados no tratamento pessoal.

No entanto, se o psiquiatra deve aceitar as palavras do paciente pelo seu valor aparente como uma descrição de sintomas — tal como ocorre no serviço médico — o paciente precisa estar disposto a responder de uma forma bem específica: um reconhecimento humilde de doença, apresentado em termos modestamente não-técnicos, e um desejo

297

sinceramente apresentado de passar por uma mudança do eu através de tratamento psiquiátrico. Em resumo, existe uma orientação psiquiátrica que o paciente deve seguir para que o psiquiatra possa afirmar-se como um servidor médico.

É pouco provável que um paciente sem instrução siga essa orientação. Em sua vida, pode nunca ter tido tantas razões, evidentes para ele, para ver que não é um paciente voluntário e para rejeitar essa condição. Vê o psiquiatra como uma pessoa que tem poder. Em contato com o psiquiatra, o paciente tende a apresentar esses tipos de pedidos e exigências e apresentará atitudes que tiram a relação do esquema de serviço para o de um serviçal que pede mais privilégios ao seu senhor, um prisioneiro que protesta contra um carcereiro injusto, ou um homem orgulhoso que se recusa a comunicar-se com alguém que considera louco.

Se o psiquiatra leva a sério essas queixas, a relação deixa de ser aquela para a qual se formou profissionalmente. Para defender seu papel profissional e a instituição que o emprega, o psiquiatra é pressionado a responder a essas manifestações, não como afirmações diretamente utilizáveis como de informação, mas, ao contrário, como sinais da doença, que não podem ser aceitos como informação direta[33]. No entanto, o fato de tratar as afirmações do paciente como sinais, não como descrição válida de sintomas, é evidentemente negar que o paciente seja um participante, bem como um objeto numa relação de serviço.

O psiquiatra e o paciente são condenados, pelo contexto institucional, a uma relação falsa e difícil, e constantemente atirados a um contato que a exprimirá: o psiquiatra deve oferecer a delicadeza do serviço a partir da posição do servidor, mas não pode continuar nessa posição a não ser que o paciente possa aceitá-la. Na relação, cada um deles está destinado a procurar o outro para oferecer o que outro não pode aceitar, e cada um deles está destinado a rejeitar o que outro oferece. Em muitos ambientes psiquiátricos, podemos testemunhar o que parece ser o mesmo encontro entre um paciente e um psiquiatra: o psiquiatra começa o intercâmbio ao oferecer ao paciente a consideração civil que é devida a um cliente, recebe uma resposta que não pode ser integrada num contínuo da interação de serviço convencional, e depois, embora tentando manter algumas das formas externas das relações servidor-cliente, precisa encontrar uma saída para a situação. Durante todo o dia, a equipe psiquiátrica parece ocupada em afastar-se de seus avanços implícitos.

(33) A respeito do problema de afirmações que não são levadas muito a sério, ver STANTON e SCHWARTZ, op. cit., p. 200 e ss.

VIII

Ao discutir a aplicação do modelo de serviço especializado a vários ofícios, sugeri algumas discrepâncias ou tensões padronizadas, e sustentei que o serviço psiquiátrico institucionalizado enfrenta um conjunto muito grande de tais problemas. Em si mesma, essa situação não é muito notável; muitos serviços "especializados" que são vendidos satisfazem ainda menos que a psiquiatria às exigências do modelo sob cuja aparência são apresentados, embora poucos incluam número tão grande de clientes submetidos a experiências tão dolorosas. De um ponto de vista analítico, o que é interessante no caso do hospital psiquiátrico é que os médicos se tornam participantes, e por isso são internados involuntários. Em nossa sociedade, os médicos são modelos do método racional de reparação e, comumente, podem apresentar suas atividades com grande dignidade e ponderação. Como empregaram muito tempo e despesas para adquirir o papel de médico, e como esperam que sua atividade diária os sustente no papel que lhes foi atribuído por sua formação, é compreensível que se sintam obrigados a manter o método médico e a versão médica do modelo de serviço. A sociedade como um todo parece apoiá-los nisso, pois, para todos nós, é uma satisfação pensar que aqueles que exilamos nos hospitais psiquiátricos estão recebendo tratamento, e não castigo, sob os cuidados de um médico. Ao mesmo tempo, o internamento psiquiátrico involuntário (e, muitas vezes, mesmo o voluntário) comumente dá ao indivíduo uma condição de vida realmente pobre e desoladora, que freqüentemente cria uma contínua hostilidade com relação aos seus captores. A limitada aplicabilidade do modelo médico aos hospitais psiquiátricos reúne um médico que não pode, com facilidade, manter sua atividade, a não ser em termos médicos, e um paciente que pode sentir que precisa lutar e odiar os seus guardiães para que o seu sofrimento tenha algum sentido. Os hospitais psiquiátricos institucionalizam uma espécie de farsa da relação de serviço.

Embora tanto os médicos quanto os internados se encontrem num ambiente institucional difícil, os médicos, como têm o controle da situação, têm maior oportunidade para desenvolver alguns mecanismos que lhes permitam enfrentar seu problema. Sua resposta à situação nos dá, não apenas um aspecto importante da vida do hospital, mas também uma história de caso da interação entre modelos sociais de ser — neste caso, do servidor especializado — e os estabelecimentos sociais em que existe uma tentativa para institucionalizar tais identidades de papel.

Alguns aspectos da situação do hospital ajudam o psiquiatra nas dificuldades de seu papel. O mandato legal do

299

médico quanto ao destino do paciente e seu poder institucional sobre alguns elementos da equipe dirigente dão, automaticamente, a autoridade que, em parte, outros servidores precisam conquistar através da interação efetiva com o cliente. Além disso, embora o conhecimento psiquiátrico muitas vezes não possa colocar o psiquiatra numa posição em que seja capaz de predizer corretamente a conduta do paciente, o mesmo desconhecimento dá ao psiquiatra maior liberdade de interpretação: ao acrescentar restrições e prenúncios *ad hoc* a suas análises, o psiquiatra pode apresentar uma imagem do que ocorre com o paciente, mas uma imagem que não pode ser provada e nem desmentida — por exemplo, quando uma "queda" psicótica não-prevista provoca a interpretação de que o paciente nesse momento se sente suficientemente forte ou seguro para exprimir sua psicose. A essa autoridade que não pode ser desmentida, o psiquiatra pode acrescentar uma força derivada da tradição médica — a "experiência clínica". Através dessa qualidade mágica, a pessoa formalmente qualificada, com maior experiência com o tipo de caso considerado, tem a palavra final quando há dúvida ou ambigüidade — e essa pessoa tende, também, a ser o clínico que está presente.

O psiquiatra, como tem instrução médica, pode prestar serviços médicos secundários aos pacientes e pode levar os casos médicos mais difíceis ao hospital do hospital. Esta função normativa (característica, como já foi sugerido, do que precisa ser feito no Exército, num navio, numa fábrica, ou sempre que grandes números se reúnem para contribuir para uma finalidade administrativa); em vez de ser vista como um serviço auxiliar, tende a ser assimilada ao funcionamento central do estabelecimento, e assim fortalece a base real para a noção de que os doentes mentais recebem tratamento médico em hospitais psiquiátricos. É interessante notar que os hospitais psiquiátricos estaduais [nos Estados Unidos] têm equipes tão pequenas, que as pessoas com instrução médica poderiam passar todo o seu tempo com pequenos tratamentos médicos em pacientes e precisam praticar psiquiatria — na medida em que o fazem — à custa de tratamento médico necessário.

Uma saída evidente para o psiquiatra que deseja resolver seu problema de papel é deixar o hospital psiquiátrico estadual logo que possa, muitas vezes com a afirmação de que está saindo a fim de ir para um local em que "realmente seja possível praticar psiquiatria". Principalmente durante o último ou os dois últimos anos de sua residência obrigatória, pode ir para um hospital psiquiátrico particular, talvez com orientação psicanalítica, onde existe uma carga de paciente que se aproxima da de clínica particular, e onde uma porcentagem maior de pacientes é formada por voluntários "adequados" para psicoterapia. De um hospital desse tipo (ou diretamente do hospital estadual) pode passar para a clínica particular, onde, se não atende muitos pacientes, garante que sua atividade seja conduzida de acordo com o complexo do serviço: um consultório, uma secretária, consultas de uma hora, aparecimento voluntário do paciente, controle isolado de diagnóstico e tratamento, e assim por diante[34]. Quaisquer que sejam as razões, este ciclo de trabalho com dois ou três estágios é suficientemente comum para constituir um padrão de carreira na psiquiatria.

Quando o psiquiatra não pode, ou não deseja, sair do hospital psiquiátrico estadual, aparentemente tem outros caminhos abertos. Pode redefinir seu papel — de servidor para o de administrador preparado —, aceitar os aspectos de custódia da instituição e dedicar-se à administração esclarecida. Pode admitir algumas das limitações da terapia individual nessa situação e procurar as novas terapias, tentando levar a família do paciente para a psicoterapia (com a suposição de que a perturbação está no sistema de família)[35], ou tentar localizar a terapia no ciclo total de contatos que o paciente tem com todos os níveis da administração[36]. Pode dedicar-se à pesquisa psiquiátrica. Pode afastar-se, tanto quanto possível, do contato com os pacientes, recolhendo-se ao trabalho de secretaria, ou à psicoterapia com os níveis inferiores da equipe dirigente ou com pequeno número de pacientes "promissores". Pode fazer um esforço sério para advertir os pacientes que trata de que seu conhecimento é pequeno, mas esse tipo de franqueza parece destinado ao fracasso, pois o papel do médico é

---

(34) É notável que a autodisciplina exigida do doente mental para que permita que seu psiquiatra atue como qualquer outro especialista tem uma justificativa completa e minuciosa na literatura psicanalítica, a partir de considerações terapêuticas técnicas. Existe uma extraordinária harmonia preestabelecida entre o que é bom para o paciente e o que, na realidade, o psiquiatra exige para que seja possível manter uma profissão de consultório. Para parafrasear Wilson, o que é bom para a profissão é bom para o paciente. Achei muito interessante a discussão da importância psicológica do fato de o paciente avaliar que o terapeuta tem uma vida própria, e que, para o paciente, não seria bom que o terapeuta adiasse suas férias, ou atendesse aos chamados telefônicos a altas horas da noite, ou permitisse ser fisicamente ameaçado pelo paciente. Ver, por exemplo, C. A. WITAKER e T. P. MALONE, *The Roots of Psychotherapy*, New York, Blakiston Co., 1953, pp. 201-2.

(35) Diante da doutrina de que o paciente pode ser apenas o "mensageiro do sintoma" de seu círculo íntimo, alguns psiquiatras pesquisadores fizeram um esforço para levar famílias inteiras para as enfermarias de residência. Os problemas colaterais resultantes dessas novas condições de vida, sobretudo no que se refere à estrutura de autoridade da família, são muito grandes, e talvez se tenha subestimado seu efeito de disfarce.

(36) Aqui, o psiquiatra pode explicitamente reconhecer que precisa ser o terapeuta, não do indivíduo, mas do sistema social do hospital. A instrução médica e psiquiátrica parece dar aos médicos a capacidade para aceitar a responsabilidade pela direção de uma enfermaria ou um hospital, libertando-os das dúvidas que um indivíduo com instrução ou experiências adequadas para isso poderia ter ao enfrentar a tarefa.

definido de outra forma em nossa sociedade, e porque o poder que o psiquiatra tem sobre o paciente não é facilmente entendido como algo que fosse atribuído a alguém que soubesse tão pouco[37]. Às vezes, o psiquiatra se torna "o defensor dos pacientes", concordando com suas queixas quanto àquilo que a instituição está fazendo para eles e apresentando crítica aberta ao estabelecimento diante deles. Se não aceita nenhuma dessas alternativas, o psiquiatra pode, pelo menos, tornar-se cético quanto ao seu papel no hospital, e assim protege a si mesmo, ainda que não proteja seus pacientes[38].

Além desses modos de adaptação que incluem projetos de carreira, encontramos adaptações de um tipo mais difuso e mais ideológico em que os vários níveis da equipe dirigente participam. Tudo se passa como se o dilema do serviço constituísse uma chaga no sistema social do hospital, e, em torno dessa chaga, se gastam energias intelectuais para criar uma pele protetora de palavras, crenças e sentimentos. Qualquer que seja a sua origem, o sistema resultante de crenças serve para acentuar e estabilizar a definição de serviço médico da situação. Aqui temos, em miniatura, um exemplo da relação entre pensamento e posição social.

Talvez o caso mais evidente de ideologia institucional possa ser encontrado no trabalho de relações públicas que, atualmente, é bem característico dos hospitais psiquiátricos. Exposições nas salas de entrada, folhetos de orientação, revistas da instituição, equipamento que pode ser mostrado ao público, novas terapias — essas fontes de definições da situação esperam os pacientes, os seus parentes, e visitantes, confirmando as afirmações evidentes de uma orientação de serviço médico.

Além disso, nos hospitais psiquiátricos temos uma coleção de histórias tradicionais cuja narrativa exemplifica a validade da perspectiva empregada pela equipe dirigente. Tais histórias contam quantas vezes um paciente recebeu precocemente alguns privilégios, ou teve alta contra a opinião dos médicos, e depois praticou assassinatos ou suicídio. Os auxiliares têm piadas para mostrar a natureza animal dos pacientes. Os membros da equipe dirigente que freqüentam conferências de diagnóstico têm piadas sobre os pacientes — por exemplo, um paciente que solenemente afirmava que estava curado, mas depois disse que era um agente do FBI. Há histórias de pacientes que pedem para

(37) Para um comentário sobre o recato verbal no contexto dos cargos mais elevados do hospital, ver A. H. STANTON, Problems in Analysis of Therapeutic Implications of the Institutional Milieu, em *Symposium on Preventive and Social Psychiatry*, Walter Reed Army Institute of Research, Washington, D. C., (15-17 abril, 1957), p. 499.
(38) BELKNAP, *op. cit.*, p. 200.

ficar em enfermarias trancadas, ou que praticam delitos evidentes, a fim de não terem alta. Existem outras histórias de "pré-pacientes" que apresentavam sintomas cada vez mais complexos e perigosos de psicose, até que os outros finalmente se convencessem da doença e providenciassem a hospitalização; nesse momento, os pacientes conseguiam reduzir sua sintomatologia, pois tinham conseguido comunicar sua necessidade de auxílio. Finalmente, existem as histórias comoventes de pacientes impossíveis que finalmente chegaram a formar uma boa relação com um médico compreensivo e, a partir desse momento, apresentaram uma melhora notável. Tal como ocorre com outros contos moralistas, tais histórias de afinidade parecem centralizar-se na comprovação da integridade da posição aceita pela equipe dirigente[39].

As conseqüências ideológicas ou interpretativas da atividade da administração parecem focalizar dois problemas, a natureza dos pacientes e a natureza da atividade do hospital, e nos dois casos se acentua a definição de serviço médico da situação.

A interpretação básica do paciente é a seguinte: se ele fosse "ele mesmo", voluntariamente procuraria tratamento psiquiátrico e voluntariamente se submeteria a este, e, quando preparado para a alta, confessaria que seu eu verdadeiro tinha sido tratado tal como realmente desejava ser tratado. Aqui existe uma variação do princípio do tutor. A noção interessante de que o paciente psicótico tem um eu doente e, subordinado a este, um eu relativamente "adulto", "intato" ou "não-atingido" leva a noção de tutor um passo adiante, pois encontra na estrutura do ego a divisão entre objeto e cliente, exigida para completar a tríade de serviço.

Aqui, o registro de caso desempenha um papel. Dá um recurso para construir sistematicamente uma imagem do passado do paciente que demonstra um processo de doença que lentamente se infiltrou em sua conduta, até que esta conduta, como um sistema, se tornou inteiramente patológica. A conduta aparentemente normal é vista como apenas uma máscara ou escudo para esconder a doença essencial. Um título geral é atribuído à patologia — por exemplo, esquizofrenia, personalidade psicopática etc. — e isso dá uma nova interpretação do caráter "essencial" do paciente[40]. Quando interrogados, alguns especialistas admitirão, naturalmente, que tais títulos de síndromes são vagos e duvidosos, empregados apenas para cumprir os regulamentos de

---

(39) Evidentemente, os pacientes têm seu conjunto de contos exemplares, quase que igualmente capazes de desacreditar a equipe dirigente.
(40) A psicologia social do caráter "essencial" percebido foi desenvolvida recentemente por Harold Garfinkel, numa série de artigos ainda inéditos, aos quais muito devo.

303

recenseamento do hospital. No entanto, na prática, tais categorias se tornam maneiras mágicas de transformar a natureza do paciente numa única unidade — uma entidade que está sujeita a serviço psiquiátrico. Em tudo isso, evidentemente, as áreas de "funcionamento normal" do paciente podem ser esquecidas ou deixadas de lado, a não ser na medida em que levam o paciente a aceitar, voluntariamente, o seu tratamento.

A resposta do paciente à hospitalização pode ser bem enfrentada, traduzindo-a para um esquema técnico pelo qual a contribuição do hospital à perturbação do paciente se torna incidental, pois o importante é o modo, internamente criado, de perturbação característica da conduta do paciente. Os acontecimentos interpessoais são transferidos ao paciente, considerando-o como um sistema relativamente fechado que pode ser considerado como patológico e corrigível. Assim, uma ação em que o paciente participa com um funcionário da instituição pode, para o oficial, ter um tom agressivo, e ser traduzida num termo substantivo — por exemplo, "agressividade" — e este pode ser localizado no interior do paciente[41]. De forma semelhante, uma situação de enfermaria em que as enfermeiras não se preocupam em iniciar contato com paciente de há muito internados (e que, na realidade, responderiam bem a essa iniciativa) pode ser transferida para o paciente, dizendo-se que ele é "mudo"[42]. Segundo a sugestão de Szasz, essa interpretação se assemelha à interpretação mais antiga, segundo a qual o doente mental tem um demônio ou espírito dentro de si e que precisa ser exorcizado[43].

Esse processo de tradução pode ser visto claramente no processo de psicoterapia de grupo. De modo geral, essa terapia — a principal terapia verbal de que dispõem os pacientes em hospitais psiquiátricos estaduais [nos Estados Unidos] — se inicia como uma sessão de queixas, durante a qual os pacientes apresentam exigências e pedidos numa

(41) Ver JOHN MONEY, Linguistic Resources and Psychodynamic Theory, *British Journal of Medical Psychology*, XXVIII (1955), pp. 264--66. Exemplos úteis desse processo de tradução podem ser encontrados em EDWIN WEINSTEIN e ROBERT KAHN, *Denial of Illness* (Springfield, Ill., Charles Thomas, 1955). Os autores citam vários termos — por exemplo, "mutismo acinético", "síndrome de Anton", "paramnésia reduplicativa", "anosognosia" — tradicionalmente usados para indicar o fato de um paciente ser incapaz de admitir sua condição doentia; depois, descrevem sob várias categorias — por exemplo, "deslocamento", "confusão de nomes" ou "parafasia" — as várias maneiras pelas quais os pacientes se recusam a responder à sua situação de maneira civil e cooperadora, descrevendo a intransigência como um subproduto psicofisiológico de lesão cerebral, não como uma resposta social a tratamento involuntário e ameaçador. Ver também BELKNAP, *op. cit.*, p. 170.

(42) SOMMER, Robert. Patients who grow old in a mental hospital, *Geriatrics*, XIV (1959), p. 584.

(43) SZASZ, T. S.; KNOFF, W. F.; HOLLENDER, M. H. The Doctor-Patient Relationship in Its Historical Context, *American Journal of Psychiatry*, CXV (1958), p. 526.

atmosfera relativamente livre, com acesso relativamente direto a uma pessoa da equipe dirigente. A única ação, por parte do terapeuta, que parece coerente com sua obrigação com relação à instituição e à sua profissão, é afastar essas queixas, ao convencer o paciente de que os problemas que pensa estar tendo com a instituição — ou com seus parentes, a sociedade, e assim por diante — são realmente problemas *seus;* o terapeuta sugere que enfrente tais problemas por uma reorganização de seu mundo interior, não por tentativas de alteração da ação desses outros agentes. Aqui temos um esforço direto, embora sem dúvida não-intencional, para transformar o paciente, aos seus olhos, num sistema fechado que precisa de correção. Assim, para citar um exemplo relativamente extremo, vi um terapeuta enfrentar a queixa de um paciente negro quanto às relações de raça num hospital parcialmente segregado, dizendo ao paciente que devia perguntar a si mesmo por que, entre todos os outros negros presentes, tinha escolhido esse momento específico para exprimir esse sentimento, e o que essa expressão poderia significar para ele, como pessoa, ao lado do estado de relações raciais no hospital nesse momento[44].

Uma das mais profundas redefinições de serviço da natureza do paciente pode ser encontrada na idéia do "mandato de perigo", característica de muitos dos serviços de reparação. Já se disse que um estudante de medicina se transforma em médico quando se encontra numa posição em que pode cometer um erro crucial[45]. Subjacente a essa atitude, existe uma crença de que um sistema de serviço tem pontos perigosos de organização e, por isso, pode ser muito prejudicado se houver ação pouco hábil nesses assuntos cruciais e precários. Como já foi sugerido, isso tende a dar uma base racional para uma hierarquia técnica de habilidade e uma hierarquia social de servidores, dentro de qualquer estabelecimento de serviços.

Nos hospitais psiquiátricos, existe uma versão do mandato de perigo. Essa é a idéia de que uma ação errada pode ser muito perigosa para o paciente, e que o psiquiatra está numa posição, devido à sua formação e à sua capacidade,

---

(44) As técnicas empregadas por psicoterapeutas de grupo podem ser estudadas como parte de métodos de doutrinação de pequenos grupos. Por exemplo, comumente verificamos que alguns pacientes conhecem bem a orientação psiquiátrica e estão dispostos a aceitá-la. Uma queixa apresentada por um paciente pode ser isolada pelo terapeuta e apresentada a tais pacientes para ouvir sua opinião. Traduzem a queixa para o paciente, mostrando que seus companheiros vêem essa queixa como parte de sua personalidade, o que permite que o terapeuta apresente sua tradução de autoridade, mas agora com parte do grupo polarizada contra o queixoso. JEROME D. FRANK, The Dynamics of the Psychotherapeutic Relationship, *Psychiatry*, XXII (1959), pp. 17-39, apresenta uma discussão recente de tais problemas.

(45) Comunicação pessoal de Howard S. Becker.

para empreender ações potencialmente perigosas com relação a pacientes, ações que pessoas menos graduadas na hierarquia médica não devem ter autorização para tomar. Evidentemente, em questões de receitas de doses de remédios e avaliação de possíveis efeitos secundários para contra-indicação, ou de tratamento físico, o modelo é aqui satisfatório, mas sua passagem para o domínio psicoterapêutico é mais precário, embora muitas vezes seja também freqüente. Sugere-se, às vezes, que o pessoal menos qualificado como, por exemplo, assistentes sociais, enfermeiras e auxiliares, não devam empreender "terapia leiga" e certamente não devam tentar a "psicanálise leiga". Um psiquiatra da equipe dirigente que leva um internado para sessões especiais de psicoterapia não devia ter seu trabalho prejudicado por outros, principalmente por outros menos categorizados. Segundo se diz, o movimento errado na psicoterapia pode "precipitar" uma psicose, ou levar o paciente para uma regressão de que pode nunca voltar, e contos exemplares provam isso. Ora, embora essa interpretação evidentemente se ajuste perfeitamente à noção tradicional de um mandato de perigo, e embora esteja claro que a posse desse mandato confirma a interpretação que a pessoa tem de si mesma como um servidor especializado, não é tão claro que um ato puramente verbal possa, na realidade, ter esse efeito. De qualquer forma, como já foi antes sugerido, qualquer internado em hospital que passe por terapia pessoal tende a sofrer, durante as outras vinte e três horas de cada dia, uma barragem de experiências potencialmente traumatizantes, relativamente não-controladas quanto à selvageria, e que certamente obscurecem qualquer problema de uma "sonda" verbal bem ou mal colocada. Além disso, considerando-se o estado da capacidade e do conhecimento psiquiátricos, se uma flechada verbal mal dirigida pudesse provocar esse tipo de lesão, os pacientes estariam realmente em perigo durante as vinte e quatro horas.

É possível descrever duas outras imputações à natureza do paciente, e que servem também para confirmar o modelo de serviço. Quando um paciente tem a possibilidade de receber alta e a recusa, às vezes participando de ações que assegurem sua permanência no hospital, comumente se diz que isso prova que, na realidade, ainda está muito doente para sair. Desta forma se estabelece um elo entre dois aspectos maciços da situação: ser definido como doente ou sadio, e estar dentro ou fora do hospital. Evidentemente, independentes do modelo de serviço, existem boas razões para que um paciente tenha receio quanto à alta no hospital. Por exemplo, já sofreu o estigma de ser um doente mental e, como esse *status* reduzido, têm prospectos ainda mais reduzidos fora do hospital do que antes de ser neste admitido; além disso, no momento em que está preparado para receber alta, tende a ter aprendido a manejar "os fios" do hospital e a ter conquistado uma posição desejável no "sistema de enfermarias".

A outra ação do paciente que tende a ser racionalizada em função do modelo médico é a de súbita alteração na adequação da conduta. Como se supõe que a conduta atual do paciente seja um reflexo profundo ou um sinal da organização de sua personalidade — seu sistema psíquico — qualquer alteração repentina, aparentemente não-provocada, numa direção "sadia" ou "doentia", precisa ser explicada de alguma forma. As mudanças repentinas para pior são às vezes denominadas recaídas ou regressões. As mudanças repentinas para melhor são às vezes denominadas remissões ou curas espontâneas. Através do poder dessas palavras, a equipe dirigente pode dizer que, embora possa não conhecer a causa que provocou a mudança, esta pode ser tratada dentro da perspectiva médica. Evidentemente, essa interpretação da situação impede que se empregue uma perspectiva social. No que se denomina regressão repentina, a nova conduta pode não incluir mais ou menos doença do que qualquer posição diante da vida; e o que é aceito como remissão espontânea pode resultar do fato de, inicialmente, o paciente não ter estado doente.

Estou sugerindo que a natureza do paciente é redefinida de tal modo que, como efeito, se não por intenção, o paciente se torna o tipo de objeto no qual se pode executar um serviço psiquiátrico. Transformar-se num paciente é ser transformado num objeto que pode ser "trabalhado" — embora, no caso, a ironia esteja no fato de, depois disso, haver tão pouco trabalho a ser feito. E a grande falta de psiquiatras pode ser vista como criada, não pelo número de pessoas doentes, mas pela "engrenagem" institucional que traz para essa área a definição de serviço da situação.

Finalmente, desejo considerar, não as definições que a equipe dirigente sustenta quanto à natureza do paciente, mas quanto à ação do hospital sobre este último. Como a equipe dirigente fala em nome da instituição, é através dessas definições que a engrenagem administrativa e disciplinar do hospital é apresentada ao paciente e ao público. Em resumo, verificamos que os fatos referentes ao controle de enfermaria e à dinâmica desse sistema se exprimem na linguagem do serviço médico psiquiátrico.

A presença do paciente no hospital é considerada como prova *prima facie* de que está mentalmente doente, pois a instituição existe para a hospitalização dessas pessoas. Uma resposta muito comum às afirmações do paciente de que está sadio é: "Se você não estivesse doente, você não estaria no hospital". Diz-se que o hospital, independentemente dos serviços terapêuticos dados por sua equipe especializada, dá um sentido de segurança para o paciente (às vezes obtido apenas quando sabe que a porta está trancada)[46] e um alívio de responsabilidades diárias. Diz-se que essas duas coisas são terapêuticas. (Terapêuticas ou não, é difícil encontrar ambientes que introduzem maiores inseguranças; e as responsabilidades que surgem são afastadas a um preço muito grande e muito permanente.) Outras traduções podem ser mencionadas. A arregimentação pode ser definida como um esquema de regularidade terapêutica destinado a afastar a insegurança; a mistura social com outros internados, de que o paciente não gosta, pode ser descrita como uma oportunidade para ver que há outros que estão piores. Os dormitórios são denominados enfermarias, fato confirmado por alguns dos equipamentos físicos, principalmente as camas, compradas de fornecedores do hospital. O castigo de ser enviado para uma enfermaria pior é descrito como transferir um paciente para uma enfermaria cujas disposições podem ser enfrentadas por ele; a cela de isolamento é descrita como um local onde o paciente poderá sentir-se confortavelmente, com sua incapacidade para controlar seus impulsos de "expressão"[47]. O fato de fazer com que uma enfermaria fique silenciosa à noite, através da imposição de remédios, o que permite reduzir o pessoal do turno da noite, é denominado tratamento sedativo. Algumas mulheres que de há muito são incapazes de realizar algumas tarefas rotineiras — por exemplo, tirar sangue — são chamadas enfermeiras e usam uniformes correspondentes; alguns homens que receberam instrução como clínicos gerais são chamados psiquiatras. As atribuições de trabalho são denominadas terapia industrial ou laborterapia, ou um meio através do qual o paciente pode exprimir sua capacidade readquirida de assumir deveres civis. O prêmio por bom comportamento, dado através de direitos cada vez maiores para freqüentar reuniões sociais, pode ser descrito como controle psiquiátrico de dose e período de exposição à vida social. Os pacientes colocados no local onde se dá o tratamento inicial são considerados no serviço "agudo"; os que não conseguem alta depois do ciclo inicial de ação médica são transferidos para o que se denomina "serviço crônico", ou, mais recentemente, "enfermarias de tratamento contínuo"; os preparados para receber alta são colocados na "enfermaria dos convalescentes". Finalmente, a alta, que depois de um ano tende a ser dada

(46) Entre mais de cem pacientes que conheci no hospital que estudei, um reconheceu que ficava excessivamente angustiado se precisasse ir uma quadra além de sua enfermaria. Não conheci, nem ouvi falar de algum paciente que preferisse uma enfermaria fechada, a não ser no caso de pacientes descritos pela equipe dirigente.
(47) Ver, por exemplo, BELKNAP, *op. cit.*, p. 191.

a quase todos os casos de primeiro internamento, a pacientes que mostraram relativa cooperação, ou a qualquer outro paciente cuja família exerça pressão, é muitas vezes considerada como prova de que ocorreu "melhora", e esta melhora é implicitamente atribuída aos trabalhos da instituição. (Entre as razões de alta de um paciente determinado, pode estar a pressão de população na enfermaria, remissão espontânea, ou o conformismo social nele instilado pelo poder disciplinador do sistema de enfermarias.) Mesmo algumas frases concisas — por exemplo, "recebeu alta como curado" ou "recebeu alta como melhor" — supõem que o hospital tenha tido efeito na cura ou na melhora. (Ao mesmo tempo, o fracasso para conseguir alta tende a ser atribuído à dificuldade no tratamento de perturbações mentais e ao caráter rebelde e profundo desse tipo de doença, o que confirma o modelo médico, mesmo diante da incapacidade de fazer o que quer que seja pelo paciente.) Na realidade, evidentemente, um elevado índice de alta poderia ser também considerado como prova do funcionamento inadequado do hospital, pois, como há pouco tratamento que possa ser dado, a melhora ocorre apesar da hospitalização, e presumivelmente poderia ocorrer mais freqüentemente em circunstâncias diferentes das condições de privação que existem na instituição.

Algumas das traduções verbais encontradas nos hospitais psiquiátricos representam, não tanto termos médicos para práticas de disciplina, mas uso disciplinar de práticas médicas. Aqui, as lendas dos hospitais psiquiátricos apresentam alguns contos exemplares para os sociólogos. Em alguns hospitais psiquiátricos, segundo se diz, uma forma de lidar com pacientes que ficavam grávidas no hospital era realizar histerotomias. Talvez menos comum fosse a maneira de lidar com pacientes, às vezes denominados "mordedores", que continuavam a morder as pessoas que delas se aproximavam: extração total dos dentes. O primeiro desses atos médicos era às vezes denominado "tratamento para promiscuidade sexual"; o segundo, "tratamento médico para mordedor". Outro exemplo foi a moda, hoje reduzida em hospitais norte-americanos, de usar a lobotomia para os pacientes mais incorrigíveis e perturbadores do hospital[48]. O uso de eletrochoque, segundo recomendação do auxiliar, como um meio de ameaçar os internados para que se comportem e acalmar aqueles que não são ameaçados, dá um exemplo mais suave, mas mais difundido, do mesmo pro-

(48) Ouvi falar de doentes mentais maníacos e tuberculosos, e para os quais a lobotomia era recomendável, a fim de que não morressem por causa de sua hiperatividade. Esta é uma decisão que inclui a função de serviço pessoal, não de manutenção, da medicina. Pode-se repetir que o ato, em si mesmo, não é o problema determinante, mas sim o contexto de organização em que é recomendado.

cesso[49]. Em todos esses casos, a ação médica é apresentada ao paciente e seus parentes como um serviço individual, mas aqui é a instituição que recebe o serviço, pois a especificação da ação se ajusta ao que reduzirá os problemas de controle da administração. Em resumo, sob o disfarce do modelo de serviço médico, encontra-se às vezes a prática de medicina de manutenção.

IX

Conclusão

Ao mencionar alguns aspectos em que a hospitalização psiquiátrica não se ajusta ao modelo de serviço médico, não mencionei as dificuldades para aplicar o modelo à clínica psiquiátrica particular, embora tais dificuldades existam (por exemplo: o período de tempo exigido para o tratamento, com a conseqüente tensão no conceito de honorários; a pequena probabilidade de tratamento eficiente; a grande dificuldade existente para saber ao que atribuir a mudança no comportamento do paciente).

Além disso, ao focalizar as dificuldades para a aplicação do modelo de serviço médico ao hospital psiquiátrico, não pretendo dizer que a aplicação do modelo não tenha sido às vezes útil para os pacientes internados. A presença de pessoal médico nos manicômios serviu para afastar um pouco a mão do auxiliar. Parece haver pouca dúvida de que os médicos se dispõem a trabalhar nesses ambientes pouco saudáveis e isolados, porque a perspectiva médica dá uma forma de ver as pessoas além das perspectivas sociais padronizadas e, por isso, dá uma forma de ficar um pouco cego para gostos e aversões comuns. A existência da versão médica da situação de uma pessoa sem dúvida deu a alguns pacientes um direito a consideração de classe média dentro do hospital; a moratória, nos fundamentos médicos, da vida em família, certamente foi muito útil para muitos pacientes; a noção médica geral de "possibilidade de cura" da "perturbação mental", depois da aplicação de "tratamento", sem dúvida fez com que se tornasse mais fácil, para alguns pacientes e para seus parentes, a reintegração na comunidade livre; a idéia de que a pessoa está passando por tratamento durante vários anos, mas que será útil para o resto da vida, pode dar a alguns pacientes a possibilidade de encontrar um sentido aceitável para o tempo que passam exilados no hospital.

(49) Ver BELKNAP, *op. cit.*, p. 192.

De outro lado, ao citar as limitações do modelo de serviço, não pretendo dizer que seja capaz de sugerir uma forma mais adequada para tratar os chamados doentes mentais. Em nossa sociedade, não há hospitais psiquiátricos só porque supervisores, psiquiatras e auxiliares desejam empregos; encontramos hospitais psiquiátricos, porque existe um mercado para eles. Se hoje, em determinada região, fossem eliminados todos os hospitais psiquiátricos, amanhã os parentes, a polícia e os juízes pediriam a criação de outros hospitais; os verdadeiros clientes do hospital psiquiátrico exigiriam uma instituição para atender às suas necessidades.

A equipe psiquiátrica especializada não tem um papel fácil. A licença médica de seus membros lhes dá uma dos títulos mais seguros de deferência e consideração existentes em nossa sociedade, e uma das profissões mais sólidas de serviço especializado; apesar disso, no hospital psiquiátrico, seu papel é constantemente discutível. Tudo que ocorre no hospital precisa ser legitimado por sua assimilação a um esquema de serviço médico, ou traduzido para este último. As ações diárias da equipe dirigente precisam ser definidas e apresentadas como expressões de observação, diagnóstico e tratamento. Para realizar essa tradução, a realidade precisa ser consideravelmente deformada, mais ou menos como o é pelos juízes, instrutores e outros funcionários de outras instituições de coerção. É preciso descobrir um crime que se ajuste ao castigo, e o caráter do internado precisa ser reconstituído de forma a ajustar-se ao crime.

No entanto, a equipe dirigente não é o único grupo que tem dificuldades para aplicar o modelo de serviço; também os pacientes têm problemas que esclarecem a relação entre a aparência e a realidade. A vida diária do paciente é áspera e pobre. Como tal, isso não tem interesse sociológico para nós; afinal, há outras situações, mesmo nos Estados Unidos, em que a vida é igualmente ruim, e algumas em que é ainda pior. Nosso interesse aqui é que o modelo de serviço empregado nos hospitais psiquiátricos dá um caráter amargo e pungente a tais privações.

Num hospital médico, as incapacidades físicas de uma pessoa são consideradas como um sinal de que o tratamento, por mais desagradável ou limitador que seja, é necessário para o bem-estar da pessoa e deve ser aceito. Num hospital psiquiátrico, a incapacidade para ser um paciente facilmente controlável — a incapacidade, por exemplo, de trabalhar ou ser delicado com as pessoas da equipe dirigente — tende a ser considerada como prova de que a pessoa ainda não está "preparada" para a liberdade e precisa submeter-se a mais tratamento. O aspecto fundamental, aqui, não é o fato de o hospital ser um lugar odioso para

311

os pacientes, mas que o fato de o paciente exprimir ódio é dar prova de que seu lugar está justificado e que ainda não está preparado para sair. Defende-se uma confusão sistemática entre obediência a outros e ajustamento pessoal.

Além disso, quando procuramos saber quais são as peculiaridades da maneira de dirigir tais estabelecimentos, bem como quais as crenças que aí circulam, verificamos que, independentemente de qualquer outra coisa que façam, um dos efeitos básicos de tais instituições é manter a autoconcepção da equipe especializada aí empregada. Os internados e os níveis inferiores da equipe dirigente participam de uma grande ação de apoio — um tributo complexo e dramatizado — que tem como efeito, se não como intenção, a afirmação da existência de um serviço médico, dado pela equipe psiquiátrica[50]. Algo a respeito da fraqueza dessa pretensão é sugerido pelo trabalho necessário para confirmá-la. (Talvez isso sugira uma generalização sociológica sentimental: quanto mais distantes estejam nossas pretensões dos fatos, mais esforço precisamos fazer e mais ajuda precisamos ter para acentuar nossa posição.)

Os doentes mentais podem descobrir-se numa "atadura" muito especial. Para sair do hospital, ou melhorar sua vida dentro dele, precisam demonstrar que aceitam o lugar que lhes foi atribuído, e o lugar que lhes foi atribuído consiste em apoiar o papel profissional dos que parecem impor essa condição. Essa servidão moral auto-alienadora, que talvez ajude a explicar por que alguns internados se tornam mentalmente confusos, é obtida em nome da grande tradição da relação de serviço especializado, principalmente em sua versão médica. Os doentes mentais podem ser esmagados pelo peso de um ideal de serviço que torna a vida mais fácil para todos nós.

---

(50) A comunidade mais ampla também participa desse apoio ao papel. É muito significativo que a experiência terapêutica hoje considerada seja uma prolongada imersão na psicoterapia individual, preferentemente psicanalítica. Segundo essa opinião, a maneira ideal de melhorar o serviço dos hospitais psiquiátricos estaduais seria ter uma maior equipe psiquiátrica, de forma que fosse possível ampliar a psicoterapia individual, e, renunciando a esse ideal reconhecidamente impraticável, dá um máximo de terapia colocada em segundo lugar — por exemplo, psicoterapia de grupo e aconselhamento [*counseling*]. É possível que esse tipo de solução tenha mais probabilidade de ajudar os psiquiatras em suas dificuldades de desempenho do que melhorar a situação humana em que se encontram os doentes mentais.

PSICANÁLISE E PSICOLOGIA NA PERSPECTIVA

*stúrbios Emocionais e
ti-Semitismo
  N. W. Ackerman e M. Jahoda (D010)
D
  John Cashman (D023)
iquiatria e Antipsiquiatria
  David Cooper (D076)
anicômios, Prisões e Conventos
  Erving Goffman (D091)
icanalisar
  Serge Leclaire (D125)
critos
  Jacques Lacan (D132)
can: Operadores da Leitura
  Américo Vallejo e Ligia C. Magalhães (D169)
Criança e a Febem
  Marlene Guirado (D172)
Pensamento Psicológico
  Anatol Rosenfeld (D184)
mportamento
  Donald Broadbent (E007)

A Inteligência Humana
  H. J. Butcher (E010)
Estampagem e Aprendizagem Inicial
  W. Sluckin (E017)
Percepção e Experiência
  M. D. Vernon (E028)
A Estrutura da Teoria Psicanalítica
  David Rapaport (E075)
Freud: A Trama dos Conceitos
  Renato Mezan (E081)
O Livro dIsso
  Georg Groddeck (E083)
Melanie Klein I
  Jean-Michel Petot (E095)
Melanie Klein II
  Jean-Michel Petot (E096)
O Homem e Seu Isso
  Georg Groddeck (E099)
Um Outro Mundo: A Infância
  Marie-José Chombart de Lauwe (E105)
A Imagem Inconsciente do Corpo
  Françoise Dolto (E109)

A Revolução Psicanalítica
   Marthe Robert (E116)
Estudos Psicanalíticos Sobre Psicossomática
   Georg Groddeck (E120)
Psicanálise, Estética e Ética do Desejo
   Maria Inês França (E153)
O Freudismo
   Mikhail Bakhtin (E169)
Psicanálise em Nova Chave
   Isaias Melsohn (E174)
Freud e Édipo
   Peter L. Rudnytsky (E178)
Os Símbolos do Centro
   Raïssa Cavalcanti (E251)
Violência ou Diálogo?
   Sverre Varvin e Vamik D. Volkan (orgs.) (E255)
Cartas a uma Jovem Psicanalista
   Heitor O'Dwyer de Macedo (E285)
Holocausto: Vivência e Retransmissão
   Sofia Débora Levy (E317)
Os Ensinamentos da Loucura: A Clínica de Dostoiévski,
   Heitor O'Dwyer de Macedo (E320)
O Terceiro Tempo do Trauma: Freud, Ferenczi e o Desenho de um Conceito
   Eugênio Canesin Dal Molin (E346)
A "Batedora" de Lacan
   Maria Pierrakos (EL56)
Memória e Cinzas: Vozes do Silêncio
   Edelyn Schweidson (PERS)
Acorde: Estratégias e Reflexões Para Atualizar Habilidades de Relacionamento em Tempo de Inovação
   Abel Guedes (LSC)
A Grande Mentira
   José María Martínez Selva (LSC)

CIÊNCIAS SOCIAIS NA PERSPECTIVA

Fim do Povo Judeu?
  Georges Friedmann (D006)
Sociologia do Esporte
  George Magnani (D015)
Raça e Ciência I
  Juan Comas e Outros (D025)
Multidão Solitária
  David Riesman (D041)
Unissexo
  Charles E. Winick (D045)
Trabalho em Migalhas
  Georges Friedmann (D053)
Raça e Ciência II
  L. C. Dunn e outros (D056)
Rumos de uma Cultura Tecnológica
  Abraham Moles (D058)
Noite da Madrinha
  Sérgio Miceli (D066)

A Caminho da Cidade
  Eunice Ribeiro Durhan (D077)
Lazer e Cultura Popular
  Joffre Dumazedier (D082)
Manicômios, Prisões e Conventos
  Erving Goffman (D091)
As Religiões dos Oprimidos
  Vittorio Lanternari (D095)
Crise Regional e Planejamento
  Amélia Cohn (D1 IV)
Sociologia Empírica do Lazer
  Joffre Dumazedier (D164)
Sobre Comunidade
  Martin Buber (D203)
Autoritarismo e Eros: Uma Viagem à União Soviética
  Vilma Figueiredo (D251)
A Moralidade da Democracia: Ensaios

em Teoria Habermasiana e Teoria Democrática
  Leonardo Avritzer (D272)
Capitalismo e Mundialização em Marx
  Alex Fiuza de Mello (D279)
Sociodinâmica da Cultura
  Abraham Moles (E015)
Estudos Afro-Brasileiros
  Roger Bastide (E018)
A Economia das Trocas Simbólicas
  Pierre Bourdieu (E020)
Sociologia da Cultura
  Karl Mannheim (E032)
De Geração a Geração
  S.N. Eisenstadt (E041)
Ensaios de Sociologia
  Marcel Mauss (E047)
Sociedade Israelense
  S.N. Eisenstadt (E056)
Arte, Privilégio e Distinção
  José Carlos Durand (E108)
A Religião de Israel
  Yeheskel Kaufmann (E114)
Uma Arquitetura da Indiferença
  Annie Dymetman (E188)

O Legado de Violações dos Direitos Humanos no Cone Sul
  Luis Roniger e Mário Sznajder (E20
Tolerância Zero e Democracia no Bras
  Benoni Balli (E209)
Em que Mundo Viveremos?
  Michel Wieviorka (E215)
Memórias de Vida, Memórias de Guer
  Fernando Frochtengarten (E222)
Dramaturgias da Autonomia: A Pesquisa Etnográfica entre Grupos de Trabalhadores
  Ana Lúcia Marques Camargo Ferraz (E265)
Lenin: Capitalismo de Estado e Burocracia
  Leôncio Martins Rodrigues (EL16
O Desencantamento do Mundo: Estruturas Econômicas e Estruturas Temporais
  Pierre Bourdieu (EL19)
A Ciência Social num Mundo em Cris
  Scientific American (LSC)
Estrutura Social e Dinâmica Psicológic
  Ruy Coelho (LSC)
Indivíduo e Sociedade na Teoria de A Comte
  Ruy Coelho (LSC)

Este livro foi impresso na cidade de Cotia
nas oficinas da Meta Brasil,
para a Editora Perspectiva.